企业战略管理
道、势、术、法

吕力◎主编

北京大学出版社
PEKING UNIVERSITY PRESS

图书在版编目(CIP)数据

企业战略管理:道、势、术、法/吕力主编.—北京:北京大学出版社,2020.6
ISBN 978-7-301-24015-1

Ⅰ.①企… Ⅱ.①吕… Ⅲ.①企业管理—战略管理 Ⅳ.①F272.1

中国版本图书馆 CIP 数据核字(2020)第 094516 号

书 名	企业战略管理:道、势、术、法 QIYE ZHANLÜE GUANLI: DAO SHI SHU FA
著作责任者	吕 力 主编
责任编辑	周 莹
标准书号	ISBN 978-7-301-24015-1
出版发行	北京大学出版社
地 址	北京市海淀区成府路 205 号 100871
网 址	http://www.pup.cn
微信公众号	北京大学经管书苑(pupembook)
电子信箱	em@pup.cn
电 话	邮购部 010-62752015 发行部 010-62750672 编辑部 010-62752926
印 刷 者	北京飞达印刷有限责任公司
经 销 者	新华书店
	787 毫米×1092 毫米 16 开本 21.5 印张 475 千字 2020 年 6 月第 1 版 2020 年 6 月第 1 次印刷
定 价	58.00 元

未经许可,不得以任何方式复制或抄袭本书之部分或全部内容。
版权所有,侵权必究
举报电话:010-62752024 电子信箱:fd@pup.pku.edu.cn
图书如有印装质量问题,请与出版部联系,电话:010-62756370

前 言

虽然相比于其他学科或领域,战略管理显得很年轻,但仍然发展了数十年,在这数十年内涌现了大量杰出的学者,产生了大量杰出的成果。编者认为,作为本书主要读者群的管理类专业本科生、MBA和实务工作者的学习目标,就是掌握和吸收战略管理领域中最重要的、多年来沉淀下来的精华。

因此,本书着重详述基本理论,争取把它们讲深、讲透,在重要的问题上无所遗漏。在对经典理论——战略的"道""势""术""法"理解通透的基础上,学员们自然可以触类旁通、引申发展、灵活运用。

对于每一个经典理论,本书都结合实践叙述该理论的最新进展。而在这一过程中,编者也深深感到,"经典之所以经典,在于其历久弥新的生命力"。写作时,编者常为战略管理大师们的人格魅力及其理论功底所深深折服——希望本书的读者在学习时也能产生这样的感觉。

当然,对于传统战略管理理论,本书也并非不假思索地"照单全收":一方面向读者展现理论本身的进展;另一方面也对其缺陷或不足提出质疑,供读者参考,例如,对于迈克尔·波特(Michael Porter)著名的"夹在中间理论"就提出了一些反对的观点。上述考虑会使得本书看起来更"与时俱进",加之本书中的大多战略的应用皆从正、反两面论述,使得本书还具备"思辨"特点,可能使人读起来"欲罢不能"。

以上是本书编写的初衷。当打完最后一个标点符号后,我反复自问是否达到了如上目标——可能未能完全如愿以偿。不过,通读一遍之后,我还是感到本书有如下一些特点。

(1)"好学"。本书知识点非常明确,不少内容采用了列举法表述。例如,十个原因、十种手段、十个可能的结果等一一列出,表面上看似政策文件,但实际上省却了读者归纳整理的时间,且一目了然。另外,本书的理论框架非常清晰,在多年的MBA教学中,编者体会到,很多MBA学员对某一问题的理解非常深入,但他们普遍比较欠缺的是对学科整体框架的掌握——掌握一个相对明确的整体框架,再结合具体的问题去思考、去拓展，这是 MBA 学员夯实理论基础和提升实践水平的一个捷径。

（2）"好用"。因为本书面向 MBA 学员和实务工作者，因而书中的每个问题结论明确，并未使用太多的"影响因素""调节变量"去"解释问题"，即使使用也尽量以简明的文字加以说明，不用复杂的数学模型。相对而言，本书尤其重视"解决问题"，大部分章节都列举了可以使用的或常见的方法手段，尤其是在部分章节之中穿插了若干实用性很强的"战术"，供读者在实践中借鉴和采用。

（3）"好教"。首先，本书组织线索清晰，很多内容无须改变或只需要做很小的变动就可作为教案，省去了教师在教案写作方面的大量时间投入。其次，本书按照"提出问题—分析问题—提供对策"的线索来组织，看似平淡无奇，但以编者多年的授课经验来看，这种逻辑与实际授课过程中材料组织的逻辑完全吻合。最后，本书选材节制，并未就一个问题铺展开来，但所覆盖的概念可以说是比较前沿的，例如"消费者画像""客户体验地图""竞争性对抗模型""从 0 到 1""超竞争""差异化与战略趋同""蓝海战略"等。这为教师在授课过程中加以取舍、补充提供了若干空间。总的来说，本书内容充实，表达精练，十分有利于读者日常携带和阅读。编者希望，我们所教授的管理类本科生毕业时，会有几本书能带到工作岗位经常翻阅；而这本《企业战略管理：道、势、术、法》因为其精练和实用，成为其选择之一。

最后，本书使用了基于"道、势、术、法"的新黄老思维框架来组织全部内容，这是一个初步尝试。编者相信，使用本书的老师和学生们一定会更富有想象力和创造力，将中国智慧融入主流管理学之中，创造出崭新的、中国化的战略理论和实践！

任何关于本书的批评和建议请发至 allan.li.lu@163.com，编者将不胜感激。

吕　力

2020 年 1 月

目 录

第一章 导 论 / 001
第一节 战略与企业战略 / 002
第二节 企业战略的特点 / 005
第三节 当代企业战略的特点 / 007
第四节 企业战略运作的环境——利益相关者与战略领导者 / 011

第一篇 战略管理之道

第二章 企业的使命、愿景与价值观 / 017
第一节 概述 / 018
第二节 企业战略目标 / 022
第三节 企业社会责任 / 025
本章附录 战略之道：创造客户价值 / 032

第二篇 战略管理之势

第三章 企业面临的外部战略形势分析 / 041
第一节 宏观环境：PEST 分析 / 042
第二节 行业和竞争分析（上） / 046
第三节 行业和竞争分析（中）：五力分析 / 049
第四节 行业和竞争分析（下）：竞争动态 / 060
第五节 战略成功的关键因素 / 062
第六节 企业治理、利益相关者与道德文化环境 / 064

第四章　资源、能力与战略分析工具　/ 077
　　第一节　企业资源和能力　/ 078
　　第二节　价值链分析　/ 087
　　第三节　SWOT 分析　/ 090
　　第四节　企业竞争地位的定量分析　/ 095
　　第五节　企业能力开发以获取竞争优势的方法　/ 096
　　本章附录　企业核心能力为何难以模仿？　/ 102

第三篇　战略管理之术

第五章　基本战略及战术　/ 107
　　第一节　低成本战略　/ 108
　　第二节　差异化战略　/ 116
　　第三节　混合战略　/ 130
　　第四节　聚焦战略　/ 132
　　第五节　可持续的竞争优势　/ 136
　　第六节　动态竞争　/ 140
　　第七节　市场变动周期与竞争战略　/ 145

第六章　行业特征与战略战术　/ 154
　　第一节　行业生命周期　/ 155
　　第二节　新兴行业中的竞争策略　/ 158
　　第三节　动荡、高速发展市场上的竞争　/ 166
　　第四节　成熟行业中的竞争　/ 168
　　第五节　停滞或衰退行业中的竞争　/ 176
　　第六节　零散行业中的竞争　/ 180

第七章　其他重要的战略战术　/ 189
　　第一节　战略联盟和合作伙伴关系　/ 190
　　第二节　兼并与收购　/ 193
　　第三节　纵向一体化　/ 194
　　第四节　横向一体化　/ 198
　　第五节　业务外包战略　/ 200

第八章　国际化　/ 203
第一节　国际化的理由　/ 204
第二节　国家竞争优势　/ 206
第三节　国际竞争的方式和模式　/ 208
第四节　国际市场竞争优势的建立　/ 211
第五节　与国外合作者的战略联盟和合资　/ 214
第六节　在新兴的国际市场竞争　/ 216

第九章　多元化　/ 219
第一节　实施多元化经营的时机　/ 221
第二节　进入新业务领域的战略　/ 223
第三节　相关多元化战略　/ 224
第四节　不相关多元化战略　/ 229

第四篇　战略管理之法

第十章　战略实施与组织结构　/ 237
第一节　战略实施概述　/ 238
第二节　组织的结构、流程与关系　/ 240
第三节　基于战略的组织结构规划要点　/ 251

第十一章　战略实施与人力资源和企业文化　/ 258
第一节　概述　/ 259
第二节　基于战略的人力资源管理　/ 262
第三节　创建一种能促进更好地执行战略的企业文化　/ 267

第十二章　战略实施、战略变革与领导　/ 279
第一节　战略实施与领导　/ 280
第二节　诊断变革环境　/ 284
第三节　变革管理：风格与角色　/ 289
第四节　管理战略变革　/ 294

第十三章　信息战略、创新战略与财务战略　/ 303
第一节　信息战略　/ 304
第二节　创新战略　/ 305

第三节　财务战略　/ 314

第十四章　战略实施与评价的常见工具　/ 321
第一节　战略地图与平衡计分卡　/ 322
第二节　标杆管理　/ 327
第三节　全面质量管理、六西格玛质量控制及业务流程再造　/ 328
第四节　7S模型　/ 330

参考文献　/ 335

第一章
导 论

>> **学习要求**

- 企业战略的定义
- 企业战略的特点
- 当代企业战略的特点
- 影响企业战略制定的利益相关者

第一节 战略与企业战略

1.1 战略的含义

"战略"一词,原为军事用语,在英语中对应表达为"strategy",它来源于希腊语"strategos",本意是"敌对状态下将军指挥军队克敌制胜的艺术和方法"。《简明不列颠百科全书》称"战略"是"在战争中运用军事手段达到战争目的的科学与艺术"。德国著名军事战略家克劳塞维茨在《战争论》一书中指出,"战略是为了达到战争目的而对战斗的运用。战略必须为整个军事行动规定战争目的和目标"。

《辞海》对"战略"一词的定义是"军事名词;对战争全局的筹划和指挥;它依据敌对双方的军事、政治、经济、地理等因素,照顾战争全局的各方面,规定军事力量的准备和运用"。《中国大百科全书·军事卷》指出,"战略是指导战争全局的方略。即战争者为达成战争的目的,依据战争规律所制定和采取的准备和实施战争的方针、政策和方法"。

中国历来重视战争的策略与艺术,在诸子百家中兵家占有重要的地位。兵家主要代表有孙武、吴起、孙膑、尉缭等。他们的著作留传下来的有《孙子兵法》《吴子》《孙膑兵法》《尉缭子》等。这些著作均是当时战争和治兵经验的总结,其中提出了一系列战略战术原则,具有丰富的军事辩证法思想和治兵作战的哲理。《孙子兵法》是中国文化宝库中的一颗明珠,同时它在世界军事文库中也占有重要的地位,得到了国内外的普遍重视。它被尊为"世界古代第一兵书""兵学圣典",并在宋代被列为"武经七书"之首。18世纪之后,《孙子兵法》陆续有了法语、英语、德语、捷克语、俄语、芬兰语等译本。

1.2 企业战略

随着人类社会实践的发展,"战略"一词后来被人们广泛应用于军事之外的领域,人们不断赋予"战略"一词以新的含义。将战略思想应用于企业的管理,就产生了企业战略这一概念。将"企业"与"战略"联系在一起,最初出现在艾尔弗雷德·钱德勒(Alfred D. Chandler)的《战略与结构》一书中。"战略"一词在企业管理领域得到广泛应用,是在1965年肯尼斯·安德鲁斯(Kenneth R. Andrews)的著作《经营策略》(Business Strategy)和伊戈尔·安索夫(Igor Ansoff)的著作《公司战略》(Corporate Strategy)问世之后。

1. 艾尔弗雷德·钱德勒的定义

钱德勒认为,战略可以被定义为确立企业的长期根本目标并为实现目标而采取必需的行动序列和资源配置。

钱德勒强调了企业战略的如下要点:①目标的长期性和根本性;②企业战略涉及企业的资源配置;③企业战略表现为企业行动序列。

2. 肯尼斯·安德鲁斯的定义

安德鲁斯认为,企业总体战略是一种决策模式,它决定和揭示了企业的使命和目标,提出了实现目标的重大方针和计划,确定了企业应该从事的经营业务,明确了企业的经济类型和人文组织类型,并决定了企业应对员工、客户和社会做出的经济和非经济贡献。

安德鲁斯企业战略定义的要点包括:①将企业战略定义为一种决策模式;②企业战略首先需要明确的是企业的使命和目标;③实现目标的重大计划;④战略定位之下企业"现在及将来"应该从事的业务;⑤战略目标下企业的组织形式;⑥企业的社会绩效和经济绩效。

3. 詹姆斯·布赖恩·奎因(James Brian Quinn)的定义

奎因认为,战略是一种模式或计划,它将一个组织的主要目的、政策与活动按照一定顺序结合成一个紧密的整体。一个制定完善的战略有助于组织根据自己的内部能力与弱点、环境中预期的变化,以及竞争对手可能采取的行动而合理地配置资源。因此,奎因认为战略应包括以下内容:①主要目的和目标;②资源约束;③可以在一定条件下实现预定目标的主要活动程序或项目。

4. 伊戈尔·安索夫的定义

安索夫认为,战略是连接企业所有活动的共同线索,是实现目标的途径,是一整套用来指导企业组织行为的决策准则。战略应由四个基本要素构成:①经营范围——产品与市场组合;②竞争优势——选择优势产品与市场,识别环境变化的特点,寻求机会;③协同作用——产品间的相似性,资源与能力的共享,市场、生产、投资和管理方面的协同;④增长向量——选择公司发展与成长的方向,如市场渗透、市场开发、产品开发与多元化。

安索夫还将企业战略分为两类:企业总体战略和经营战略。企业总体战略考虑的是企业应该选择进入哪种类型的经营业务;经营战略考虑的则是一旦选择了某种类型的经营业务之后,企业应该如何在这一领域展开竞争。

5. 迈克尔·波特的定义

波特区分了企业的运营效益与企业战略。他认为,企业战略是由开发、生产、销售、交付产品或服务等一系列基本运营活动构成的,而运营效益是指将这一系列单个的活动做得更好。企业可以因为运营效益获得巨大的优势,正如日本企业在20世纪七八十年代经历的成功那样,它们通过全面质量管理与持续改善等管理手段做到了这一点。但是,从竞争力的角度来看,只依赖于运营效益的问题在于,运营效益的最佳实践太容易被模仿了。

因此,波特将企业战略定义为通过定位保持一家企业的独特优势而获得持久竞争力。这意味着这家企业展开了与竞争对手不同的运营活动,或者以不同的方式完成了同类活动。定位选择不仅决定了一家企业应该进行哪些运营活动,如何安排这些活动,还决定了这些活动彼此的关联。运营效益是要在单个活动中拥有卓越表现,而战略事关如何把所有活动做到最好。

6. 亨利·明茨伯格(Henry Mintzberg)的定义

明茨伯格采用5个在英文中以"P"开头的词语作为战略的综合定义,即计划(Plan)、计谋(Ploy)、模式(Pattern)、定位(Position)与理念(Perspective)。

(1)战略乃计划。战略之所以是一种计划,主要是因为它是一种有意识的、有目的的行动。与战术性计划不同,战略计划处于企业的最高层面,它体现为一系列为了实现某种目标和结果而制定的基本方针、政策和准则。这种计划通常富于理性、强调综合性,涵盖企业运行和管理的所有重要方面,涉及企业内外环境变化的各种可能性。

(2)战略乃计谋。战略表现为在特定环境下与对手竞争的手段。相比于整体计划而言,作为计谋的战略在时间上显得较为短暂,内容上更加具体和特定,然而它仍然受整体计划思路的影响和制约,甚至本身就是整体计划的一部分。例如,苹果的产品创新战略使得它的产品迭代周期极短,往往赶在竞争对手之前就已经推出新一代产品,为此不惜蚕食自己现有产品的销售和利润,从而有效地保持其行业领先地位。

(3)战略乃模式。明茨伯格认为,仅把战略定义为企业采取经营活动之前形成的一种总体性安排是不充分的。在现实中,人们需要有一种定义说明战略的执行。例如,企业一系列计谋背后的思想也体现了企业的某种战略。因此,明茨伯格提出第三种定义:战略是一种模式,它反映企业的系列行为。

战略作为一种计划与战略作为一种模式的两种定义可能是相互协调的、也可能是相互对立。在实践中有可能出现以下情况,即计划往往在最后没有实施,模式却可能在事先没有计划的情况下形成了。换言之,作为模式的战略,指的是企业在一个决策序列中展现出的行为一致性,不管有意与否。作为理性计划的战略可能并未得以实现,而在行动中滋生的"突现战略"却有可能在无意间自然形成。

(4)战略乃定位。为了获取丰厚的利润,企业有必要持续改善运营效益,然而,仅做到这一点还远远不够。很少有企业能基于优异的运营效益而长期立于不败之地。在竞争对手面前一直保持领先,已经变得日益艰难,其中一个显著的原因是最佳实践的快速传播。竞争对手可以快速复制你的管理技巧、新技术,以及满足客户需求的最佳实践。通用性越强,能广泛应用的方案传播得也越快。因此,进行战略竞争的关键是差异化,它意味着企业要深思熟虑地选择一套与竞争对手不同的做法,创造独特的价值组合。这就是企业的战略定位。战略乃定位的思想主要来源于波特。

(5)战略乃理念。战略可视为包含企业经营世界观和方法论的一套理念。日本管理学者住原则也在总结研究松下幸之助等企业家经营理念的基础上给出了一个经营理念的定义:作为企业内部的经营指导原则,经营理念对内能够使组织统一为一个整体,其所起的作用不可低估;对外它又传达了企业存在的意义,是企业"信念"的表达,经营理念是关乎企业和经营本质的大课题。住原则也指出经营理念的表达方式很多,比如:社训、社意、社魂、信条、经营方针、行动指针、企业宪章、哲理、格言、口号、标语、使命、纲领等,甚至包括未成文的准则。

显然,企业战略可以大致视为企业的经营理念,它包括企业世界观和企业方法论两个部分:企业世界观是企业对于经营管理环境、管理过程、目标等的根本看法;企业方法论指的是企业达到目标的思路、思维和行为的习惯或范式。

第二节 企业战略的特点

企业战略的特点主要包括总体性、长期性、难以逆转性和取舍性。

(1) 总体性。企业战略关注企业的整体发展,既包括企业内部资源的调配和使用,也包括企业外部资源和关系网络的整合与管理。企业战略涉及内部所有的职能部门和业务单位,企业的所有运营决策一般都会受到战略决策的影响。

(2) 长期性。战略考虑的是企业长期的发展方向。由于战略决定企业的基本方向,涉及企业长期的资源配置,它就不可能是短期的战术性计划,不可能朝令夕改;由于战略涉及企业的基本定位,而其实现需要一段比较长的时间,因此战略一般而言不可能左右摇摆;由于战略与企业核心的竞争优势密切相关,而核心竞争优势一般都难以迅速转换,因此战略一般表现为某种一致性和稳定性。

战略具有长期性并不一定意味着战略决策的时间很长,它的意思是战略决策一旦形成与执行,其产生影响和促进效应的持续时间会较长。

(3) 难以逆转性。战略意味着方向上的选择。安索夫还将企业战略分为两类:企业总体战略和经营战略,其中企业总体战略考虑的是企业应该选择进入哪种类型的经营业务,经营业务一旦选定并被执行往往伴随着相应的资源投入,因此企业很难随意逆转。正是因为企业战略的难以逆转性,企业战略的制定对于企业而言尤其需要慎重。

(4) 取舍性。企业的战略很难保证企业在每一方面都取得超越竞争对手的优势。波特指出,战略就是在竞争中做取舍,其实质是选择不做什么,如果没有取舍,就无须做出选择;如此一来,也就没有必要制定战略了。

拓展阅读 1-1　露得清与美国大陆航空的取舍

露得清基于品类进行的定位以公司的一款"肌肤友好型"、无化学残留配方、平衡酸碱度的香皂为核心。在销售产品的过程中,露得清拜访了大量皮肤科医生,因此公司的营销战略定位使其更像是一家药品企业而不是香皂生产商。露得清不仅在医学杂志上做广告、给医生直邮宣传资料、参加医药业的论坛,还在公司内部的皮肤护理研究所展开研究。为了强化这种定位,露得清最开始只专注于药店渠道,也不进行降价促销。它还放弃了在超市销售的渠道,虽然超市销售可能会使销量大增。为了获得这款香皂的理想品质,露得清牺牲了运营效率,它在最初的定位中就做了一系列取舍,成功地将模仿者挡在了门外。

美国大陆航空是因折中而失败的典型案例。美国大陆航空在看到美国西南航空低价策略获得成功之后决定进行模仿。一方面，它继续保持提供全程服务的定位，同时也像西南航空一样提供大量点对点航线，大陆航空将这项新业务命名为"Continental Lite"。在这些航线上，大陆航空取消了餐饮和头等舱服务，增加了航班，降低了票价，缩短了飞机在机场停留的周转时间。由于大陆航空还有其他航线的航班提供全程服务，它继续采用票务代理与混合机群的运营方式，并提供行李核查和指定座位服务。结果导致大陆航空的航班要么在大型枢纽机场因为航线拥堵而延误，要么因为转机时行李转运太慢而延误，每天由于航班推迟与取消而导致的投诉高达上千条。此外，"Continental Lite"无法做到既在票价上具有竞争力，同时还能付给票务代理公司正常的佣金，但它的全程服务却离不开代理公司。最后大陆航空决定采取折中的做法，削减所有航班的佣金；同时，它也负担不起那些为了低价而购买"Continental Lite"机票的客户所包含的常旅客服务，于是削减了公司所有常旅客的奖励计划。结果不难想象：票务公司和购买全程服务机票的旅客都被激怒了。

大陆航空试图以两种做法来竞争。它既在某些航线上实行低成本，又在其他航线上提供全程服务，这让它饱受折中之苦。高品质不可能总是免费的。西南航空提供的旅行便利性也是一种高品质，它之所以能正好与低成本保持一致，是因为频繁的班次可以通过一系列的低成本活动实现，包括快速周转、自助订票等。

资料来源：[美]杰克·特劳特.什么是战略[M].火华强，译.北京：机械工业出版社，2011.

拓展阅读 1-2　蓝海战略

蓝海战略强调差异化与低成本之间的"兼得性"，然而它并没有打破战略意味着一种"取舍"的"铁律"。《蓝海战略》提出，为创造新的价值曲线，以下四个问题非常重要：

（1）哪些被产业认定为理所当然的元素需要剔除？
（2）哪些元素的含量应该被减少到产业标准以下？
（3）哪些元素的含量应该被增加到产业标准以上？
（4）哪些产业从未有过的元素需要创造？

第一个问题迫使你去剔除产业中企业长期竞争攀比的元素，这些元素通常被认为是理所当然的，虽然它们对于某一特定的企业而言不再具有价值，甚至会减少其他元素的价值。有时，买方所重视的价值出现了根本性变化，但互相比照的企业却不采取相应行动来应付这种变化，甚至都没有发现这种变化。

第二个问题促使你做出决定，看看提供的现有产品或服务是不是为了竞争和打败对手。在某些情况下，企业给客户提供的超过他们所需要的，陡然增加了企业的成本却并没有好的效果。

第三个问题促使你去发掘并消除产业中消费者不得不做出的妥协。

第四个问题帮助你发现买方价值的全新源泉,以创造新的需求,改变产业的战略定价标准。

解决前两个问题,能让你明白如何把成本降低到竞争对手之下。研究发现,企业经常很少去系统性思考、剔除不必要元素、减少投资,结果是成本不断增加,商业模式也日趋复杂。与之相对,后两个问题教导我们如何去提升买方价值,创造新需求。

显然,蓝海战略的精髓也是"取舍"。

资料来源:〔韩〕W.钱·金,〔美〕勒妮·莫博涅.蓝海战略[M].吉宓,译.北京:商务印书馆,2016.

第三节 当代企业战略的特点

当代企业战略的特点具体有以下九个方面。

(1)竞争、动态性与创新性。企业战略的制定在很大程度上与竞争对手的战略选择密切相关。企业战略的竞争分析涵盖如下方面:了解竞争格局,包括竞争对手的战略、资源、能力和目的;了解竞争对手可能对行业变化做出何种响应;了解一家企业如何应对行业中其他企业和玩家的行动。通过理解不同的竞争行动及其相应对策,管理者能更好地部署战略,从而比竞争对手做得更好,并赢得可持续的竞争优势。这就是企业战略的竞争与动态性,由于竞争对手也在不断地模仿和改进自身的战略,因此它同时也意味着所有企业必须不断进行战略的创新以适应动态的环境变化。

(2)对战略环境突变的应对。商业竞争环境的变化可能是连续的,也可能随时发生突变,商业历史上已有多家在突变的商业环境中遭遇破产的大型公司,柯达公司是其中典型的例子。

拓展阅读1-3 数字技术终结胶卷柯达

1966年,柯达海外销售额达21.5亿美元,当时位于感光界第二的爱克发销量仅及它的1/6。1990年、1996年,在品牌顾问公司排名的十大品牌中,柯达位居第四,是感光界当之无愧的霸主。在巅峰时期,柯达的全球员工数量达到14.5万人。它吸引了全球各地的工程师和科学家前往其纽约州罗彻斯特市的总部工作,很多专业人士都以在该公司工作为荣。

2003年,在"胶卷时代"曾占据全球2/3份额的柯达已渐渐走向没落。因为胶卷销售市场开始萎缩,柯达传统影像部门当年销售利润从2000年的143亿美元锐减至41.8亿美元,跌幅达71%。从1997年到2007年,公司市值从310亿美元降至1.75亿美元,十年间蒸发99%以上。

事实上,1975年,美国柯达实验室研发出了世界上第一台数码相机,但由于担心公司胶卷销量会受到影响,柯达一直未敢大力发展数码业务。2003年,柯达最终选择了从传统影像业务向数码业务转型。

从传统战略的角度来说,柯达似乎无懈可击;从技术开发的角度而言,柯达在130年的发展历程中积攒了1万多项技术专利,其中甚至包括大量的数字图像专利,2008年之后,柯达通过出售这些专利获得近20亿美元的收入。

资料来源:〔美〕马丁·里维斯,〔挪〕纳特·汉拿斯,〔印〕詹美贾亚·辛哈.战略的本质:复杂商业环境中的最优竞争战略[M].王喆,韩阳,译.北京:中信出版社,2016.

(3)创造性破坏与颠覆式创新。创造性破坏理论是经济学家熊彼特最有名的观点。在他看来,创造性破坏是资本主义的本质性事实,新的经济的产生主要不是通过价格竞争和一些连续性的改进来实现的,而是通过对原有体系的创造性破坏而产生的。每一次大规模的创新都会淘汰旧的技术和生产体系,并建立起新的生产体系。与创造性破坏类似,克里斯滕森提出了颠覆式创新的思想。

因此,企业战略不仅应立足于连续性创新,还应通过创造性破坏和颠覆式创新构建一个全新的市场以及自身完全掌握先机的游戏规则。企业制定战略时应跳出经典的战略思维桎梏,把握颠覆式创新的机会。

(4)超级竞争。超级竞争描述了一种过度竞争的状况,这种竞争格局具有固有的不稳定性,并且要求企业持续地进行突破性改变。超级竞争源自全球战略的动态性以及创新的竞争性。这场超级竞争正在不断升级,并且演变成一场以价格—质量定位、创造新技术、建立先动者优势、保护或渗入现有市场和市场领域为特点的竞争。在超级竞争市场中,企业经常会对竞争对手实施侵略性的挑战,以期改变它们的竞争地位及业绩表现。有多种因素均可导致当前超级竞争环境与竞争格局的形成,其中全球经济竞争与技术的飞速进步是两个主要的因素。

(5)行业竞争基本特征的变化。当今全球市场日益复杂多变,由于变化速度不断加快,行业间的边界也发生了改变。例如,交互式计算机网络和电子通信技术的飞速发展,模糊了实体工业的边界,如今在娱乐业的竞争角力中不仅有有线电视公司和卫星网络公司,通信公司也凭借其升级后的光纤网络线路加入了这一行业。提供流媒体服务的互联网公司也开始与有线电视公司、卫星网络公司和通信公司竞争并威胁到了年收入达千亿美元的电视行业。与此同时,亚马逊等互联网公司也正在持续不断地为开发更强劲的产品投入资源,索尼、哥伦比亚广播公司以及其他公司开始转变为仅依赖互联网的产品订阅。

当前竞争格局的其他一些特征,同样值得我们关注。诸如规模经济、大规模的广告预算等这些传统竞争优势的来源,如今已经无法再有效地帮助企业获得超额利润,而且传统的管理思维模式也无法再帮助企业获得竞争优势,管理者必须树立一种新的思维模式,也就是要重视灵活性、速度、创新、整合,以及由不断变化的环境所带来的挑战。如今的竞争格局使商业世界变得更加危险,在这个世界里参与全球竞争的企业有时候被迫进行大规模的投资,由于投资巨大,一旦失败其损失也将是惨重的。对战略管理过程的有效利用将降低企业失败的可能性,因为这一过程可以使企业更好地适应当前的竞争格局。

（6）全球化。全球化反映了不同国家间经济的相互依赖性,各种组织正在不断跨越国界进行产品、服务、金融资本和知识的交流。全球化是大量企业在不断增长的全球经济中相互竞争的产物。在全球化的市场行业中一个企业可以从一个国家获得金融资本,购买另一个国家的原材料,然后从第三个国家购买生产设备,将生产出来的产品再销售给第四个国家。因此,全球化为企业在当前格局下的竞争提供了更多的机会。

当企业运用战略管理过程参与全球化运营时,必须制定高灵敏度的文化决策。另外,全球化企业必须对产品、服务和人力等方面复杂性的提升做出预测,从而使其在不同的地理区域和不同市场间自由流动。总而言之,全球化已经对多个竞争维度提出了更高的业绩评估标准,包括质量、产量、产品上市时间、运营效率等。除了参与全球竞争的企业,这些标准对以国内竞争为主的企业也具有影响。原因在于:当全球性厂商提供的产品和服务优于国内厂商时,客户会选择购买国外更好的产品和服务。如今在全球经济中,人才可以自由地流动,人才又是竞争优势的一种关键资源。在这个多极世界中,许多国家的利益和环境都是独一无二的,因此管理者必须学会如何进行有效的经营。同时,企业还需要掌握如何应对21世纪的竞争格局,因为只有那些能够达到甚至超越全球化标准的企业才有能力获取超额利润。

虽然全球化能给企业带来潜在利益,但随之而来的还有风险。总的来说,企业在其本国之外的经营,因对异国的文化、习俗和法律等不熟悉所存在的风险以及全球经济的风险而不可避免地被贴上"外来者劣势"的标签。企业所面临的参与全球竞争的风险之一是企业需要时间来学习如何在这个全新的市场上进行竞争。这些知识在通过当地实践积累起来之前,或者从本国市场知识转化成能适应新市场的知识之前,企业的业绩会一直受到影响。另外,企业的业绩也会受到大规模全球化进程的影响。在这种情况下,企业有可能超越自身管理多元化业务的能力,而导致过度多元化,从而给企业的整体业绩表现造成极大的负面影响。

（7）技术扩散和突破性技术。技术扩散的速度是指一项新技术从研发到能够实现和利用的时间。在过去的15年到20年间,这一速度得到了极大的提高。

事实上当技术的传播与扩散使得产品趋于同质化时,或许只有不断加快新产品的开发速度才是获得竞争优势的主要来源。新技术扩散的另一个表现是,目前企业可能只需要12～18个月就可以收集到竞争对手的研发和产品决策的信息,在全球化经济下竞争对手在短短几天之内就可以模仿企业的成功竞争行为,这也就意味着技术的快速扩散降低了专利的竞争优势,如今只有在少数几个行业如医药行业,专利能够成为技术保护的有效手段。一些电子行业中的企业并不会去申请专利来阻止竞争对手获取相关的技术知识。

突破性技术是指能够颠覆原有技术并创造新市场的技术。在当今竞争市场上经常会出现突破性技术,例如带来了iPod、iPad、Wi-Fi以及浏览器等产品的技术。虽然一项突破性技术可以创造出一个新的产业,但同时也会损害原有产业中的企业。原有产业中的企业可以在优势资源和经验的基础上进行调整,并借助多元化手段来获取新技术(如联盟、收购、进行内部研发等)。

(8)大规模信息化时代的来临。进入21世纪后,信息技术带来了翻天覆地的变化,如手机上网、视频通话、人工智能、虚拟世界、大数据、社交网站等,这些变化带来的一个重要结果是正确、高效地获取和使用信息的能力已经成为几乎所有企业获取竞争优势的重要来源。只要能有效地利用技术,中小企业就可以在与大企业的竞争中拥有更多的灵活性。信息技术的变化和扩散的速度还在加快,手机上网日趋普及。在目前的竞争格局下信息技术的成本不断下降、信息的获取更加便利,通过计算机网络的相互联系,信息技术的发展和扩散速度进一步加快,因此在全世界包括新兴经济体,任何企业都可以获得信息技术的潜在竞争力。中国的阿里巴巴、京东、腾讯都是在21世纪之后成长起来的大型企业。

(9)知识竞争的格局初步形成。知识(信息、智能和专长)是技术开发及应用的基础。在21世纪的竞争组织的格局下,知识是组织的一项关键资源和获取竞争优势的价值来源。实际上从20世纪80年代开始,竞争的基础已从有形资源转变为无形资源。例如,沃尔玛通过其特有的供应链管理方法以及与客户、供应商的信息联系,改变了整个零售行业。与客户、供应商的信息关系就是一种重要的无形资源。

知识是通过经验观察和推理得到的一种无形资源。在当今竞争格局中,包括知识在内的无形资源日益成为企业价值的重要部分。事实上,根据布鲁金斯学会的估计,无形资源对价值的贡献几乎达到了85%,如果企业能够掌握智能,并将智能转化为实用的知识在企业内迅速传播,将会提高企业获取竞争优势的可能性。因此,企业必须培育和获取知识,将知识与组织加以整合,以增强获取竞争优势的能力。此外,由于知识外溢是普遍存在的,因此企业必须不断学习。知识外溢具有多种途径,其中之一就是雇用竞争对手的相关员工和管理者。知识外溢的潜在性使得企业必须迅速将知识运用于生产领域,另外企业还必须建立畅通的知识传播渠道,使知识在企业内部的任何一个部门或流程中都能发挥价值。

第四节 企业战略运作的环境——利益相关者与战略领导者

4.1 利益相关者

参与企业运作的利益相关者,至少可以分为三类:资本市场利益相关者(包括股东及主要资金的供应者)、产品市场利益相关者(包括企业的主要客户、供应商等)和组织利益相关者(包括企业所有员工)。

为了实现价值目标,每一个利益相关者都希望在制定企业战略决策时能处于领导地位,由于利益相关者的目标各不相同,在将其引入战略管理过程中时必须进行权衡。企业最显而易见的利益相关者就是股东及那些向企业注入资本并期望获得积极的投资回报的个人或组织。与股东形成鲜明对比的利益相关者是客户,当企业的产品质量和性能得到改进而价格保持不变时,他们的利益可以达到最大化。

由于存在潜在的利益冲突,企业必须谨慎对待各利益相关者。首先,企业必须识别所有的重要的利益相关者。其次,如果无法满足所有利益相关者的要求,企业必须对其重要性进行排序,此外还须考虑特定利益相关者需求的紧急程度等标准。企业若能获得超额利润,就可以降低有效处理利益相关者关系的难度。超额利润所带来的能力和灵活性使企业可以轻而易举地满足各利益相关者的需求,而如果企业仅获得平均利润,则很难实现所有利益相关者利益的最大化,企业的目标也相应地转变为最低限度地满足各利益相关者的要求。

决策的权衡是以一个利益相关者对企业的重要程度为依据的,例如环境组织对能源行业中的企业非常重要,但对专业服务企业的重要性就相对较小。如果企业连平均利润都赚不到,那么它就无法满足利益相关者的最低要求,管理的重心也就变成如何更好地减少利益相关者的损失。社会价值也会影响三大利益相关者集团(即资本市场利益相关者、产品市场利益相关者、组织利益相关者)的分配权重,尽管在主要的工业化国家,企业均会为这三大利益相关者集团提供服务,并且这三大利益相关者集团也会反过来影响企业决策,但不同国家的文化差异和制度差异会导致提供服务的重要性和影响有所区别。

1. 资本市场利益相关者

股东和债权人都希望企业能使自己拥有的财富保值和增值。预期收益与风险往往是成正比的,如果债权人的收益要求得不到满足,他们会对以后的借贷更加苛刻;股东也可以通过其他方式来表达他们的不满,如抛售股票。机构投资者经常向高层管理者和董事会施加压力以改变企业的战略决策。而且,掌握企业主要股权的机构往往对应采取的行动存在意见分歧,因为有些机构希望获取短期收益,另一些则希望建立长期竞争优势,因此管理者必须在不同股东间进行协调或者根据不同的目标对这些机构的重要性进行排序。显然拥有股权越多,对企业资本结构的影响力也就越大,鉴于债务的风险和成本以及股东违约时债权人享有的资产优先权,大股东往往倾向于减少企业的债务。

企业一旦意识到资本市场利益相关者实际的或潜在的不满,就会对此快速做出反应。这种反应会受到企业对利益相关者依赖程度的影响。双方依存关系越紧密,企业越有可能做出重视的回应。企业如果无法满足关键利益相关者(如债权人)的要求,最终甚至可能面临破产清算。

2. 产品市场利益相关者

基于产品和行业特征,市场竞争可以使客户得到物美价廉的产品,使供应商得到更高的支付价格(企业往往愿意为供应商的原材料支付较高的价格,以保证那些可以使企业获得竞争优势的产品和服务的原材料的供应)。作为利益相关者的客户要求得到物美价廉的产品,供应商则希望获得愿意支付高价格的忠诚客户。尽管所有的产品市场利益相关者都是重要的,但是如果没有客户,其他利益相关者的价值就会大打折扣,因此企业必须分析和掌握现有的和潜在的客户。

社区及当地政府机构也都是企业需要认真对待的利益相关者。当地政府希望企业能够长期雇用本地劳动力,积极纳税,并通过法律法规规范企业行为。

3. 组织利益相关者

员工作为企业的组织利益相关者,希望企业能够为他们提供充满活力的、激励性强的、报酬高的工作。一般而言,员工更倾向于为不断成长的企业工作,并且希望在这样的企业中开发自己的技能,尤其是那些成为有效的团队成员所必需的技能以及超出国际标准的技能。在这种情形下,员工对企业的满意度会大大提升。同时,那些懂得如何有效利用新知识的员工,对企业的成功是至关重要的。总体而言,企业员工的受教育程度和工作技能是影响企业战略执行和业绩表现的竞争性武器。在日常工作的基础上,企业的战略领导者,对于满足组织利益相关者的需求负有最终的责任。企业的战略领导者要想获得成功,就必须有效地利用企业的人力资本。

4.2 战略领导者

战略领导者是指那些来自企业不同部门和不同层级的,用战略管理过程来选择战略行动,并帮助企业实现愿景、履行使命的人。无论来自企业的何种位置,成功的战略领导者都具有决断力,乐于培养人,乐于帮助企业为所有利益相关者创造价值。有研究发现,如果员工认为企业的首席执行官是有远见的,那么他们也就自然相信首席执行官会以所有利益相关者的价值为出发点来经营企业,而不是单纯强调股东利益最大化。反过来,有远见的领导者能够激励员工对企业额外付出,从而有助于提高企业的业绩。

在确定战略领导者时,大多数人倾向于首席执行官或其他高层管理者。显然,这些人的确是战略领导者,首席执行官对确保有效的企业战略管理过程负有责任,因此其战略管理的压力比其他人都大。此外,还有其他人也在帮助企业选择战略,决定成功实施战略应采取的行动。21世纪的竞争状况(如全球化、技术的快速发展、知识和人才作为竞争优势来源的重要性不断提高)使得一线人员有必要参与决策制定,并决定采取何种行动。实际上,所有的管理者作为战略领导者都必须以国际化思维思考问题,以本土化视角实施行动。因此,优秀的首席执行官和高层管理者应该懂得如何对那些能够影响组织资源使用的人进行授权,在允许进行自由裁量的情形下授权还有助于避免高层的傲慢管理以及由此引发的一系列问题。

组织文化会影响战略领导者及其工作,反之战略领导者的决策和行动也会影响组织文化的塑造。组织文化是整个企业共有的复杂体系,由信念、标志和核心价值构成,影响着企业开展业务的方式。无论正确与否,它都是推动组织前进的力量。

卓有成效的战略领导者通常具有以下特点:勤奋工作、严谨分析、诚实守信、精益求精、坚持不懈,这些都是成为一位成功的战略领导者的先决条件。卓有成效的高层管理团队通常能够制定优秀的战略决策。另外,在我们讨论的动态竞争环境中,战略领导者还必须具备很强的战略方向感。为了有效地应对环境变化,战略领导者必须进行思维创新,并促使组织不断创新。高层管理团队应由不同的专家组成,以平衡外部集团间的关系,只有这种多样化的团队才能更好地促进组织创新。当组织陷入左右为难的境地时,战略领导者是最佳的内外关系平衡者,无论是组织创新还是战略执行都能有效应对。另外,战略领导者还应具备全球化思维,也就是多文化管理思维。无论在组织中处于何种位置,战略领导者经常需要长时间工作,在工作中还要面对各种不确定性的决策,然而这项工作也为他们提供了更多有吸引力的机会,以及更多追逐梦想的机会。

要点摘录

◆ 安德鲁斯认为,企业总体战略是一种决策模式,它决定和揭示了企业的使命和目标,提出了实现目标的重大方针和计划,确定了企业应该从事的经营业务,明确了企业的经济类型和人文组织类型,并决定了企业应对员工、客户和社会做出的经济和非经济贡献。

◆ 钱德勒认为,战略可以被定义为确立企业的长期根本目标并为实现目标而必须采取的行动序列和资源配置。

◆ 奎因认为,战略是一种模式或计划,它将一个组织的主要目的、政策与活动按照一定顺序结合成一个紧密的整体。

◆ 安索夫认为,战略是连接企业所有活动的共同线索,是实现目标的途径,是一整套用来指导企业组织行为的决策准则。

◆ 波特将企业战略定义为通过定位保持一家企业的独特优势而获得持久竞争力。这意味着这家企业展开了与竞争对手不同的运营活动,或者以不同的方式完成了同类活动。

◆ 明茨伯格采用5个在英文中以"P"开头的词语作为战略的综合定义,即计划(Plan)、计谋(Ploy)、模式(Pattern)、定位(Position)与理念(Perspective)。

◆ 为了实现价值目标,每一个利益相关者都希望在制定企业战略决策时能处于领导地位,由于利益相关者的目标各不相同,在将其引入战略管理过程中必须进行权衡。由于存在潜在的利益冲突,企业必须谨慎对待各利益相关者。

思考题

1. 试列举几种企业战略定义。
2. 企业战略有什么特点?
3. 当代企业战略的特点是什么?

第一篇

战略管理之道

第二章

企业的使命、愿景与价值观

>> 学习要求

- 企业使命
- 企业愿景
- 企业价值观
- 企业战略目标
- 企业社会责任

第一节 概述

1.1 企业使命的概念

企业使命(Mission)是彼得·德鲁克(Peter Drucker)在20世纪70年代提出的。他认为,问"我们的业务是什么?"就等于问"我们的任务是什么?"以此作为一个企业区别于其他类似企业对经营目标的叙述。使命是企业在较长一段时间内最基本的发展方向,反映了企业高层管理者对企业性质和活动特征的认识。使命陈述(Mission Statement)是对企业存在理由的宣言,它回答了"我们的企业是什么?"这一关键问题,明确的使命陈述对于有效地梳理战略目标和制定战略具有重要意义。

初创期的企业其实只有一种创意或信念:新企业可以利用某种技术为客户提供某种价值。这些最初的经营理念就构成了使命和使命陈述的基础。随着企业的不断发展壮大,企业有可能对其初创时的经营理念进行修正,但仍将保留初期理念的合理内核。

企业使命是要说明企业的根本性质与存在理由,阐明企业的宗旨、哲学、信念、原则,根据企业服务对象的性质揭示企业长远发展的前景,为企业战略目标的确定与战略制定提供依据。企业使命是企业对自身和社会发展所做出的承诺,反映其在社会进步和经济发展中应当担当的身份和角色。企业使命不仅应回答企业是做什么业务的,更重要的是企业为什么做这个业务,表明的是企业存在的终极意义和目标。崇高、明确、富有感染力的使命陈述,不仅为企业指明了方向,而且使每一个企业员工都明确了工作的真正意义,激发出内心深处的正能量。

企业使命是企业存在的理由和价值,即回答为谁创造价值,以及实现什么样的价值,具体包括:①客户价值;②利益相关者价值;③社会价值。吉姆·柯林斯(Jim Collins)和杰里·波拉斯(Jerry Porras)建议,为了清楚组织的长期目标,管理者可以先描述性地表述组织做什么,再通过自问"我们为什么做这些"来重复深入探讨组织目的。

1.2 企业使命的内容

企业使命陈述中通常包含企业存在的目的、企业经营的哲学和企业的公众形象三个方面。

(1) 企业存在的目的。即要说明企业是"为了提供某种产品或服务",或是"为了满足客户某种需求",抑或是"为了承担某个不可或缺的责任"而存在的,如果连自己存在的原因和理由都不明确,则说明企业已没有存在的必要了。好的使命陈述能够体现企业产品或服务对客户的效用。

(2) 企业经营的哲学。企业经营的哲学是企业在经营管理过程中的世界观和方法论。它是企业在处理人与人(如雇主与雇员、管理者与被管理者、生产者与消费者、企业利益与职工利益、企业利益与社会利益、当前利益与长远利益)、人与物(如员工与产品质量和产品价值,员工与企业操作规范,员工与技术开发、标准化、定额、计量、信息、计划、成本、奖惩等方面)关系上形成的意识形态和文化。这些关系中形成的哲学观念,一方面与我国民族文化传统有关,另一方面与特定时期的社会生产、特定的国家经济体制、经济形态有关。

企业经营的哲学还包括企业在长期经营中形成的为全体员工所认可的道德标准、行为准则和价值观念等。

(3) 企业的公众形象。企业的公众形象是指社会公众对企业产品和服务的性价比、产品和服务的可靠性,以及企业承诺和社会责任的综合认知和总体反应,是公众基于对企业赢利能力、员工关系、公司治理、投资者关系、消费者关系、商务关系、品牌传播、危机关系、企业社会责任九个方面的直观感受而得出的全部看法和评价。公众形象不是企业本身,而是人们对企业的感觉和认识。

企业的公众形象是企业文化的外部体现,作为一种无形资产,它对提高企业经济效益和推动企业发展具有重要的作用。

1.3 企业愿景的概念

企业愿景(Vision)是对组织未来的美好期盼。愿景陈述会激励人心,获得员工承诺,并且提高组织绩效。它回答的问题是"我们想要实现什么?"柯林斯和波拉斯建议,为了弄清楚这个问题,管理者应该问自己:"如果20年后还坐在这里,我们会希望自己创造或实现了什么?"

企业愿景是根据企业使命,在汇集企业每个员工个人心愿的基础上形成的、全体员工共同心愿的美好远景。因而,愿景是企业关于未来的共识。愿景能激发出强大的力量,使每个员工都渴望能够归属于一项重要的任务和事业,它是企业战略的重要组成部分。这也将使得员工从单调的日常工作中升华,并将他们带入一个充满机遇与挑战的商业世界。

1.4 企业愿景的作用

企业愿景的作用表现在以下十个方面。

(1) 明确企业的定位。知道自己是从哪里来,将往何处去,从而基于自己目前的状况正确定位。

(2) 帮助员工明确企业的发展方向,避免员工在不了解企业前景的情况下开展工作。

(3) 形成战略的依据。使企业各层级管理者及员工都来考虑战略性问题,并达成共识。

(4) 好的愿景体现了客户期望,便于客户了解本企业的追求,塑造客户忠诚。

(5) 塑造良好的公众形象。

（6）保证企业战略目标的一致性。

（7）统一的愿景便于企业将目标转化为组织结构，为企业配置资源、分配任务提供指导。

（8）有助于实行人力资源管理。通过愿景，企业帮助每个员工辨别其是否适合在本企业工作，凡在本企业工作的每个员工都会坚持这个愿景及价值观。

（9）可以有效地分权。愿景为企业的行动及决策构建了总体框架，使企业能够将一部分工作授权给基层管理者和员工，并充分相信他们一定能把工作做好。

（10）能够把握发展和变革的方向。企业愿景概括了企业未来长远的发展目标和核心价值观，为企业指明了方向。它是企业的灵魂，是全体员工的精神归宿，是企业力量的源泉。

1.5 企业使命与企业愿景的区别与联系

企业使命与企业愿景既有区别，也有联系。

（1）企业使命回答的是"企业的业务是什么？"而企业愿景回答的是两个问题：一是"未来企业会发展成什么样？"（即从长远看，企业想要实现的目标是什么？）；二是"引导企业行动的信念是什么？"（即企业的价值观是什么？）

（2）企业使命说明的是企业的根本性质和存在的理由，而企业愿景说明的是在这种企业使命下，企业如何才能做得更好，以及企业在追求成功的过程中所推崇的基本信念和奉行的价值取向。

（3）企业使命决定了企业愿景，而企业愿景又决定了企业战略。先有使命，后有愿景，再有战略。

1.6 企业使命与愿景的构成要素

企业使命与愿景的构成要素有9个，详细表述中都应涵盖，但在简化表述中只要选取2~3个要素即可。

（1）企业的客户。"谁是企业的客户？"这是企业使命首先要表述的，弄清客户在哪儿及其需求，才能开发出满足客户需要的产品和服务。如美国电话电报公司的基本使命是把电话服务普及到每一个美国人，并为公众提供优质的通信服务。

（2）企业的产品或服务。以英特尔公司为例，其致力于为计算机行业提供芯片、主板、操作系统和软件，公司使命就是要成为全世界计算机行业最重要的供应商。

（3）企业的目标市场，即企业力争在哪些目标市场取得竞争能力？

（4）企业技术，即企业能否引领技术发展？

（5）企业生存、发展与赢利的能力，即企业能实现业务增长并获得合理的财务收益以满足股东的要求吗？

（6）企业的价值观念及基本信念。如玫琳凯公司的全部宗旨都基于一条重要原则，即分享与关怀,出于这一原则,人们将愉快地贡献他们的时间、知识与经验。

（7）企业的自我意识。

（8）对企业员工的关注。

（9）企业的公众形象及社会责任。

一个好的企业使命与愿景的陈述应具有如下三个特点。

（1）针对性。企业使命与愿景必须有独特性,反映企业的个性,其界定必须具体、明确。这是因为宽泛的语言表达无法提供实际的战略指导。要想对企业的发展具有价值,就应该做出取舍,从而确定企业的真正兴趣所在。

（2）以客户为中心。消费者的需求在企业使命中应占据重要的位置,它包括三个方面的内容:①客户的需求,也就是需要满足什么;②客户群,也就是需要满足的对象是谁;③应采用的经营模式、技术和开展的活动。企业所采用的技术和开展的活动之所以重要,是因为它们表明的是企业将如何满足客户的需求,以及企业所覆盖的活动是行业价值链的哪些部分。

（3）陈述的文字清晰、简洁、激动人心。尽可能用优美的文字表达企业的使命与愿景。具有鼓动性的企业使命与愿景,一方面可以为企业树立服务社会、服务大众的良好形象;另一方面也可以让企业的员工产生使命感和自豪感,使员工自觉为实现企业使命努力工作。

1.7 企业的价值观

企业价值观(Values)表达的是重要而长久的"核心原则"。这些原则指导组织制定战略、界定组织行为方式。例如,惠而浦公司的价值观是:①互相尊重——我们必须互相信任、视彼此为独立的个体;②诚实正直——我们必须诚实地从事各种业务,永远记住惠而浦公司的长期信条:一件错误的事,永远没有正确的做法;③多元化和包容性——我们必须保持惠而浦员工的多元化和想法的多元性,多元化重视差异,包容性使每个人都得以做出贡献,我们共同创造价值;④团队合作——我们必须意识到自豪感会促使员工相互合作,从而释放出每个人的潜力,获得杰出的成果;⑤必胜信念——我们必须促进一种惠而浦文化,让每个个体和团队都能够达到非凡的成就并以此为荣,进而激发所有人的"必胜信念"。

小　结

使命、愿景和价值观作为一种有效的工具,已经被广泛使用,它们被用于讨论和聚焦组织的基本问题。另外,使命、愿景和价值观体现了组织内部、利益相关者对组织的共同认识,如果各利益相关者对组织的使命、愿景和价值观存在分歧,则组织的长期运行必然会受到影响。

此外,组织的使命、愿景和价值观实质上是组织对社会的承诺,如果组织一直信守承诺,则会树立良好的公众形象,否则会极大地损害其社会信誉。例如,雷曼公司宣称的12条价值观原则,包括"做正确的事""致力于卓越""精明的风险管理",但事实证明雷曼公司所做并非如其所言,最终导致其破产。

明确企业的使命、愿景和价值观的一个好处在于,在制定的过程中,可以发现管理者之间的各种分歧;长期共事并自认为互相了解的管理者可能发现,事实上他们在企业的根本问题上看法迥异。因此,在使命、愿景和价值观上的充分沟通有助于凝聚管理层的精神力量,明确企业的发展方向。企业不能等到出现危机的时候,才对使命、愿景等根本问题进行探讨——这可能会来不及。正确的做法是:企业在初创期就要确定其使命、愿景和价值观,并随着外部环境的变化和企业的发展而不断进行调整。

第二节 企业战略目标

明确的企业使命与愿景回答了企业存在的根本任务,指明了企业未来的发展方向,激发了员工为未来而奋斗的热情,而要将这种抽象的、原则性的描述转化为具体的、可衡量的行动标准,就必须围绕企业的使命与愿景建立战略目标体系。

现实中,不管企业是否使用使命、愿景或价值观陈述,它们都会设定目标。目标(Objectives)是想要实现的特定结果,常常以财务、市场等指标表达。财务指标包括销售额或利润水平、增长率或股票价值等;市场指标包括市场份额、竞争地位等。在全球企业社会责任运动日益被接受的情况下,企业往往还会设定环境目标和社会目标。

目标体系的建立是将企业使命与愿景转化为具体的业绩目标,如果企业使命与愿景没有转化为具体的业绩指标,那么企业使命与愿景的宣言也只是一些空洞的美丽词句。只有企业管理者在每一个关键领域都建立了目标体系,并为达到这些目标而采取了适当的行动,这样的企业才可能会获得较好的结果。

2.1 企业战略目标的概念和作用

战略目标是企业战略的基本内容,其时限通常在3~5年或以上。企业使命与愿景是对企业总体任务的综合表述,一般没有具体的数量特征及时间限定;而战略目标则不同,它是对企业在一段时间内需完成的各项活动的综合计划。战略目标大部分是定量的,也可以有一部分是定性的,如企业竞争地位目标等。

(1)战略目标是企业制订战略方案的基本依据和出发点。战略目标表明了企业在一段时间内的努力方向,体现了企业的具体期望,构成了企业的行动纲领。

(2)战略目标是企业战略实施的指导原则。企业通过战略目标将各项资源和力量集中起来,减少企业内部冲突,提高管理效益和效率。

(3)战略目标也是战略评价的标准,因此,它必须具体和可衡量,以便对目标最终实现进行比较客观的评价考核。

（4）战略目标有助于形成以业绩为主要内容的企业文化，激励员工为实现共同理想而奋斗。

2.2 企业战略目标的要求

企业战略目标的要求包括以下六个方面。

（1）要有挑战性。企业战略目标不能过高，否则达不到；也不能过低，否则不用经过太多努力就可以轻松达到。制定的战略目标要有挑战性，需经过艰苦努力才能达到。

制定恰当的战略目标需考虑：在企业特定的外部条件下，企业的业绩可能达到什么水平？同行业竞争性企业的业绩可能达到什么水平？什么样的业绩水平才能满足股东的要求？企业在内、外力的推动之下可以达到什么水平？最理想状态的目标体系应该能够延伸企业的能力并使企业充分挖掘其潜力，从而开发出更多的组织创造力和能量。

通用电气公司前首席执行官杰克·韦尔奇（Jack Welch）曾经常采用"首先建立大胆的目标体系，然后全力以赴地完成"的战略目标制定方法。韦尔奇对挑战性目标的激励作用深信不疑。他认为，在某种情况下"不可能的目标体系"可以对企业提出挑战，促使员工为完成这一目标而努力。通用电气的管理层认为，给企业提出挑战以及推动企业达到"不可能"的目标，可以提高企业所做出的努力的质量，倡导一种"我能做"的精神并建立员工自信。因此，目标的高度应该高于"能够做到"的水平，挑战性目标的实现需要某种近乎英雄主义的气质。

（2）要有可度量性。为了对战略实施的过程进行准确衡量，战略目标应该是具体的、可度量的。目标必须具体，具体说明将在何时达到何种结果。可度量的战略目标有三个好处：①便于分解。未来的战略目标可以按年度分解为年度目标，然后把年度目标分解为业务单元的目标以及各职能部门、各车间、各班组的目标，这样战略任务才算落实。②便于检查。量化的指标便于比较和检查，即使没有完成，也便于查找原因。③全体员工都明确年度目标及自己应当完成的任务。如此一来，可以激发每个员工的创造性、积极性、主动性，从而为实现这一目标努力奋斗。

要达到上述要求，战略目标体系不仅应该包括长期目标，而且应该建立短期的业绩目标或财务目标。短期目标体系既可以表明企业实现战略目标的进展速度，也可以预示今后几年内企业可以达到的业绩水平，企业的短期目标可以起到里程碑的作用。

对于那些难以量化的指标，也应该用定性化的术语来表述其应达到的程度和时间要求。只有对完成任务的各阶段都有明确的时间要求和定性或定量的规定，战略目标才会变得具体而有实际意义。

（3）设立紧扣竞争优势的核心目标。大多数企业设定的战略目标都包括财务目标。这是因为，企业必须获得足够的利润以满足股东的期望，并用于再投资，否则企业就无法存续。但是，企业的生存和成功还依赖于绩效的其他方面。例如，企业何以区别于竞争对手，如何获得并保持竞争优势等。识别这些紧扣竞争优势的目标，并通过绩效对其加以监督就变得十分重要。例如,瑞安航空(Ryanair)这样的低成本航空公司,设定了转机时间这一核心目标,因为转机时间是其低成本优势的关键所在。

(4)系统性。在大型企业中,总公司(或企业集团公司)的战略目标与下属各子公司的战略目标、一级子公司内部职能部门的战略目标必须一致,不允许出现各子公司随意制定战略目标的现象。母子公司战略目标必须保持同步、协调,要有系统性、层次性。

为保证母子公司之间或公司与业务部门之间的战略协调性,可以采用自上而下的战略制定方法。先建立整个公司的战略目标体系,然后在业务单位、分公司、职能部门和经营单位建立相应的战略及财务业绩指标,并使这些业绩目标同公司的战略目标建立直接联系。这种自上而下的战略目标制定方式有两个优势:第一,它有助于在组织内部各个部分的目标和战略之间创造协调一致性;第二,它有助于将公司沿着既定战略路径前进所做出的努力统一起来。

(5)要有可接受性,明确而易于理解。企业战略目标的实施主要是通过企业内部和外部的各利益相关者群体完成的,因此,战略目标首先必须能为他们所理解。不同的利益相关者往往有互不相同且经常是冲突的目标,例如:股东追求利润最大化,员工看重薪酬待遇,管理者希望拥有权力和威望,客户渴望获得高质量的产品和服务,企业必须尽力满足所有利益相关者的要求。如果战略目标表述明确、言之有物、不易产生误解,则易于被各利益相关者接受。

(6)要有相对稳定性及动态性。当企业内外部环境发生重大变化时,企业的战略目标应相应调整。

2.3 企业战略目标的内容

企业战略目标的内容包括以下十个方面。

(1)盈利能力。企业经营效果在很大程度上表现为一定的盈利水平,它通常以利润、资产报酬率、所有者权益报酬率、每股平均收益、销售利润率等指标来表示。

(2)生产效率。它经常用投入产出比率、年产量等指标来表示。有时也会把产品成本降低率、产品质量、废品率等指标作为生产效率指标来分析。

(3)市场竞争地位。企业经营效果的表现之一是企业在市场上竞争地位的提高,通过市场占有率、总销售收入、客户满意度、企业形象等指标来体现。

(4)产品结构。反映产品结构的指标通常有产品线的宽度与深度、企业新产品产值占总产值比例、新产品销售额等。

(5)财务状况。企业财务状况是企业经营实力的重要表现。它通常以资本构成、流动资金、红利偿付、固定资产增值、总成本、收益增长等指标来表示。

(6)企业的建设和发展。它通常包括企业生产规模、生产能力等指标。

(7)企业技术水平。企业在未来战略期内应在技术上达到什么水平,这往往是企业战略目标的重要内容。企业必须从现在行业中的实际技术水平出发,决定在未来时期内的技术状态。这方面的指标包括应完成创新项目数、新产品开发速度等。

（8）人力资源开发。企业的发展依赖于企业员工素质的提高。因此，应注意对企业员工的培训、为员工提供良好的发展机会，这方面的指标包括企业员工培训人数和培训费用等。

（9）员工福利待遇。企业员工的福利待遇对员工满意度有直接的影响，同时，员工福利待遇往往也是衡量企业经营效果的一个指标。因此，改善企业员工福利待遇也应成为企业战略目标的一部分。

（10）社会责任目标。企业作为社会的组成单位，还需要考虑除消费者之外的相关利益者。企业的社会责任包括两个层次：第一个层次是与企业生产有直接关系的利益相关者，如员工、供应商、消费者、股东；第二个层次是与企业生产有着间接关系的利益相关者，包括各级政府机构、各种社会团体组织、所在社区乃至整个社会。

第三节　企业社会责任

确定和修订企业使命时，战略管理者必须意识到企业利益相关者的合法权益。利益相关者不仅包括股东和员工，还包括企业活动涉及的其他外部人员。这些外部人员通常是客户、供应商、政府机构、工会组织、竞争对手、所在社区。每个利益群体都有充分的理由期待甚至要求企业以负责任的态度满足他们的需求：股东要求获取相应的投资回报；员工需要从工作中得到满足感；客户希望货真价实；供应商寻求可靠的购货方；政府机构关注企业是否遵纪守法；工会组织为会员谋求利益；竞争对手希望公平竞争；社区需要企业对居民负责。

为此，公司需要采取以下几方面的措施。

（1）识别利益相关者。显而易见，不同企业的利益相关者群体在数量、规模、影响力及重要性上均有所不同。战略管理者必须能够识别不同的利益相关者，并权衡他们的权利，评估他们对企业成功的相对影响力，这样才能准确给企业定位。

（2）了解利益相关者对企业的特殊需求。战略决策者必须了解每个利益群体的特殊需求，之后才能更好地采取行动以满足这些需求。

（3）接受这些要求并确定优先顺序。不同的利益群体之间常产生冲突。例如，政府和公众倾向于限制企业获利，而获利恰恰是多数债权人和股东的要求。因此，在企业使命中需协调各方的需求，以解决存在的冲突和矛盾。企业使命须清晰、全面表述其实现途径，以便企业内部能明确并坚持某一目标和战略。

每一家企业都会面对成百上千的要求，涉及工资、环境保护、工作安全、产品质量、社区服务、就业机会、投资回报等。虽然大多数要求甚至所有要求都必须得到满足，但是其重要性各不相同。企业必须对它们进行优先权排序并在人力、财力上合理分配相关资源。

（4）协调这些要求与企业使命中其他要素之间的关系。所有利益相关者的要求加总就成为制定企业使命时的一组主要输入信息，这些信息有的与企业使命相吻合，而有的与企业使命中的某些要素相冲突，因此，企业必须协调好企业社会责任与企业使命各要素之间的关系。

3.1 企业社会责任的类型

在战略规划中，通常需要考虑四种类型的企业社会责任。

（1）经济社会责任（Economic Responsibilities），是以合理的成本向社会提供产品和服务，还包括向员工提供较好的薪酬、向政府缴纳税款。

（2）法律社会责任（Legal Responsibilities），是商业运作应遵守所在国家的法律规范。例如，与消费有关的法律、与环境保护有关的法律等。

拓展阅读 2-1　安然破产案

总部设在美国得克萨斯州休斯敦的美国安然公司，在 2001 年破产之前是世界上最大的电力、天然气、纸浆、造纸和通信公司，它曾被命名为"美国最具创新力公司"，并连续六年被美国《财富》杂志评为"美国最佳 100 家公司"，2000 年安然的收益为 1 010 亿美元，是当时美国的第七大公司。

安然公司的破产原因在于安然总部三名高管故意策划的会计造假。Kenneth Ley，Jeffrey Skilling 和 Andrew Fastow 都因共谋、证券欺诈、虚假陈述以及内幕交易被判长期监禁。

据法庭听证会上透露的消息，安然公司的利润和收入绝大部分来自特殊的关联交易，而公司的大多数债务和亏损则没有在其财务报告中披露。该丑闻一向公众披露，安然公司的蓝筹股价便从每股 90 多美元跌到了几美分。安然公司的会计审计公司安达信则因销毁与安然公司有关的文件被控妨害司法罪，公司被迫停止上市公司的审计活动，其声誉遭到了无法弥补的损害。

资料来源：作者根据相关资料整理。

（3）道德社会责任（Ethical Responsibilities），是企业遵守正确合理的商业行为道德规范。道德社会责任超越了法律规范，因为通常情况下，法律只是道德的底线。例如，生产和销售香烟是合法的，但考虑到吸烟对健康的严重危害，许多人认为继续销售香烟是不道德的。

（4）慈善社会责任（Philanthropic Responsibilities），是企业自愿承担的社会责任，包括支持公益目的的公共关系活动、成为良好的企业公民等。参与慈善社会活动可以提升企业及其产品和服务的形象。总体而言,企业承担经济和法律社会责任是必需的,承担道德社会责任是被期待的,承担慈善社会责任是自愿的。

3.2 企业社会责任与企业战略和绩效

从成本—效益分析的功利主义道德观来看,企业的很多社会责任活动可以收到很好的绩效。一些企业的社会责任活动不涉及成本开销。例如,美国最大的非政府食品发放组织——Social Harvest 从食品制造商和零售商那里获得捐赠,而事实上这些食品即使不赠予该组织,也会因过期、仓储问题或者标识错误而被丢弃。Social Harvest 在过去十年里已经发放了超过 20 亿磅食品。

企业参与慈善活动过去常被视为企业承担社会责任的主要表现,但现在并不需要花费企业的大量费用,原因在于这些活动可以帮助企业获取税收优惠,此外还可以帮助企业建立良好的社会形象,其中一些还能提升企业声誉。

企业通过将企业战略与企业社会责任结合在一起甚至可以节省开支,从而提高企业收益。SET 实验室用爆米花取代聚乙烯颗粒,可以更好地保护环境,同时将相关费用降低了 60%。当今社会,将企业战略与企业社会责任结合在一起的机会越来越多了。

相关研究表明,从长远来看,由企业形象的提升和良好声誉的维护带来的收益远远超过了企业参与社会责任活动的成本。企业形象和良好声誉作为一种无形资产,会给企业带来良好收益以及在突发事件中显示出价值。例如,在 1982 年泰诺药品的氰化物中毒事件中,因为强生企业在此之前已经建立了良好的社会责任信誉,所以公众很容易就接受了该企业对事件的处理以及对药品安全所做的承诺。因此,尽管强生企业花费了 1 亿美元才召回所有可能遭到污染的药品,但还是将业务损失降到了最低。

拓展阅读 2-2　当代企业社会责任的三个趋势

环境保护主义的兴起　1989 年 3 月,埃克森石油公司的瓦尔迪兹子公司在威廉王子港发生了原油泄漏事故,泄漏石油量达到 1 100 万加仑,污染了数公里的海洋和海岸线,在全世界范围内引起了对生态环境的热切关注。瓦尔迪兹原油泄漏事故发生 6 个月后,环保责任经济体联盟(Coalition for Environment Responsibility Economies,CERES)宣告成立,旨在为那些愿意承担环保责任的企业设立新的目标。该组织起草了 CERES 准则,目的是"建立一种道德标准,投资者和其他人可以用这个标准来评估企业绩效。如果企业认同这些准则,就必须约束自身行为,以高于法律所要求的标准采取积极行动"。

买方权利的提升　消费者越来越倾向于从承担社会责任的公司购买产品:相应的消费者运动组织支持并促成了这一行动。例如,经济优先权委员会(Council on Economic Priorities)等组织通过其出版物《为新世界而购买》帮助消费者决定购买哪些产品。该出版物提供了生产2 000多种产品的191家公司的社会责任信息。经济优先权委员会还出资设立"企业道德奖",表彰那些具有社会责任感的企业。

公众不仅通过消费支持那些履行社会责任的企业,也通过投资来支持它们。社会责任投资分为两种:导向型组合投资与股东积极行动。导向型组合投资以道德标准为指南,针对股票、债券和共同基金进行投资。而股东积极行动常常为提升某特定企业的社会绩效而对该特定企业进行投资,通过投资,他们争取与企业高层对话的机会以获得企业的社会责任承诺。如果这些行动无法达到预期目标,他们就会在企业年会上提出方案并进行表决,公开问题,吸引公众注意,从而实现企业行为的改变。虽然股东积极行动的参与者数量较少,但取得的成绩不容小觑。目前仅仅在美国,就有35种以上从事社会责任投资的共同基金。

企业全球化 包括企业社会责任在内的管理问题,随着企业跨国经营变得越来越复杂,在一元文化中,对什么因素构成一个负责行为都很难形成一致意见,更不要说建立一个跨文化的共同价值观了。除了文化差异,跨国企业社会责任面对的障碍还包括有关企业披露的做法不尽相同、财务数据和报告方法不一致,以及跨国的社会责任研究机构的缺乏。尽管存在这些问题,企业社会责任在全球仍然不断被接受和发展。

资料来源:作者根据相关资料整理。

拓展阅读2-3　社会审计

社会审计(Social Audit)的目的是衡量企业实际社会绩效与社会目标之间的差距。社会审计可以由企业自行完成,但是,同财务审计一样,由外部咨询机构进行审计可以最大限度地保证公正性。

精心、准确地监督和评估企业社会责任活动是很重要的,这不仅因为企业想确保按计划实施社会责任政策,也因为企业社会责任活动本身就应该接受公众监督。为确保企业的社会责任活动取得良好进展,有必要对其绩效进行社会审计。

社会审计完成后,企业就可以根据自身目标和处境,将结果对内公布,或者向外界发布。一些企业在年度报告中囊括所有有关社会责任活动的内容;一些企业选择定期向社会公布。几乎所有《财富》500强企业都会在年度报告中公布社会绩效信息。

社会审计的用途也不仅限于监督和评估企业社会绩效,管理者也运用社会审计来监控外部环境,以找出企业劣势,并在企业内部将社会责任制度化。另外,公益性团体和媒体也会对那些声称要承担社会责任的企业进行严密监督,看它们是否言行一致。

资料来源:作者根据相关资料整理。

3.3 企业社会责任的有关争论与全球企业社会责任运动

围绕企业是否存在服务于股东利益之外的社会责任,实际上存在长达一个多世纪的争论。以诺贝尔经济学奖获得者米尔顿·弗里德曼(Milton Friedman)为首的学者认为,利润最大化是企业管理层的唯一合法目标。但在过去20年中,争论朝着支持企业社会责任的方向发展,许多企业中出现了利他主义的倾向,越来越多的管理者认识到了企业声誉的价值,并了解到企业社会责任并不必然与利润相冲突。

关于企业社会责任的财务效果有大量的实证研究,一些研究认为二者之间存在正向关系;另一些研究则表明二者不相关或存在负向关系。但总的来说,得到正向相关的研究居多,这些研究表明,企业社会责任对企业的财务绩效有正向的影响,这种影响主要通过企业的声誉效应而实现。

自2001年比尔·福特担任福特汽车公司首席执行官以来,试图弱化公司的功利性,他指出"优秀的企业提供优质的产品和服务,而伟大的企业除此之外,它们还努力使世界变得更美好"。福特的行为是企业社会责任的体现,不管是出于利己主义、利他主义、战略优势还是政治利益,企业社会责任目前已被管理者广泛接受,并日益成为他们角色的一部分。

然而,另有研究指出,尽管企业承担社会责任的观点正逐渐变得更有吸引力,但存在的风险是,管理者和员工的注意力可能会因为过多地关注社会责任而从核心业务上移开。目前,仅仅关注利润的观点已经受到强烈抨击,因此,问题不在于企业是否需要参与承担社会责任的活动,而在于如何参与这些活动,大多数企业面临的挑战是如何在资源约束的情况下实现社会责任项目的社会利益最大化。

有明确证据显示,企业社会责任活动对企业提高声誉大有裨益。对于某些企业来说,企业社会责任可以是一个吸引、保留和开发人才的手段。普华永道企业的尤利西斯项目就是公益性的领导力开发项目,这一项目将普华永道团队输送到发展中国家,运用他们的知识和技术来应对复杂的社会和经济挑战。对于普华永道公司而言,尤利西斯项目为利益相关者提供了一个明确的信念:企业将致力于使世界变得更美好。

3.4 成功的企业制定社会责任战略的五原则

约翰·A. 皮尔斯二世(John A. Pearce Ⅱ)提出了成功的企业制定社会责任战略的五原则:

1. 识别长期可承受的目标

最值得关注的社会挑战包括贫困、疾病、受教育程度低和环境恶化。企业致力于其中任何一个问题,都能够在社会中产生很大影响。另一方面,着手小的项目,取得阶段性成果也非常重要。例如,解决贫困问题是一个有价值的目标,但显然应该从一个小的区域着手。

雅芳企业长期致力于解决一个明确的社会问题。1929年,雅芳企业在英国开始了"抵抗乳腺癌运动",该运动目前已扩展到全球50个国家和地区。雅芳企业为此向全世界的乳腺癌研究机构赞助了超过3亿美元的资金。另一个卓有成效的例子是IBM公司的教育公益项目,自1994年以来,IBM公司和非营利的学校合作方在世界范围内就创新技术在教育中的实施开展了合作,取得了良好的社会效果。

2. 以自身的竞争优势服务于社会目标

利用企业自身的核心竞争优势往往也是企业服务于社会责任领域的好做法。联合利华企业曾表示,"我们将社会责任感视为经营的一部分,也是我们核心能力的一部分"。IBM公司也持同样的想法,作为教育改造项目的一部分,企业贡献财务资源、研究人员、教育专家和技术以寻找新的途径来推动和促进基础教育学校的重建和广泛的系统性变革。IBM公司的技术、系统建设的专业技能以及提供系统性解决方案的能力能够帮助教育行业的客户应对更广泛的挑战。

3. 向大型目标提供专门服务

在大规模项目中做出特殊贡献的企业能够产生最大的社会影响,如果某些举措能吸引其他公共、私人或非营利组织也同样热衷参与,那么,投身于这类举措的企业所能产生的影响就超越了本身有限的范围。

美国饥饿救援组织"喂养美国"(Feeding America)是一个专门从事美国食品援助项目的组织,该组织在全美范围建立了处理捐赠食品的加工场所。食品包装巨头ConAgra企业与美国饥饿救援组织建立伙伴关系,使食品捐赠和分配过程更有效率。

4. 重视政府的影响

一般而言,政府对企业参与社会责任活动持支持的态度,或至少愿意为此消除障碍。政府常常通过提供税收优惠、权利保护或其他形式的直接或间接支持推动企业践行社会责任行为。

家得宝企业和慈善之家的合作关系得到美国住房和城市发展部的积极支持,支持的形式包括下发正式文件、提供物流设施等,这使得家得宝的社会事业发展一路畅通无阻。

5. 对各种收益进行组合与评估

社会责任活动的总绩效包括社会贡献和企业的社会影响等方面。在消费者、员工、监管者和其他利益相关者中建立良好的声誉是通过真正的承诺而非一时兴起而获得的。

3.5 企业社会责任战略的未来

企业社会责任已成为企业战略的重要组成部分。如果管理适当,企业社会责任能够提升企业的声誉。但是因为企业的资源和能力有限,过高的社会责任要求会超过自身能力。管理层面临的挑战是如何既承担企业对所有利益相关者的责任,同时又为股东赢得合理的回报。

企业需要审视其在社会责任方面做出的努力,避免它们模糊了企业的总体战略目标。通过制定明确的企业社会责任战略,协调并支持该战略的各项活动,企业既能对社会公益做出贡献,又能实现财务和市场目标。研究表明,企业通过合作的方式能够更有效地承担企业社会责任,通过皮尔斯二世提出的五项原则,企业能够长期致力于精心选定的企业社会责任活动,同时又对其他利益相关者负责。

要点摘录

◆ 使命陈述(Mission Statement)是对企业存在理由的宣言,它回答了"我们的企业是什么?"这一关键问题,明确的使命陈述对于有效地梳理战略目标和制定战略具有重要意义。

◆ 企业使命不仅应回答企业是做什么业务的,更重要的是企业为什么做这个业务,表明的是企业存在的终极意义和目标。崇高、明确、富有感染力的使命陈述,不仅为企业指明了方向,而且使每一个企业员工都明确了工作的真正意义,激发出内心深处的正能量。企业使命是企业存在的理由和价值,即回答为谁创造价值,以及实现什么样的价值,阐明企业的宗旨、哲学、信念、原则。

◆ 企业使命陈述中通常包含企业存在的目的、企业经营的哲学和企业的公众形象三个方面。

◆ 企业愿景(Vision)是对组织未来的美好期盼。愿景陈述会激励人心,获得员工承诺,并且提高组织绩效。它回答的问题是"我们想要实现什么?"柯林斯和波拉斯建议,为了弄清楚这个问题,管理者应该问自己:"如果20年后还坐在这里,我们会希望自己创造或实现了什么?"

◆ 企业价值观(Values)表达的是重要而长久的"核心原则"。这些原则指导组织战略、界定组织行为方式。

◆ 明确的企业使命与愿景回答了企业存在的根本任务,指明了企业未来的发展方向,激发了员工为未来而奋斗的热情,而要将这种抽象的、原则性的描述转化为具体的、可衡量的行动标准,就必须围绕企业的使命与愿景建立战略目标体系。

◆ 战略目标表明了企业在一段时间内的努力方向,体现了企业的具体期望,构成了企业的行动纲领,它是企业制订战略方案的基本依据和出发点。

◆ 围绕企业是否存在服务于股东利益之外的社会责任,实际上存在长达一个多世纪的争论。以诺贝尔经济学奖获得者弗里德曼为首的学者认为,利润最大化是企业管理层的唯一合法目标。但在过去20年中,争论朝着支持企业社会责任的方向发展,许多企业中出现了利他主义的倾向,越来越多的管理者认识到了企业声誉的价值,并了解到企业社会责任并不必然与利润相冲突。

思考题

1. 什么是企业的使命、愿景和价值观?它们之间有什么联系?
2. 企业使命与愿景的构成要素有哪些?
3. 企业战略目标的制定有哪些要求?
4. 成功的企业制定社会责任战略的五原则是什么?

本章附录

战略之道：创造客户价值

德鲁克认为，"客户规定企业"。一个企业不是由企业名称、制度或各项程序来规定的，而是由客户购买一项商品或服务时所满足的需要来规定的，因此，企业所有战略必须围绕"为客户创造价值"这一原点出发。德鲁克在《管理：任务、责任和实践》一书中通过"谁是我们的客户""我们的客户在哪里""客户购买什么""我们为客户提供什么样的价值""我们的企业是什么""我们的企业将是什么""我们的业务应该是什么"完美地阐释了"如何在当下以及将来实现客户价值"这一企业的"战略之道"。

德鲁克指出，"什么是企业"是由客户决定的。客户对一种商品或一种服务有付款意愿，才能使经济资源转化为财富，使物品转化为商品。企业自己打算生产什么，并不具有十分重要的意义；相对而言，客户想要购买什么，他认为有价值的是什么，这才有决定意义——它决定着什么是企业，企业应该生产些什么，以及企业是否会兴盛和发展壮大起来。而且，客户所购买的，绝不是"一件产品"，而始终是"效用"或"价值"，即一件产品或一项服务可以为客户带来什么。然而，客户认为有价值的，绝不是显而易见的——这正是企业所要探求的"战略之道"。

拓展阅读 2-4 "我们的企业是什么"——从来就不是显而易见的

似乎没有什么比"弄清一家企业是什么"更简单或更显而易见的了。钢铁厂制造钢铁，铁路企业用铁路运载客、货，保险企业承保祸险，银行发放贷款。可事实上，回答"我们的企业是什么"几乎总是一个困难的问题，而且正确答案绝不是那么容易就可以找到的。最早和最成功的答案是西奥多·韦尔（Theodore Vail），大约在一百多年前为美国电话电报公司做出的，他认为企业的使命是"从事电信服务"。这一使命要求企业管理者制定这样一种政策：任何地方只要有需求，企业就要提供服务，这一使命也意味着要经常向全体员工灌输为服务献身的精神，同时还意味着要重视研究和技术方面的领先地位。

韦尔的上述"使命陈述"，为他所在的企业使用了 66 年之久，一直到 20 世纪 60 年代后期，美国电话电报公司都把自己界定为电信服务商，这很可能是对"我们的企业是什么"这一问题的答案中，持续时间最长的一个。与此形成对照的是，美国铁路公司从来就没有深入思考过自己的使命，这肯定是该企业自第一次世界大战以来就陷入永久危机并一直深陷其中的一个主要原因，同时这也是该企业几乎完全失去公众支持的一个主要原因。

他花费了他多年的时间才给出了这一答案,并且在他刚给出这个答案时,并不被视为十分"正确"或"重要",甚至在整个企业内部遭遇了强烈反对——韦尔本人甚至因此被解雇。十年之后,当企业痛苦地承受因无视上述答案所产生的各种后果时,即当企业在没有明确界定自己的目的和使命的情况下展开经营,并为此陷入严重危机而受到政府接管威胁时,他才又被请了回来。

可以说,寻找"我们的企业是什么"这一问题的答案,是高层管理者的首要责任。事实上,要判断某项具体工作是否属于高层管理者的工作,一个可靠的办法就是问一下"从事该项工作的人是否同这一问题的答案有关,或负有回答这一问题的责任"。战略管理的目的正是确保这一问题得到应有的注意,确保这一问题的答案具有意义,并使企业能够为其发展道路做出规划和确定发展目标。

企业遭遇挫折和失败的最重要原因,也许就是很少对企业的宗旨和使命给予足够的思考。相反,在美国电话电报公司和西尔斯公司这样的杰出企业中,其成功在很大程度上就是因为有意识地提出了"我们的企业是什么"这一问题,并在深思熟虑之后明确地回答了这一问题。

资料来源:作者根据相关资料整理。

从界定企业的宗旨和使命的角度来看,"我们的企业是什么"这样的问题出发点只有一个,即客户,是客户界定了企业的使命。满足客户的需求或者实现客户的价值,就是每个企业的宗旨和使命。因此,"我们的企业是什么"这一问题,只有从外部、从客户、从市场的角度来看,才能找到答案。

企业管理者必须将"客户在某一特定时间怎么看、怎么想、怎么认为以及需要什么"视为一种客观事实,而且像对待财务报表那样认真。并且,企业必须有意识地努力从客户本人那里获得答案,而不是试图猜测客户的意图。

企业管理者总是认为自己的企业或服务是重要的,这当然是可以理解的。如果他不这样认为,那么他肯定做不好工作。但是,对客户来讲,没有什么产品或服务,也没有哪一家企业是特别重要的。企业的管理者总是认为客户会花费许多时间来讨论他们的产品——事实上并非如此。客户想要知道的,只是特定的产品或服务能为他带来些什么;他所关心的,也只是自己的价值观念、自己的需求和自己的现实。

因此,任何真正试图回答"我们的企业是什么"这一问题的努力,都必须从客户,从客户的实际、客户的地位、客户的行为、客户的期待和客户的价值观念出发。

1. 谁是客户

在界定企业的宗旨和使命时,"谁是客户"是首要而关键的问题。这并不是一个容易回答的问题,更不是一个显而易见的问题。如何回答这一问题,在很大程度上决定了企业的使命如何以及企业如何界定自己的业务。

韦尔认为公司的服务对象是两类客户——电话用户和各个州政府的管理机构。公司需要为上述双方提供服务,并且使双方都得到满足。但是,这两类客户有着极为不同的价值观念,且有着极不相同的行为。

由于早期计算机主要用于科学计算,在当时,IBM 公司认识到,要做成一笔买卖,必须同时具备以下两个条件:使用电子计算机的人(会计和财务等)想要购买,而企业的管理者也想要购买。所以,从一开始,IBM 公司就面向上述两个群体进行销售,而且还深入思考每一群体到底想要什么、需要知道什么、如何看待产品的价值以及如何才能接近他们。

2. 客户在哪里

研究"客户在哪里"这一问题也很重要。西尔斯公司在 20 世纪 20 年代取得成功的秘诀之一,就是该企业先于其他企业发现原来的客户现在已经在别的地方了:农民由于拥有了汽车,已开始进城购买商品。这让西尔斯公司认识到(比绝大多数其他美国零售商几乎早了 20 年):零售店的位置是个重大的企业决策,它甚至会决定性地影响"我们的企业是什么"。

美国的银行也提出了"客户在哪里"这一问题,而这一问题一经提出,就会很清楚地发现:原来银行的客户——那些美国企业,正在成为跨国公司,因而有必要在全世界的许多地点,而不只是在纽约或旧金山的总部为它们提供服务。

3. 客户购买什么

传统上,凯迪拉克公司认为自己是造汽车的。但是,在 20 世纪早期,那个花 7 000 美元买一部新的凯迪拉克汽车的人,是为了买一种交通工具还是主要为了取得声望?凯迪拉克公司是否在同雪佛兰公司、福特汽车公司、大众汽车公司竞争?在 20 世纪 30 年代的萧条时期,出生在德国的佛列得·费舍尔(Fred Fisher)成为凯迪拉克公司的总裁,他指出,"凯迪拉克汽车是在同钻石和貂皮大衣竞争。凯迪拉克汽车的买主,购买的不是一种'交通工具'而是一种'地位'"。这一回答在凯迪拉克公司正趋于衰落时挽救了它,也使其在大约两年的时间里得以快速成长。

4. 客户价值

与企业的宗旨和使命有关的最后一个问题是"本企业产品或服务给客户带来的价值是什么"。这可能是最重要的一个问题。原因之一是管理者以为自己知道这一问题的答案,即价值就是企业自己所界定的质量,但是这几乎永远是一个错误的答案。

几乎毫无例外地,所有客户都是从他们自己的立场出发做出理性的购买行为。客户所购买的,从来就不是产品本身,客户所购买的是对一种需求的满足,他购买的是一种价值。所以,企业认为有"质量"的东西,可能并不一定有"价值"。

在欧洲共同市场的早期,有两位年轻的欧洲工程师,利用几百美元、一部电话机和摆满整个书架的电子零部件制造商名录,开设了一家小型事务所。在十年内,他们建成了一家大型的、获利甚多的批发企业。他们的客户,是继电器和机器控制器等电子设备产业的工业用户,这两个年轻的工程师并不制造什么东西,他们所供应的零部件,通常可用较低的价格直接从其他制造商那里获得。但他们使客户可以免去寻找合适的零部件这项费时、费力的工作。客户只要告诉他们所需设备的种类、制造商、型号和需要更换的零部件,他们立刻就能确定客户所需要的到底是哪种零部件,而且还知道其他制造商的哪些零部件也能用于这种用途。因此,这两个年轻人能够给客户提供及时的服务,而他们自己的库存量却很低。对客户来讲,专业知识和迅速的服务就是价值,他们非常愿意为此而支付溢价。在这个例子中,该企业的业务不是电子零部件,而是"情报与信息"。

"企业的价值是什么"这一问题并不简单,以至于只能由客户自己来回答。企业管理者最好不要只是去猜测这些答案,而应该通过对客户的系统调查来证实自己的猜测或者直接获悉这些答案。

5. 企业使命——我们的企业是什么

在清楚"谁是我们的客户""客户在哪里""给客户创造何种价值"之后,便可以回答"我们的企业是什么"这一关键问题了(如本章第一节所述,"我们的企业是什么"就是企业使命)。

通用汽车公司在20世纪初期的成功,就是由于该公司明确回答了"我们的企业是什么"。当阿尔费雷德·斯隆(Alfred Solon)在1920年出任通用汽车公司的总裁时,公司正处于严重的困境之中,几乎难以为继。斯隆对通用汽车公司的宗旨和使命所做的界定以及由此出发制定的战略和确定的组织结构,使得通用汽车公司在三年或更短的时间里,在汽车市场上赢得了领先地位并获得了很高的利润。

不要等到一个企业陷于困境时才正视这一问题,否则是一种不负责任的管理。实际上,应该在企业的初创时期就明确这一问题,或者说,企业的使命或战略管理应贯彻企业发展的始终。

6. 我们的企业将来会是什么

德鲁克指出,对"我们的企业是什么"这一问题的回答中,即使是最成功的答案,也会有过时的一天。

韦尔的答案,维持了逾半个世纪。但是,到20世纪60年代后期的时候,他的答案很明显已经不再适用了。电话系统已经不像"韦尔时代"那样有一种天然的垄断权了,其他通信渠道正在迅速出现:把电话界定为传递有声信息的工具这一传统定义,已经不合时宜了。这是因为,一方面,通过电话线传递的信息量正在迅速增长;另一方面,随同声音一起传递图像在技术上越来越具有可能性。环境的变化,迫切要求对韦尔的简明、精彩的界定重新进行分析和修正。

20世纪20年代早期,当斯隆担任通用汽车公司总裁的时候,他对"通用汽车公司的事业"这一问题所做的出色的回答也维持了很长一段时间,直到第二次世界大战及战后的恢复时期,这一界定始终被沿用,但是大约到了1960年的时候,这一答案已不再恰当。但通用汽车公司并没有重新提出这一问题,他们也没有看出重新思考这一问题的必要性。可以说,这是导致客户对通用汽车公司不满,以至于它未能在世界汽车市场上继续取得领先地位的重要原因。

德鲁克认为,关于企业的宗旨和使命的界定,很少有维持长达30年的,更不用说50年了。一般而言,往往只能维持10年。因此,管理者在提出"我们的企业是什么"时,必须增加这样的问题,即"我们的企业将来会是什么"。这一问题要求我们回答:未来哪些变化可能对我们企业的特点、目的和使命产生重大影响?我们现在应该如何把这些预测应用到企业目标和工作安排中去?

7. 我们的业务应该是什么

"我们的业务应该是什么"这一问题,意味着"为了实现企业的宗旨和使命,存在着哪些机会或者可以创造出什么机会,以便把现有业务改造成为不同的业务"。

IBM公司一直把自己的业务界定为数据处理。1950年之前,这意味着生产穿孔卡这一设备。当电子计算机出现时,IBM公司对这种新的专业知识并不熟悉,但IBM公司适时提出了"我们的业务应该是什么"这一问题,结果发现:今后的数据处理必然意味着电子计算机,而不是穿孔卡。当然,这一问题在互联网时代又会有不同的含义。

那些未能提出这一问题的企业,很可能会丧失重要机会。自20世纪初期以来,美国的人寿保险行业一直把它的业务界定为"向美国家庭提供基本投资和财务保障"。一直到第二次世界大战期间,人寿保险单的确是实现这一目的的最好手段。但是,自从第二次世界大战以来,大多数美国人的收入除了支付适当的人寿保险金,还有富余。在第二次世界大战以前,对于美国中产阶级来讲,人寿保险是仅次于家庭住房的投资项目,而现在已经下降到第三位或第四位,并且还在继续下降。美国中产阶级的新储蓄越来越倾向于投入到共同基金和养老基金中去,而不是人寿保险业。但是很少有寿险公司提出"我们的业务现在应该是什么"。

拓展阅读 2-5　"消费者画像"——业务设计师的强大工具

消费者画像是以真实人类行为和动机为基础的,对理想用户或最终原型用户的具象化表现。体现用户群的画像的来源是市场调研,而不是固有假设。通过创作画像,设计师可以与用户建立联系,产生同理心,更积极地站在用户的角度审视产品和服务问题。

在设计过程中,除了用户画像,业务设计师还需要考虑其他两种画像:购买者画像和边缘使用者画像。购买者画像,指的是那些做出购买决定,却不一定使用产品或服务的人群。这是因为,在不少采购活动中,购买者和使用者是分离的,例如在飞机购买过程中,购买者会考虑载客量、维护成本、飞行范围、燃料效益等因素,而乘客则不会考虑这么多。在面向儿童的产品或服务中,也会出现购买者和用户的差异,例如家长作为购买者,会考虑儿童的安全、购买成本等,而儿童使用者则通常不会考虑上述因素。

此外,业务设计师通常会制作购买者画像和边缘使用者画像,以便区分主要目标人群和边缘使用人群。例如,某款高端数码单反相机的目标人群是专业用户和摄影师,对于这款相机而言,购买者画像主要描述专业用户,而边缘使用者画像则描述业余用户。边缘使用者画像有时还用于偶发情况,它将影响用户的偶发性体验。

对于设计师来说,消费者画像是界定问题的基础。设计师经常会有意无意地根据工作经验和行业知识来对用户群体进行推断和设想,而画像的作用就是帮助设计师避开自我参照,从用户角度看问题。

消费者画像的另一个好处来源于边缘使用者画像:决定边缘情况是否重要是设计过程中的一个常见难题,而边缘使用者画像给大家提供了一个参考,让设计过程更为高效。

创作消费者画像的第一步是确定和选择一组用户作为研究对象。只有选对了细分市场中的用户,才能获得有用的消费者洞察。在实际工作中,产品经理一般都是通过二手研究和内部记录或者通过小规模研究来建立多个消费者画像的。

创作消费者画像的第二步是收集信息。在理想的情况下,研究者通过民族志和用户访谈等初步研究来收集和整合实际人群及体验信息,然后创作画像。人类学研究可以通过多种方法来收集信息,常用的方法包括用户访谈、观察性研究、用视频记录用户使用产品的过程及用照片记录环境等。访谈可以把用户遇到的问题及深层原因暴露在我们面前,通过访谈,设计师可以了解用户试用产品的动机及使用体验。但是,单靠反馈是不够的,因为用户常常意识不到自己的需求。同时采用多种方法,可以更全面地了解用户需求,例如观察性研究和视频记录。这些方法是可靠的分析手段,将行为反馈和用户问题展现在我们面前。

创作消费者画像的第三步是整合信息研究,根据常见用户问题将信息分类。第四步,设计团队对研究记录进行整理。对相似的问题进行整合,找出主要显性特征和共有特征,最终创作出一系列消费者画像。

资料来源:MICHAEL G.LUCHS., K.SCOTT SWAN and ABBIE GRIFFIN. Design Thinking: New Product Development Essentials from the PDMA[M].New Jersey: John Wiley&Sons,2016.

拓展阅读 2-6　"客户体验地图"——通往创新性解决方案的跳板

对于企业来说,竞争市场日益复杂的形势,让创新变得越来越难。此外,客户掌握的信息越来越多、要求越来越高,再加上产品生命周期越来越短,竞争对手的产品更新速度越来越快,也令创新变得越来越难。但是,不论上述变化的速度有多快,产品和服务创新的根源仍然在客户。

完整客户体验就是客户对产品或服务的评价、满意度、忠诚度和口碑,这些都是企业生产产品或服务的目标。问题在于,传统的新产品开发流程和营销研究只会列举一大堆大家已经了解的需求或产品属性,而忽略了客户体验中的许多重要方面。这些方面也许就是企业创新的灵感来源。

体验地图(Experience Map)是了解完整客户体验并把它融入新产品开发创新流程的主要方法,有时也被称为旅程地图(Journey Map)或体验蓝图(Experience Blueprint)。它可以帮助我们了解、整合和生成有关完整客户体验的信息。

观察技巧是我们进行用户体验研究的核心。尽管我们可以从观察中获得大量关于用户体验的有用信息,但是"观察"并不是万能的。就用户分析和客户意见访谈来说,这两种方法可以反映用户对使用体验的态度和想法,是对观察活动的补充。用户反馈日志和照片引导法也可以讲述关于用户体验的故事,启发我们找到影响用户体验的因素。不管采用哪种方法,设计团队在收集信息的同时,都应该关注和了解客户所处的环境。

从过程来看,消费者体验通常表现为一系列接触点,这些接触点详细描述了消费者与产品、服务与品牌内容互动时所处的环境。很显然,只要有接触点,就有用户体验。从接触点分析所获得的特定行为会与体验地图重叠。

用户体验是随着时间推移的,项目的体验是随着时间推移的,因此,项目团队应该跟随用户的步伐。此外,根据这条时间线,项目团队开始往里面添加用户体验的步骤或阶段。步骤或阶段的数量应该适中:如果步骤太少,团队对体验地图的了解就不够深入,无法从制造体验地图的过程中获得足够多、足够精的解决方案;如果步骤太多、内容太详细,项目团队就会纠结于细枝末节。

接下来就要考虑用户体验所处的周边环境了。在用户旅程中,用户可能会和其他人、信息、实体、支付服务等内容产生互动。根据体验的具体内容,我们可以更深入地了解为什么目前的用户体验与理想情况仍有差距,以及如何缩小这一差距。

有了清晰的用户体验地图,再加上对这些体验形成过程的解释和"行动—语言—感受"信息和关键元素,我们可以总结出一些重要的消费者洞察,包括用户痛点等。痛点一般是指用户体验中那些削弱了产品带给用户的价值或利益的特定方面,反映了那些迫切需要解决的已知或潜在需求。

资料来源:MICHAEL G. LUCHS., K. SCOTT SWAN and ABBIE GRIFFIN. Design Thinking: New Product Development Essentials from the PDMA[M]. New Jersey: John Wiley&Sons, 2016.

第二篇

战略管理之势

第三章

企业面临的外部战略形势分析

>> 学习要求

- PEST 分析
- 行业特征
- 行业驱动因素分析
- 行业常见驱动因素
- 行业驱动力的影响
- 五力分析
- 细分市场战略
- 横向细分市场和纵向细分市场
- 影响竞争力强弱的因素
- 战略群体图
- 组织场
- 潜在竞争者与产业进入壁垒
- 来自替代品的压力
- 竞争性对抗模型
- 竞争者分析
- 市场共性
- 资源相似性
- 战略成功的关键因素
- 利益相关者与企业治理
- 利益相关者的期望和冲突
- 组织文化与文化网

本章的主题是管理者如何能够了解如何更好地认识充满不确定性的世界,这有几方面的困难:首先,环境包含很多不同的影响因素,其困难在于了解这些影响因素的多样性,找出非常多的环境影响因素是可能的,但也可能是徒劳的,因为可能是"只见树木,不见森林",没有对那些真正影响组织的重要因素形成全面的认识。其次,了解组织环境的困难在于变革的速度太快,管理者通常都认为当今技术革新的步伐意味着更多和更快的变革。最后,了解组织环境的困难还在于复杂性,在面对复杂性时,管理者同其他人一样对正在发生的事情都有简单化的倾向,总是只聚焦在过去曾经发挥过重要作用的几个环境因素上。企业战略宏观分析的层次与结构如下:

(1)商业环境中涉及范围最广的是宏观环境,它包括对几乎所有组织都有影响的广泛的环境因素。识别出这些因素,可以采用本章介绍的 PEST 分析框架。

(2)在进行 PEST 分析时尤其需要注意的是,宏观环境中的任何一个特定因素对某些组织的影响都会大于对其他组织的影响,同样它可能对某些组织发挥促进作用,却对其他组织构成威胁。这就是本书后续章节将要介绍的 SWOT 分析中的机会因素和威胁因素。

(3)宏观环境的下一层是行业环境。行业环境是指生产相同产品或提供相同服务的组织的集合以及相互独立的行业间可能产生的交叉融合。行业环境分析中首先需要重视的是行业特征,行业特征决定了每一个行业的特殊性以及宏观环境对该行业的影响程度。例如,某些行业易受到经济周期的影响,而另一些行业易受到国际贸易政策的影响,将宏观环境分析与行业环境分析相结合,可以分析某个行业的独特驱动因素和关键驱动因素。五力模型是分析行业内外主要实体之间竞争、博弈、互动的有力工具。

(4)大多数行业和部门都包含数个战略群组,战略群组是指在一个行业内具有相似特性的组织集团,该组织集团与其他组织集团有着明显的区别。

(5)所有的组织都是相互关联的,在经济上与其他一系列组织捆绑在一起。本章介绍的组织场概念,用来帮助理解在商业环境中存在的更广泛的影响和相互关系。

(6)组织所提供的产品或服务面向的客户和最终消费者是至关重要的,因此需要了解市场和市场构成的概念。

(7)企业对竞争对手信息的收集和解释称为竞争对手分析。对竞争对手的分析是研究宏观环境和行业环境的必要补充。

(8)企业的利益相关者也构成重要的外部环境变量,因为外部利益相关者的期望也许并不相同,因而对企业战略有着重要的影响。

第一节 宏观环境:PEST 分析

宏观环境实质是社会中影响各个行业的共同因素,一般包括政治法律环境(P)、经济环境(E)、社会文化环境(S)、技术环境(T)和自然环境(E)等。由于自然环境中除人口因素外,其他诸如地理、气候、资源等因素变化较小,因此它只对特定的产业和企业有较大的影响,一般产业和企业的宏观环境分析主要集中于政治法律环境、经济环境、社会文化环境和技术环境,这就是 PEST 分析。

企业通常无法直接控制总体环境,因此企业追求的是识别总体环境中,每一种因素的变化趋势,并预测每一种趋势对企业的影响。例如可以预料到在接下来的 10—20 年新兴市场国家中将有数百万人步入中产阶级,比如,预计到 2030 年全球大约会有 5.25 亿中产阶级,其中 2/3 将居住在亚太地区。虽然包括大型跨国企业在内,没有任何一家企业能够笃定接下来的 10 年或 20 年将在哪里出现潜在客户的增长,即便如此企业也必须以研究这种预期趋势为基础,预测其对自身能力所带来的影响,从而确定采用什么战略以使它们在市场条件改变的情况下也能获得成功。

1.1 宏观环境分析的目的和手段

外部环境的复杂化和全球化使企业对环境的理解更加困难,为了处理模糊和复杂的环境数据,增加对环境的认识,企业必须进行宏观环境分析。识别机会和威胁是宏观环境分析的主要目的之一。

机会是指只要进行有效开发就可以帮助企业获得战略竞争力的一系列条件,大多数企业当然也包括大型企业一直面临着多种多样的机会和威胁。例如,在可能的机会方面,一些文化政治和经济因素的共同影响为非洲、亚洲和拉丁美洲部分地区的零售业带来了快速发展,因此,世界上主要的零售商沃尔玛、家乐福、麦德龙正在推进对这些地区的扩张进程。威胁是指总体环境中妨碍企业获得竞争优势的一系列因素。

企业利用各种来源,通过扫描、监测、预测和评估来分析总体环境。这些来源包括:各种形式的印刷材料(如报纸、商业出版物、学术研究成果和公众调查结果)、贸易展览、供应商、客户以及公共组织的员工。当然,对于一家企业研究总体环境来说,以互联网为来源获取信息越来越重要。

1. 扫描

扫描包括对所有总体环境要素的研究。尽管环境扫描具有一定的挑战性,但对于企业了解总体环境中的趋势及预测其影响而言,环境扫描至关重要。通过扫描,企业可以及时发现环境中潜在变化的信号,以及那些正在发生的环境变化。环境扫描应与组织背景相结合,通过谨慎的扫描分析,经常可以揭示模糊的、不完整的、无关联的数据和信息。

2. 监测

在进行监测时,分析师通过观察环境的变化,来分析扫描结果是否显示了重要的变化趋势。企业对各种事件和趋势的理解能力是成功监测的关键。

3. 预测

扫描和监测关注的是某个时间点上总体环境中的事件和趋势。在进行预测时,分析师通过对扫描和监测得到的变化和趋势进行分析,推断出未来可能发生的事件及其发展速度。例如,分析师可能会预测新技术进入市场的时间,或者劳动力市场的可能变化所导致的不同企业培训程序的周期变化,或者政府税收政策在改变多久后会影响客户的购买方式。

准确地预测事件及结果是具有挑战性的。由于技术的变革使产品生命周期不断缩短,因此对新技术产品的预测越来越困难。

4. 评估

进行评估的主要目的是判断已经识别出来的环境变化和趋势对企业的影响时间和程度。通过扫描、监测和预测,分析师对总体环境有了初步的认识,评估就是要明确这些认识对企业有何具体意义。如果没有评估,企业拥有的只是一些或许有趣的数据,但与企业竞争力毫无关系。即使正式的评估不够充分,对信息的适当解读仍然是非常重要的。

准确评估企业所处总体环境中各种因素的预期趋势是重要的,不过准确地解读这些趋势的含义更加重要;因为它可以帮助企业识别环境中的趋势是成为一个机会还是成为一个威胁。

1.2 政治法律环境

政治法律环境是指对企业经营活动产生影响的政治力量,包括一个国家或地区的政治制度、政治形势、方针政策以及对企业经营活动加以限制和要求的法律法规。

1. 国际政治法律环境

国际政治环境的变化会给企业带来重大的影响,具体涉及国家和政党制度、政府政策的稳定性、民族主义、政治风险。东道国法律是影响国际市场营销活动最经常、最直接的因素,它对国际营销的影响主要体现在产品标准、定价限制、分销方式和渠道的法律规定和促销法规限制方面。比如,2018年发生的中美贸易争端就对很多企业的发展战略产生了极大影响。

2. 政治体制

政治体制在一定程度上决定了政府干预经济的力度及宏观调控的方式,从而影响企业的经营。

3. 行业政策

即使在市场经济发展比较成熟的国家,政府的政策也广泛影响着行业的发展与企业的经营活动,如反托拉斯法、最低工资限制、社会福利、劳动保护、进出口限制等。当然,政府的政策也可能会对某些行业或某些企业提供支持,如政府补贴、出口退税、政府采购等。因此,处于重点行业的企业增长机会就相对较多,发展空间会更大;而那些处于非重点行业的企业,发展速度就会较慢,甚至停滞不前。以税收政策为例,政府的税收政策将影响企业的财务结构和投资决策。一般的资本持有者总是愿意把资金投向那些具有较高需求,且税率较低的产业部门。

4. 法律法规

法律法规对于规范市场及企业行为有着直接的强制作用。立法在经济上的作用主要表现为维护公平竞争、维护消费者利益、维护社会利益三个方面,例如反垄断法、消费者权益保护法、劳动保护法、知识产权保护法等。企业在制定战略时,既要注意到现有法律的规定,也要关注那些在酝酿之中的法律。例如房产税法对于房地产企业的影响就非常巨大。再如,华为、中兴等跨国企业的海外发展就受到相关国家法律法规的影响。

1.3 经济环境

1. 经济周期

对经济环境的分析,首先要考察目前国家处于何种阶段:萧条、停滞、复苏还是增长,以及宏观经济变化发展的周期规律。在不同的阶段,企业应采取相应的战略。股市中的某些股价与宏观经济周期是高度相关的,某些行业也与宏观经济周期高度相关,例如零售业等。

2. 利率

利率是国家宏观调控的重要手段。一般而言,基准利率受国家中央银行的控制。当经济过热、通货膨胀率上升时,国家会适当提高利率,收紧信贷,减少货币供应;当经济萧条时,中央银行会适当调低利率,增加流动性,扩大货币供给,以刺激经济发展。利率对于企业的投融资具有重大的影响,同时也会对个人住房、消费等产生重大的影响,是企业战略决策中不容忽视的因素。

3. 汇率

汇率是一种货币兑换另一种货币的比率。它是影响国际贸易的重要因素。比如,美元兑换人民币的汇率就会直接影响中美贸易,人民币的升值或贬值都会对贸易企业产生极为重要的影响。

4. 人均收入

人均收入在很大程度上决定了居民消费结构。改革开放以后,我国居民人均收入水平不断提高,导致人们在休闲、保健、社交等改善生活质量方面的消费越来越多,从而给旅游、房地产、家用汽车等行业创造了大量的机会。

5. 基础设施

基础设施主要指某国或某地区的运输、能源、通信及商业基础设施的可用性及效率。它们在一定程度上决定了企业运营的成本和效率。

1.4 社会文化环境

社会文化环境是指一个国家或地区的社会组织结构、民族特征、文化传统、宗教信仰、教育水平、风俗习惯等。这些因素不断变化,以各种潜移默化的方式影响企业各个利益相关者,影响这些群体对企业的需求,从而影响企业生存与发展的各个方面。

文化是特定人群所共有的价值观、信仰、规则和制度。文化的主要构成包括社会结构、宗教、行为习惯、价值观和态度、语言和人际沟通等,它们共同构成文化系统,是企业社会文化环境的重要组成部分。文化对企业的生存与发展有着强烈的影响,它影响着消费者的偏好、购买决策和消费方式,也影响着管理者与员工的行为、心理、价值观、性格、道德水平等。

1.5 技术环境

企业所面临的技术环境是指一个国家或地区的技术发展水平,以及所有能创造新知识并将知识转化为新工艺、新产品、新过程和新材料的制度和行为。

工业革命之后,大量新技术不断涌现,尤其是20世纪90年代之后,信息技术、生物技术、新材料技术、新能源技术、空间技术等许多领域取得了突破性进展。尤其是信息技术的发展与商业的结合,催生了大量全新的商业模式,而且在很大程度上改变着许多传统产业。

许多新技术的产生与应用都会产生长期的深远影响,既给一些企业的发展提供了机会,也会给某些企业带来威胁。一项新技术的出现会形成一个新的工业部门,但同时也会摧毁另一个技术落后的工业部门。

第二节 行业和竞争分析(上)

2.1 行业特征

因为不同行业在基本特征和结构方面有很大差别,所以,行业和竞争分析往往要从整体上把握行业中最主要的经济特征。一个行业的主要经济特征包括市场规模和增长率、生产技术变化的速度、产品创新、规模经济、学习和经验曲线效应等(见表3-1)。

表3-1 行业的主要经济特征

经济特征	要回答的问题
市场规模和增长率	• 行业规模大小怎样,增长速度如何? • 细分市场大小怎样,增长速度如何? • 行业所处的生命周期(早期发展阶段、高速增长阶段、早期成熟阶段、成熟阶段、停滞阶段、衰落阶段)反映的行业增长前景如何?

(续表)

经济特征	要回答的问题
技术变化的速度	• 行业中先进技术发挥着什么作用？ • 在当前的竞争环境下，持续的工具和设备更新是必需的吗？ • 大部分的行业成员具备或者需要具备很强的技术能力吗？
产品创新	• 该行业是否具有较快的产品创新和较短的产品生命周期？ • 研发和创新有多重要？
规模经济	• 在购买、生产、推广、运输和其他活动中，行业具有规模经济的特征吗？ • 大规模经营的企业相较于小规模经营的企业具有很大的成本优势吗？
学习和经验曲线效应	• 行业的某些活动具有较强的学习和经验曲线效应的特征，以至于企业会随经验的增长而降低成本吗？ • 厂商会因为它们在某一特定活动中具有经验而有很明显的成本优势吗？

2.2 行业竞争结构发生变化的驱动因素

一个行业的特征并没有全面反映出行业所处环境的变化方式。所有行业都有这样的特征：行业中出现的种种能够迅速引发某些变化的趋势和新的发展是如此重要，以至于行业中的竞争厂商都有必要对其做出战略反应。

行业和竞争环境之所以会发生变化，是因为各种因素的变动会产生某种动力或压力而引发行业变革。其中最主要的因素被称为驱动因素，因为它们对行业结构和竞争环境将要发生的变化影响最大。

对一个行业的驱动因素进行充分分析，是制定良好战略的前提条件。如果不能敏锐地洞察或错误地判断在未来的一年或三年内存在哪些外部因素会给企业的业务带来最大的潜在变革，那么，管理者就无法为制定出与新环境密切匹配的战略做好充分的准备。同样，如果管理者不清楚各种驱动因素的意义，或者他们的观点很不完整、不能切中要害，那么，他们所制定的战略就难以对驱动因素及其对行业所产生的影响做出积极的回应。因此，驱动因素的分析对战略的制定有着重要的价值，是管理者从战略角度思考企业向何处发展以及如何应对变革等问题的基础。

驱动因素分析分为两步：第一步，辨认出驱动因素是什么；第二步，评估这些驱动因素将会对行业产生的影响。

2.2.1 行业常见的驱动因素

（1）行业需求的变化。长期需求的攀升对于现有厂商而言是一个扩张的机会，但另一方面，长期需求的攀升可能会吸引新进入者，从而使现有厂商与新进入厂商之间展开竞争。而不断萎缩的市场则必然伴随着激烈的竞争，因为市场需求量的下降意味着一些厂商为了维持销售量，不得不抢占竞争对手的市场份额，甚至引发兼并、收购，最终市场将只剩下竞争力较强的少数几个厂商。

（2）产品购买者及使用方式的变化。购买者及使用方式的变化可能会引起产品线配置、销售渠道、促销方式、客户服务方式的重大改变，甚至孕育新的商业模式。

（3）技术变革、生产过程的革新以及技术标准的变化。技术变革会改变一个行业的结构，使得供应商有可能以更低的生产成本生产新产品或质量更优的产品，并且开辟全新的行业前沿领域。技术标准的变化会急剧影响行业格局，加速产业的更新换代，如无线通信领域的3G、4G、5G标准等。

（4）营销创新与新商业模式的出现。如果竞争厂商能够成功引入新的产品销售方式或创造新的商业模式，那么他们就可以激发购买者的兴趣、扩大行业需求、产生新的细分市场。今天，尤其是互联网与营销的结合导致一批新商业模式的产生。

（5）大厂商的进入。大厂商进入某一行业，通常由于其巨大的投入，都会强有力地改变该行业的竞争格局，甚至迫使现有厂商由积极进取的领导者战略转变为跟随者战略。

（6）技术诀窍在更多的企业和国家（地区）中扩散。由于专利制度的年限及其他因素，几乎没有一家企业能永久维护某一个或几个技术诀窍，技术诀窍在更多企业或国家（地区）的扩散是一个必然趋势。随着技术诀窍的扩散，将会有更多的企业具备与领先企业竞争的能力，这意味着领先企业必须不断钻研，才能保持领先地位。

（7）行业的日益全球化。由于全球经济一体化进程，厂商希望在某一地区甚至某一国家维持竞争地位已逐渐成为一种幻想。企业自始就要面对国际性的竞争压力。个人电脑、汽车、石油等产业已经完全是全球化竞争，随着贸易壁垒的降低，越来越多的产业将面对全球化的竞争压力。

许多不同的潜在驱动因素说明了为什么仅从生命周期模型角度来考察一个行业是如何简单化了，也说明了为什么充分理解导致出现新竞争环境的原因是行业分析的一项基本工作。不过，尽管在某一行业中，许多变革因素在发挥作用，但是真正能算得上驱动因素的却不过3～4种。因为驱动因素是行业变革的原因和变革方式的主要决定因素。因此，战略分析家必须注意，不能将所有他们认为是导致变化的因素都视为驱动因素。分析工作就是仔细评价行业中的各种力量和竞争变革，从而将主要因素与次要因素区分开来。

2.2.2 行业驱动力的影响

驱动力分析的第二阶段是，决定驱动力从总体上来说是使得行业环境变得具有更大的吸引力还是更少的吸引力。这就需要回答以下4个问题：

（1）驱动力导致产品需求增加还是减少？

（2）驱动力使竞争更激烈还是趋于缓和？

（3）驱动力是否改变了竞争结构？

（4）驱动力导致行业利润变得更高还是更低？

既然各个驱动力可能不是从同一方向推进行业竞争局势的变化,在分析驱动力的综合影响时,通常需要考虑每一种力量的影响。例如,其中两个驱动力可能提高行业产品的需求量,而另一个驱动力则削减需求量,对行业需求的净影响是上升还是下降取决于哪些驱动力更强大。

第三节 行业和竞争分析(中):五力分析

不同行业中竞争力的特征、组合是大不相同的,在诊断一个市场中主要的竞争力和评估每个竞争力的优势及其重要性方面,最具权威且广为应用的是五种竞争力量模型(即五力模型)。根据这个模型,行业的竞争状态是五种竞争力量综合作用的结果,这五种力量为:

(1)买方的议价能力导致的竞争压力;
(2)行业中现有竞争厂商之间角逐产生的竞争压力;
(3)新进入者带来的竞争压力;
(4)其他行业中那些试图通过自己所提出的替代产品争取客户的企业带来的竞争压力;
(5)供应商的议价能力导致的竞争压力。

3.1 来自买方的议价能力和卖方—买方的合作关系方面的竞争压力

与绝大多数教科书将来自竞争者的压力作为一个因素不同,本书将来自买方的议价能力作为五力分析的第一个因素。这是因为,客户是业务层战略成功的基础,客户在企业战略中始终是首位的因素。企业将产品或服务推向市场之后,立即会遇到客户关于质量和价格方面的压力。在压力的情形下,企业会选择那些适合开发的市场即细分市场。

本小节首先分析买方的议价能力如何形成竞争压力,以及竞争压力与哪些因素有关。然后讨论企业应对买方压力的极为重要的手段——市场细分。

3.1.1 买方的议价能力如何造成竞争压力

(1)购买者转向竞争品牌或替代品的成本。一旦购买者可以灵活地转换品牌或者可以从数家卖方厂商中进行选择,那么他们在与卖方谈判的过程中就有更大的空间。如果卖方厂商所提供的产品实质上是一样的,那么购买者从一家卖方厂商转向另一家卖方厂商就相对容易,付出的成本很小或无须付出成本,而且急于销售的卖方厂商可能愿意做出某种让步,以赢得买方的业务。

(2)如果一家企业只有一个买家或者只有少数几个买家,企业的这些买家可能对于企业来说就有很强的议价能力。

(3)较弱的或者正在减少的需求产生所谓的"买方市场",购买者在买方市场上有较大的议价能力;相反,较强的或迅猛增长的需求会导致"卖方市场",销售者就有较大的议价能力。

（4）如果购买者对卖方厂商的产品价格和成本信息了如指掌,就能使购买者获得更强的议价能力。

3.1.2 细分市场战略

决定要服务哪类客户,是一个非常重要的决定。企业在做决定时,会根据需求的不同对客户进行分类。根据需求划分客户的过程称为市场细分（Market Segmentation）,这一过程将把需求相似的客户划分为一个单独的、可识别的群体。根据战略管理的思想,企业之所以选择某一细分市场,是因为在这一细分市场上,企业的产品或服务更能为买方所接受,换言之,由于企业在这一细分市场上具备优势,因而更能为买方所接受。因而,细分市场一定是与企业的核心优势有关的。

在市场营销的有关课程中,通常是首先对可能存在的细分市场进行调研,然后再来确定企业应该关注于哪一个细分市场。事实上,这一决策过程反过来也成立,那就是先考虑企业的竞争优势在何处,然后根据自身的优势选择细分市场。

按照营销学的定义,细分市场由一组具有相似需要和欲望的消费者构成。一般而言,可以用两组变量来细分消费者市场:一组变量是地理、人口统计特征和心理统计特征等;另一组是消费者的行为因素,如消费者对于商品的质量、使用场合或者品牌的反应。事实上,如果从战略的角度来看,任何能够出于自身的优势降低来自买方压力的那些变量都可以成为细分市场划分的标准。

3.2 现有竞争厂商之间的角逐

五种竞争力量中,最强大的竞争力量通常来自现有竞争对手为了赢得市场地位和消费者的青睐而展开的竞争。实际上,市场就是一个竞争的战场,竞争者会运用他们拥有的任何资源与竞争对手角逐来提高自己的市场地位和绩效。管理者制定战略的目的就是使企业维持在市场中的地位,而最理想的状况是加强企业与购买者之间的关系,带来较高的利润并创造一种相对于竞争对手的竞争优势。

3.2.1 细分市场上的竞争

无论采用何种变量来区分细分市场,市场细分都将一个市场划分为界限清楚的几个部分。处于同一细分市场的企业之间的竞争比不同细分市场的企业之间的竞争要激烈得多。因此,对于企业而言,最好的策略当然是选择企业数量较少、竞争力较弱的细分市场,甚至开发新的竞争市场。

1. 横向细分市场

如果竞争在一个行业的不同子市场之间是不同的,例如某些细分市场比其他细分市场更加吸引人,那么这样的市场细分尤为重要。审慎地选择细分市场是企业重要的战略决策。例如,戴尔公司的CEO凯文·罗林斯说,"我们分割市场,然后再对其进行分割,我们要寻找最有利可图的客户并为之服务"。在竞争激烈的轮胎行业,倍耐力公司通过大力投资于技术,以及主要为赛车与豪华车提供高性能的轮胎而获得了超额利润。

进行市场细分的步骤如下:

(1) 识别关键的市场细分变量。通常来说,细分会产生太多的细分变量,其中有些变量不具操作性,有些变量作为细分的依据意义不大。为了使分析具有可操作性,需要将这些变量减少到三个左右。

(2) 识别战略上最重要的市场细分变量。

(3) 组合密切相关的市场细分变量。例如,价格水平和服务水平密切相关,就可以将两者组合在一起。

(4) 分析细分市场的吸引力和竞争态势。

(5) 识别细分市场的关键成功因素。细分市场之间的竞争结构和客户偏好的差异导致关键成功因素的不同,通过分析消费者购买标准和单个细分市场内的竞争基础,我们就能识别单个细分市场的关键成功因素。

(6) 选择细分市场。一家企业可以选择专注于某个细分市场,或者在不同的细分市场间进行多元化经营。如果不同的细分市场的关键成功因素不同,一家企业需要相应采用不同的战略,此时则存在协调的问题。

2. 纵向市场细分

市场细分也可以通过识别不同的价值链活动进行纵向划分。贝恩管理咨询公司认为,一个行业中不同的纵向活动间获利能力差异非常大,并建议利用利润池作为分析获利能力纵向结构的一种技术。例如,在美国汽车行业产业链中,汽车金融、租赁、保险、服务和维修等领域的利润率甚至比汽车制造的利润率更高。

3.2.2 竞争的典型手段

行业中的竞争者较少,且处于不同的细分市场在现实情况中较少存在;在很多情况下,企业不得不面对在同一细分市场上的激烈竞争。在此,读者尤其需要将"细分市场"与后面将要讲到的"差异化"概念相区别:细分市场是"由一组具有相似需要和欲望的消费者构成",而"差异化"是针对产品或服务的特点而言。换言之,可以针对"同一组具有相似需要和欲望的消费者"提供"具有差异化"的产品。

在同一细分市场与对手竞争和吸引购买者的典型手段包括:更低的价格、更多的差异化、更好的产品质量、更强的品牌形象、更广泛的消费者选择、更强大的经销商网络、更强的广告推广、更多的产品创新、更好的客户服务、为客户提供定制产品等。

高强度的竞争常常表现为产业中企业高频度的削价、不断推出新产品、激烈的广告战,以及产业中由竞争活动引发的众多连锁反应。一些行业中的企业竞争非常激烈,有时产品价格降低至成本水平之下,最终全行业都在亏损。另一些行业中的价格竞争被抑制,竞争集中在广告创新和其他非价格方面。

3.2.3 影响竞争力强弱的因素

（1）竞争厂商采取新的行动方案以提高市场地位和绩效的频率越大且攻击性越强，厂商之间的竞争就越激烈。当卖方掀起价格竞争时，竞争会变得相当激烈。因为价格竞争使竞争厂商大力削减成本，高成本的企业就会很难生存。衡量行业成员之间竞争程度的其他指标包括：

- 行业成员是否在竞相优化绩效特征，如提高产品质量、改善客户服务水平、提供更大的产品选择空间；
- 竞争对手所进行的促销、广告、价格折让等市场活动；
- 行业成员在建立较好的供应关系网络、争夺市场地位进而扩张其分销能力和市场占有率方面，所付出的努力程度；
- 竞争对手引进新产品、改进产品的频率；
- 厂商通过发展竞争者无法匹敌的、有价值的专业知识和能力以获得市场优势的努力程度。

即使在一个竞争者较少的行业，如果每个厂商都采取攻击性战略来增加自己的销售额，也会导致激烈的竞争。一般而言，竞争厂商的数目越多，一个或多个厂商越有可能忙于制定攻击性战略来巩固它们的市场地位，这样就使得其他竞争者也采取类似的战略加以回击，从市场而言可能导致若干创新，但与此同时也会大大加剧厂商的竞争。而且，竞争厂商在规模和生产能力上越相当，它们通常就越有可能在一个比较一致的点上进行竞争，结果导致市场竞争的白热化。

竞争的激烈程度也与某一成功的战略所取得的回报规模成正比。抓住某一市场机会所带来的回报越大，一个或多个竞争厂商就越积极地采取行动以抓住这一机会。当许多竞争对手都在追求相同的市场机会的时候，竞争压力几乎总是会更大。

（2）慢速增长的市场竞争较激烈，快速增长的市场竞争较弱。在一个迅速扩张的市场上，业务量往往很大，每家企业都可以有所发展。在这种情况下，企业的资源和能力主要用于满足不断增长的客户数量与需求。当市场增长需求缓慢时，不同企业竞争同一市场份额，从而引发激烈竞争，其结果可能将那些比较弱小和效率比较低下的企业淘汰出局。

（3）当产业生产标准化的产品或者产业中的企业不能差异化其产品时，竞争变得更加激烈。由于产品相同或者轻微异质化，购买者就很难产生品牌忠诚度。如果不同厂商的品牌非常相似，购买者就会选择最划算的交易并且随意更换品牌。当客户转换品牌的成本比较低的时候，竞争就会加剧。

（4）当行业之外的企业购并本行业中的弱小企业，并采取积极的、以雄厚资金为后盾的行动，将其新近购并的竞争厂商转变为主要的市场参与者时，竞争往往加剧。

如果竞争厂商之间展开了持久的价格战或者它们习惯性地采取其他一些破坏彼此赢利能力的、富有攻击性的策略，这种竞争就可以说是残酷的；如果竞争厂商为争夺市场份额而发起的频繁的行动与反行动措施如此强大,以致行业利润率下降,我们就可以认为竞争是激烈的;如果参与竞争的厂商都能利用自己掌握的竞争武器参与竞争,同时仍能获得可接受的利润,这种竞争就是一般性的或适中的;如果行业中的所有企业对于其销售额的增长和市场份额的情况感到相当满意,很少出现彼此都在努力争夺对方的客户的情况,这种情况下的竞争就是微弱的,行业中的企业就能得到相对来说比较高的利润和投资回报率。

3.2.4 利用战略群体图来评价主要竞争厂商的竞争地位

战略群体指在市场上的竞争策略和地位相似的一群厂商。"市场细分"是对消费者群体的细分,而"战略群体"是根据战略的类似性对厂商的细分:它意味着选择相同或相似战略的一类厂商。同一战略群体中的各家企业可能在以下几个方面具有相似性:产品线的宽度相似、产品的价格/质量处于同一区间、强调相同的分销渠道、用来吸引类似购买者的产品属性相同、依靠同样的技术支持,或者为购买者提供的服务和技术支持相似。如果行业中各厂商所采取的战略基本一致、市场地位相似,那么该行业中实际上就只有一个战略群体。另一种极端情况是,行业中各竞争厂商所追寻的策略明显不同,其各自在市场上的竞争地位也有着很大的差别,那么这一行业中的战略群体的数目就等于参与竞争的竞争厂商的数目。

绘制战略群体图的步骤是:

(1)识别行业中各个厂商的竞争特点。典型的变量有:价格/质量区间(高、中、低),地理区域范围(当地、区域、全国、全球),垂直一体化程度(无、部分、全线),产品线宽度(宽、窄),对分销渠道的利用,所提供的服务程度(无附加服务、优先服务、全方位服务)。

(2)用上述这些成对的差异化特征将各个厂商列于一张双变量图上。

(3)围绕每个战略群体画一个圆,其半径与战略群体占整个行业销售收入的份额成正比。

绘制战略群体图应遵循以下原则:

(1)被选定作为群体图坐标的两个变量,不应该具有强相关性。例如,产品线宽的企业往往采用复合分销渠道,而产品线窄的企业往往采用单一分销渠道,这样,通过研究产品线的宽窄所得到的信息就和研究分销渠道的多寡所得到的信息一样了。

(2)被选定作为坐标轴的变量应该能体现不同竞争厂商的竞争目的之间的较大差异。它意味着,分析者必须找出将各个竞争厂商区别开来的那些不同的特征,然后用这些差异化特征作为坐标轴变量,以此判断一个厂商属于哪一个战略群体。

(3)作为坐标轴的变量无须是可量化的变量或连续变量,它们可以是离散变量,也可以是定性变量。

(4)圆形上各个圆圈的半径必须与该战略群体中各家企业的销售额总量成正比,以使其能反映每一战略群体的相对规模。

（5）如果可以用作图形坐标轴的、比较合适的竞争变量多于两个，则可以绘制多个图形，从不同角度反映行业中的竞争地位关系。

3.2.5 战略群体与行业驱动因素

在评估竞争者的市场地位时，需要考察行业驱动因素是否会对其中一些战略群体有利而对另一些群体不利。受到不利影响的战略群体中的厂商可能会尽力向条件更有利的群体靠拢。事实证明，这种行动的难度有多大取决于目标战略群体的进入壁垒是高还是低。竞争厂商为了进入新的战略群体所做的努力总是会加剧竞争。如果已经知道某些企业会努力改变其在群体图上的位置，那我们就可以用箭头来标示其方向，以便更清楚地反映竞争厂商之间的竞争行动。

一般而言，群体图上各个战略群体之间的距离越近，成员企业之间的竞争往往就越激烈。尽管同一战略群体中的厂商是最直接的竞争对手，但紧接着就是与之距离最近的群体。通常情况下，群体图上两个相距较远的战略群体内的成员厂商之间几乎不存在什么竞争。

3.2.6 组织场与企业战略

企业与其他很多企业之间都存在经济关系或其他某种关系。例如，医院是一个由所有与健康有关的组织组成的复杂网络的一部分，该网络包括医生、社会义工、健身中心、制药企业等。组织场这个概念有助于理解商业环境中存在的较大范围内的利益和关系网络。这些关系之所以重要，是因为它们可以约束、指导甚至完全影响产业竞争。组织场是指由一些具有共同效力体系的组织构成的利益集团，集团内组织间的互动，比起与集团外组织之间的互动要频繁得多。例如，在司法这个组织场中有很多主体，如律师、警察、法院、监狱和侦查机构，尽管它们的角色不同，但是它们都紧密相连，并属于政治经济体系的一部分。

21世纪以来，出现了两种非常重要的组织场现象，一是平台战略，二是产业融合。组织场这个概念强调了其中一些重要问题，例如行业的边界不是固定的、组织场也是可以被渗透的等。或者说一个组织场的界限，可能受相邻组织的影响而改变或消除，甚至会出现两个组织场的融合。组织场中的各种主体之间常常存在某种经济关系。因此，它们的成败是交织在一起的。

组织场的另一个极为重要的特点就是各方主体间的联系，超出了经济上的一般关系，各主体拥有共同的目标，更重要的是它们可能有共同的潜在的信念和假设。

3.3 潜在竞争者

潜在竞争者是指那些目前尚未参与本行业竞争，但是一旦它们选择，它们将有能力参与竞争的企业。潜在竞争者包括行业外的潜在竞争者以及行业内不同细分市场的潜在竞争者。在潜在竞争者拥有充足的资源并有潜力成为市场领导者的情况下，现有企业面临的竞争压力就越大。

因为进入某一产业的竞争者越多,该产业现有的企业就越难以保护其市场份额和利润,所以已经在该产业运营的企业通常试图阻止潜在竞争者进入本行业。潜在进入者进入可能性越高,现有企业的利润所面临的危险便越大。

潜在竞争者的进入可能性是进入壁垒的函数。较高强度的进入壁垒会使潜在竞争者无法进入该产业,即使该产业的利润较为丰厚,重要的产业进入壁垒包括:规模经济、资源优势、客户转换成本、品牌偏好与客户忠诚等。

(1) 规模经济。随着企业产量的增加,单位成本下降,规模经济便产生了。规模经济的来源包括:①通过大量生产标准化的产品而导致成本的下降;②批量购买原材料和生产要素而产生的折扣;③通过大规模的生产而导致的固定生产成本的分摊;④营销与广告费用被大量产品分摊而产生的成本节约。

如果某一产业的企业通过规模经济所获取的成本优势非常明显,那么进入该产业的新企业和规模小的企业将遭受严重的成本劣势。如果新企业想通过大规模的生产方式进入该行业以获取规模经济,那么它必须拥有足够的资金购买生产大规模产品的设备,并且它将为此承担较高的风险。如果这些新进入者从一开始就通过扩大规模来克服规模小造成的不利,则可能会给整个产业带来生产能力过剩的问题,也必然危及现有厂商的市场份额,或者导致现有厂商的报复措施。

(2) 资源优势。现有厂商可能拥有潜在进入者不可企及的成本和资源优势,这些优势可能是:与质量最好的、价格最低的原材料和产品组件供应商之间的合作伙伴关系,拥有专利和专有技术,若干年前以低成本建立起来的工厂和设备等。但是,也可能存在与之相反的情况,即潜在进入者拥有更多的供应商关系与资源,在这种情况下,现有企业面临着极大的竞争威胁。

(3) 客户转换成本。客户转换成本是指客户放弃原有企业的产品转而购买新企业的产品所消耗的时间、精力和金钱,当转换成本较高时,即使新企业可以提供更好的产品,客户也会被原有企业的产品锁定。面对较高的金钱和时间消耗,除非新的产品可以提供可观的潜在好处,否则大部分用户不愿意进行转换。

(4) 品牌偏好与客户忠诚。在一些行业,产品的购买者往往忠于一定的既有品牌。品牌忠诚的定义是:尽管客户会受到外部环境的影响且其他企业的营销努力也可能导致转换行为的发生,但客户仍对其所偏好的产品或服务给予深刻的承诺,保证会在未来再度购买与再次光顾。较强的品牌忠诚度会使得新进入的企业难以抢走原有企业的市场份额,由于潜在竞争者认为打破消费者已有的平衡需要付出很高的成本,因此它们的进入威胁便会下降。

品牌忠诚度高意味着,一个潜在的新进入者必须愿意并有能力花足够的资金用于产品广告和促销活动来克服客户的品牌忠诚,然后建立自己的客户群。建立品牌忠诚可能是一个缓慢的、代价高昂的过程。要超越和克服转换成本壁垒,新进入者必须给予购买者一定的价格折让或者额外的质量和服务,所有这些都可能降低新进入者的预期利润率。

当然,可能存在的另一种情形是,现有厂商没有在该领域中建立品牌忠诚度,或者潜在进入者在它原有的细分市场具有品牌影响力,并通过产品线扩充的方法不断向现有厂商所在的细分市场渗透。这时,现有厂商面临的竞争威胁将会很大。

(5) 较高的资本需求。成功进入某一市场所需的总投资越大,潜在进入者的总量就越有限。对新进入者来说,最明显的资本投入包括必要的生产设施和设备的投资、广告宣传费用、创建品牌意识及确立客户群的促销活动费用、保持一定存货的费用、足够多的现金储备以补偿开始阶段的损失等。

(6) 建立分销或零售网络的困难。在消费品领域,潜在进入者会面临建立分销渠道方面的挑战:大的批发商可能不会代理一种缺乏客户认同的产品,零售商必须能给予新品牌足够的陈列空间或足够长的试销期。当现有生产者拥有强大的、稳固的分销商时,新进入者将变得很艰难。要克服这个壁垒,潜在进入者可能就不得不花钱购买分销渠道的准入权、提高特约经销商和分销商的利润或给予广告补贴和其他方面的激励。因此,潜在进入者的利润就会受到挤压,并且这种状况一直要到其产品得到分销商和零售商足够的接受度之后,才会有所改善。

(7) 管制政策。规制性行业,如有线电视、通信、电气设施、白酒零售及铁路等行业,其市场进入都是受到政府管制的。如在国际市场上,本土政府常常限制外资进入,进入的厂商必须获得所有有关的投资申请批文。政府一般运用关税和贸易限制来提高外国企业的进入壁垒,以保护国内生产者免受外来企业的竞争。此外,政府制定的严格的安全管理条例和环境污染标准都是进入壁垒,因为它们往往会提高成本。

(8) 关税与国际贸易方面的限制。一国政府通常利用关税和贸易限制条款来提高外国厂商的进入壁垒,保护国内企业免受竞争的冲击。

在评估进入一个行业的潜在威胁时,需要考察如下方面:

(1) 利润前景对新进入者的吸引力。对行业外的厂商来说,高利润前景鼓励它们投入克服进入壁垒所必需的资源。

某些类型的企业如那些规模较大,拥有充足资金、强大的竞争能力和响亮品牌的企业,即使进入壁垒很高,也有能力进入一个行业。因此,考察"行业的成长和利润前景是不是有足够的吸引力吸引额外的市场进入"这一问题非常重要。如果答案是否定的话,那么潜在进入的威胁较弱,潜在进入者进入的可能性较低;如果答案是肯定的,那么潜在进入的威胁较强,潜在进入者进入的可能性较大。

(2) 现有厂商的反应信号。即使潜在进入者拥有或者能够获得进入的必要的能力和资源,它仍然面临着现有厂商将做出如何反应的问题。现有厂商是仅仅消极抵抗,还是会通过削价、加大广告力度、改善产品以及给其他新进入者设置障碍等措施来积极捍卫其市场地位?如果行业中原有的拥有强大财务资源的竞争厂商发出了明显的信号,表明它们将极力捍卫其地位,抵御新进入者的入侵,那么潜在进入厂商可能就要谨慎行事了。如果现有竞争厂商可以充分利用分销商和客户群来维护其业务,那么潜在新进入者也有必要重新考虑进入该行业的决策可行性。

（3）潜在进入者的进入壁垒可能随时间而改变。例如,在药品行业,某一项关键专利的到期可能会大大增强进入的壁垒,因为更多的药品制造商可以进入该行业。一项新的技术发明可能创造前所未有的规模经济效应——互联网就使得新的电子商务零售商能够更容易地与某些实力强大的、知名的零售连锁商展开竞争。在国际市场上,海外企业的进入壁垒会随着关税的降低、东道国政府逐渐向国外厂商开放其国内市场、本土批发商和特约经销商在外寻求低成本的外埠商品,以及国内购买者更愿意购买国外品牌等变化而降低。

潜在进入者的威胁在以下情况下会增大:进入者的群体很大,一些进入者所拥有的资源使其成为可怕的市场竞争者;进入壁垒低,或者能被潜在进入者很容易地克服;新进入者有可能获得有吸引力的利润;购买者需求在快速增长;行业成员缺少防御的手段。

潜在进入者的威胁在以下情况下会变小:进入者群体很小;进入壁垒高;行业前景充满风险或不确定性;购买者需求增长缓慢或停滞不前;现有厂商的反击信号强烈。

3.4 来自替代品的竞争压力

一个行业中的厂商通常会与另一个紧密相关的邻近行业中的厂商之间存在激烈的竞争,因为该行业的厂商生产的产品对本行业产品而言是很好的替代品。例如,眼镜生产商与隐形眼镜生产商以及采用激光技术矫正视力的眼科专家之间存在竞争关系;传统纸媒、电视、新媒体在提供新闻方面存在激烈的竞争。来自替代品的竞争压力与下列因素有关:

（1）替代品是否容易获取以及价格是否低廉。替代品的易得性不可避免地刺激客户去比较各种不同产品的质量、特点、使用的便利性以及其他方面的特性。替代品越容易得到,消费者转换的可能性也越大。如果替代品的价格比行业内现有产品的价格低,那么行业中的竞争厂商就会面临降价的竞争压力。即使替代品的价格高于本行业产品的价格,这一价格也会为本行业的定价提供上限,从而给本行业带来竞争压力。比如石油的替代品包括页岩气、可燃冰和太阳能,如果石油的价格一直维持在比较高的水平,那么这些替代品中的一部分,可能会在石油价格达到某个临界点时成为原油的长期可行的替代品。在极端的情况下替代品会最终取代当前产业中的产品和服务,在替代品明显优于原有产品的时候就会发生这种情况,如电子计算器成为计算尺和机械计算器的替代品。

（2）消费者是否觉得替代品在质量、功能及其他方面有优势。如果替代品在质量、功能及其他方面都具有原产品不可必拟的优势,现有企业将面临极大的竞争压力。

（3）来自替代品的竞争强度还与本行业客户转向替代品的难度或转换成本相关。

最常见的转换成本包括:转换所需时间和带来的不便、追加设备的成本、测试替代品质量和可靠性的时间和成本、转换时的技术支持成本、员工培训成本。如果转换成本很高,那么替代品的生产商就必须提供某种重要的成本或性能利益,来吸引原来行业的客户脱离关系。如果转换成本不高,那么替代品的生产商说服购买者转向它们的产品就容易得多。

总的来说,替代品的易得性越强、价格越低、质量和性能越高,用户的转换成本就越低,替代品所带来的竞争压力也就越大。在评估来自替代品的竞争压力之前,企业管理者必须定义替代品,它包括两个要点:①确定传统行业边界在哪里;②找出行业外企业生产的哪些产品和服务能够满足与之相似的客户基本需求。确定行业边界对于搞清楚哪些企业是直接竞争者,哪些是生产替代品的企业非常重要。衡量来自替代品的竞争压力指标包括:①替代品的销售额增长是否快于本行业的销售额增长;②替代品生产商是否在增加新的产能;③替代品生产商的利润是否呈上升趋势。许多产业中替代品的存在大大降低了本行业的利润潜力,例如,在法律行业中私人调解和仲裁服务正在成为律师的替代品;慕课与互联网课堂正在成为印刷产业中纸质课本与传统教学的替代品;互联网娱乐正在成为电视的替代品。

3.5 来自供应商的议价能力和供应商—销售商合作关系方面的竞争压力

3.5.1 供应商的议价能力如何造成竞争压力

如果一个行业的主要供应商对于该行业起着至关重要的作用,它们的行为就会对同行业的一个或多个竞争者施加竞争压力。例如,微软公司和英特尔公司利用它们在市场上的主导地位,不仅赚取电脑制造商的溢价,还在其他方面制约制造商。微软公司迫使电脑制造商在它们生产的电脑上只加载微软的产品,并在出产时让微软的标志出现在新电脑的屏幕上。

决定一个供应商在行业中是否具有重要的议价能力的因素包括:

(1) 如果企业所需要的原材料能很容易地从众多供应商那里得到,并且有大量生产能力充足的供应商提供,那么供应商的议价能力就很小甚至根本没有。只有当某种产品供应紧俏,并且用户急于得到他们需要的产品以至于他们接受对自己不利的条款时,供应商才具有某种市场权力。

(2) 少数几个供应商是某一特定商品的主要供给者。具有领导地位的供应商可以具有较强的议价能力,除非它们有多余的生产能力并想得到更多的订单。但是如果某个供应商正奋力扩大其客户群或想更充分地利用其生产能力,那么情形就会有所不同。

(3) 行业成员转换供应商或者更有吸引力的替代品时,是否比较困难或成本较高。供应商所提供的商品如果存在很好的替代品,并且转换成本较低,那么供应商在议价过程中就处于劣势。

(4) 供应商提供的产品是差异化的,且能强化购买者的产品的功能。供应商的产品对购买者产品的功能和质量的强化价值越大,供应商的议价能力就越强。如果供应商的产品,对购买者产品没有强化价值,供应商的议价能力就很弱;如果当供应商提供的是独一无二的或是高度差异化的产品,供应商的议价能力就很强。

(5) 当供应商没有受到替代威胁的时候,供应商对产业中的企业形成的议价能力就越强。在没有有效的替代品时,供应商可能利用其地位,从下游企业抽取经济利润。英特尔公司和微软公司曾被指责利用其独特的产品定位从电脑制造商身上攫取利润。

(6) 供应商提供的产品是否在企业产品的成本中占有较大的比重。供应商产品在整个成本中所占的比例越大,企业对供应商提高或降低价格的反应就越敏感,从而使供应商的议价能力越强。

(7) 行业成员是否是供应商的主要客户。一般来说,如果供应商对企业的销售占据其总销售额的大部分,供应商的溢价能力就比较弱。在这种情况下,因为供应商与企业有着紧密的利益关系,因此,供应商往往有着强大的动力通过提供合理的价格、卓越的质量以及推进产品和技术方面的进步等方式,保护和提高其竞争力。

(8) 行业成员是否采用后向一体化,即自己生产需要从供应商那里获得的部件是否具有经济价值。市场交易之所以发生,是因为一些供应商专门生产特定的部件供应给许多不同的客户,这样它们就有较好的专业技能并能获得规模经济,生产的部件与生产者自己制造一样好甚至更好。但是,当企业对某一部件的需求量非常大,以至于超过规模经济的门槛,则企业很可能后向兼并供应商或者自行设立子公司从事部件生产,这将导致原有供应商谈判地位的急剧下降。

(9) 当供应商威胁进入并开始在企业所处的产业参与竞争时,它们对企业形成的较大的威胁,这被称为前向垂直一体化,这时供应商不再是单纯的供应商,而是供应商兼竞争对手。

在越来越多的行业中,竞争性的销售商都开始与供应商建立起长期的战略合作伙伴关系和密切的工作关系,目的在于:①确保及时送货并降低库存成本和物流成本;②加速推出新一代产品部件;③提高所供应产品和组件的质量,降低残次品率;④既压缩自己的成本,也降低供应商的成本。越来越多的互联网技术的运用在整个供应链上实现了实时的数据共享,减少了文书工作并节约了成本;对于行业中那些能最好地管理这种供应链关系,并且能够与供应商建立有效合作伙伴关系的企业来说,这些都构成一种竞争优势。

3.6 判断五种竞争力的综合力量是否能提高利润

一般来说,五种竞争力量的综合影响力越大,行业中竞争厂商的总体利润水平就越低。在竞争处于最残酷的情形时,五种竞争力量都很强。如果五种竞争力量所造成的市场环境异常紧张,以至于大多数甚至所有厂商的利润水平都长期低于平均水平,甚至亏损,这将迫使一些企业不得不退出该行业。事实上,五种力量中有两种或三种力量比较强大,就足以使较高的利润率下降,把一些厂商逐出行业。

相反,如果总体上看五种竞争力量的综合影响是温和的或者微弱的,那么,从高额利润和较好的投资回报的角度来看,行业的竞争结构就是"有利的"或者说是"有吸引力的"。但是,如果竞争厂商在竞争不激烈时都不能得到较高的利润,那么这个行业的前景可能确实很暗淡。

大多数行业中,五种竞争力量的综合影响是介于竞争非常激烈和非常微弱两个极端之间的,分为较强、一般、较弱三种情况,管理较好的企业可以通过制定正确的战略赚取较高利润。

第四节 行业和竞争分析(下):竞争动态

企业与竞争对手在广阔的市场空间中进行竞争,并试图获得超额利润。这些企业都在追求着同一个目标——卓越绩效。证据表明,企业做出的与竞争者之间的交互行动的决策,会显著影响它们获取超额利润的能力。因此,企业在考虑如何与竞争者开展竞争时应尽力追求达到最优决策。

竞争性对抗(Competitive Rivalry)是指竞争者为了获取有利的市场地位而采取的一系列竞争性行动,以及随之产生的竞争性反应。特别是在一些高度竞争的行业中,企业在采取战略行动以及对竞争对手的行动做出反应和反击时会不断运用各种计谋来获取竞争优势。对处于领先地位的企业来说,理解竞争性对抗至关重要。因为存在这样一个事实,即一些企业会不断习得如何超越竞争者,这意味着竞争性对抗会影响一家企业获得并保持竞争优势的能力。

竞争性行为(Competitive Behavior)是指企业为了建立或保持竞争优势,提高市场地位而采取的竞争性行动及竞争性反应。以谷歌公司为例,它采取了许多措施来回应竞争对手的战略行动,如推出 Android Pay 来回应苹果公司和三星公司提供的相似服务。通过竞争性行为,谷歌公司试图重新进行市场地位,在建立未来竞争优势的同时,巩固当前竞争优势。

越来越多的企业在不止一个市场上开展竞争性行动并做出竞争性反应,企业在几种产品系列或不同区域市场同时开展的竞争称为多元化市场竞争(Multimarket Competition)。所有的竞争性行为,也就是说在一个市场上竞争的所有企业采取的所有行为和反应,称为竞争动态(Competitive Dynamics)。

本节研究的主要内容是竞争性对抗和竞争动态,由于企业采取的行动会招致其他竞争者的反应,而这些反应又导致最初采取行动的企业做出进一步的反应,因此战略从本质上来说是动态的。由于战略能否成功不仅取决于企业最初时采用的竞争性行动,还取决于企业对竞争对手的竞争性反应所做出的预测的准确程度,以及企业如何应对竞争者的攻击,所以从这个意义上来说,竞争性对抗会影响企业的战略。在经济全球化的趋势下,竞争性对抗不断激化,这也就意味着其对企业战略的影响力在不断加强。

4.1 竞争性对抗模型

随着企业的竞争性行动对竞争对手的影响不断加深,并引发竞争对手的竞争性反应,竞争性对抗的行动和反应模式也在不断变化。这一模式表明企业之间是相互依存的,每一家企业都受到其他企业的行动和反应的影响。

企业管理者越来越意识到,竞争性对抗会对企业的财务业绩和市场地位产生重要的影响。研究显示,行业中激烈的竞争性对抗会降低各竞争企业的平均利润。例如,2007年苹果公司发布了iPhone,尽管实质上苹果公司开创了智能手机市场,但也有一些人相信谷歌公司的安卓系统会迅速重塑智能手机市场。结果是,到2012年将近一半的智能手机是基于安卓系统运行的,这表明苹果公司、三星公司以及其他的制造商在智能手机市场进行了异常激烈的竞争性对抗。

著名华人学者陈明哲教授首次提出了企业层面竞争性对抗的直观模型,这种对抗通常是动态的、复杂的。竞争性行动和反应是企业成功创建并利用能力和核心竞争力获得有利的竞争地位的基础。这一模型包括互为因果的4个部分:

(1)竞争者分析:包括市场共性和资源相似性。
(2)竞争性行为的驱动力:包括意识、动机和能力。
(3)竞争性对抗:包括攻击的可能性和反击的可能性。
(4)结果:包括市场地位和财务业绩,本轮结果又会影响下一轮竞争性对抗。

4.2 竞争者分析

如上所述,竞争者分析是企业预测竞争性对抗的程度和实质的第一步。当企业进入国外市场时,竞争者分析尤为重要,因为企业非常有必要了解当地的竞争状况以及当前在该市场中经营的外来竞争者。缺乏这样的分析,企业成功的可能性可能会更低。

企业间进行相互竞争的市场的数目称为市场共性,资源间的相似性称为资源相似性。竞争的这两个维度决定了企业间会成为何种程度的竞争者;具有明显的市场共性和资源相似性的企业是直接的且相互认可的竞争对手。竞争行为的驱动因素与影响企业采用竞争性行动和反应的因素一样,都会影响竞争性对抗的激烈程度。

能够准确地预测竞争者可能的竞争性反应和行为,有助于企业避免对竞争者的目标战略设想和能力一无所知的情况。缺乏预测竞争者这些情况所必需的信息会造成竞争盲点。通常来说,竞争盲点会使企业对其竞争者的行动感到突然,可能会导致负面的结果。

4.2.1 市场共性

每一个行业都是由各种不同的市场组成的。如金融服务行业,包括保险、经纪人服务、银行等市场。按照不同的市场需求和独特的客户群体,市场还可以进一步细分。保险市场又可以进一步按照市场产品和地理区域进行细分。所有竞争者都认同的是整个行业是由具有不同特征的单个市场构成的,例如,在交通运输业,公路运输市场有别于航空运输市场。当然,虽然存在差异,但大多数市场在发展竞争优势所需的核心竞争力和技术的应用方面仍存在一定的相关性。例如,虽然铁路运输和公路运输在不同的细分市场进行竞争,但是两者可以相互替代。因此,各种类型的运输公司都要为客户提供可靠及时的服务。

有时,企业会在几个市场上同时竞争,这种竞争者在多方面相互较量的情况称为市场共性。严格来讲,市场共性(Market Commonality)关注的是企业与竞争者共同参与竞争的市场个数,以及每一个单独市场对彼此的重要程度。在多元化市场竞争中,企业会在多个市场同时展开竞争。可口可乐公司和百事公司之间的竞争就涉及不同的产品市场,如软饮料、瓶装水以及不同地理区域的市场——北美市场以及全球的其他市场。

在几个相同市场同时进行竞争的企业,不仅会对竞争者采取行动的市场做出一系列反应,而且也会对其参与竞争的其他市场做出相应的反应。这种反应使竞争状况更加复杂,即企业在一个市场上采取的竞争性行动和反应,有可能是为了影响其在另一个市场中与某一特定竞争对手对抗的结果。因此,竞争对手很难判断这些行动的真实意图。事实上研究显示,越是参与多元化市场竞争的企业,往往越不先发动进攻,但是在受到攻击时,它们的行动会更激烈。例如,对计算机行业的研究发现,该行业中的企业应对进攻的方法是开发新产品,而不是以价格作为反攻的武器。因此一般来讲,多元化竞争会减少竞争性对抗,但如果潜在回报比较高的话,企业仍然会进行激烈的争夺。

4.2.2 资源相似性

资源相似性(Resource Similarity)是指与竞争对手相比,企业的有形资源和无形资源在类型和数量上的相似程度。资源的数量和类型相似的企业往往具有类似的优势和劣势,也会使用类似的战略;基于相似的优势,它们可能会追求外部环境中相似的机会。

资源相似性可以描述联邦快递公司和联合包裹服务公司之间的关系。这两家企业在许多相同的市场中存在竞争,因此可以准确地将其描述为拥有市场共性。此外,这两家企业还具有很高的资源相似性,如这两家企业拥有相似类型的货车和飞机、相似程度的财务资本,以及依赖于同样才能的人力资本库和高精尖的信息技术系统。这两家企业除了在北美市场彼此竞争得非常激烈,在其他许多国家的市场中也会共同分享市场份额,由此这两家企业之间的对抗非常激烈。

第五节　战略成功的关键因素

战略成功的最关键或关键的几个因素包括:

(1) 行业的成长潜力;

(2) 企业的竞争力;

(3) 当前主要驱动因素对行业盈利水平的影响;

(4)行业的未来风险和不确定程度;
(5)整个行业所面临的问题及其严重程度;
(6)企业在行业中的竞争地位;
(7)企业利用实力较弱企业的弱点的潜力;
(8)企业参加行业竞争的积极性。

一般而言,如果一个行业的整体利润前景处于市场平均水平之上,这个行业基本上是有吸引力的;如果处于市场平均水平以下,则往往被视为没有吸引力的。但是,如果认为某个行业对于所有行业参与者和所有潜在进入者来说都同等地有吸引力或没有吸引力,那就错了。吸引力是相对的,而不是绝对的,无论从什么角度所得出的结论,都只是"一家之言"。对行业中企业有吸引力的,可能对行业外的企业没有吸引力。这是因为行业外的企业对某个行业的环境进行考察后,可能得出结论:这个行业对它们没有吸引力,这是考虑了普遍存在的进入壁垒、用企业现有的特定资源和能力去挑战当前的市场领先者的难度,以及在其他领域所能发现的更可能获利的机会等后做出的决策。对于较弱的竞争者不具有吸引力的行业,对于较强的竞争者可能很有吸引力;一家定位良好的企业通过考察商业环境可能发现许多较弱竞争者无法获取的机会。

5.1 识别战略成功的关键因素

一个行业的关键成功因素是指那些最能影响行业内的企业在市场上成功的因素——特定的战略要素、产品属性、资源、能力,以及区分一个强劲竞争对手和较弱竞争对手的市场成就。关键成功因素对于企业未来的成功是如此重要,以至于行业中所有企业都必须有能力执行或获取它们,否则就有可能成为失败者。企业战略制定者需要很好地理解行业的整体情况,从而区分出对竞争成功最重要的因素和次要因素。

一个行业的关键成功因素通常最早是从对行业和竞争环境的描述分析中衍生出来的。哪些因素对于将来的竞争成功最重要,取决于行业的主导特征、竞争程度、驱动力的影响、企业的相对市场位置及关键竞争对手的下一个举措,另外,对下列三个问题的回答有利于确定行业的关键成功因素:

(1)消费者购买行业产品时,在不同品牌和销售商之间进行选择的基础是什么?也就是说,竞争产品的哪个属性对消费者来说是最重要的?

(2)考虑到竞争对手的性质和市场上的主要竞争力,企业需要什么样的资源和竞争能力才能获得竞争成功?

(3)是什么缺点使得企业处于极端不利的竞争地位?

只有在很少的情况下,影响未来竞争成功的关键因素会多于五个或六个,而且在这些因素中,也会有两个或三个因素通常比其他因素更重要。企业战略制定者必须抵制将每一个次要因素也定义为关键成功因素的诱惑,因为这将使管理层的关注点不能放在对长期竞争成功真正重要的因素上。

将关键成功因素作为企业战略的基石,并且努力在某个特定的关键成功因素上表现突出,来获得可持续的竞争优势,是一个很有效的竞争手段。

5.2 识别关键成功因素的方法

为了在一个行业中生存并且繁荣,一个企业必须要满足两个标准:第一,要给消费者提供他们想买的东西;第二,要在竞争中存活下来。因此,我们可以从两个常识性问题开始:①我们的客户想要什么;②企业在竞争中生存下来需要什么。要回答第一个问题,我们需要更近地观察行业面向的客户群体,无论他们是否具有议价能力;同时我们不能将他们看作是对企业利润的威胁。我们要提出的问题是:哪些是我们的客户?他们的需求是什么?他们是怎样在不同的备选项中做选择的?一旦我们识别出客户偏好的基础,我们就可以找出企业成功的关键因素。例如,如果客户选择超市的原因是价格,那么成本效益就是竞争优势的主要基础,成功的关键因素就是企业间的成本差异。第二个问题需要我们探究行业中竞争的本质,竞争的激烈程度如何以及在哪几个维度进行竞争。

第六节 企业治理、利益相关者与道德文化环境

企业战略还受到治理结构、利益相关者与道德文化环境的影响。企业治理结构包括企业的股东、董事会等机构,对于企业的内部管理而言可以看成外部环境。

6.1 企业治理

企业的治理框架限定了组织的服务对象及应该如何决定组织目标和目标的优先顺序。

6.1.1 治理链

企业治理问题的产生主要有两方面的原因:第一,组织存在着将所有权与管理控制权分开的实际需要,这种两权分离的做法目前除规模比较小的组织之外,大多数组织已经采用。其结果是大多数组织的管理都形成了等级或链型治理结构,即所有相关团体都有"权利"影响组织目标。第二,目前存在一种趋势,就是组织不仅要对所有者(即股东)负责,还要为其他利益相关者(包括周边社区等)承担更为明确的责任。

在治理链中,那些驱动组织战略的管理者与组织经营业绩的最终受益者可能并不相同。而同时,很多受益人对于他们所投资的企业的经营细节并不知晓或者并不关心。

鉴于企业治理的复杂性,不同团体之间可能会存在利益冲突,管理者和董事会之间在平衡这些利益关系时也可能产生利益冲突。大型上市公司遇到的一个重要问题是:企业的管理者是否应当只对股东负责?或者,企业的管理者是否应当作为"企业资产的受托方",代表更广泛的利益相关者的权益,从而产生更大的责任?

6.1.2 股东和治理机构的角色

组织最基本的法定职责是保证组织实现其"所有者"的愿望和目标。在私营部门，由董事会代表股东完成上述责任。在公共部门，管理层将向政府部门负责，其方式可能是通过某些中介机构，如金融投资机构。不同国家在董事会的作用、组成和做法等方面存在重大差异。

在英国、美国和澳大利亚，股权比较分散，这就限制了单个股东的权力，同时扩大了中介机构的权力。在欧洲很多国家如比利时、荷兰和法国，股权比较集中并通常由少数人掌握，例如企业创始人的家族、金融机构或其他利益相关者，他们或者行动一致或者通过优先股等形式保证对企业的控制权，董事会被这些利益群体牢牢控制着。在日本，董事会仅仅被认为是企业多层决策体系的一部分，因此董事会通常由企业高级主管所控制，日本的银行不仅向企业提供信贷资金，而且倾向于持有企业的股份，这也就形成了日本各企业之间复杂的交叉持股情况。后两种因素，即银行在企业持有股份及企业之间的互相持股减轻了企业的短期经营业绩的压力，使得企业更加注重长期业绩，这与英美企业形成鲜明对比。同时，它也在很多方面（如投资）影响了企业战略。董事和管理者是企业短期主义的根源，他们重视短期财务数据如投资回报率，这是因为他们的薪酬等切身利益同这些短期指标有关。

这些不同的传统很自然地形成了各国或地区董事会结构和组成的差异。在英国和美国，董事会为单级结构，其中包括执行董事和非执行董事，董事会对管理者的活动和业绩进行不同程度的监督；许多企业采用了在董事会下面设立专项委员会的形式，使董事会更加深入地参与到企业经营管理的工作中去；非执行董事有时代表企业重要的利益相关方如机构投资者的利益。

在许多其他欧洲国家，最典型的是德国、荷兰和法国，双层董事会非常流行，甚至部分国家的法律有这方面的强制性规定。例如在德国，上层董事会或监事会负责监督下层董事会的工作，下层董事会受委托管理企业的日常事务。重要的是，监事会的人员组成是根据共同决策的原则，即一半成员由股东选举产生，另一半成员由企业员工选举产生。尽管如此，企业的股东仍然通过董事长的投票保证最后的发言权。

双层治理结构的主要优点是可以制衡管理者的权力，尤其是在非执行董事势单力薄或者无足轻重的一些企业（如英国和美国的企业）中，通常存在管理层控制单一董事会的情况。社会上一直有一种担心，认为管理层经常从自身利益出发对企业战略性决策（如企业的多元化和收购等）独断专行；认为管理层的决定往往被证明是失败的或者并不符合股东利益最大化的原则。通过法律形式平衡企业的权力是否对企业的发展有利，各方对此问题长期以来争论不休。

在日本，董事会成员多数为企业的高级主管，但是，由于董事会成员被认为是企业管理等级制度的一个级别，因此，董事长控制着哪些高级主管可以进入董事会。而在考虑是否将一个管理者提升为董事时，董事长通常要听取外部机构（如银行）的建议。在日本的企业文化中，一名好的董事的必备条件是：必须有能力不断改善员工的利益。所以与德国不同的是，日本的员工可以通过文化传统（信任和隐含的董事责任），而不是通过治理的法律框架来施加影响。不同的国家拥有不同的企业治理传统及框架，导致其在处理与企业治理相关的问题时有不同的优先次序。

理论上，国有企业的董事会职责与私营部门非常相似，只不过企业的资本支出和借贷直接由相关的国家部门控制。在现实中，董事会的权力往往由于一些政治优先权和政府主管领导直接介入管理决策而受到削弱。在 20 世纪 80 年代到 90 年代之间，许多国家对国有企业进行了私有化，其背后的一个主要原因，就是未来着眼于政治需要的"权宜之计"行为和企业长远发展方向之间存在矛盾。

6.1.3 债权人和贷款方的权利

不同国家在企业治理方面之所以存在这么大的差异，一个主要原因就是企业财务结构的不同。各地对于资产负债率有着不同的习惯，与银行的关系可以密至伙伴关系，也可以疏至简单的合同关系。如果将这种关系比作一把标尺，标尺的一端是合同关系，另一端是伙伴关系，那么在英国和美国，债权是长期融资的主要方式，商业银行提供债权融资，企业与银行的关系就偏向于合同关系；相反，在日本，商业银行通常在企业中持有相当的股份，甚至银行可能和企业同属于相同的母公司，信贷交易中，牵头银行可以安排其他银行的活动——在这种情况下，企业与银行的关系就更倾向于伙伴关系。

在上述两种极端情况下，贷款方的权利大相径庭，并且行使权利的方法也不尽相同，英国和美国银行通过抽回资金行使它们的权利，即使有时这样做会令企业破产，日本银行则更注重影响企业的长期发展战略以及使组织听取其意见和主张。

6.1.4 所有权的形式

所有权形式对于一个企业的目标和战略有着根深蒂固的影响，有时同样也存在着所有权形式是否符合企业战略目标的问题。

（1）许多商业企业在生命周期中都会面临一个重要的战略选择，即是否应该从一个私人拥有的企业（如家族企业）变成一个公开上市的企业。企业的所有者可能会因为业务的进一步发展需要出售股份所带来的资金而做出上市决定。拥有企业的家族成员应当认识到，企业上市后他们的角色将发生变化，他们将向一个更广泛的股东群体及代表股东的机构负责。

（2）企业董事会的一项职责是向股东提供合理的投资回报率。有时董事会可能认为将企业出售给另一家企业对企业或者企业的某项业务有利。例如，一个家族企业可能为实现其资产价值而考虑出售企业；或是企业董事会认为企业的市场仅限于国内，而市场的全球化步伐日益加快，企业作为独立的实体无法继续竞争，不如加入一家大企业以实现更好的发展，这时出售企业可能也是一个明智的选择。

（3）企业同时也是被收购的目标，董事会可能判定收购方提出的建议比董事会能够向股东承诺的将来的回报更具吸引力。有时企业之间决定合并，可能是因为管理层认为双方的协同效应比各自独立运营产生的效果要好，合并或收购都是战略考虑的结果。

6.2 利益相关者的期望和冲突

企业治理框架对组织战略提出了要求，并限定了战略发展的范围。此外，详细了解不同利益相关者的期望及其可能在多大程度上影响组织目标和战略也很重要。

利益相关者是指那些依靠组织来实现其自身目标的个体或集体，反过来，组织的发展也依赖于这些个体和集体。很少有个体能够有足够的力量来单方面决定组织战略。只有在个体之间形成一个利益相关者集团并且个体拥有共同的期望时，个体的影响力才能发挥出来。

在不同的部门和级别上都可能形成组织内部的利益相关者集团。此外，组织外部的利益相关者也很重要，它通常包括金融机构、客户、供应商、股东和工会。外部利益相关者可以通过与内部利益相关者的联系来试图影响企业战略，例如客户会强迫企业的销售经理在企业内部代表他们的利益，即使外部利益相关者处于被动地位，他们还会有可能限制组织新战略的发展。

个体可能属于多个利益相关者集团，利益相关者集团的组成也会根据不同的问题或战略发生变化。例如销售部和生产部可能会在关闭某条生产线的问题上联合起来，而在增加产品品种的计划下又会形成激烈对立。通常，某一明确的具体战略都与利益相关者集团的组成有关。正因为如此，利益相关者的概念十分重要，它有助于理解战略规划背后的政治背景，从这点上来说，它也与战略选择相关。

前面讨论了有关企业治理的不同形式，这些不同的企业治理形式为不同的利益相关者集团提供了一个框架，使其能够在企业内部行使正式的决策权力。尽管这可能有利于理顺企业战略决策制定的过程，但是它并不能消除利益冲突。因为利益相关者的期望不同，各方对企业战略各层面的重要性和必要性的认识存在冲突是十分正常的。在大多数情况下，如果各利益相关者的期望不能同时实现，各方之间就需要达成妥协。

这些冲突，包括增长和盈利之间的冲突；控制和独立之间的冲突；小批量和大规模之间的冲突；以及组织中某些部分的发展会牺牲另一部分利益的问题。管理者的个人职业抱负经常会导致"短期主义"，并以牺牲组织的长期健康发展为代价。

在组织私有化、市场放松管制、首席执行官从一种类型的组织调动到另一种类型的组织或压力集团开始提出新的问题时，经常容易发生冲突。这些冲突有时也被称为"组织场"之间的期望的冲突。

大型的全球化组织不可避免地需要在多个领域运营，例如海外部门是母公司的一部分，这也就意味着母公司对其行为和业绩有着种种期望，但同时海外部门又是当地社区的一员，也被寄予了期望，而这两个期望可能彼此并不一致。

6.3 商业道德

法律法规加诸组织的正式义务、企业治理框架及那些对组织十分关注并具有较强影响力的利益相关者的期望对组织战略具有强有力的影响,但是到目前为止尚未谈到社会对组织的期望及这将如何影响组织目标的问题,它属于商业道德领域并且存在三个不同的层次:

(1)从宏观角度来看,这是有关企业和其他组织在国内和国际社会如何发挥作用的问题。对于组织的期望存在两个极端:一种是主张组织应当自由发展;另一种认为组织是社会的塑造者。管理者需要理解影响社会对组织期望的各项因素,特别是这些因素在多大程度上包含或不包含前几节所讨论的不同利益相关者对组织的影响,这也是第一个问题即组织广义上的道德立场问题。

(2)在这个宏观框架内,企业的社会责任与企业实体所面临的具体的道德问题是相关的,也就是说组织应在多大范围内超出企业治理和法律法规所规定的最低限度的责任和义务,以及如何协调不同利益相关者之间的利益冲突,这些均与企业的社会责任有关。

(3)在个体层面,它指的是组织内部个体的行为和活动的道德性。个体的行为和活动当然是组织管理的一个重要问题,但是这里谈的只是个体对于企业战略的影响,特别是管理者的道德在整个战略过程中的作用。

6.3.1 道德立场

组织的法律环境和企业治理框架决定了组织对于其不同利益相关者所应承担的最低限度的义务。所以组织内部的一个重要的战略问题就是组织对于利益相关者的义务所采取的道德立场。组织的道德立场是指组织超出其利益相关者和社会承担的最低限度义务的程度。不同的组织拥有迥然不同的道德立场,组织的道德立场与组织特点之间有着密切的联系。组织的道德立场包括四种不同的类型,随着道德立场所包含的利益相关者的利益逐渐增加,组织成功与否的判断标准的广度也在不断扩大:

(1)第一种道德立场是有些组织狭隘地认为组织唯一的责任就是保证股东的短期利益,他们认为政府应该通过立法来规定组织在追求经济效益的过程中,只受到法律法规最低义务的限制;如果企业承担更多的社会责任,在极端的情况下会增加政府的权威并削弱企业的权力。

(2)第二种道德立场与第一种类似,但是,组织者认识到管理好与其他利益相关者的关系将为股东带来长期的经济利益,因此从组织自身的长期利益出发,他们会积极认真地去解决这些问题,例如向外部提供赞助或提供福利都会被认为是有意义的;应该尽量避免可疑的企业行为,以防止有关当局加强对这个领域的法律管制。他们认为如果管理者希望维持长期的行动自由,组织在短期内就应该负责任地运营。这种类型的组织认为组织不仅应该对股东承担责任,同时也应对其他利益相关者负责。

(3)第三种道德立场是利益相关者的利益和期望应该更加明确地体现到企业的目

标和战略中。这些利益和期望,通常会超出法规和企业治理所规定的最低限度的义务,他们认为组织业绩的评价标准应该是多方面的,而不仅仅是财务指标。在很大程度上,这些企业的道德比大多数企业更具有社会先进性。一些学者把这种道德立场描述为组织是利益相关者互动的平台,而不仅仅是股东的私有财产。这种类型的企业声称保留效率低下的部门是为了提供就业机会;为了社会利益,他们不会制造和销售反社会的产品,并且愿意为此承担利益损失。

(4)第四种道德立场代表组织意识形态领域的目标。组织的目标是塑造社会,而财务因素被认为是次要因素或一种限制性因素。很明显,这种道德立场的可行性存在问题。

6.3.2　企业的社会责任

企业的社会责任是指企业对于超出法律和企业治理规定的对利益相关者最低限度之外的,属于道德范畴的责任。它包括对调和不同利益相关者之间的需求冲突的考虑,因为各项法律法规对不同的利益相关者权利的关注程度是不均衡的,因此有必要分清不同类型的利益相关者:一种是有合同约束的利益相关者,如客户、供应商和员工等,他们与组织之间存在法律关系;另一种是社区利益相关者,如当地的社区居民和一些压力集团。

社会责任在企业内部表现为:

(1)员工福利:提供医疗保障、帮助住房按揭、延长病假休息、帮助安置家属;

(2)工作条件:改善工作环境、建立社会和体育活动俱乐部、安全措施达标;

(3)工作设计:使员工对工作不断产生满足感,而不仅仅为了获取经济利益;

(4)知识产权:尊重个人的私有知识,而不是宣布个人的知识技能归企业所有。

社会责任在企业外部表现为:

(1)环保问题:将排污标准降低到法律规定的标准之下;

(2)产品:关注消费者的用户体验;

(3)市场和营销方面:把握广告尺度和社会影响;

(4)供应商:制定和履行公平交易条款;

(5)就业问题:关注少数民族及弱势群体就业;

(6)社区活动:赞助并支持当地的公益活动等。

一些学者建议采用社会审计制度,以确保系统化地对企业的社会责任问题进行审议。

6.3.3　个体和管理者的作用

前面的讨论清楚地表明作为战略管理的一部分,商业道德问题向组织内部的个体和管理者提出了一些进退维谷的难题:如果组织内部的个体认为他所在的组织实行的战略是不道德的,或者是不能充分代表企业的一个或多个利益相关者集团的合法权益,那么个体的责任是什么？他是应该举报组织还是应该因为价值观的不同而离开企业？

管理者通常在组织内部位高权重，可以影响其他利益相关者的期望。他们掌握信息及许多其他利益相关者所不具备的发挥影响力的渠道。伴随该权力而来的就是需要恪守诚信的道德责任，因为战略的制定是一个高度政治化的过程，管理者通常会发现建立并保持诚信的力量是相当困难的，正如我们所看到的那样，管理者在何种战略对他们个人的职业发展最有利及何种战略对组织的长远发展最有利这两种选择之间面临着潜在的冲突，诚信在组织兼并收购前的内部交易过程中尤其容易受到冲击。

6.4 文化背景

前面关于利益相关者不同期望的讨论，旨在说明各利益相关者之间为什么会产生期望差异。很容易得出这样一个结论，即由于政治压力的存在，各个组织——即使是同一行业或市场内的组织——所遵循的战略将有很大程度的不同，但是事实上这种情况很少发生。经验研究表明：战略受到制度化和寻求一致的期望的影响。所以在实际中，不同组织之间战略的贡献程度要远远高于预期。在某些情况下，这种共性被认为是保护某些特定利益相关者所必需的，并且在法律和企业治理中得以体现。但是这种一致性通常可以用组织文化加以解释，所以理解组织文化当然是十分重要的，但组织文化并不是一目了然的。识别组织文化的一个参考框架包括以下几个部分：国家和地区文化、组织场、组织文化、职能/部门文化、文化网。

6.4.1 国家和地区文化

国家的文化背景直接影响到利益相关者的期望，例如世界不同国家对工作态度、权威、平等和其他一些重要因素的认识不尽相同。理解文化的影响十分重要，主要有两个原因：

第一，社会的价值观随着时间的推移而不断变化和调整，因此20年前被广泛接受或者成功的战略，可能在今天就不合时宜。

第二，国际化运营的组织还面临着一个问题，即如何处理组织运营所在的不同国家之间存在的千差万别的标准和期望。

此外，地区文化也很重要，识别重要的地区文化很有必要。例如，不同地区对于就业的态度与供应商的关系，以及消费者偏好都有很大的差别，即使在英国这样一个相对较小、有内聚力的国家中也是如此。

超国家文化正在逐步形成，例如欧元消费区内旨在形成趋于一致的客户品位和偏好，这对很多组织的产品规划和销售战略都有着至关重要的战略意义。

6.4.2 组织场

前文已经指出，组织场是指多家组织机构形成的群体，具有共同的效力体系，并且场内成员之间的互动要多于场外组织的交流。场内的组织一般拥有共同的标准和价值观。

场内的每个组织可能发挥不同类型的影响力：一些组织可能对其他组织行使规范管理权，如政府部门；其他组织可能会表现为社会公德的影响，如当地社区；另外一些组织（包括客户、供应商和竞争对手）则可能对可接受的或明智的做法、组织的战略方向及如何遵循某个战略有着共同的假设。

但是需要明确的是：组织场既包括组成场的各个组织，也包括这些组织共同遵从的一些假设，所以在组织场内运营就意味着组织需要遵守这些假设以便成为该群体中合法的一员。

共同假设是指在组织场内部所持有的关于组织目标及关于管理组织方面的一套假设——任何个体或组织若想偏离这套假设都将成为众矢之的，即被认为不合法。这种文化影响有时是有益的，如对消费者而言，它有助于在不同的供应商之间维持标准和保持一致性，但是有时也是危险的，比如管理变得制度化并忽略了向组织场外的组织学习经验。专业协会和贸易协会常常被认为是一种使用组织场正规化和制度化的尝试，其会员身份具有排他性，并且会员的行为受到约束。

合法性受到几个因素的影响，其中最重要的是强制性法规如法律和其他形式的限定性规定、规范的期望（如社会的期望），或者是那些理所当然地认为是适合的因素。随着时间的推移，同一组织场内的管理者会对哪些战略是成功或是合法的逐步形成共识，这也是上面所讨论的共同假设。

合法性对组织战略有着重要的影响。组织战略只有在组织场中被认定才有可能被接受。偏离被组织场认可的战略可能是危险的，因为主要的利益相关者可能会不认同。因此组织之间倾向于模仿彼此的战略，特别是在动荡时期。各个组织之间的战略可以在"合法"的界限内有所不同。如果某些组织的战略与其他组织有着显著的不同，那么它们可能被认为缺乏合法性。当然，这些位于合法性边缘地带的组织实际上很可能代表成功的未来战略，但是这些边缘组织在开始阶段很可能不是这样的，例如客户可能仍会保持对原有供应商的忠诚度，银行不愿意对这些冒险者提供资助等。

6.4.3　组织文化

组织文化可以分为三个层次：

（1）组织的价值观很容易识别，并通常被写入组织的使命目标或战略中，然而它们的含义很容易模糊不清，如"服务于社区"和"平等的就业机会"等价值观便给人这样的感觉。

（2）信仰比价值观更具体一些，并与价值观一样在组织内可以有外在的表现形式，而且人们之间可以互相谈论。

（3）"认为本该如此"的假设是组织文化的核心，它们是组织生活中最难被识别和解释的，它也可以被称为"组织范式"。组织中那些"认为本该如此"的做事方法将维持并强化组织范式。

组织越来越倾向于对外公布它们经过深思熟虑的价值观、信仰和目标,如年报、使命陈述和商业计划等。这带来了一种危险,即人们容易将这些公开的表述理解为对组织范式的精确描述,但是实际上这些表述只不过是反映了组织范式的一部分,在一些糟糕的情况下则是完全的误导。然而,这并不是说组织在有意欺骗,只是那些有关价值观和信仰的表述通常是某个利益相关方(如首席执行官)的愿望陈述,而不是对于组织内外无处不在的组织文化的准确描述,真正的文化是通过组织内部人员的实际行为方式体现出来的,它是关于"如何按照这种方式来管理企业",以及"到底什么是最重要的"等"认为本该如此"的假设。

6.4.4 职能/部门文化

在理解组织文化和组织战略之间的关系时,可能会发现组织文化的某些方面在整个组织内部是共同的、普遍存在的,但是在组织内部也存在着重要的亚文化,这些亚文化可能以不同的方式出现。一些方式是由于受到外部文化参考框架的影响,例如某企业的研发部门的组织文化显然受到该行业整个研发文化的影响;文化也可能与组织结构直接相关,例如跨国公司的不同地理区域之间,或者不同职能部门之间都存在文化差异,这种差异可能具有非常大的影响力,甚至具有排他性。部门之间的这种差异性在那些通过兼并成长起来的组织中更加明显。此外,不同的部门可能会追求不同类型的战略。部门之间在市场定位上的差异化需要也会培养不同的文化,但实际上成功组织的最重要的特点就是能够保持战略定位和组织文化的协调一致。

6.4.5 文化网

理解各个层面的不同文化当然是很重要的,但是这并不容易。如前所述,即使组织的战略和价值观已经公开,形成了组织范式的潜在假设,通常也只能通过人们的日常行为方式表达出来。若想理解组织内的"本该如此",就需要对组织文化的外在物理表现形式十分敏感。实际上广泛地关注文化的外在表现相当重要,因为文化的外在表现不仅有助于了解组织范式,更可能会强化组织范式内的种种假设。事实上,外在表现也代表着"认为本该如此"的组织行为。

可以通过观察组织(或组织场、甚至国家)的实际行为方式及人为的文化痕迹,如惯例、仪式、企业轶闻、组织结构和制度等来对文化进行分析,从这些方面可以发现一些有关组织内"认为本该如此"的假设的线索。打个比方,就好比描绘一座冰山,通过观察水面上的部分可以推断水下部分的形态。

(1) 组织内部成员之间及其与外部人员之间常规的行为方式构成了"我们这里做事情的方式",它的好处是保持了组织工作的顺畅,可能还会为组织带来独特有益的组织能力,但是它可能还代表着一种"认为本该如此"的做事方式,改变这种思维定式极为困难,同时这种思维定式还保护着组织范式的核心假设。

（2）组织生活中的仪式是指某些特殊事件，组织通过它们强调什么对组织是至关重要的，同时也强化"我们这里做事情的方式"。仪式可以是相对正式的组织流程，如培训计划、面谈小组、升职、评估程序和销售会议等；也可以是相对非正式的过程，例如下班后在酒吧内的小酌或者复印机前的闲聊。

（3）在内部成员之间所流传的、对外部人员所讲述的及对新招聘员工等所介绍的有关组织的逸闻趣事将组织的现实状态融于历史，同时也会突出某些重要事件和人物。它们浓缩了组织历史的精华，使某些类型的行为合法化，同时告诉人们在组织中什么事情是重要的。

（4）一些标志（如组织徽标、通常使用的语言和术语等）很直接地体现了组织的特点。例如老字号或保守性组织内很可能有许多体现企业等级制度或顺从的标志，如很正规的办公室布置，不同级别的管理层所享受的特权不同，以及人们之间相互称谓的方式等。这些正规化做法反过来又反映了在该等级制度下或顺从体系内进行战略变革的难度。

（5）权力结构也可能与主要假设有关。从某些方面上讲，组织范式是"成功的模式"，被"认为本该如此"，并可能已有很长的历史。组织中最有影响力的群体可能与这些核心的假设和信仰紧密相连。

（6）控制体系、考核标准和奖励机制强调的是组织中需要重点监督的领域，也是需要全力以赴去应对的地方。例如，公共服务组织经常被指责过于关心资金的管理，而不是服务质量，这些反映在其程序上，就表现在过于关注投入而不是产出。奖励机制对员工的行为有重要的影响，但同时也可能成为新战略成功实施的障碍。

（7）组织结构很可能反映了权力结构，描述了各种重要的关系，并强调了那些在组织中较为重要的方面。森严的等级制度和机械结构强调的是组织战略是高层管理者的职责，其他人只需要服从。一些高度放权的结构，可能意味着竞争比合作更重要。

6.4.6 描述组织文化的特性

要想理解组织文化对组织目标的影响，就需要描述组织文化的特性，这一点很重要。通过对组织文化的特性描述，可以判断组织推行不同战略时所面临的难易程度。

1. 文字描述

一个组织的文化精髓有时可以用简单而生动的文字来描述。

2. 迈尔斯和斯诺方式

雷蒙德·迈尔斯（Raymond Miles）和查尔斯·斯诺（Charles Snow）根据组织的战略行为，把组织分成三种基本类型：防御型、探索型、组织型。其中，防御型组织的行为与探索型、组织型组织的行为有很大的不同。防御型组织会认为变化具有危险性，一般会选择具有持续性和安全性的战略,这类组织文化的背后是抵制创新的官僚式的管理方法。与此相反,探索型组织在变革中发展,更倾向于选择由具有创造力和灵活性的管理方法支持的产品和市场开发战略,它鼓励创新的文化。

之所以对组织文化进行这样的分类,是为了让管理者了解组织会倾向于选择最适合组织文化的战略。组织如采用其他战略,必须努力改变文化,至少是改变组织中具体执行该战略的部门的文化。

3. 汉迪方式

查尔斯·汉迪(Charles Handy)从组织与个人的关系以及权力和等级制度的重要性的角度来描述组织的文化特征。同样,不同的组织文化有不同的行为方式。例如同样是产品开发战略,以下四种不同的文化将采用不同的方式:角色文化将制订各相关部门之间的详细工作计划,按照时间表分配工作任务,从而保证产品的开发和产品被推向市场;项目文化会倾向于成立一个专门的项目组来具体实施某个项目;权力文化可能会采取总裁本人亲自挂帅的方式,由他们积极地发布命令指示谁在什么时间完成什么工作;个人文化依靠的是个人的能动性和主动性。这些不同文化特性的含义与上面介绍的迈尔斯和斯诺方式相同,即组织文化将推动那些适应这些文化特点的战略的发展。

在描述一个组织的文化特点时,理解以下几个方面很重要:

(1)组织文化没有最好和最坏之分,问题是文化很可能会驱动战略,因此当组织试图改变其战略时,可能会发生战略与组织文化不匹配的情况。例如,一个低价格定位很可能适合防御型、角色或者权力文化,而其他文化的创造性特点可能很难在不使人们变得消极的同时将成本控制在可以接受的水平。相反,差异化定位就需要更多的创造性行为,因此探索型或个人文化可能比较适合。

(2)成功组织的战略和主导文化在一段时间内可能是融合在一起的,也就是说战略的关键要素变得理所当然,并代表着组织的核心能力。例如,防御型文化不仅与"低价格"的市场定位相适应,它还可能去寻找有助于保持这种定位的市场,这被称作加强循环。同时,组织在招募员工时,也通过只招收那些有可能顺应组织文化的人员的方式进一步强化主导文化。

(3)在许多企业中,文化的凝聚力往往在企业的低层出现。有很多人一直在争论:文化的凝聚力和多样性在多大程度上构成了组织的优势和劣势。

要点摘录

◆ 宏观环境中的一个特定因素对某些组织的影响可能会大于对其他组织的影响,同样它可能对某些组织发挥促进作用,却对其他组织构成威胁。识别机会和威胁是环境分析的主要目的之一。机会是指只要进行有效开发就可以帮助企业获得战略竞争力的一系列条件。

◆ 行业分析中首先需要重视的是行业特征,行业特征决定了每一个行业的特殊性以及宏观环境对该行业的影响程度。例如,某些行业特别受到经济周期的影响、而另一些行业特别受到国际贸易政策的影响,将宏观分析与行业特征分析相结合,可以分析某个行业的独特驱动因素和关键驱动因素。

◆ 大多数行业和部门都包含数个战略群组,战略群组是指在一个行业内具有相似特性的组织集团,该组织集团与其他组织集团有着明显的区别。

◆ 所有的组织都是相互关联的,在经济上互相捆绑在一起。本章介绍组织场的概念,用来帮助理解在商业环境中存在的更广泛的影响和相互关系。

◆ 企业对竞争对手信息的收集和解释称为竞争对手分析。对竞争对手的分析是研究宏观环境和行业环境的必要补充。

◆ 因为不同行业在基本特征和结构方面有很大差别,所以,行业和竞争分析往往要从整体上把握行业中最主要的经济特征。一个行业的主要经济特征被包括:市场规模和增长率、生产技术变化的速度、产品创新、规模经济、学习和经验曲线效应等。

◆ 行业和竞争环境之所以会发生变化,是因为各种因素的变动会产生某种动力或压力而引发行业变革。最主要的因素被称为驱动因素,因为它们对行业结构和竞争环境将要发生的变化影响最大。对一个行业的驱动因素进行充分分析,是制定良好战略的前提。如果不能敏锐地洞察或错误地判断在未来的一年或三年内存在哪些外部因素会给企业的业务带来最大的潜在变革,那么,管理者就无法为制定出与新环境密切匹配的战略做好充分的准备。同样,如果管理者不清楚各种驱动因素的意义,或者他们的观点很不完整或不能切中要害,那么,他们所制定的战略就难以对驱动因素及其对行业所产生的影响做出积极的回应。

◆ 根据战略管理的思想,企业之所以选择某一细分市场,是因为在这一细分市场上,企业的产品或服务更能为买方所接受,换言之,由于企业在这一细分市场上体现了优势,因而更能为买方所接受。因而细分市场一定是与企业的核心优势有关的。

◆ 在五种竞争力量中,最强大的竞争力量通常来自现有竞争对手为了赢得市场地位和消费者的青睐而展开的竞争。实际上,市场就是一个竞争的战场,竞争者会运用它们拥有的任何资源与竞争对手角逐来提高自己的市场地位和绩效。管理者制定战略的目的就是使企业维持在市场中的地位。

◆ 21世纪以来,出现了两种非常重要的组织场现象:一是平台战略;二是产业融合。组织场这个概念强调了其中的一些重要问题,例如行业的边界不是固定的、组织场也是可以被渗透的等。或者说一个组织场的界限,可能受相邻组织的影响而改变或消除,甚至会出现两个组织场的融合。组织场中的各种主体之间常常存在某种经济关系。因此,它们的成败是交织在一起的。

◆ 竞争性对抗是指竞争者为了获取有利的市场地位而采取的一系列竞争性行动,以及随之产生的竞争性反应。特别是在一些高度竞争的行业中,企业在采取战略行动以及对竞争对手的行动做出反应和反击时,会不断地运用各种计谋来获取竞争优势。对处于领先地位的企业来说,理解竞争性对抗至关重要。

思考题

1. 行业常见的驱动因素有哪些?
2. 五力分析包括哪些内容?

3. 买方的议价能力包括哪些内容？它们如何造成竞争压力？
4. 进行市场细分的步骤是什么？
5. 影响竞争力强弱的因素有哪些？
6. 什么是战略群体？战略群体分析的意义是什么？如何绘制战略群体图？
7. 潜在竞争者面临的产业进入壁垒包括哪些？
8. 试简述竞争性对抗模型。
9. 利益相关者的期望与冲突对组织战略决策有什么影响？

第四章

资源、能力与战略分析工具

>>> **学习要求**

- 资源和能力的关系
- 无形资源的重要性
- 独特资源
- 作为流程与惯例的能力
- 核心能力
- 成功关键因素与核心能力的匹配
- 企业内部价值链分析
- 产业价值链分析
- 外部环境变化与竞争优势
- 企业竞争地位的定量分析
- 获取竞争优势的方法

任何一家企业都是资源与能力的独特组合,这些资源和能力是企业战略的基础和企业利润的根本来源。因此,企业战略的制定、选择和实施应最有效地利用资源,培育和建立企业的核心竞争力,并在此基础上把握外部环境的机遇。

资源通常指企业拥有的生产性资产,能力通常指企业能做什么。单个资源不能赋予企业竞争优势;它们必须互相配合创造出组织能力才可以。另外,战略能力取决于企业能够获得的资源,因为企业能力是由配置在企业各项活动中的资源创造的。因此,资源和能力之间存在紧密的关系。

战略能力是指向客户提供它们认为有价值的或在未来会有潜在价值的产品或服务。因此,我们必须理解哪些是客户认定的价值:客户认定的价值不仅与产品有关,还包括相关的各项服务。其次是关键成功因素,也就是那些被客户认为特别有价值的产品的特性——这也是企业战胜竞争对手的关键所在。

关于企业资源和能力的有关要点如下:①企业内有哪些可以获得的、可用于支持战略发展的内部和外部资源?②为支持某一特定发展战略,企业需要具备的最低标准是什么?这意味着如果企业不具备这些最低限度的资源,就无法满足客户对产品特性的一个或多个基本要求,如此一来,企业可能要选择那些能够与自身资源配合的细分市场。③企业应具备哪些独特的资源,才能抓住在某个细分市场上成功所需的关键因素,并有助于企业获得竞争优势?④当企业将资源分配到不同的活动中和联络各项活动的流程中时,就可以创造出企业能力。所以,企业能力实际上是关于企业活动和连接企业内外各项活动的流程。在某些情况下,企业业绩的好坏通常与企业能力直接相关,而与资源只是间接相关。这是因为在市场竞争中,活动和流程比资源更难以模仿。⑤尽管企业需要在其从事的所有活动上都具备最低限度的能力,但是其中只有一部分是企业的核心能力。核心能力是指那些能使企业获取市场成功所需关键因素的能力。核心能力与独特资源在某些情况下是相互匹配的。⑥核心能力与独特资源是战略分析的要点以及制定战略的基础出发点。

第一节 企业资源和能力

1.1 企业资源

1.1.1 企业资源的概念和分类

企业资源指的是企业在向社会提供产品或服务的过程中所拥有的或控制的、能够实现企业战略目标的各种要素的集合。从财务角度来讲,企业资源是那些可供企业利用并且在使用过程中能创造出比使用成本自身更高价值的要素。企业的资源清单不仅包括企业资产负债表上的"资产",还包括大量未被估值的无形资源和人力资源,且并非资产负债表上的所有"资产"项目都对企业具有重要的战略价值,企业资源基础观关注的是具有潜在战略意义的资源。

1. 有形资源

有形资源是最容易识别和评估的:财务资源和实物资产的识别和评估记录在企业的财务报表中。但是,基于资产负债表的资产评估与基于战略决策的资源评估有很大的差别,甚至基于资产负债表的评估可能在很大程度上歪曲该资源在战略上的价值。因此,资源分析的首要目标不是评估企业的资产,而是理解资源在创造竞争优势方面的潜力。

2. 无形资源

对于大多数企业而言,无形资源比有形资源更有价值,尤其对于互联网时代的轻资产企业而言。但是,在企业财务报表中,大部分无形资源在很大程度上是不可见的。有研究表明,排除和低估无形资源的价值是导致资产负债表价值和股票市场价值之间巨大差异的主要原因。按性质不同,企业的无形资源可以分为市场资源、知识产权资源、人力资源、基础结构资源和组织资源。

(1) 市场资源。企业的市场资源是企业所拥有或控制的、同市场息息相关的资源要素,它来自企业同市场及客户建立的有力关系。主要包括:企业的各种品牌——在这些被低估或背离估值的无形资产中,最重要的是企业品牌;企业的客户关系、客户对企业产品或服务的忠诚度、企业既有的销售渠道、各种经营许可权,以及其他各种能够为企业带来竞争优势的合同关系。

以品牌为例,它们的价值在于给客户传递信任。有许多的方法可用于估计品牌价值,最为普遍的是用因品牌获得的溢价乘以该品牌的年销售额,然后计算这种收入流的现值。企业的品牌价值能通过拓宽销售品牌的产品范围来获得提高,因此,成功建立强大消费品牌的企业有很大的动力进行多元化经营,例如,耐克公司从运动鞋到服装和体育器材的多元化经营。

(2) 知识产权资源。从法律意义上讲,知识产权是一种受到法律保护的财产。从企业的角度来看,企业的知识产权资源主要包括企业的专利、版权、商标、专有技术以及各种设计专有权。

自20世纪80年代以来,企业越来越关注它们的知识产权。例如对于IBM公司和高通公司而言,知识产权是它们拥有的最宝贵的资源。

(3) 人力资源。企业的人力资源由雇员的专长和努力组成。人力资源通常不会体现在资产负债表上,这是因为,企业通过雇佣合同购买雇员服务,而企业并不拥有它的雇员。在战略分析中,之所以将人力资源作为企业资源的一部分是因为大多数雇佣合同都持续数年以上。企业的人力资源不仅表现在单个员工的知识、技能和价值方面,还表现在组织合作的能力等方面。

(4) 基础结构资源和组织资源。企业的基础结构主要指企业管理哲学、企业文化、企业内部的基础管理制度以及企业同外界所形成的各种协议和制度安排。

由于无形资源更加不可见,而且更难以被竞争对手了解、购买、模仿或替代,企业就更愿意将无形资源而不是有形资源作为开发企业能力和核心竞争力的基础。实际上,一种资源的无形程度越高,在此基础上建立的竞争优势就越具有持续性。因此,与有形资源相比,无形资源是一种更高级、更有效的核心竞争力来源。在全球经济中,相较于实物资产而言,企业的成功更多地取决于先进的知识和出色的系统能力。

除了区分有形资源和无形资源,还需要区分普通资源和独特资源。普通资源只能满足企业基本的经营,而独特资源则可以帮助企业在竞争中脱颖而出。大多数资源都是普通资源,在某一行业的竞争中,对于普通资源的投资是必需的,但单靠这一举措并不能获得竞争优势。要维持持续竞争优势,并借此获得稳定的收益,企业必须拥有某些独特资源。

1.1.2 最低限度的资源与冗余资源

对在任何细分市场中的企业来说,都需要具备一定的最低限度的资源。但是随着时间的推移,因为竞争对手的行为或新进入者的竞争,这些基本要求在不断提高。因此,即使仅仅为了继续生存,企业也需要不断地夯实自己的资源基础。随着行业竞争的不断加剧,对资源的要求也越来越高,这种资源门槛让一些企业难以企及,只能逐渐被淘汰。

已经正式投入运营的企业所面临的问题是,它们可能正经历着商业环境的阶梯式变化,而这种阶梯式变化会使得企业的大部分资源变得冗余。除非企业能够处置这些冗余的资源,否则它们就不太可能抽出足够的资金来投资于所需的新资源。如果继续保持这些冗余的资源,企业成本将会变得非常高,例如当传统的银行还在忙于设立分支机构时,新的竞争对手却转而大量投资于网上银行业务。

1.1.3 独特资源

企业能否满足某个特定细分市场上成功所需的关键因素的要求有时取决于自身的独特资源。独特资源就是那些对企业的竞争优势具有至关重要的影响的资源。独特资源帮助企业维持某项产品或服务的独特价值,它是优于竞争对手且难以模仿的资源。

举例来说,独特资源可能是占据最佳地理位置的零售商店,它的标价可以比平均价格高一倍;独特资源可能是一些企业拥有的部分专利产品和服务;独特资源可能是采矿企业所拥有的有特殊矿藏的地面矿;服务行业中企业的独特资源,可能是一些特别优秀的员工如外科医生、教师或律师。但是,矿藏资源可能会耗竭、优秀的员工也可能被竞争对手挖走,因而,如果企业试图单纯依靠独特资源维持长期的、可持续的竞争优势,对于企业而言也可能是非常困难的。

1.2 企业能力

单独的一项资源本身并不具有非常高的生产价值。为了完成一项任务,各种资源必须共同作用。企业能力是指运用、转换与整合资源的能力,是资产、人员和组织投入产出过程的复杂结合，表现在整合一组资源以完成任务或者从事经营活动的有效性和效率。企业是一个能力体系或能力的集合，能力决定了企业的规模和边界。

1.2.1 能力的划分

为了识别企业的能力，我们通常可以通过两种方法来划分企业的各种能力：功能分析法和价值链分析法。价值链分析法在本章第二节介绍。按照功能分析法可将企业能力分为生产能力、研发能力、营销能力、财务能力和组织能力。

1. 生产能力

生产能力是指企业在一定时期和一定的生产技术条件下，经过综合平衡后能够产出一定种类的产品或提供服务的最大数量，或者是加工处理一定原材料的最大数量，是反映企业产出可能性的重要指标。一家企业所拥有的生产能力应与其市场相匹配：能力过大，导致设备闲置、人员富余、资金浪费；能力过小，又会失去很多机会，造成机会损失。因此，企业必须做好生产能力的规划和决策，制订周密的生产能力计划。特别是在多品种、中小批量生产逐步成为主流生产方式的情况下，生产能力柔性成为竞争的一个关键因素，能力规划和决策也越发重要。最优生产能力是指设备在正常使用条件下，实现最合理、最有效利用时的最大产出能力。这种产出能力是经济意义上的生产能力，是企业使用合适的人员，在合理的时间安排下，设备产出最大、成本最低、效益最佳时的生产能力。

企业的生产能力可以分为以下三种类型：设备能力、人员能力和管理能力。从广义上讲，生产能力是指设备能力、人员能力和管理能力的综合。设备能力是指设备和生产面积的数量、水平、生产率和使用时间等诸因素的组合；人员能力是指人员数量、技术水平、出勤率与有效工作时间等诸因素的组合；管理能力包括管理机构及其运行效率，管理人员的素质、经验、水平、工作态度与运用现金管理理论、方法等诸因素的组合。

2. 研发能力

技术研发是指为了实质性地改进技术、产品和服务，将科研成果转化为质量可靠、成本可行、具有创新性的产品、材料、装置、工艺和服务的系统性活动。

产品研发和技术研发有密切关系。技术研发往往对应于产品或者着眼于产品创新，新技术的诞生，往往可以带来全新的产品；而新的产品构想，往往需要新的技术才能实现。鉴于两者的紧密关系，不少企业将产品研发和技术研发合为一体，研发部门不仅负责技术研发，而且负责产品研发。

3. 营销能力

一家企业的市场营销活动一般包括四项内容：市场调研、目标市场选择和开拓、市场营销组合策略的制定和实施、销售服务。

营销能力是通过统筹、利用内外部资源满足目标市场的需求，有效开展市场营销活动的能力。随着消费者需求的个性化与多样化以及市场竞争的日益激烈,营销能力已成为企业持续竞争优势的重要来源。

营销能力可以分为以下三种:

(1)感知市场、联系市场和战略思考的能力。感知市场的能力,即能够读懂并理解市场,包括感知即将出现的机会和预测竞争对手的行动。联系市场的能力,即能够创造和保持与客户的关系,包括传递卓越的客户价值、保留客户及使用市场投资杠杆。战略思考的能力,即根据市场做出决策的能力,这种能力可使企业的战略与市场同步,并且有助于预测市场的变化趋势。

(2)战略营销、职能营销和运营营销的能力。战略营销能力,主要包括市场感知能力、目标市场选择和定位能力。职能营销能力,主要包括客户关系管理能力、客户接近能力、产品管理能力和新产品开发能力。运营营销能力主要指营销活动中有关促销、渠道、销售管理等营销活动的具体执行能力。

(3)营销文化、营销战略和营销运营的能力。企业营销文化决定着企业在营销活动中的导向与态度。根据企业对客户及竞争对手重视程度的不同,营销文化导向可分为产品导向、竞争导向、客户导向等不同类型。营销文化具有很强的内隐性,优化的企业营销文化是有效竞争优势的来源,且难以被竞争对手模仿。

在营销文化的导向作用与企业态度的基础上,企业进一步形成指导营销活动的具体战略。而营销运营涉及特定的营销操作、战术和活动的结合以实现期望的竞争地位,主要是实施战略所需要的能力和技巧。在这个层级上,企业关心的是为实现一定的竞争地位而采用的特殊的营销运作、策略和活动。企业营销运营能力可分为由外而内、由内而外、内外结合的三种能力。其中,由外而内的能力指研究客户及竞争者、同客户和供应商建立关系的能力;由内而外的能力指有效的成本控制、信息采集及分析、整合配送等能力,它们为企业创造竞争优势搭建了平台;内外结合的能力是把内外能力整合在一起,主要包括对客户需求的快速反应能力、竞争性定价的能力以及运用价格战略的能力等。

在上述能力中,高层级的营销能力比低层级的营销能力更能创造可持续竞争优势。高层级的营销能力如营销文化,更加复杂且影响更大(包括确切的、不确切的),因此也更难以被模仿。

4. 财务能力

企业财务能力主要由财务活动能力、财务关系能力、财务表现能力、财务管理能力构成。财务活动能力主要包括筹资能力、投资能力、资金运用能力和分配能力。财务关系能力是指企业平衡股东、债权人、内部员工、供应商、销售商等利益相关者之间财务关系的能力。财务表现能力是指通过财务会计报表所体现出来的财务发展能力,主要包括盈利能力、偿债能力、运营能力、成长能力和社会认可能力。财务管理能力是企业组织、计划、控制和协调财务活动所具有的独特知识与经验的综合的、有机的结合,主要包括财务决策能力、财务控制能力、财务规划能力和财务创新能力。

能为企业创造持续竞争优势的财务能力能够为企业创造更多的价值,进而提升企业的核心竞争力,它一方面表现在企业的可持续发展以稳定的资金流为保障,如果企业的资金流动不能正常进行,企业的竞争优势就会丧失殆尽,以致导致企业破产倒闭;另一方面,财务能力表现在对财务可控资源的作用力上,对财务可控资源的合理配置将直接推动企业持续竞争优势的形成和核心能力的提升。

5. 组织能力

组织能力是指企业开展组织工作的能力,是企业在与竞争对手投入相同或相似的情况下,能否以更高的效率或质量将各种投入要素转化为产品或服务的能力。组织能力包括企业所拥有的反映效率和效果的能力,这些能力可以体现在企业的组织结构、业务流程、制度方法等一系列组织现象中。精心培养的组织能力可以成为企业竞争优势的重要来源。

1.2.2 能力的层次与本质

识别并列出一家企业的各种资源是十分简单的。但衡量企业能力就存在很多问题,因为它们更加难以捉摸。苹果公司在设计结合赏心悦目的美学与卓越的用户界面的消费电子产品上能力突出,但这种能力到底潜藏在苹果公司的哪里呢?

1. 能力的层次

无论从职能角度还是从价值链角度来分析,我们所认识的能力都可以宽泛地定义为以下几种:运营能力、市场营销能力、人力资源管理能力、供应链能力。然而,既然已经认识到能力是流程和惯例的结果,很明显这些宽泛定义的能力可以进一步细分为更多的专业能力。例如,人力资源管理能力可以细分为招聘能力、人力资源考核能力、职业生涯发展能力,其他能力同样也可进行细分。此外,这些宽泛定义的能力可以整合在一起形成更广泛、跨职能的能力,如新产品开发能力、业务发展能力、提供客户整体解决方案的能力等。

2. 作为流程与惯例的能力

企业能力需要各员工的互相配合与努力,以及员工与固定设备、技术和其他资源的有机整合。但是,这种整合怎么实现呢?一家企业的生产活动涉及从事一系列生产任务的团队成员所采取的协调行动,这就是企业流程。构成企业流程的序列可以用一张流程图来描绘。

大多数企业流程都有一个关键特征——惯例化。惯例化是将管理和经营实践转化为企业能力的必要步骤,只有成为惯例时,企业流程才会高效和可靠。正是通过对惯例的适应和重复,企业才得以发展起来。像个体技能一样,企业惯例是在实践中学习建立的。正如个体技能若不经常练习就会生疏一样,企业很难对仅偶尔发生的紧急事件保持协调的反应。因此,在效率和灵活性之间也许存在此消彼长的关系。总之,企业惯例能近乎完美、协调、高效地被执行,但企业越依赖于惯例,就越难以对不适应惯例运作的环境做出反应。

1.2.3 核心能力

1. 核心能力的定义

同一市场上不同企业间的业绩差异很难完全用它们在资源基础上的差异来解释,因为资源通常是可以模仿或交易的。优异的业绩取决于可以创造企业能力的企业资源在各项活动中的配置方式,比如员工个人掌握的知识并不能帮助企业提高业绩,除非他被指派或者允许做某项可以发挥个人知识的具体工作或者更重要的是其他同事能够分享并推广他的知识业绩。业绩还受到将企业内部和外部不同领域的活动和知识联系起来的流程的影响,尽管所有与企业的产品和服务相关的活动或流程都必须达到一定的最低限能力,但是只有其中一部分活动或流程可能发展成为核心能力。

核心能力(Core Competence)就是对形成企业竞争优势发挥关键作用的活动或流程。核心能力帮助企业创造并保持优于竞争对手的、能够更好地满足特定客户群对实现成功所需关键因素要求的能力,而且该能力很难被模仿。为了取得这样的核心能力,必须满足以下标准:

(1)核心能力必须与可以实质性地增加产品或服务的价值的流程或活动有关,而且该价值是客户(或其他利益相关者)认可的价值。管理者要真正理解客户价值并不容易,因为他们非常容易在内部形成一种关于产品或服务价值的观点,他们甚至认为客户不欣赏他们这些内行人所认可的价值。

(2)核心能力必须导致企业活动或流程的业绩表现要优于竞争对手,标杆比较法有助于理解业绩标准以及业绩优劣的含义。

(3)核心能力必须是持续性的,即竞争对手较难模仿。我们已经看到在急剧变化的世界中,通过某些特殊的方式如新的营销战役获得的竞争优势都不太可能具有持续性,优势只是暂时的。所以核心能力并不是关于如何取得某些具体改善,而是关于如何促进持续变革和改善发生的全部流程。如果企业能力潜藏在企业的各个方面,甚至连管理者都很难充分揭示成功的具体原因,那么该企业的核心能力就具有更强的持续性。

2. 核心能力的来源

管理者经常发现自己很难明确说出所在企业的核心能力,这可能有以下几个方面的原因:

第一,他们可能发现一些实际上属于成功关键因素的内容如优质服务或者可靠的交货,但是核心能力是获取这些关键成功因素的各项辅助工作,而不是成功关键因素本身。

第二,他们很容易泛泛地看待问题。核心能力也许潜藏在企业工作的日常惯例的操作层面而不易被发觉。

第三,这些核心能力也许潜藏得很深,甚至连管理者自己都不能充分理解,事实上,为了使核心能力难以模仿,这有可能是一个很重要的特点。

多数客户认定的成功关键因素主要有品牌声誉、优质服务、交货时间、产品种类和创新能力。对于供应商而言,他们认为良好的配送和物流系统非常重要:它们确实都是为客户提供服务的重要资源和能力,但是竞争对手也可以配备同样的资源和能力。零售商根本就不会与达不到这些要求的供应商进行合作,所以,尽管配送和物流系统对于企业的生存很重要,但它并不是独特资源和核心能力,而只是企业必备的基本资源和能力。

事实上,供应商提供的优质服务中的灵活性和快速反应能力,甚至包括找到零售商可能遇到的问题(如订单错误或定量过多)的解决方法,这些才是某企业优于其竞争对手的真正原因。其他操作层面的细节可能还包括:

(1)规则变通,例如在一些严格意义上违背企业政策和体制的情况下接受主要零售客户的退货。

(2)利用销售淡季来创造生产线上不同产品生产切换的灵活性。

(3)习惯和事实,而不是企业书面形式的政策,即蕴藏在企业文化中的企业知识。

因此,知识在这里是对全系统了解及使系统工作的经验,竞争对手或市场中的新进入者要明白是怎么回事就很困难,也会发现其难以模仿。

通过以上分析可以了解企业的核心能力究竟潜藏于何处,即销售人员和零售商客户之间良好的关系:这种关系鼓励零售商在遇到困难时向该企业提出"看似不可能满足"而"最终被满足的要求"。此外,良好的物流系统、存货水平、备用的生产能力和员工对规则变通的判断等因素综合起来就创造出了竞争优势。因此,是以上各项活动的综合创造了竞争优势而不是单独的一项或两项因素。而且,这些因素中有很多是潜藏在企业各级操作层面的活动中的,竞争对手不易发现,甚至该企业的管理者可能都不大清楚。

小 结

1. 客户价值、有用的资源和能力以及最低限度的资源

只有能够为客户提供价值的那些资源和能力对于企业才是有用的。客户认定的价值体现在产品和服务之中,因而如果企业的资源和能力不能满足客户最低的产品性能或服务要求,企业就会在战略竞争中出局。达到了这一要求,则表明企业具备了最低限度的资源和能力。如果最低限度的资源或能力中的一项或多项得不到满足,企业就应该放弃这个市场。当然,市场上存在的另一种可能是,在某一细分市场上不足以满足最低限度方式的资源可能在另一细分市场上能达到最低门槛。此外,随着时间的推移,行业逐渐走向成熟,对于最低限度的资源和能力的门槛一般而言也会逐渐提升。因此,即使

仅仅为了继续生存,组织也需要不断地提高自己的资源基础。随着竞争的不断深入,企业对资源的要求也越来越高,这种资源门槛使得一些无法企及的组织也将逐渐被淘汰。

2. 成功的关键因素与核心能力的匹配

在产品的基本性能之上,客户很可能看重产品的一部分特性,这种偏好随着细分市场的不同会有一些变化。例如,一些客户可能对价格特别感兴趣,另一些客户则关心产品的可靠性,而其他则强调交货时间等。客户会根据一个简短的产品特性清单,从能满足他们基本需求的生产厂商中进行选择。这些要求就是成功的关键因素。这些被客户认为特别有价值的产品特性非常重要,而企业也正是依靠这些特性才得以超越竞争对手。要实现这样的特性就需要在最低限度的资源和能力之外的额外资源或能力,这部分额外的资源或能力被称为核心能力。

因为不同的客户群会有不同的产品特性偏好,组织就需要在不同的基础上使用不同的资源和能力进行竞争,或者说组织会分化出不同的核心能力。考虑一下小型商店如何在杂货零售上与大型超市进行竞争:大型超市追求的战略就是利用它的资源和能力向客户提供更低的价格和一站式消费的便利,对那些喜欢低价商品和一站式购物方式的消费者来说,大型超市无疑比小型商店更具有竞争优势,小型商店也很难去模仿大型超市所拥有的资源和能力。所以一家街头便利店若想与大型超市进行竞争,它就需要专注服务于那些与大型超市的客户偏好不同的客户,如提供个性化服务、延长营业时间、采取非正式的赊购、送货上门等。这种有针对性的战略就需要具备相应的核心能力作为支撑。

3. 核心能力和独特能力

如本章第一节所述,能力是一个组织擅长的事情。它通常来源于经验,体现了知识和企业内部活动熟练程度的积累。核心能力是企业的一项熟练的内部业务活动,而且这项活动是企业战略和竞争力的核心。核心能力是一项比能力更宝贵的资源,这是由于这项业务活动在企业战略中扮演着核心角色,并且对企业成功有很大的影响。

核心能力可能包括:整合多种技术从而创造出一系列新产品的知识;创造并运营一个低成本的供应链的技术诀窍;加快新产品推广的能力;杰出的售后服务能力;以低成本制造高质量产品的技术;快速准确地完成客户订单的能力。一个企业可能拥有不止一项核心能力,但也很少有企业囊括多项核心能力。通常情况下,核心能力存在于企业的员工和企业的知识资产当中,而不体现在资产负债表上。

独特能力是一项让竞争对手难以模仿的能力:可能一个企业某项比较重要的业务活动做得很好,故可称为核心能力,但除非企业能够比绝大多数竞争对手更好地完成这项业务活动从而攫取"经济租金",否则它就不是企业的独特能力。

4. 能力、核心能力、独特能力之间的区别

(1)普通的能力仅仅能够使得企业在市场上生存,因为几乎所有的竞争对手都拥有

这种能力,一家企业如果没有这些能力则会处于竞争劣势。

(2)核心能力比普通能力重要得多,因为核心能力能推动战略的实施并且对市场定位和利润率有积极的影响。

(3)如果一家企业拥有独特的、令竞争对手难以复制或复制成本非常高的核心能力,那么该企业就很容易建立和维持竞争优势。

第二节 价值链分析

2.1 企业内部价值链分析

企业能力能够从两方面增加客户价值:一是单独每项活动的能力,如生产和营销;二是将不同的经营活动联系在一起的能力,它包括保证企业所有的各项单独活动(包括企业内部的和外部的)都致力于交付相同的客户价值,而不是各行其是。例如一家企业拥有能够生产特殊工程规格的产品的能力,这让竞争对手难以模仿,但是如果该企业不能够保证原材料的质量或者其分销商不能够小心地搬运和存放产成品的话,这家企业也不能从其制造工艺中获取真正的竞争优势,正是所有这样的活动的综合效果创造了或者破坏了预期的价值,同时也产生了成本。

价值链(Value Chain)的概念有助于我们理解价值是如何创造的。价值链是指企业内部和外部一系列创造产品和服务的活动,正是这些活动的成本及其所产出的价值决定了企业是否开发出了最具价值的产品或服务,因此产品或服务的竞争力是由价值链支撑的。

大部分产品和服务都是经过一系列的垂直业务活动生产出来的:获取原材料、制造中间产品、制造成品、销售和分销、售后服务等。在产品价值链的每一个阶段都伴随着相关的金融、实物及组织资本。

常见的有两种通用价值链模型。第一种是由麦肯锡管理咨询公司提出的。这一相对简单的模型假设创造价值的过程总是包含六种不同的活动:技术开发、产品设计、制造、营销、分销及服务。企业可以在这六个方面的任何环节形成独特的能力,也可以在几个方面结合形成独特的能力。

第二种是由迈克尔·波特提出的,他将创造价值的活动分为两大类:①基本活动,指那些与产品或服务的创造或交付直接相关的活动;②支持活动,指帮助提高基本活动的效果或效率的活动。

表4-1列示了常见的基本活动和支持活动。值得注意的是某些支持活动的重要性并不低于基本活动,如人力资源管理和技术开发。而且,很多支持性活动是形成竞争优势的主要来源。

表 4-1　常见的基本活动和支持活动

基本活动	支持活动
• 输入物流：与产品或服务的各项输入生产要素相关的接收、存储和配送等活动，包括材料处理、存货控制和运输等。 • 运营：将这些不同的生产要素转换为最终的产品或服务，包括加工、包装、装配和检测等。 • 输出物流：收集、存储和配送产品给客户。对于有形产品来说，该活动包括仓储、材料处理和运输等。 • 营销和销售：使客户意识到产品或服务的存在，并可以购买产品或服务的方法，这包括销售管理、广告和促销活动等。 • 服务：包括所有增加或者保持产品或服务价值的经营活动，如安装、修理、培训和零配件服务等。	• 采购：获取各种基本活动所需的输入资源的过程。 • 技术开发：一切创造价值的活动都有技术，即使有时只是"技术诀窍"。技术开发可能直接与产品相关（如产品设计），或者与流程相关（如流程开发），或者与某种特别的资源相关（如原材料改进）。技术开发对于企业的创新能力至关重要。 • 人力资源管理：它是一个非常重要的领域，其重要性甚至超过了所有的基本活动，它包括招聘、管理、培训、能力开发和激励措施等。 • 基础设施：包括计划、财务、质量控制、信息管理等对企业基本活动的业绩表现发挥重要作用的体系。基础设施还包括构成企业文化的企业结构和惯例。

把企业创造价值的过程分解为基本活动和支持活动，还可以使我们清楚地看到企业的成本构成。价值链中的每一项活动都需要一定的成本，都与企业的一部分资产相关；将企业的经营成本和资产在价值链的每一项活动中进行分配，就可以估算出每一项活动的成本。

企业价值链上所有活动的成本构成了企业的内部成本。每一项活动的成本都影响了企业整体成本的竞争力。价值链分析和标杆比较的目的就是通过比较企业与竞争对手的某些活动成本，从而发现企业在哪些方面具有成本优势或劣势。一家企业的相对成本地位是企业经营其业务时所开展的各项活动的总成本，与竞争对手所开展的各项活动的总成本相比的相对值的函数。

2.2　行业整体价值链系统

一家企业的价值链处于一个更大的活动体系之中，在这个更大的活动体系中，包含企业上游供应商的价值链以及将产品送至最终用户的下游客户或联盟的价值链。要准确地测度一家企业在终端市场上的竞争力，实际上不仅包含企业价值链，还必须延伸到行业整体价值链系统。准确地说，行业整体的价值来源可能不完全是链状，也可以成为价值体系（Value System）或价值网（Value Network）。其中，价值体系是指创造产品或服务所必需的、一系列组织之间的联结和关系。

正是价值体系内对一系列关联的活动进行专业分工的过程创造了最有价值的产品，因此，每一家企业应当清楚自己究竟应从事哪些分工活动。管理者需要了解这个完整的过程,明白如何来管理这些联结和关系,以增加客户价值。因此,只分析企业内部的价值链还不充分。

从决策的角度而言,不同的企业可以在价值体系或行业整体价值链上选择一段,例如,石油产业中有专门从事勘探和生产的,也有专门从事精炼的,还有一些企业专门从事产品销售。产业价值链中不同的区段需要与其相适应的资源和能力,例如石油产业中的精炼企业与勘探企业在资源与能力方面存在很大的区别。

从联盟与合作的角度而言,行业整体价值链也有着重要的意义,因为供应商在制造和运输一家企业所需原材料的过程中也会产生一定的成本,同时,原材料的质量也决定了终端产品的差异化程度,例如,哈根达斯品牌盛誉很大一部分来源于原材料的品质。这也表明,企业必须同前向渠道联盟密切合作,以互惠的方式从事价值链活动。

本教材第七章将专门讨论涉及价值体系的几种战略:战略联盟、并购、纵向一体化、外包。

2.3　价值链分析的用途

价值链分析至少有两方面的用处:一是用于产品或服务的价值来源分析,这一分析可用于实行差异化战略;二是用于产品或服务的成本结构分析,这一分析可用于实行低成本战略。管理者应努力提高企业在执行某些价值链活动时所需的知识,并且努力发展那些有利于企业战略和竞争力的能力。如果管理者可以使其中一项或两项成为战略的基石,并且进行持续的投入从而提高其效率,那么,一段时间后,其中的一项或两项就会成为企业的核心能力。随着企业学习的积累和投入的增加,核心能力就会具有独特性,使企业变得比竞争对手更优秀。一般来说,一家企业要想在某些关键的价值链活动中超越竞争对手、做到最好要比仅仅模仿竞争对手难得多,尤其是那些具有独特能力且想通过不断努力去改进其专业知识和能力从而保持领先的企业。

2.4　基于价值链的标杆分析

企业可以将自己在价值链上某项活动的成本、价值增量与竞争对手进行比较,以此判断它们开展某项活动和完成某项职能所采用的方式是否是"行业中的最佳做法"。这样的方法称为标杆学习。

标杆学习是比较各企业开展其价值链中的一些基本活动、完成某些职能的方式,包括如何采购原材料、如何组装产品、如何快速将新产品推向市场、如何进行质量控制、如何完成客户订单并送货、如何培训员工等。标杆分析的目的是,找出开展某项活动的最好做法,以及学习其他企业在完成相关活动中如何做到低成本或高增值。一旦这种标杆分析表明自己开展某项活动的成本高于或者增值低于其他企业,就要采取行动,提高企业的竞争力。

因此,标杆分析不仅可以将一家企业的成本与其竞争对手的成本进行比较,而且可以将那些最重要活动或者对竞争最有利的指标进行比较。通常情况下,标杆学习要求到同行业企业现场进行实地考察,去看看实际的运作情况:提出问题,比较具体的做法和业务过程,或许还要交换有关生产率、人员配置、时间条件以及其他成本要素方面的数据和材料。而这也是标杆学习中比较困难的一点,因为竞争对手的实践做法和成本信息通常是难以获得的。为此,标杆学习也可以通过下述方法完成:从公布的报告、贸易集团、行业研究企业、竞争对手的前任员工那里,在不违背商业伦理的前提下收集相关信息,或者采访行业分析家、企业的客户和供应商。

进行标杆学习和寻求最佳业务实践所带来的利益也促使一部分行业管理咨询公司收集相关数据,进行标杆学习研究,并将开展某些活动的成本和最优做法的信息在不违背商业伦理的前提下提供给客户。

第三节 SWOT 分析

SWOT 是由四个英文单词的首字母缩写而成的,它们分别是:企业内部优势(Strenghths)和劣势(Weaknesses)、企业面临的环境机遇(Opportunities)及威胁(Threats)。其中,企业的内部优势和劣势是基于对企业内部环境的分析,企业面临的机遇与威胁是基于对企业外部环境的分析。SWOT 分析是对企业内外部环境分析的一种工具,它并不能替代对企业内部资源、能力、价值链的全面分析,以及对企业外部宏观环境、行业特征、竞争者、供应商、购买者、潜在竞争者以及竞争动态的全面分析。

3.1 识别企业的竞争优势

企业的竞争优势是指企业所拥有的能够提高企业竞争力的东西,企业所拥有的竞争优势可能表现为以下几种形式:

(1)一项技能或重要的专业知识。例如,先进的电子商务专业知识、技术诀窍、改善生产流程的技术。

(2)宝贵的有形资产。例如,一流的生产工厂和设备、遍布全球的分销设施、对有价值的自然资源储备的开采权。

(3)宝贵的人力资本。例如,经验丰富、能力强的劳动力,关键领域里才有的职员,一流的知识和智力资本,或者深深根植于组织之中经过长时间建立起来的学习能力和管理诀窍。

(4)宝贵的无形资产。例如,著名的品牌、作为技术先导的声誉、高度的客户忠诚度和友好关系。

(5)竞争能力。例如,产品创新能力、新产品推向市场较短的开发周期、强大的特许经销商网络、与关键供应商之间建立的强大的伙伴关系、对变化的市场环境和新机会快速做出反应的组织灵活性、可以通过互联网开展商务活动的一流系统。

（6）某种能够使企业拥有有利市场地位的成就或属性。例如，很低的总体成本、占据领导地位的市场份额、宽泛的产品线、广阔的地理覆盖、强有力的品牌影响力、优秀的电子商务能力、超群的客户服务。

（7）联盟或合作企业。与供应商形成有效的伙伴关系可以降低成本甚至提高产品质量和绩效；联盟或合资企业有助于获得有价值的技术、竞争能力或区域市场。

3.2　企业竞争优势的内外部来源

具备以下特点的内部资源或能力可以构成企业的竞争优势：

（1）核心性。一项资源或能力对于企业某项业务的重要程度越高，它的价值越大。

（2）独特性。一项资源或能力的模仿成本越高、难度越大，它的潜在竞争价值就越大。

（3）真正对竞争有用。所有企业都必须认真审视自己所拥有的核心能力，对于竞争对手所能施加的真正影响有多大。

（4）不会被竞争对手的其他资源或能力抵消。例如，美国航空公司因为其在为旅客提供舒适的旅行环境方面拥有的资源和能力而取得了市场竞争的成功。不过，西南航空公司却通过更低的票价来赚取更多的利润。

（5）持续性。一项资源持续的时间越长，它的价值越大。有些资源之所以很快会丧失其竞争价值，是因为技术或行业的环境在快速变化。

在实际的商业运作中，能够顺利通过以上五项测试的资源或能力非常少，绝大多数企业所拥有的是各种不同层级的资源或能力的组合。即使一家企业没有一项卓越的资源或能力，但仍然有可能从资源或能力组合中获得竞争优势。实际上，市场上大多数企业都属于这种情况，它们通过将各种相对来说不差的资源或能力进行组合来形成暂时的竞争优势——当然，这种竞争优势面临着竞争对手极为严峻的挑战。

当然，企业的竞争优势可能来源于变化的外部环境。当企业具有提前预知外部环境的变化，以及快速适应变化的能力时，企业便能够获取新的竞争优势。

当市场变得日益复杂且难以预测时，通过更大的灵活性获得的反应速度作为一种竞争优势的来源已经变得越来越重要，对快速反应能力的第一个要求就是及时获得信息。在瞬息万变的当代竞争环境下，企业越来越依赖于对客户、供应商，甚至竞争对手的时刻监测而形成的早期预警系统。第二个要求是缩短反应的时间，从而使在新兴市场上出现的信息，能快速地起作用。

外部变化引起竞争优势和劣势变化的范围依赖于变化的幅度和企业战略差异的程度。总体来看，一个行业的环境越是复杂，变化的来源点就越多；企业的资源和能力之间的差别越大，行业中收益率区间就越分散。例如，全球烟草行业的环境相对稳定，处于领先地位的企业使用类似的资源和能力追求相似的战略，因此，正如在企业之间利润性差异中反映出来的，竞争优势很小。此外，玩具工业包含不同类型的企业，而这些企业经历着在消费者购买偏好及自身技术上无法预测的变化,因此收益能力差异大且不稳定。

图 4-1 概括了企业竞争优势的变化内外部来源。

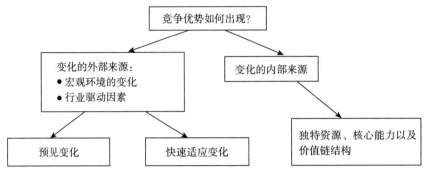

图 4-1　企业竞争优势变化的内外部来源

3.3　识别企业的竞争劣势

企业的竞争劣势是指某种企业缺少的东西或做得不好的事情,或者指某种会使企业处于劣势的条件。一家企业的劣势可能与以下因素有关:

(1) 缺乏有重要竞争力的技能、专业知识或智力资本;

(2) 缺乏有重要竞争力的有形资产、人力资产或无形资产;

(3) 在关键领域里缺乏某种竞争能力或竞争能力很弱。某种劣势究竟是否会使一家企业在竞争中遭受伤害,取决于这项劣势在市场上的重要程度及其是否会被企业所拥有的优势抵消或减弱。表 4-2 列出了企业常见的竞争优势和潜在的竞争劣势。

表 4-2　企业常见的竞争优势和潜在的竞争劣势

常见的竞争优势	潜在的竞争劣势
• 产品差异化	• 没有明确的战略方向
• 与产业成功关键因素相匹配的资源或能力	• 没有与产业成功关键因素相匹配的资源或能力
• 良好的财务状况	• 较多负债
• 好的品牌形象和企业声誉	• 较高的单位成本
• 庞大的客户群	• 较弱的产品创新能力
• 规模经济以及比竞争对手更好的学习和经验曲线	• 没有特色的产品
• 技术诀窍/重要专利	• 较差的产品质量
• 成本优势	• 较窄的产品线
• 强有力的广告和促销	• 较差的分销、促销
• 较强的产品创新能力	• 较差的品牌形象和企业声誉
• 改进制造过程的能力	• 较弱的产品研发能力
• 出色的供应链管理	• 无效的战略联盟
• 优秀的售后服务	• 未被充分利用的生产能力
• 较高的产品质量	
• 通过和其他企业联盟获取重要的技术和市场的能力	

3.4 识别企业所面临的机会

SWOT分析不仅仅是列出四个表,更重要的是:认识企业所处的环境,并且基于这些认识使企业战略更好地匹配其竞争优势和市场机会,减少竞争劣势从而战胜外部威胁。反过来说,如果企业不首先确认企业面临的每一个机会,评价每一个机会可能带来的成长和利润前景,就不可能制定出与企业所处形势相匹配的战略。企业所面临的机会往往取决于其所处行业的主要环境,有时可能遍地都是,有时可能极为罕见;有时可能极具吸引力,有时也可能被很多企业忽视。

在评价企业所面临的市场机会并比较其各自的重要性时,企业管理者必须防止将每一个行业机会都视为企业机会。并不是行业中每家企业都有足够且必要的资源来追逐行业中存在的每一个机会——有些企业可能比其他企业拥有更多的资源来追求某些机会,而有些企业在追求某些机会时可能会被无情地淘汰出去。战略管理者必须密切关注的一点是:要精心设计,使企业所拥有的资源基础与其在追求某种有吸引力的成长机会过程中所处的位置相适合。

对企业来说,下述机会最重要:①能够为企业提供重要的利润来源;②使企业获得竞争优势的潜力最大;③能够与企业的财务状况和组织资源能力很好地匹配起来。

3.5 识别企业所面临的外部威胁

一般来说,企业所处的外部环境中总存在某些可能危及企业盈利能力和竞争地位的威胁。这些威胁的来源主要有:出现更便宜或更好的技术,竞争对手推出了新产品或更好的产品,成本更低的外资厂商进入了市场,一些新的管制条例给企业带来的负担比同行业其他企业更重,利率上升的冲击等。

表4-3 企业面临的潜在市场机会和外部威胁

潜在市场机会	潜在外部威胁
• 从竞争对手中夺取市场份额的机会	• 该产业中激烈的竞争导致利润率的下降
• 产品需求的激增	• 市场增长放缓
• 服务于其他的客户群或市场	• 新竞争对手进入的可能性
• 扩展市场的地理范围	• 替代品的出现
• 扩展产品线以满足客户更广泛的需求	• 客户和供应商的议价能力提高
• 利用已有技术或专业知识增加生产线或进入新的行业	• 消费者需求或口味的改变
• 在线销售	• 人口分布的改变导致需求减少
• 前向或后向整合	• 脆弱的产业驱动力
• 进入国外市场的机会	• 外国政府严格的贸易管制
• 利用专业技术或潜力收购竞争对手	• 新管制条例的出台
• 通过战略联盟或合资来扩大市场覆盖率,提高竞争能力	
• 利用新技术的机会	

外部威胁所产生的负面效应可能不大,也可能相当严重,严重的话会使企业所处的形势和发展前景非常不利。企业管理层的任务是,确认危及企业未来利益的威胁,并做出评价,看看采取什么样的战略行动可以抵消或降低这些威胁所产生的影响。

3.6 综合分析

SWOT 分析的目的是了解组织当前的优势和劣势,在多大程度上与商业环境的变化相关,以及在多大程度上能够应对这种变化。SWOT 分析还可用于评估是否有机会进一步利用组织已有的独特资源和核心能力。一个优秀的 SWOT 分析报告应该能够回答下述问题:

(1)企业是否拥有一系列资源优势?是否拥有很强的核心能力或独特资源?企业的优势或潜力能否很好地满足在该产业中成功所需的核心因素要求?它们能够为企业的战略提供独特的能力,还是需要其他能力的配合?企业的优势或潜力在未来还重要吗?

(2)企业的劣势和竞争缺陷有多重大?它们中的大部分是可以很容易改正,还是其中的一两项如果不及时纠正会带来毁灭性打击?企业的一些劣势是否与该产业的一些主要成功因素有关?其中是否有一些缺陷,如果不纠正就可能导致企业不能实现目标?企业是否需要弥补资源的短缺从而提升在该产业中的排名并提升利润?

(3)企业的资源优势和竞争潜力(竞争性资产)是否要远胜于其资源劣势和竞争缺陷(竞争性负债)?

(4)企业是否拥有诱人的市场机会,并且该机会可以很好地适应其资源优势和竞争潜力?企业是否缺乏追求更诱人的机会的资源和能力?

(5)企业面对的威胁会产生恐慌吗?企业能否很好地处理和解决这些威胁?

(6)考虑到所有的因素,企业到底处于什么样的环境?如果用 1～10 分来给企业所处的环境打分,企业得分会是多少?企业环境的哪些方面最引人注意?哪些方面是最值得关心的?

最后也是最重要的分析是,哪些战略问题值得管理者优先考虑。这就需要利用前述企业外部环境分析、内部分析等方法,明确指出企业可能面临的战略问题,进而指出哪些战略劣势需要改进,哪些是企业在市场上发展的阻力,哪些问题值得管理者优先考虑。总之,企业应"锁定"那些在未来几年内能够帮助企业获得更大的利润或更强的竞争力,而必须加以克服的挑战以及必须解决的问题。

3.7 行动方案

(1)哪一项潜能需要立即被强化?为帮助企业更好地适应新兴产业和竞争环境,是否需要新的竞争潜能?哪些资源和能力需要给予更多的关注,哪些需要给予较少的关注?企业是应该强调利用现有的资源优势和竞争潜能,还是需要创造新的资源优势和竞争潜能?

（2）应该采取哪些行动减少企业的竞争性劣势？哪些劣势和竞争缺陷亟待纠正？

（3）在未来的战略中，哪些市场机会应该被优先考虑？哪些机会并不适合企业？

（4）为了消除威胁，企业应该做些什么？

第四节　企业竞争地位的定量分析

企业竞争地位的定量分析包括两个步骤：第一，在行业每一个成功的关键因素方面，企业相对其关键竞争对手的情况如何？第二，考虑所有的因素，企业是否拥有强于竞争对手的竞争优势？

定量分析的具体方法是，确定企业在每一个行业成功关键因素方面及每一个对竞争具有重要意义的资源和能力方面，比最接近的竞争对手更强还是更弱。行业和竞争分析揭示了行业中各个企业的成功关键因素，以及区分行业成功者与行业失败者的重要决定变量。竞争对手分析和标杆学习的有关资料有助于判断竞争对手在一些对竞争至关重要的因素方面所具有的优势和能力，如成本、产品质量、客户服务、形象和声誉、资金优势、技术技能、营销能力以及对具有重要竞争意义的资源和能力的占有等。定量分析的具体步骤如下：

第一步，列出一系列行业成功关键因素和影响竞争优势与劣势的最显著指标（5～10个）。

第二步，根据每一个指标因素对企业及其竞争对手排序。如果信息充分，可以采用1～10的数值排序；如果信息不充分，可以采用"强""弱""相似"的等级排序。

第三步，将各个变量的评分加总，得出每一个竞争对手的竞争优势得分。

第四步，根据评分的情况，得出结论，同时对企业竞争地位最强或最弱的领域做更进一步的分析。

定量的竞争优势评估能够得出有关企业竞争地位的明确结论。这些评分结果可以逐项因素、逐项能力地反映企业与其竞争对手的相对地位，从而能够反映出企业在哪一领域竞争力最强、哪一领域竞争力最弱以及这些优势和劣势分别相对于哪家企业。而且，我们将"分项竞争优势得分"加总或进行综合就得到总竞争优势得分，它反映了所有这些不同的因素总体意味着什么，表明该企业相对于每一个竞争对手是处于净竞争优势还是处于净竞争劣势。总竞争优势排序最前的企业所具备的竞争优势最强大，其相对于竞争对手的净竞争优势则通过其超过竞争对手的得分的差额反映出来。

了解企业在哪些领域拥有相对于其特定竞争对手的竞争优势、在哪些领域具有相对竞争劣势，对企业采取特定行动提高其长期竞争地位有重要的价值。一般来说，一家企业应该将其竞争优势（得分高于竞争对手的领域）转化为持久的竞争优势，并采取战略行动来改善它的竞争劣势（得分低于竞争对手的领域），至少，企业应试着缩小与竞争对手的差距。例如,最好的企业得分为10,那么把自己的得分从3提升到7或许可以在行业中获得更大的市场份额。

同时,比较各项竞争优势得分,还可以看到哪一家企业最容易受到来自竞争对手的攻击及其最弱的领域是什么。如果在某些领域有一家或多家企业实力很弱,而另一家企业却拥有绝对的竞争优势,那么对于该企业来说,它就可以采取进攻性行动来瞄准其他企业的竞争劣势。

第五节 企业能力开发以获取竞争优势的方法

企业具有的能力包括组织成员之间的协调,这种协调使成员将自己的技能与同伴的相结合,同时也能与其他资源相结合。协调是组织的精髓,可分为正式和非正式两类。关于企业惯例的文献强调非正式方面,惯例包括"重复的行为方式",即"通常无意识地完成"。

企业惯例有两个来源,一是企业学习,二是企业文化。对于企业能力而言,企业文化处于中枢的地位,它能将企业成员相互理解、共同协作建立在共同认知、共同价值观和行为准则的基础之上。

已有的能力对于企业新的能力开发可能是一个障碍。在某些情况下,对企业的组织能力开发得越深入,企业在适应新的环境时就会遇到较大的困难。例如,戴尔公司深度开发了其直销能力,结果发现自己很难适应在零售店的销售。当然,一些企业能够适应不断变化的环境,这样的能力称为动态能力。

大卫·蒂斯(David Teece)认为,动态能力指的是"一个企业的整合、建设和重新配置内外部能力来快速应对变化的环境"。凯瑟琳·艾森哈特(Kathleen Eisenhardt)认为,动态能力是任何一种让组织重新配置资源来适应变化的能力。悉尼·温特(Sidney Winter)认为,动态能力是一种高水平的企业调整运营路径的能力。

5.1 能力开发的一般方法

1. 模仿是最直接的竞争形式

对于能成功模仿另一家企业的战略的企业来说,它必须具备四个条件:

(1) 能够识别竞争对手拥有的竞争优势;

(2) 已经认识到竞争对手拥有的竞争优势之后,企业必须相信通过投资于模仿,它也能够获得非常好的投资回报率;

(3) 企业必须能够诊断出它的竞争对手所具有的竞争优势的战略特点;

(4) 企业必须能够通过转移、复制或者模仿具有竞争优势的企业。

2. 通过兼并、收购与战略联盟开发新的能力

通过兼并、收购与战略联盟可以缩短开发能力的过程。事实上,获取相应的能力可

能是企业兼并的一个主要动机,尤其是在快速发展的高科技领域。然而,通过兼并来拓展一个企业的能力也存在一些风险:其一,兼并十分昂贵,除了必须支付兼并溢价,目标能力还会附带一些其他的资源和能力,这些很可能对于兼并者而言是多余的。其二,一旦兼并成功,兼并者必须找出将被兼并者的能力与自己的能力相整合的能力。最常出现的是,文化冲突、高级管理者之间的个性冲突和管理系统的不共融,这样可能导致兼并者所寻求的特定能力遭到损失或毁坏。

战略联盟在一定程度上可避免由兼并所带来的风险。战略联盟是企业之间在追求共同目标基础上形成的资源共享的合作关系。引进战略联盟的一个关键因素是通过向战略联盟学习获得联盟企业的能力。联盟成员的相互学习可使得联盟所有成员受益。

可以把战略联盟看成是一种扩大企业能力的快速、有效且廉价的手段,然而任何事物都有两个方面,管理联盟关系本身就是一项极其重要的组织能力。"关系能力"包括建立信任、开发企业内部知识共享路径与建立合作机制。企业越是依赖于联盟来产生价值,企业就越需要开发"整合能力系统"来协调与整合分散的活动。

3. 内部开发获取竞争优势

企业的核心能力基于组织的日常程序,积累使它们有效运作所需的协调可能需要花费大量的时间。

很多著名的企业成功地建立了自己的核心能力和竞争力,并把它们作为赢得市场的工具。本田公司的核心能力是其在汽车发动机技术和小型发动机设计方面的专长技能;英特尔公司的核心能力在于其对个人计算机中复杂芯片的设计;宝洁公司的核心能力在于其超强的营销分销技术及其五项核心技术方面的研发能力;索尼公司的核心能力是其在电子技术方面的技能以及将这种技能转移到产品创新上的能力;戴尔公司的核心能力则是能够在新一代部件出来之后的几天内把最先进的产品呈现在客户面前,并且这样做的成本非常低。

5.2 核心能力的识别

在成功的组织设计管理过程中,识别核心能力的四个特征至关重要:

(1)核心能力经常是来自处于企业价值链不同位置的跨职能工作小组和部门联合活动的多种技能和秘诀。几乎没有哪种核心能力或竞争力,仅来自某单一部门的狭窄范围内的技术和工作。例如,把新产品推向市场的竞争力包括研发、设计、采购、生产、销售、分销在内的各部门员工的共同合作;同样,为客户提供优质服务的能力也源于客户咨询中心、配送、财务以及从事售后服务的员工的共同努力。

复杂的活动通常包括大量的技能、技术规则、才智和能力:有些是内部形成的,有些则是由供应商/联盟提供的,组织建设的一个重要部分是考虑哪些能力和才智需要联系在一起,并使它们相互强化,然后由内部和外部资源供给者一起进一步加强必需的协作。

(2)一般情况下,核心能力是通过组织自身的努力获得的,通常形成于企业创立的早期,或者是在对客户需求、新技术、市场机会、竞争对手的竞争性举措做出及时反应的过程中获得的。从一次性完成某件事情的能力升级到核心能力,或者具有竞争价值的能力,通常是一个需要耗时数月乃至数年才能完成的组织建设过程,而绝不是一蹴而就的事情。

（3）使一家企业的核心能力转变为独特能力,从而建立起长期竞争优势的关键,是在增强这些能力方面比竞争对手投入更多的努力和才智。这并不一定是指比竞争对手花费更多的资金,而是要比竞争对手更重视集中开发这种能力。企业在建设核心能力的过程中,即便不为成为世界领先者奋斗,至少也要为成为行业领先者而奋斗。很多企业的经验表明成功建立核心能力的关键因素通常是高效的雇员选拔、充分的培训和再培训、强有力的文化影响、合作性的网络、富有吸引力的奖励、组织的灵活性。

（4）客户的需求和竞争环境的不断变化常常要求组织能够调整其能力和才智的组合结构以保持其先进性和领先性。这一点在高科技产业和日新月异的市场中显得尤其重要,明智的企业管理者能够预测到市场的需求变化,培育一系列走在前沿的竞争力从而打败竞争对手。

5.3 建设核心能力以获取竞争优势的三个阶段

核心能力的建设是一项耗费时间且极具挑战性的管理工作,通过观察行业领先或世界领先的企业,看它们如何进行某项特殊的活动,尝试模仿它们然后提高自身的核心能力以获取竞争优势。但是这说起来容易,做起来却很难,正如一个人不能仅仅通过观看泰格·伍兹(Tiger Woods)打高尔夫球就可以成为一名优秀的高尔夫球手一样,一家企业无法通过建立一个新的部门并指定它的任务是竭力效仿对手所拥有的一种才能的方式形成一种新的能力。相反,它需要一系列谨慎的精心策划的组织步骤,能力的构建包括以下三个阶段:

阶段一:不管做得多么不完美或者没有效果,组织必须具备做某件事情的基本能力。这意味着需要挑选具有所需技能和经验的人员,根据需要提高和扩展个人的能力,然后将个人的努力和工作成果转变为创建组织能力的合作性集体活动。

阶段二:随着经验的增加,组织能够以可接受的成本自始至终很好地完成这项活动,即做某件事情的能力开始转化为一种胜任能力或一种才能。

阶段三:如果组织做得非常好,以至于在某项活动中超过了竞争对手,那么这种才能就成为具有潜在竞争优势的独特能力。

很多企业在执行关键战略活动的过程中,能够成功地通过阶段一和阶段二,但是相对而言很少有企业能够拥有足够的技能到达阶段三。

5.4 当外部条件和企业战略变化时,重塑组织能力

即使在核心能力和组织才能已经形成并发挥作用时,企业的管理者也不能松懈。有

些能力甚至需要被淘汰或为全新的能力所替代,否则逐渐变得陈旧的能力和才智会损坏企业的竞争力。

管理层在组织建设方面的挑战就是不断地适应和调整企业的能力和才智组合,决定在什么时间、用什么方式来调整和校准现有的能力和才智,以及在什么时间、用什么方式开发新的能力,尽管这些挑战完成起来比较艰难,但在理想状况下会因此产生一个更具活力的动态性组织。

5.5 从能力到竞争优势

强大的核心能力和竞争力在保证战略执行方面发挥着重要作用。当对手能够比较容易地模仿自己的成功战略,从而使得企业及时采取卓越的战略也难以甚至不可能在战略上战胜对手的时候,利用自身的核心能力和竞争力打击对手就成为企业获得持续竞争优势的主要途径。

这方面的力量可以使企业采用特别的方式来运作特定的价值链活动,从而获得成功。建立对手无法形成的核心能力、资源优势和竞争力是战胜对手最好的、最可靠的方法之一。先进的核心能力和组织才能不是那么容易就能被对手企业复制的,因此这些活动产生的任何竞争优势都是可持续的,它们为获得高于平均水平的组织业绩铺平了道路。

5.6 基于竞争优势开发的难易程度的市场划分

不同的行业开发资源和能力的速度有很大的差异。在某些行业,企业可能要花费数年时间整合许多复杂的基于团队的日常程序,从而达到行业领先者设定的标准,相反,在竞争优势并不需要使用复杂的企业特有的资源时,模仿常常更迅速。在金融服务行业中大多数产品都会很快地被竞争对手复制。基于竞争优势开发的难易程度,可以将市场分为三种不同类型:

1. 效率市场

完全竞争市场就是一个效率市场。完全竞争市场存在很多买方和卖方,产品或服务没有差异性,也没有进入和退出壁垒,而且信息自由流动,当实现一般均衡时,所有企业赚取的竞争性利润等于资本成本。

2. 贸易市场

在贸易市场中,一些竞争过程中不完善的形式为建立竞争优势创造了机会:
(1) 不完善的信息的存在为通过占有信息建立竞争优势创造了机会;
(2) 如果市场是效率市场,但存在交易成本,那么竞争优势会集中到交易成本最低的交易者处。

3. 产品市场

在贸易市场中,资金是非常重要的资源,但在一些发达国家,资金并不难获取,因此它提供的竞争优势稍纵即逝。

产品市场的情况截然不同。该市场中的生产活动需要复杂的资源和能力组合,而且这些资源和能力是高度差异化的,结果是每一个生产商都拥有独特的资源和能力组合,企业的资源和能力禀赋的异质性越大,竞争优势的潜力也越大。

企业之间资源和能力禀赋的差异也会对竞争优势产生影响。当企业拥有非常类似的资源和能力时,对现有企业的竞争优势的模仿最有可能发生;当资源和能力高度差异化时,竞争优势在很大程度上只能通过独特的战略来获取。

要点摘录

◆ 单个资源不能赋予企业竞争优势;它们必须互相配合创造出企业能力才可以。另外,战略能力取决于企业能够获得的资源,因为组织能力是由配置在企业各项活动中的资源创造的。因此,资源和能力之间存在紧密的关系。

◆ 基于资产负债表的资产评估与基于战略决策的资源评估有很大的差别,甚至基于资产负债表的评估可能在很大程度上歪曲该资源在战略上的价值。因此,资源分析的首要目标不是评估企业的资产,而是理解资源在创造竞争优势方面的潜力。在企业财务报表中,大部分无形资源在很大程度上是不可见的。有研究表明,排除和低估无形资源的价值是导致资产负债表价值和股票市场价值之间巨大差异的主要原因。

◆ 实际上,一种资源的无形程度越高,在此基础上建立的竞争优势就越具有可持续性。因此,与有形资源相比,无形资源是一种更高级、更有效的核心竞争力来源。在全球经济中,相较于实物资产而言,企业的成功更多地取决于先进的知识和出色的系统能力。

◆ 独特资源帮助企业维持某项产品或服务的独特价值,它是优于竞争对手且难以模仿的资源。

◆ 大多数企业流程都有一个关键特征——惯例化。惯例化是将管理和经营实践转化为企业能力的必要步骤,只有成为惯例时,企业流程才会高效和可靠。正是通过对惯例的适应和重复,企业才得以发展起来。像个体技能一样,企业惯例是在实践中学习和建立的。

◆ 同一市场上不同企业间的业绩差异很难完全用它们在资源基础上的差异来解释,因为资源通常是可以模仿或交易的。

◆ 核心能力必须与可以实质性地增加产品或服务的价值的流程或活动有关,而且该价值是客户(或其他利益相关方)认可的价值;核心能力必须导致企业活动或流程的业绩表现要优于竞争对手;核心能力必须是可持续的,即竞争对手较难模仿。核心能力也许潜藏得很深,甚至连管理者自己都不能充分理解,事实上,为了使核心能力难以模仿,这有可能是一个很重要的特点。

◆ 价值链(Value Chain)的概念有助于我们理解价值是如何创造的。价值链是指企业内部和外部一系列创造产品和服务的活动,正是这些活动的成本及其所产出的价值决定了企业是否开发出了最具价值的产品或服务,因此产品或服务的竞争力是由价值链支撑的。

◆ 通用价值链模型常见的有两种。第一种是由麦肯锡管理咨询公司提出的。第二种是由迈克尔·波特提出的,他将创造价值的活动分为两大类:①基本活动,指那些与产品或服务的创造或交付直接相关的活动;②支持活动,帮助提高基本活动的效果或效率。值得注意的是某些支持活动的重要性并不低于基本活动,如人力资源管理和技术开发。

◆ 要准确地测度一家企业在终端市场上的竞争力,实际上不仅包含企业价值链,还必须延伸到行业整体价值链系统。准确地说,行业整体的价值来源可能不完全是链状,也可以成为价值体系(Value System)或价值网(Value Network)。其中,价值体系是指创造产品或服务所必需的、一系列组织之间的联结和关系。

◆ 价值链分析至少有两方面的用处:一是用于产品或服务的价值来源分析,这一分析可用于实行差异化战略;二是用于产品或服务的成本结构分析,这一分析可用于实行低成本战略。企业可以将自己在价值链上某项活动的成本、价值增量与竞争对手进行比较,以此判断它们开展某项活动和完成某项职能所采用的方式是否是"行业中的最佳做法"。这样的方法称为标杆学习。

◆ 即使一家企业没有一项卓越的资源或能力,但仍然有可能从资源或能力组合中获得竞争优势。实际上,市场上大多数企业都属于这种情况,它们通过将各种相对来说不差的资源能力进行组合来形成暂时的竞争优势——当然,这种竞争优势面临着竞争对手极为严峻的挑战。

◆ 在评价企业所面临的市场机会并比较其各自的重要性时,企业管理者必须防止将每一个行业机会都视为企业机会。并不是行业中每家企业都有足够且必要的资源来追逐行业中存在的每一个机会——有些企业可能比其他企业拥有更多的资源来追求某些机会,而有些企业在追求某些机会时可能会被无情地淘汰出去。战略管埋者必须密切关注的一点是:要精心设计,使企业所拥有的资源基础与其在追求某种有吸引力的成长机会过程中所处的位置相适合。

◆ 定量分析的具体方法是,确定企业在每一个行业成功关键因素方面及每一个对竞争具有重要意义的资源和能力方面,比最接近的竞争对手更强还是更弱。

思考题

1. 什么是独特资源?举出一些独特资源的例子。
2. 为什么不同企业间的业绩差异很难用资源来进行解释?试举例说明。
3. 能力和核心能力的区别在哪里?
4. 什么是企业内部价值链分析?价值链分析有什么作用?
5. 如何创造竞争优势?

本章附录

企业核心能力为何难以模仿？

1. 稀缺性

稀缺性可能与谁拥有核心能力以及核心能力是否易于转移有关。例如，在专业服务企业中，一些服务是围绕某些专业人员的个人能力而建立起来的，这是企业的独特资源，但可能不是核心能力。因为这些专业人员是"可交易"的，他们可能跳槽到竞争对手那里，所以这样的独特资源不具有可持续性。企业的服务易受到这些人才流失的影响，而企业的核心能力可能存在于招聘、培训、激励和奖励这些人才的活动中，确保这些人才不被竞争对手"挖走"，或者，企业的核心能力可能潜藏在企业文化中，这些人才被企业的文化吸引，从而愿意为这个组织工作。

稀缺性的另一个来源可能是独特的历史条件。特定企业在获取或开发某一资源方面的低成本可能依赖于该企业的独特历史条件。企业获取、开发和利用资源的能力常常依赖于企业的时间和空间条件。随着时间的流逝，后来者在获取和开发资源时就会遭遇显著的成本劣势。成本优势企业当初的低成本可能有两个来源，一是政策环境因素，二是资源价值的变化。在行业普遍没有注意到某种资源的价值时，这种资源的价格会较低，一旦这些资源的价值为行业大多数企业所了解，其价格会增加，当然获取的成本就会增加。稀缺性还可能来源于早期的执业牌照或极为严格的准入条件等。

2. 复杂性

企业最复杂的方面之一就是企业知识，因为知识并不是集中统一的，而是分散的和共享的。这里的知识不仅是指个人的知识、技术等，还包括企业长期积累下来的关于如何使事情办成的知识。这种类型的知识很难进行整理和输入计算机系统，因此也是难以模仿的。

这些知识还包括价值链上基本活动与支持活动之间的衔接、产业整体价值链或价值网上各项活动之间的衔接。总之，能力可能因为它的复杂性而具有可持续性，简单的能力总是很容易被模仿的。

3. 因果模糊性

企业能力可能具有可持续性的另一个原因就是竞争对手很难发现形成该企业竞争优势的因果关系，因而在如何模仿其成功战略方面存在高度的不确定性，这也被称为因果模糊性。例如，竞争对手可能不清楚以下几方面：在众多的基本产品特性中，哪些是成功的关键因素（也就是客户认为特别有价值的方面）？客户特别感兴趣的是产品质量、灵活性还是交货速度？成功所依赖的资源是否具有独特性？品牌是成功的关键吗？什么是企业获得成功的能力基础及哪些是企业的核心能力？企业取得成功是因为有很好的社会关系网络吗？

如果竞争对手很难回答以上问题，企业就能从两方面获得竞争优势：其一，竞争对手会在尝试如何进行竞争和对不同的竞争对手战略进行试验的过程中浪费资源；其二，竞争对手可能会选择错误的应对策略。

4. 文化

竞争对手难以理解因果关系的原因之一，是企业中的管理者自身对因果关系都不明确，在大多数企业中，这种知识和能力都潜藏在企业文化中，而不只是明示的知识，因而也被称为"隐性知识"或"缄默知识"。在"隐性知识"的情形下，员工完全清楚自己在企业中的位置，或者自然地认为某项活动就应该按照某种特定的方式来做，那么，各项活动的协调就会"自然而然"地发生。

隐性知识很难被模仿，如果某项隐性知识能够提供更多的、客户认可的价值，它就可能成为企业的核心能力。这样也说明，维持竞争优势的一个至关重要的问题就是：如何保持和开发隐藏在企业内部的知识或惯例，使之符合战略规划的要求。

但是这也面临着一些实际问题和困难：第一，如果能力是不可见的，那又如何对它进行管理呢？第二，若对那些内蕴在企业文化中的能力进行管理，可能就需要将其简单化、透明化或标准化，但这也意味着竞争对手将看见这些能力，从而能更容易地进行模仿，导致隐性知识不再是竞争优势的来源。第三，有很多掌握现代信息技术的第三方企业，它们的主要业务就是对以前内蕴在企业中的知识进行标准化，因此竞争对手也可以获得这类专家体系，并由此影响竞争优势。信息技术的主要影响之一就是使得许多行业中专业性很强的工作变得不再神秘。第四，蕴藏在企业文化内的核心能力存在一个明显的潜在负面影响，就是这些核心能力在战略变革时可能变成主要的刚性限制因素①它又称为企业惯性。

5. 知识创造与整合

在本章关于知识能力的介绍中，知识是一个很重要的主题，它影响着本章讨论过的所有内容。在复杂和动态的环境中，能比竞争对手更好地创造和整合知识的企业更有可能拥有竞争优势。知识的创造可以在不同的业务流程中产生，而知识的应用又需要掌握多种不同类型的知识，以及运用不同流程进行知识整合的能力。

日本管理学者野中郁次郎区分了两种不同的知识：显性知识（Explicit Knowledge）是标准化的、客观的知识，可以通过规范的、系统化的语言进行传播；隐性知识（Tacit Knowledge）是个人化的、因环境不同而异的、难以规范化和难以传播的知识。通常组织既需要显性知识，也需要隐性知识，二者兼备才能形成组织能力。

野中郁次郎认为，真正意义上的创新型企业是那些能够对员工个人的知识进行调整

---

① 主要的刚性限制因素是指那些蕴藏在企业文化中难以改变的，并且不符合企业新的发展战略要求的活动。

和放大,在隐性知识和显性知识之间创造一种"互动式螺旋"的企业,这一工作主要有四个过程:

(1) 社会化(Socialization),是指个人之间互相分享经验的过程,它使得人们可以不通过正式的系统或文字就可以从别人那里获得隐性知识,手工业中的师徒模式就是一个很好的例子。

(2) 外部化(Externalization),是指将隐性知识清楚地表述为显性知识的过程,这可能非常困难,还可能需要同时使用几种不同的方法,如建立模型、类推法等。

(3) 组合(Combination),是指将概念加以系统化,使之成为"知识体系"的一部分的过程,如将不同的显性知识体系结合起来,个人可以通过正规的方式如会议文件或计算机网络等来完成学习的过程。

(4) 内部化(Internalization),是将显性知识转化为隐性知识的过程,它与"干中学"紧密相关。

第三篇

战略管理之术

第五章

基本战略及战术

>> 学习要求

- 五种基本战略
- 使用价值链分析成本
- 取得成本优势的途径
- 经验曲线
- 如何实施低成本战略
- 何时低成本战略最有效
- 低成本战略的风险
- 差异化战略的适用情形
- 基于价值链的差异化
- 组合分析、特征价格分析、价值曲线分析
- 差异化战略的陷阱
- 混合战略的优势
- 聚焦战略及其本质
- 战略钟
- 战略趋同
- 动态竞争
- 竞争性对抗
- 先动者、次动者与后动者
- 市场变动周期
- 超竞争

本章的内容是业务单位层次战略选择的基础。业务单位创造的利润在经济学中常被称为"租金",这是因为在经济学设定的"完全竞争模型"下,任何企业都只能赚取市场的平均回报,因此,超额的利润被称为"租金"。以经济学术语而言,这种"租金"的产生是由于具备较优资源或能力的企业与那些具备较差资源或能力的企业相比,可以以较低的成本进行生产,或者用消费者可以接受的价格生产更优的产品。企业战略管理学尤其关注如何获得"租金"的方法,并试图使得这种租金长期持续下去。

获取竞争优势的途径很多,但最基本的方法就是为购买者提供他们认为最有价值的价值——好产品、低价格或支付高价的更好的产品,或代表价格、特色、质量、服务及其他特点的最佳组合的、购买者认为极有吸引力的价值最大化的产品和服务。提供卓越价值——不管具体表现形式如何——几乎都要以与竞争对手不同的方式完成价值链上的各项活动,培养起竞争对手不容易匹敌的能力和资源实力。

企业在选择竞争战略时,有很多变量可以选择,这主要是因为每家企业的战略方法都会使其以客户为导向的活动与它们自己及整个行业的环境相匹配。不同的企业管理者经常在关于未来市场环境的发展以及如何使企业发展战略与环境匹配方面存在一些不同的观点,而且他们在战胜对手的策略选择以及更适合其企业的战略选择这些问题上,也会有不同观点。但是,如果从宏观来看,我们就会发现,各个竞争战略之间最大也是最重要的区别可以简单地归结为:①企业的目标市场;②企业追求的竞争优势是与低成本相关还是与产品差异化相关。由此形成五种基本战略:

(1) 低成本战略:以很低的总成本提供产品或服务,从而吸引广泛的客户。

(2) 差异化战略:寻求针对竞争对手的产品差异化,从而吸引广泛的客户。

(3) 基于差异化的聚焦战略:以某个狭窄范围内的购买者群体为焦点,通过为这个小市场上的购买者提供比竞争对手更能满足其需求的定制产品或服务来战胜竞争对手。

(4) 基于低成本的聚焦战略:以某个狭窄范围内的购买者群体为焦点,通过为这个小市场上的购买者提供比竞争对手成本更低的产品或服务来战胜竞争对手。

(5) 混合战略(最优成本供应商战略):通过以比竞争对手更低的成本提供优良的产品的方式,使客户在支付同样价格下获得更多的价值;其目的在于使产品相对竞争对手拥有更优的成本和价格。

第一节 低成本战略

如果一个业务单位希望通过低价战略获得竞争优势,那么它在获得可持续性优势方面面临两种基本选择:第一种是识别并专注于竞争对手认为没有吸引力的细分市场,这一细分市场的主要特征就是:该细分市场的客户无力购买或不愿意购买质量更好的产品,他们所需要的就是以尽量低的价格提供最必需的产品或服务。比如,英国利润最可观的服装零售商 Matalan 就采取这种战略;欧洲百货零售连锁店 Aldi 和 Netto 也采用这种战略,它们的商店陈设简单,商品种类相对有限且没有多少特殊性,但是所售卖商品的价格都很低。另一种更具挑战性的情况是:竞争主要围绕价格展开,在这种情况下降价可以取得战术上的优势,但竞争对手也可能随之降价,使全行业面临利润下降的危险,而降价企业自身也失去了再投资开发长期产品或服务的能力,显然低价战略必须要有低成本作为保障,但是如果竞争对手也能够实现相同的低成本,那么低成本就不是优势的基础,它需要具有一个竞争对手无法比拟的低成本基础。因此,该战略的主要挑战是如何以一种竞争对手无法匹敌的方式降低成本,从而使低价战略能够提供可持续的竞争优势,事实证明实现这一点很难。

以上第一种低价战略属于低成本聚焦战略,将在本章的"聚焦战略"一节中介绍,本节着重介绍第二种低价战略——"低成本战略"。

1.1 使用价值链分析成本

分析成本的基本单位不仅可以是企业或部门,价值链分析也是重要的工具。每一家企业都可以视为一系列活动链。在大部分价值链中每一项活动都有不同成本驱动因素决定的截然不同的成本结构,分析成本需要将企业的价值链分解以识别出:①与总成本有关的每一项活动的相对重要性;②每一项活动的成本驱动因素和企业执行每一项活动的相对效率;③一项活动中的成本如何影响另一项活动中的成本;④在企业内部应该开展哪项活动,而哪项活动应该外包出去。

价值链分析包括以下步骤:

(1) 将企业分解成各种活动,并考虑:①一项活动区别于另一项活动的特性;②一项活动的重要性;③在成本驱动因素方面各项活动的不一致性;④竞争对手在执行特定活动的方式上存在差异的程度。

(2) 确定产品总成本中不同活动的相对重要性。识别出哪项活动是全部成本的主要来源以及确定哪项活动被相对有效或无效地执行。

(3) 识别出成本驱动因素。例如,对于资本密集型活动而言,主要驱动因素可能是资金成本、设备成本等;对于劳动密集型活动而言,关键驱动因素可能是工资率、工作效率和缺陷率等。

(4) 识别连接关系。一项活动的成本,可能在某种程度上是由其他活动来决定的。

(5) 识别降低成本的各种机会。只要识别出相对低效的领域和每一个领域的成本驱动因素,降低成本的机会就会很明显。

1.2 取得成本优势的途径

要取得成本优势,企业价值链上的累积成本必须低于竞争对手的累积成本,达到这个目标有两个途径:第一,比竞争对手更有效地完成内部价值链活动,更好的管理可能会降低价值链活动的成本;第二,改造企业的价值,完全忽略一些高成本的价值链活动。

1.2.1 控制成本驱动因素

在确定一家企业在某项活动中的成本时,可能会涉及十种主要的驱动因素:

(1) 规模经济或规模不经济。价值链上某项具体活动经常会受到规模经济或规模不经济的约束。在大部分制造和服务行业中,大型企业的优势是规模经济的结果。如果在完成某项活动中,企业能将某些成本(如研发和广告)分摊到更大的销量上,那就可以获得规模经济。大部分规模经济所采用的临界点是最低有效工厂规模。制造行业的经济性也可以通过简化产品线、在不同产品模型之中采用相同的零配件来获得。在实际竞争中,如果为每一个不同目标市场生产的产品不同,而不是在全球范围内销售标准化产品,往往会提高产品的单位成本,因为这样做的结果是由不同产品类型之间的转换,所导致的每一个目标市场上推出的产品类型都无法达到最经济的规模。

因为许多资源或活动是"成块"的,如果大规模生产标准化产品,能将项目成本分摊到更大的产量上。规模经济之所以能够降低成本,是因为规模扩大允许更清晰的劳动分工:将生产过程分解为一系列单独的任务,由专业人员使用专业设备生产,从而大大提高生产率。

在钢铁、冶金、日用消费品等行业中,规模经济是一个关键因素,这由此导致世界市场被一些巨型企业占据。实际上当代广告和营销的巨大费用也需要有规模经济的支撑。

(2) 开展某项活动的成本可能会因为学习和经验的积累,随着时间的推移而下降。就个人和组织而言,经验曲线最初是建立在"干中学"的基础上,重复不仅能提高个人的技能,也有助于企业惯例的发展。一些加工过程或产品越复杂,学习的潜力越大。例如,1943 年,装配一架 B-52 需要 4 万工时,而两年之后的 1945 年,装配一架 B-52 就只需要 8 000 工时。经验曲线的其他一些有价值的来源,包括:找到改善工厂布置和工作流程的方式;找到改进产品设计以提高制造效率的途径;找到改进零配件以简化装配的途径。敏锐的企业管理者不仅会有意识地抓住学习的利益,而且还会有意识地使这种利益更持久。

(3) 新的加工技术可能会显著降低成本。例如,1912—1913 年福特推出的流水组装线,使组装一辆福特 T 型车的劳动时间从 106 小时下降到仅需要 6 小时。但是,革命性的加工技术的实施可能要求在工作设计、雇员激励、产品设计、组装结构和管理控制方面进行系统的变革。事实上,加工过程创新产生的生产率提高一般是组织改善的结果,而不仅仅是技术创新的结果。丰田精益生产系统是准时化生产、全面质量管理、团队合作、工作灵活性和供应商关系综合作用的结果。

(4) 关键资源投入的成本。开展价值链活动的成本部分取决于企业为购买关键的资源所支付的成本。对于从供应商那里购买的原材料或价值链活动中所消耗的资源,各个竞争厂商所承担的成本并不完全相同。一家企业能够在多大程度上控制关键资源所需的成本通常是重要的成本驱动因素之一。投入成本是下面三个因素的函数:①与供应商的议价能力。很多大的企业通常利用它们大量采购的谈判权力来从供应商那里获取相对低价的原材料。行业竞争厂商之间谈判能力的差异可能成为成本优势或劣势的一个重要来源。②投入价格的地区差异。地区与地区之间通常会在以下方面有所区别：工资水平、税率、能源成本及运输成本等。通过重新布置生产工厂、基层办公室、仓储或总部的运作地点，往往可以找到降低成本的机会。③供应链管理知识。一些企业比另一些企业在供应链管理上拥有更多的专业能力，这使得它们可以通过和供应商合作而节省更多的成本。

（5）行业价值链中相关活动的协调。如果一项活动的成本受到另一项活动的影响，那么，在确保相关活动以一种协调合作的方式开展就可以降低成本。例如，当一家企业的质量控制成本或材料库存成本与供应商的活动相关时，就可以通过在以下方面和关键供应商进行合作来节约成本：零配件的设计、质量保证程序、及时送货，以及一体化材料供应。又如，通过设立跨职能任务团队共同进行研发、产品设计、市场发布等可以降低新产品的开发成本。

（6）企业内部业务流程优化。20世纪90年代，人们认识到重新设计操作过程可能会显著提高效率，这导致业务流程再造（Business Process Reengineering，BPR）的兴起。迈克尔·哈默（Michael Hammer）和詹姆斯·钱皮（James A. Champy）将BPR定义为：对企业的业务流程进行根本性再思考和彻底性再设计，从而获得在成本、质量、服务和速度等方面业绩的显著改善，使得企业能最大限度地适应以客户竞争和变化为特征的现代企业经营环境。

例如，一家企业内的不同产品线或不同的业务单元可以使用同一个订单处理系统和客户账单处理系统，使用相同的销售力量、仓储和分销设施，依靠相同的客户服务和技术支持队伍。这种类似活动的合并和跨部门的资源分享可以带来显著的成本节约，而且有时候还会出现这样的情况：在一个部门获得的诀窍可以用来帮助另一个部门降低成本，如果各项活动相似，并且诀窍也很容易在单元与单元之间进行转移的话，那么企业内部业务流程优化和诀窍的分享就具有很大的节约成本的潜力。

（7）垂直一体化或外包。通过垂直一体化进入供应商或前向经销商渠道可以使一家企业，绕开具有相当大的议价能力的供应商或渠道商。如果合并或协调行业价值链中紧密相关的活动能够带来明显的成本节约，那么前向或后向一体化就有很大的潜力。在另一些情况下将某些职能和活动外包，让外部的专业厂商来做或许更便宜，因为它们拥有专有技能和规模。

（8）与先动优势或后动优势相关的成本。有时候市场上的第一个品牌，往往能够以比较低的成本获得相关的资源，而有的时候，如技术发展很快的时候，购买设备和技术较晚者往往受益，因为他们安装的设备是第二代或第三代产品，因而产品的价格会便宜一些、运作效率会高一些。而第一代用户往往会因为需要对产品进行调试，排除错误，学习使用一项不成熟的技术而承担一些额外的成本。同时在新产品开发方面，追随型企业和开拓型企业不一样，开拓型企业会因为要进行先导性研发和开辟新市场而不得不承担额外的一些成本,追随型企业在进行同类技术开发时则有很多市场先导者的经验教训可供借鉴。

(9) 充分利用或快速调整生产能力利用率。生产能力利用率提高可以降低单位固定成本,业务的资本密集度越高或固定成本占总成本的比重越高,这个成本驱动因素的重要性就越明显。生产能力利用不足,单位成本就会较高,在这种情况下寻找生产运作接近年度满负荷运转、从而降低单位成本是获取成本优势的重要源泉。

在周期性行业中快速调整生产能力,以适应需求下降的能力,可能是成本优势的主要来源。例如,在2008—2009年的经济衰退期深受打击的行业,如房屋建筑业、零售业等,通过快速裁员、撤裁项目或部门来降低生产能力而得以生存下来。

(10) 企业的各种管理决策可能会引起企业成本的降低或上升:增加/减少为客户提供的服务;增加/减少产品的性能和质量特色;增加/减少企业产品分销中使用的不同的渠道的数量;延长/缩短给客户的送货时间;比竞争对手更加重视利用薪资手段来激励员工和提高工人的生产率;提高/降低购入材料的规格要求。

1.2.2 改造价值链结构

巨大的成本优势来自以创造性的方式消除高成本的价值链活动,企业通过改造价值链获得成本优势的最主要方式有:

(1) 利用互联网与大数据技术。这些年来互联网在企业和产业价值链再造的过程中发挥了巨大的作用。制造商通过互联网把客户订单生产过程以及原材料的供应及时连接起来,通过在产业链上分享这些信息可以使得原材料及时到达,并且可以减少存货成本,这也使得企业和供应商都可以调整生产,使零部件和产成品更好地满足客户的需要;通过电子商务和大数据,可以使得企业更准确地预测需求,从而在客户需求改变的时候,企业和供应商可以及时调整生产数据,共享从客户订单开始一直到零部件生产以及企业资源计划和制造的数据。通过数据共享可以使得客户定制生产同大规模生产一样便宜,有时甚至更便宜,它可以极大地削减生产时间和劳动力成本。

(2) 采取直接针对最终用户的销售和营销方法。在价值链上的所有活动中,从批发到零售这一部分活动成本通常占客户最终支付价格的35%—50%。越来越多的厂商开始通过互联网直接向客户销售产品并负责送货。这种做法节省了大量的分销及运输成本。

(3) 简化产品设计。为了便于生产而对产品进行设计,而不仅是为了功能性和审美性,能够实现显著的成本节约。通过减少零部件、将各种模型和款式的零部件标准化、转向易于制造的设计方式等,都可以使价值链更加简化。

(4) 取消附加的产品或服务,只提供基本的产品或服务。这种做法可以帮助企业控制由多样的产品特性和选择而造成的成本。

(5) 转向更简单、资本密集度更低,或者更简便、更灵活的技术过程,或者通过柔性制造系统获得低成本、高效率的同时也实现产品定制化。

(6) 在产品设计时尽量避免使用高成本的原材料和零部件。

（7）重新布置各种设施，将工厂转移到离供应商、客户或者两者都很近的地点，这样有助于企业压缩供应链成本。

（8）压缩产品线，将核心资源集中在有限的产品或服务上来，以满足目标购买者最重要的需求，这种做法有助于避免那些与各种不同型号的产品相关的活动和成本。

战术5-1

规模化优势战略

1. 案例导入

21世纪早期的美国快运和包裹市场是规模化优势战略的最佳例证。快运市场当时由联合包裹服务公司（UPS）和联邦快递（FedEx）两家大公司主导。与两家规模较小的竞争对手敦豪快递（DHL）和天递（TNT）相比，UPS和FedEx长时间保持低成本、高盈利的特点。这两家企业之所以能够坐稳市场龙头老大的地位，是因为竞争者必须花费巨资才能够赶上它们的规模。

事实上，当DHL进入美国市场时，收购了本地竞争对手空运公司（Airborne Inc.），这家公司规模不大，DHL在其身上投入了近100亿美元。尽管投入了100亿美元，也不足以使这家公司达到能与本地行业巨头展开持续竞争的规模。2008年，DHL关闭了美国国内业务，把主要业务放在来往美国的国际运输上。

2. 规模化优势战略的条件

规模化优势战略直接来源于规模经济而产生的竞争优势。在某一类行业中，产量与成本的关系表明任何偏离最佳生产水平的产量都会导致企业面临更高的生产成本。一些包括金属制罐、钢铁制造和冶炼在内的行业，其平均成本随着产量增加而递减的趋势在相当大的范围内存在，不仅如此，新兴的电子商务行业似乎也存在巨大的规模优势。

从五力模型中的潜在进入者角度的分析表明，历史上，规模经济在全世界范围内都是很多行业组织新进入者的法宝。为了充分利用规模经济，传统的钢铁厂都具有巨大规模。可是，如果新的进入者建造规模巨大因而足够有效率的钢铁生产工厂，就会使得钢铁的供给量大于需求量，这将降低地位已确立的在位企业的边际利润。因此，这种冒险进入将会引发价格大战，这为采用规模化优势战略的企业带来了潜在风险。

当然，在行业稳定的情况下，规模能够提供保护：因为行业稳定，它们可以在原有规模的基础上巩固优势。因此，在竞争基础稳固、相对稳定并且可预测的市场环境中，企业可以采取规模化优势战略。在这种市场中，没有突然产生颠覆式变化的危险，行业形势相对稳定。对于保险、基本消费品、汽车等一系列行业来说，最近几十年它们所面临的环境大多是稳定环境。

规模化优势战略的关键是规模效应的存在及其大小，在规模效益较高、领头企业规模变化不大,商业模式与核心技术较为集中,品牌强大、增长平稳的行业中,规模化优势战略通常具有很高的可行性。相反,对于市场准入门槛低、规模效益低、行业结构松散、技术变化频率高、增长率高的新兴行业,规模化优势战略则可能并不适用。

20世纪90年代之前,许多行业都是采用经典的规模化优势战略。虽然很多行业在此之后受到了技术发展和全球化的冲击,但规模化优势战略仍然适用于不少行业。有些人宣称基于规模化优势的战略不再适用。马丁·里维斯(Martin Reeves)等指出,这种夸大其词的说法是危险的,并且具有误导性。

然而,一些长久以来较为稳定的行业确实需要采用新的战略。以电力行业为例,在这个行业中,经典战略的特征根深蒂固:需求随着经济的增长而增长,一切都可以预测。由于市场准入门槛高、监管稳定、行业结构稳定,即使是重大石油危机都未能从根本上改变行业的竞争结构或基础。然而,随着替代能源的兴起,排放物法规的不断完善,电力行业现在需要采用更具适应性的战略来弥补经典战略的不足。

3. 规模化优势战略的制定

制定规模化优势战略的第一步,是确定市场上所有国内企业的市场份额与利润之间的关系。这一关系揭示了该行业市场的游戏规则:如果市场份额与利润高度相关,那么这一行业在很大程度上是由市场份额驱动的。

制定规模化优势战略的第二步,是需要确定企业必须达到何种规模,才能取得预期利润。在某些行业中,如果企业不能进入行业规模前三位,则很难取得相应的市场地位,从而也就很难获得预期的投资回报。

制定规模化优势战略的第三步,是选择合适的细分市场。尽管规模化优势战略的首要目标就是追求企业的产量与市场份额,但并不是要求企业在每一个细分市场均衡使用力量:在某一个具有发展性的细分市场占据绝对优势比在所有细分市场上均衡使用力量往往要强得多。由此,企业必须准确定位具有吸引力的细分市场以及明确在该市场中的定位。

制定规模化优势战略的第四步,是在市场份额与利润之间的取舍。如果企业过分追求市场份额而完全不顾利润,那么企业的发展也不具备可持续性。

1.3 成功获得低成本领导地位的关键

要成功实施低成本战略,企业管理者必须仔细考察每一项引致成本和费用的活动并确定各项活动的成本驱动因素是什么。他们必须利用有关成本驱动因素的知识来管理价值链上的每一项活动;他们必须积极地重组价值链,再造业务流程,取消非关键的工作步骤。通常情况下,实施低成本战略的企业都努力营造一种注重成本的企业文化。其特点是员工广泛参与成本控制、限制管理者的额外福利等。企业借助小规模的、优秀的人员完成企业的日常管理工作,从而将管理成本控制在最低水平。许多成功的低成本战略实施企业还不断将自己的活动成果同某项活动的最优秀者进行标杆比较,检查自己在成本控制方面的效果。

低成本战略实施企业一方面提倡节约,另一方面又积极地投资培育那些有望减少业务成本的资源和能力。例如,沃尔玛在所有的经营运作活动中使用最现代化的技术:它的分销设施是一个自动化的陈列橱;它使用在线计算机系统从供应商那里订货和管理存货;它的商店装备有先进的销售跟踪和检查系统;同时它拥有一个私人通信卫星,每天向4 000个供应商发送销售点数据,因此所拥有的信息和通信系统实际上要比世界上任何其他零售连锁店系统都更高级与强大。

1.4 低成本战略的最有效应用场景

在下述条件下,低成本战略最为有效:

(1)竞争性销售商之间的价格竞争尤为激烈。各销售商开展以价格为基础的竞争,利用低价格的吸引力从竞争对手那里挖掘销售额,并努力在价格战中存活下来以获得高于平均水平的利润。

(2)行业内企业所提供的产品本质上都是标准化的,或者是从大量销售商那里都能买得到的日用品。类似于日用品这种行业的经济特征为竞争厂商之间展开激烈的价格竞争创造了条件,在这样的市场上,成本较高的竞争对手遭受的利润损失较大,效率较低。

(3)能够实现对购买者有价值的产品差异化的途径很少。当不同品牌之间的差异对购买者没有多大意义的时候,购买者几乎总是对价格差异比较敏感,会购买那些价格最合适的产品。

(4)大多数购买者利用产品的方式相同。因为购买者的要求相同,标准化产品就可以满足他们的需求。在这种情况下,低销售价格——而不是产品的特色或质量——就成为吸引购买者选择一个产品的主导因素。

(5)购买者从一个销售商转移到另一个销售商的成本很低。转移成本低使得购买者可以灵活地转向那些产品质量相同而定价更低的产品,或者转向那些在价格方面有吸引力的替代品。这样,低成本战略实施企业就处于更有利的地位,其可以采用低价格确保客户不转向竞争对手的品牌或者其他替代品。

(6)购买者规模很大并且具有强大的价格谈判能力。在与大量产品的购买者讨价还价时,低成本战略实施企业能够在一定程度上保护自己的利润,因为这些购买者不大可能在其他供应商那里得到同等质量而价格更便宜的产品。

(7)行业的新进入者采用引导性的低价格吸引客户并建立自己的客户基础。低成本领先者可以采用降价的方式,使得竞争对手更难从其手里抢走客户。低成本战略实施企业的定价能力实际上为新进入者设置了进入壁垒。

一般来说,购买者对价格越敏感,购买者越倾向于根据行业某一厂商提供的最低价格来做出购买决策,低成本战略就越有吸引力。低成本战略实施企业所具有的这种可确定行业最低价格的同时又能获得一定盈利的能力,形成了维持自己市场地位有效的保护壁垒。

1.5 低成本战略的陷阱

低成本战略的第一个陷阱是过度削价导致利润的下降。只有在下列情况下,企业才可能获得低成本优势:①削价幅度不能低于基础成本;②销售量的增加足以在降低单位产品销售利润率的情况下增加总利润。

第二个陷阱是不重视采取措施保护自身的成本优势或者能够让竞争对手达到或超越自己的成本优势。成本优势的价值取决于它的持久性。反过来,成本优势的持久性又取决于企业取得这种成本优势的途径是否易于被竞争对手模仿或者追赶。

第三个陷阱是太热衷于成本的降低。太热衷于成本的降低就会使一家企业的产品或服务太缺乏特色而吸引不了客户。而且,一家企业如果一味地降低成本,就还要提防"消费者认为产品质量下降"之类的误解或者错过微妙但是起着至关重要作用的一些市场变动,如客户对附加特色和服务的兴趣日益浓厚,对价格的敏感性降低。一些新的形势变化有望改变购买者使用产品的方式。如果购买者转向高质量、创造性的性能特色、更快的服务,以及其他一些差异化的特色,那么低成本狂热者就有可能被甩到后面。

此外,降低成本的技术突破或者成本更低的价值链模式的出现都有可能使得低成本领先者奋力得到的市场地位毫无意义。当前的低成本领先者可能难以迅速转向新技术或新的价值链模式,因为它们在目前的价值链模式中已经投入了巨资。

第二节　差异化战略

如果购买者的偏好多样化(事实上,除石油、建筑材料、标准件、基本生活用品之外的行业,绝大多数行业的购买者者倾向于多样化),以至于标准化或准标准化(指虽没有相应的行业产品标准,但事实上产品之间的差别很小或消费者感知到的产品差别很小)的产品难以完全满足其需求,那么差异化战略就成了一个很有吸引力的竞争策略。要成功实施差异化战略,企业就必须认真地研究购买者的需求和行为,以了解在购买者看来,什么是重要的、有价值的以及他们愿意支付多高的价格。其中,企业自身所提供的这些属性要与竞争对手所提供的属性有着明显的、易于分辨的差别。购买者对差异化的偏好程度越高,这些客户与企业的联系就越紧密,企业所获得的竞争优势也就越明显。

此外,在这个快速变化的世界中,竞争优势越来越偏重于服务,而不是产品本身。因此,越来越多的业务流程(如向潜在客户提供信息的过程、订单处理过程、计费和售后服务过程)都可能形成与竞争对手的差异。因此,产品越来越趋于标准化的市场,仍然存在服务差异化的战略。它意味着制造型企业可以把自己看成是交付产品的服务型企业,而不是以服务支持产品的生产型企业。

成功的差异化可以使企业索要高价、提高销量（因为差异化的特色可以赢得额外的消费者），以及获得购买者对其品牌的忠诚（因为有些客户会被产品或服务的差异化特色强烈吸引，从而强化其与企业及其产品的联系）。

只要产品所获得的额外价格超过了为获得差异化而花费的成本，那么产品的差异化就可以提高盈利能力。如果购买者对企业品牌独特性所赋予的价值期望并没有高到不去购买竞争对手的产品这一程度，或者如果一家企业的差异化方式易于为竞争对手所模仿或复制，那么企业的差异化战略就只具有暂时性，企业仍须寻求可持续的差异化战略。

2.1 广域差异化和集中差异化

2.1.1 广域差异化战略

广域差异化战略是指提供独特的或与竞争对手向客户所提供的价值不同的产品或服务的战略。广域差异化战略的目标是通过以相同价格提供更好的产品和服务以赢得比竞争对手更大的市场份额或通过略微提升价格来提高利润率。广域差异化战略可以通过以下方式实现：

（1）产品的独特性和产品改进，例如在研发设计专长或基于组织的创新能力方面进行投资。这种做法也是制造型企业通常采用的竞争手段。通过对技术和设计领域的投资，实现更高的可靠性、更长的寿命和更好的性能，但是应该注意的是，这种改进通常不会持久，竞争对手有能力追赶上来。

（2）市场营销专长。即展示自己的产品或服务如何比竞争对手更好地满足了客户的要求。在这种情况下，差异化战略有可能以品牌影响力为基础，或通过强大的促销手段来实现。

（3）企业特有的核心能力。即企业依靠自身核心能力实现差异化。如果企业的核心能力的确是该企业特有的能力，那么竞争对手将难以模仿；但是作为制定差异化战略的基础，识别核心能力是一项颇具挑战性的工作。

以上方式能在多大程度上取得成功，很有可能取决于以下因素：

（1）企业是否已明确识别出谁是真正的客户，这个问题并不一定简单。向客户提供能感知的增值服务很重要，但是要让哪些客户满意呢？

（2）企业对客户或利益相关者所看重的东西的了解程度。企业管理者经常想当然地认为自己了解客户所看重的东西，这很危险。正如前面所介绍的，管理者在实施战略的时候，或者以传统的运营方式和立足于经验的"认为本该如此"的假设为基础，或是以企业拥有的资源和技能为基础，因此他们可能无法正确回答一个最基本的问题：客户看重什么？管理者可能从技术的角度构想差异化战略，例如开发一种具有更高设计水平的产品。尽管产品或服务在技术方面真正具备独特性，但只有客户认为其价值超过了竞争对手时，这种独特性才有助于企业获取竞争优势。实际上一家企业与众不同的原因，可能是该企业的管理者比竞争对手更贴近市场,以至他们能够更好地感知客户需求并做出反应。

(3) 清楚谁是竞争对手很重要,例如企业是在与很多竞争对手竞争还是在某个特定细分市场上与相对较少的竞争对手竞争?在后一种情况下采用集中差异化战略可能更合适,如果需要在广阔范围内实现差异化,那么企业必须关注业内和市场上普遍接受的一些差异化基础,并且不得不掌握和接受在某行业主流市场的通行标准。例如对一个汽车制造商,如果不了解购买者对汽车质量和可靠性的要求,就不可能获得竞争优势,因为质量和可靠性是汽车行业的最低限要求,这要求企业对客户需求有极其深入的了解并知晓如何发展企业核心能力以满足客户的这些需求。

(4) 在识别相关竞争对手时还有另一个问题即全球化。例如某家企业可能会发现自己的差异化基础被以前自己未将其视为竞争对手的企业削弱,而这两家企业原本不在同一个地理市场运营,但随着这两家企业不断扩大经营的地理范围,它们可能成为竞争对手。还有一种情况是某个竞争对手在某个市场上形成了差异化基础,然后利用该差异化基础进入另外一个市场,从而对市场内已有的经营者的战略地位形成挑战。

(5) 差异化基础难以模仿的程度。如果对于产品或服务的某项差异而言,竞争对手很容易模仿,则该项差异化就不是一个好的战略。

(6) 认为可以在静态的基础上,通过差异化获取竞争优势的想法是值得商榷的,原因在于:在许多市场上,客户的需求在不断变化,因此企业需要不断地改变差异化基础。即使客户的需求稳定,随着时间的推移,竞争对手也会有能力模仿差异化基础,有迹象表明这种模仿的速度正在不断加快,这就说明实施差异化战略的企业必须不断审视自己差异化的基础并做出改变,就像那些在广阔范围内实施差异化战略的汽车制造商所做的那样。

2.1.2 集中差异化战略

集中差异化战略是指向某一选定的细分市场提供较高的感知价值,并收取较高价格的战略。企业可能必须在市场的广域差异化战略和集中差异化战略之间做出选择,选择可能是在全球范围内的,因为伴随经济全球化,管理者不得不决定是在广阔的范围内推行差异化战略还是有选择地推行集中差异化战略,事实上在20世纪90年代许多跨国企业都决定出售其业务组合中的某些业务,来降低多元化程度以实现集中战略。集中差异化战略实际上是将产品或服务的差异化与细分市场相结合的战略。

因为选择集中差异化战略的企业通常都是瞄准某个特定的细分市场,所以有必要认识到在企业选定的细分市场中战略始终相关。例如,雷克萨斯汽车公司是在豪华车这一细分市场内展开竞争,但是在这个细分市场,它也实施了一个与其他豪华车厂家截然不同的战略,即混合战略:尽管凌志车的质量与其他车型相差不多,但价格却较低。

清楚地识别出组织瞄准的是哪一个细分市场也十分重要。细分市场要求根据客户的一整套需求来划分,还要将对客户的需求识别转化为可以满足客户需求的实际行动,如果一家企业试图在具有不同需求的不同细分市场竞争就很难做到这一点。例如,百货商店试图在商店内出售许多种类的商品,还试图吸引不同类型的客户,它不可避免地会遇到一些问题,因为商店本身的摆设、装置、购物环境以及售货员并没有根据不同的细分市场需求而做到有所差别。

集中差异化战略可能会与利益相关者的期望发生冲突。新企业在成立之初通常都是采用集中差异化战略,但是这些新企业很难找到进一步发展的途径:为了发展有时意味着要在保持差异化特征的同时降低成本。另外,维持集中差异化战略也并非易事,因为用户可能并没有准备好或者没有能力支付较高的价格。

要认真监控集中差异化战略的优势,因为市场环境可能发生变化,细分市场之间的差异可能会逐渐变小,从而使组织面临更大范围的竞争。另一种情况是随着竞争对手提供更具差异化的产品或服务,市场被进一步细分。

2.1.3　差异化和细分市场的区别与联系

(1) 差异化传统上是一个战略管理的概念,主要指产品与服务的差异化。

(2) 细分市场传统上是一个营销管理的概念,主要是针对消费者群体的细分,即细分市场。

(3) 如果将差异化与细分市场的程度作为坐标的两个维度,则可以区分四种不同的战略:广域差异化战略、集中差异化战略、广域的低成本战略、聚集的低成本战略,如果将中间态的混合战略加入,则形成波特所说的五种战略。

从以上五种战略的区别来看,差异化既可以与细分市场相联系,也可以不发生联系;低价可以与细分市场相联系,也可以不发生联系。营销管理着重叙述其中相联系的部分,而战略管理则两者均涉及。

2.2　差异化的机会、类型与市场细分的差异

每一家企业都有机会向其客户提供差异化的产品或服务,当然差异化机会的范围依赖于产品的特性。汽车或酒店提供差异化的潜力要比标准化产品大。一种产品或服务差异化的潜力,在某种程度上是由产品或服务的物理性质决定的。对于技术要求简单的产品或者必须满足特定技术标准的产品来说,差异化受到技术因素和市场因素的限制。技术要求复杂的产品或者不需要满足严格的技术标准的产品拥有更大的差异化范围。但原则上,任何产品都存在差异化的可能性。水泥可以说是最不具差异化的产品,但是西麦克斯企业通过采用一种强调"建筑解决方案"的策略,使其成为世界上最大的水泥供应商。对于一些简单产品来说,如洗发液、卫生纸和瓶装水,任何超级市场货架上的品牌激增都证明企业的精明和客户偏好的复杂。

差异化和市场细分有很强的联系,但也有区别。针对不同细分市场的产品之间显然会有差别,但市场细分是市场结构的特点,而差异化是企业的战略选择。同样定位于大众市场的不同企业,也许存在大量的差异化。例如,宜家、本田、亚马逊和星巴克都定位于大众市场,但是它们与各自的竞争对手相比,都存在大量的差异化。差异化可能导致

细分市场的产生,例如,啤酒产业的创新差异化提供的淡啤酒、高精度啤酒、微酿啤酒和自制啤酒致使许多新兴市场的诞生。

在分析差异化机遇的时候,我们可以将其分为有形和无形两个维度。有形差异化涉及某种产品或服务中与消费者偏好和决策过程相关的、可观察到的特点,这些特点包括尺寸、形状、颜色、重量、包装设计、材质和技术。有形差异化包括的产品性能,通常可以从可靠性、兼容性、品味、速度、耐久性和安全性等方面加以归类。

有形差异化可延伸到对产品加以补充的服务。例如,戴尔公司的产品性能并没有什么特别之处,差异化在于它们被组装的速度、能够允许消费者自己安装系统的灵活性以及包括技术支持、维修服务、升级服务等在内的售后服务系统。

因为客户在产品或服务中感受的价值并不是唯一依赖于产品或服务的有形方面,这就是无形差异化机会的根源。或者说,客户很少仅仅通过产品的客观性能标准来做出消费选择,在对绝大多数产品和服务进行选择的过程中,社会的、情感的、心理的和审美的因素都非常重要。差异化的选择涉及企业提供产品或服务的整体形象。无形差异化对那些在购买时很难确定质量和性能的产品和服务来说尤其重要。

最具吸引力的差异化方式是那些竞争对手模仿起来难度很大或代价高昂的方式,实际上,资源丰富的企业能够及时地仿制几乎任何一种产品、特色或属性——如果可口可乐公司生产一种香草味的软饮料,那么百事公司也可以,这就是为什么持久的差异化通常同独特的核心能力、独特的竞争力以及对价值链活动的杰出管理紧密相连。一般来说,如果差异化的基础是产品迭代、技术革新、产品质量和可靠性,以及全面的客户服务和独特的竞争力,那么差异化所带来的竞争优势就能够持续更长的时间,并带来更多的盈利。广大购买者都认为这种属性更有价值,并且竞争对手要在盈利的前提下复制这些属性,一般也比较困难。

拓展阅读 5-1　差异化战略的精髓是聚焦于客户,而不是竞争者

客户差异化战略意味着重新深入理解产品是什么。举例而言当开发一款咖啡过滤器时,企业主管想知道它是应该与通用电气型的过滤器相同还是应该与飞利浦制造的滴流器相同,规格是更大一些还是更小一些。但事实上关键在于另一个不同类型的问题:人们为什么要喝咖啡,当他们喝咖啡的时候他们追求的是什么。如果你的目标是更好地为客户服务,那么你不应该首先了解客户为什么喝咖啡吗,这样你将会知道应该制造什么类型的过滤器。

如果答案是味道好,那么下一个问题是,需要做什么来帮助客户享受一杯咖啡中的好味道。什么会影响一杯咖啡的味道?事实证明很多东西都可能影响味道:咖啡豆、温度和水。我们完成了准备工作,并且发现了影响口味的所有因素:我们了解到在所有的

因素中水质的差别影响最大,但是当时设计的过滤器,完全没有考虑水的质量;我们随后又发现颗粒分布以及研磨咖啡豆与将其倒入水中的时间间隔也非常重要……因此,我们开始以新的方式考虑产品和它的必要特点,它必须拥有内置脱氯功能,如:它必须拥有内置研磨机。客户需要做的就是倒入水和咖啡豆……

因此,开始的时候,你必须提出正确的问题。如果你唯一关注的是通用电气已经生产出在十分钟内调制出咖啡的过滤器,那么你将使你的工程师设计出七分钟内调制出咖啡的过滤器。如果你坚持这样的逻辑,将无法形成有意义的差异化战略。如果你询问人们他们希望咖啡在十分钟内制成还是在七分钟内制成,可以推定他们会说希望在七分钟内制成,但这仍然是一个错误的问题,而且你回到了开始的地方,你在试图以竞争对手的游戏规则打败竞争对手,如果你将关注点集中在竞争对手身上,那么你将永远不能询问到客户的未来需求是什么,不能了解到产品的本质。

资料来源:KENICHI OHMAE. Getting Back to Strategy [J]. *Harvard Business Review* (November 1988):154。

2.3 感知价值与客户价值分析

客户感知价值(Customer-Perceived Value,CPV),是指潜在客户评估一个产品、服务或其他选择方案整体所获利益与所付成本之差。整体客户利益(Total Customer Benefit)是客户从某一特定产品或服务中,由于产品、服务、人员和形象等因素,在经济上、功能上和心理上所期望获得的一组利益的认知价值。客户整体成本(Total Customer Cost)是客户在评估、获得、使用和处理该产品或服务时发生的一组成本支出,包括货币成本、时间成本、精力成本和心理成本。企业管理者通过提高产品或服务在经济、功能或心理方面的利益,以及减少一种或多种成本的支出来提高客户获得的产品或服务的价值。

管理者经常使用客户价值分析(Customer Value Analysis)来将企业与竞争对手相对比,从客户价值的角度揭示差异化的可能性。其分析步骤如下:

(1)确认客户关心的主要属性和利益。询问客户当他们选择产品和销售商时所在意的产品属性、利益和产品性能水平。属性和利益的定义应尽可能涵盖客户做决定时会考虑的所有内容。

(2)定量评估不同属性和利益的重要性。请客户对不同的属性和利益按重要程度打分。如果打分差异太大,企业应该重新对这些属性和利益进行分类。

(3)以各个属性的重要性为基础,对企业和竞争对手在不同客户价值上的绩效进行评估。请客户描述企业和竞争对手在每个属性或利益上的绩效。

(4)在具体细分市场中,基于单个属性或利益,相对于具体的主要竞争对手,检查客户对企业的评价。

(5)定期评估客户价值。

战术5-2

基于价值链的差异化

实际上,在行业价值链的每一项活动中都存在创造差异化的可能性,常见的包括:

(1)那些最终会影响企业终端产品的质量或性能的供应链活动。例如,星巴克之所以以高等级的咖啡著称,主要是因为它对咖啡豆的供应有严格的要求。

(2)以下述内容为目标的产品研发活动:改善产品的设计和性能特色,扩大产品的最终用途和应用范围,增加产品的种类,增加用户安全设施,提高回收能力,改进产品的质量、可靠性和外观,增强环境保护性能。

(3)生产制造活动。企业据此能够以有效的成本进行用户订单式制造,减少产品缺陷等。

(4)物流和分销活动。活动有助于加快交货,提高订单完成的准确性。

(5)市场营销、销售和客户服务活动。为客户提供卓越的技术支持,提供更迅速的维护和修理服务,增加和改善为客户提供的产品信息,增加和改善为终端用户提供的培训材料、改善信用条件,加快订单处理,增加销售访问次数,更大程度地便利用户。

企业管理者必须充分了解创造价值的各种差异化途径以及有助于形成独特性的各项活动,以制定优秀的差异化战略,并且对各种不同的差异化途径加以评价。

2.4 感知价值中的"感知"

购买者几乎不会去为那些他们感知不到的价值掏腰包,不管这种独特的超值成分有多么真实。因此,差异化战略所索要的价格差额部分反映了"实际给予购买者的价值和购买者的感知价值"。一旦购买者不能正确评价他们对产品的感受,实际价值和感知到的价值就会出现差异。购买者认知的不完整常常会导致他们将判断建立在一些信号的基础上:价格(价格体现质量),吸引人的包装,广泛的广告活动(产品的知名度),广告的形象和内容,宣传小册子和销售演示的质量,卖方厂商的设施等。在下列情况下,价值的这种信号同实际的价值具有同等的重要性:①差异化本身带有很大的主观性或者难以量化;②购买者是第一次购买这种产品/服务;③很少有机会再一次购买;④不成熟的购买者。

2.5 差异化与感知完整性

所有企业都面临一系列的差异化机会。主要问题可能在于确定哪一种差异化形式可以最成功地区分出市场中的企业以及哪一种差异化形式最受客户重视。建立清晰有效的差异化地位需要企业组合各种互补的差异化措施。

产品完整性指的是企业差异化的一致性。它是基本功能、审美观、可靠性和经济性等众多产品性能的总体平衡。产品完整性具有内部和外部范畴：内部完整性是指产品功能和结构之间的一致性，如零部件装配良好、元件匹配，并且运转良好；外部完整性是衡量产品的功能结构如何匹配客户的目标、价值、生产系统、生活方式、使用方式和自我同一性的指标。将内部完整性和外部完整性结合起来，对于那些提供"生活方式"的产品尤其重要。

2.6 差异化、品牌与声誉

差异化只有在传递给客户时才有效，但是有关产品质量和性质的信息，对潜在消费者而言并不总是能容易得到。有些产品的质量和性质，只能在购买之后才能确认，甚至即使在购买后，性能属性也不是马上就能被了解。

以上情况的存在会给生产商带来很大的困境，因为即使生产商努力提升了产品的质量，消费者未必能马上了解到，在与竞争对手的商品进行比较时，作为非专业购买者的大部分消费者，很难确认产品的质量。这种困境的解决方法是生产商寻找一些可靠的方法向客户发出质量信号，如延长保修期。因为提供这样的保修服务对低质量产品生产商来说要花费更多，品牌、保修、昂贵的包装、返款保证、赞助体育和文化事业等都是质量信号，它们的效果来源于这样的事实，即它们表示生产商做出了重大的投资，如果产品不能令客户满意，那这样的投资就会贬值。

品牌和支持品牌的广告宣传，作为质量和一致性信号尤其重要。对许多生产消费品的企业来说，品牌是最重要的资产。品牌扮演着多种角色，最重要的是它为生产商向消费者提供产品质量担保。因为通过品牌能够识别一种产品的生产商，这能确保生产商对提供给市场的产品负责。另外，品牌代表一种投资，它提供一种保证保持质量和客户满意度的激励措施。因此，品牌对客户来说是一种担保，它有助于降低客户购买时的不确定性，而且通常来说，客户购买产品的价格越高，那么品牌的价值越大。

另一些品牌诸如红牛、哈雷、奔驰、古驰等，其价值不是可靠性担保，而是身份和生活方式的象征。传统意义上的广告是影响和巩固消费者认知的基本方法，但是消费品企业正在越来越多地寻求新的较少注重产品特点而更多强调"品牌经验""价值分享"和"情感对话"的品牌发展方法。

2.7 客户认可的价值随着时间的推移而变化

由于客户注重的价值将随着时间的推移而变化，特别是成功的关键因素也随之发生变化。因而不能静态地看待战略能力。战略能力若不进行调整就将变得冗余，原有的核心能力也会被竞争对手模仿，并沦为在行业内生存的最低要求。汽车行业在过去几十年里的全球竞争历程，也表明了消费者需求在不断地发生变化，必须要不断地开发和积累组织资源和能力。

20世纪五六十年代,美国汽车巨头福特汽车公司和通用汽车公司拥有一些核心能力,如与经销商网络谈判的能力和在海外建厂的能力,这些核心能力使它们能够满足一项成功关键因素——市场准入的要求,从而获得在全球市场上的主导地位。与此同时,日本的汽车公司加强开发零缺陷生产能力,这种能力以对工厂和供应链的管理能力为基础,到20世纪70年代中期,日本的汽车制造商在质量和可靠性方面大大超过了福特汽车公司,而这两方面也是日本汽车制造商实现全球销售的关键因素。

到20世纪80年代中期,尽管福特汽车公司与日本汽车制造商及欧洲汽车制造商的区别仍然在于是否拥有全球网络,但是帮助实现质量和可靠性的生产管理和供应链管理流程已经成为一项最基本的组织能力,即在行业内生存必须具备的能力。因此,以前成功的关键因素成为一项新的行业标准,于是在一个越来越标准化的行业中,竞争领域转向了提供更多的产品独特性,这成为汽车行业新的成功关键因素。它需要企业具备灵活的产品设计和生产工艺,并针对不同的生活方式进行差异化营销。在一段时间内,拥有这些核心能力的组织具有相应的竞争优势,但是当其他竞争对手赶超上来之后,这些竞争优势又将逐步消失。

2.8 获得以差异化为基础的竞争优势

尽管"成功的差异化战略必须以一种竞争对手无法比拟的方式为购买者创造价值"这一观点很容易理解,但要创造出那些购买者会认为有价值的独特属性,并不是一件很容易的事情。一般来说,有四种差异化战略可以为购买者创造价值:

战术5-3

使产品具有能够降低购买者使用企业产品的总成本

可以通过以下方式,使企业产品对购买者来说使用起来更经济:减少购买者在原材料方面的浪费;减少购买者的存货需求;延长两次维修之间的持续时间;提高产品的可靠性;降低购买者的维修和维护成本;利用在线系统降低购买者的订单索取和处理方面的成本;提供免费的技术支持和帮助。

战术5-4

增加提高产品性能的特色

事实上,所有产品都不止满足一种客户需求。因此,理解客户需求应分析多种属性。市场研究已经发展出许多技术来分析客户对不同产品属性的偏好,这些技术能够引导新产品定位及已有产品定位和定价等相关决策。

多维等级(Multidimensional Scaling, MDS)分析使用图表展示客户对竞争产品关键属性的相似性和不一致的感受,例如,MDS被用来根据威士忌的颜色、气味、口味、瓶身和精加工情况对109种威士忌进行分类。

1. 组合分析

在MDS分析的基础上,我们假设能以一组新的属性组合来呈现一个产品。假设咖啡有3种决定性属性:口味、浓度与香度,每种属性都有许多不同的水平。如果我们以某种方式,在每一种属性上重新确定客户偏好,然后再将所有这些属性值组合,就可以形成一个整体上受客户喜爱的产品。

使用组合分析要与细分市场的概念结合起来,例如,现有市场中一半的消费者喜欢较浓的咖啡,而另一半消费者喜欢较淡的咖啡,如果只看平均,我们可能认为所有人都喜欢中等浓度的咖啡,事实上,可能在市场上没有客户喜欢中等浓度的咖啡。

使用组合分析的要点如下:

(1) 这个产品必须能被一组属性详细描述。这对于某些产品而言存在一定的难度,尤其是像香水这种以想象力为主的产品,其属性对受测者来说可能难以表达。

(2) 在进行组合分析之前,我们需要确定产品的决定性属性,以避免分析中出现太多次要因素。

(3) 在挑选受测客户时应注意,受测者应该对这个产品的类别和属性有足够的了解,如此才能够在偏好和购买上提供有意义的数据。

(4) 组合分析的结果应该有可实现性,即确保企业能实际开发出一个新产品来实现新的组合。

2. 特征价格分析

特征价格分析是将产品属性与购买者的支付意愿结合起来,以此分析消费者对每一种属性愿意支付的价格。这种基于产品属性的支付意愿,也称为每一种属性的隐含市场价格。

基于特征价格分析,企业可以在组合分析的基础上,确定新产品属性与价格的联合定位。

3. 价值曲线分析

选择包括价格在内的最优产品特性组合,不仅取决于哪种特性被消费者看重,也取决于竞争对手所提供的价格、价值及产品特性的组合定位。通过在价值曲线上定位出竞争产品的绩效特点,钱·金和莫妮在《蓝海战略》中阐述了如何创造一个更有效的产品或服务组合以占据一个新的市场空间,即所谓的蓝海。

在图书零售业中,关键服务属性包括价格、员工知识水平、图书选择、店内氛围、营业时间和阅读区的硬件设施等,通过观察独立书店和连锁书店在这些维度上的定位,我们可以识别出新的服务组合的机会,在这些机会中甚至存在图书零售、休闲、公共活动之间的跨界机会。

如果企业提供的产品或服务满足的关键客户需求与身份地位和社会属性有关,那么差异化的意义影响深远。事实上,在分析可衡量的产品属性方面必须深入了解客户的基本动机——产品或服务很少是为了满足基本的生存需要。多数购买反映出消费者希望强化自己的偏好、品位、身份与社会等级的心理需求,购买者也希望与其他消费者共享相同的兴趣,从而形成心理上的细分市场。

美国心理学家亚伯拉罕·马斯洛(Abraham H. Maslow)提出了一个人类需求的分级结构,一旦基本的生存需求得到满足,那么接下来要满足的就是安全需求、社交需求、尊重需求、自我实现需求。大部分企业认为,它们的品牌价值更多地满足社交、尊重和自我实现需求,而不是满足生存或安全需求。

消费者行为学中较为经典的心理统计细分方式是价值观和生活方式(Values and Lifestyles, VALS)体系。VALS体系的主要维度是消费者动机和消费者资源。VALS认为消费者被三种因素驱动,分别是理性、成就和自我表达:理性驱动的人受知识和原则的指导;成就驱动的人追求那些可以在同龄人中展现成功的产品和服务;自我表达驱动的人渴望参与各种充满风险的社交或体育活动。

四个拥有较高资源的群体:

(1) 创新者(Innovators):拥有自尊、拥有成功、富有经验、积极、具有领导才能的人。

(2) 思考者(Thinkers):由理性驱动、成熟、满足、深思熟虑的人,他们重视顺序、知识和责任,他们寻求产品的持久性、功能性和价值。

(3) 成就者(Achievers):关注事业和家庭、成功、有目标的人,他们喜欢能向同龄人展现成功的优质产品。

(4) 体验者(Experiencers):追寻多变和刺激、年轻、讲人情、有冲动的人,他们花费收入中相对高比例的部分在时尚、娱乐和社交上。

四个拥有较低资源的群体:

(1) 信仰者(Believers):抱持具体信念、保守、传统的人,他们对已有的知名品牌很忠诚。

(2) 奋斗者(Strivers):资源有限、追求时尚、喜爱娱乐的人,他们喜欢时髦的产品,这样就可以模仿有钱人的消费。

(3) 生产者(Makers):喜欢靠自己的双手工作、脚踏实地、自给自足的人,他们注重实用和功能的考量。

(4) 幸存者(Survivors):担心变化的年长者、被动的人,他们对自己喜爱的品牌很忠诚。

心理统计细分方式经常因文化差异而做出调整。例如,日本版的VALS以两个关键概念为基础,将市场划分为10个常见的细分群体。其中两个关键概念分别是生活倾向

(传统、职业、创新和自我表达)、对社会变化的态度(维持、实用、适应和变革)。

因此,要理解客户需求和识别出有利可图的差异化不仅应分析产品及其特性,而且应深入分析客户及其生活方式和期望,以及产品与这些生活方式和期望的关系。深入研究产品并探究潜在客户的人口统计(年龄、性别、所在区域)、社会经济(收入、教育)和心理(生活方式、个性类型)等方面的特征。

事实上,理解客户需求和偏好可能不仅仅是发放问卷。一般地,客户无法清楚地阐明驱动他们的因素和激发购买的情境。企业必须细心观察它们客户的购买行为、习惯与他们生活方式的关系。例如,英国最大的超市特易购(Tesco)在它的每一个分店开张之前,都要派出管理层人员在当地用户家中住一段时间。这种研究方法是典型的人类学的参与式观察或民族志方法,它们在企业战略管理、市场营销中占据重要的位置,但常常被主流的学院派研究人员忽视。

战术5-5

提高购买者的满意度和忠诚度

客户忠诚度是"尽管客户会受外在环境的影响,且其他企业的营销努力也可能导致转换行为的发生,但客户仍对其所偏好的产品或服务给予深刻的承诺,保证未来再度购买与再次光顾"。客户忠诚与企业的价值主张(Value Proposition)有关,价值主张包括企业承诺提供的全部利益,它围绕着产品的核心定位而展开。例如,沃尔沃汽车公司的核心定位是"安全",但其承诺给购买者的不仅仅是一辆安全的车,还包括其他利益,如使用寿命长、良好的服务、终身保修等。能否保证承诺取决于企业管理价值传递体系的能力,价值交付体系(Value Delivery System)包括客户在获得和使用产品或服务过程中得到的全部体验。

培育客户关系是培养客户忠诚的重要手段。客户关系管理(Customer Relationship Management,CRM)是一个过程,它管理各个客户的详细信息和所有客户的"接触点",目的就是追求最大化的客户忠诚。客户接触点(Customer Touch Point)是客户会接触到品牌和产品的任何机会:从实际的接触体验、人员传播到大众传播等,CRM通过有效利用个人客户信息,提供优质的实时客户服务。基于对每个有价值的客户的了解,企业能实现产品、服务、活动、消息和媒体定制化。

企业一方面需要建立和培养客户忠诚,另一方面需要对客户不忠或流失现象进行分析,为了降低流失率,企业必须:

(1) 确定和测定客户维系率。

(2) 区分导致客户流失的不同原因,并找出可改进之处。如果是因为客户离开了该区域或退出了该行业而导致的流失,企业无能为力;但如果是因为服务不佳、产品质量问题而产生的客户流失,企业必须致力于改善这些不足。

(3)企业需要将从流失的客户中损失的利润(等于客户终身价值)与减少客户流失所付出的成本进行比较。只要减少客户流失所付出的成本小于所损失的利润,企业就应该尽量挽留客户。

战术5-6

以竞争对手没有或者难以模仿的竞争能力为基础,为客户提供价值

日本的汽车制造商拥有比美国或欧洲的汽车制造商更快地将新车型推向市场的能力,这就使它们能够满足客户对汽车款式的偏好的变化。CNN拥有比其他新闻网更快、更完整地报道爆炸性新闻的能力。微软公司拥有比竞争对手更强大的设计、制造、分销、宣传和销售一系列个人电脑应用软件的能力。

2.9 差异化战略中的价值链分析

如果企业无法在那些客户最为看重的产品性能上提供差异化,那么在一些不那么重要的产品性能上提供差异化的意义并不大。成功差异化的关键是将企业创造差异化的能力与客户认为最有价值的性能相匹配,为此价值链提供了特别有用的框架。

使用价值链识别差异化优势包括四个阶段:

(1)为企业和客户构建价值链。

(2)识别出每一项活动中的独特驱动因素。通过审视企业价值链中的每一项任务,并且识别企业能够借此实现的价值并与竞争对手相比较,可以评估企业使其产品差异化的潜力。

(3)选择对企业来说最有希望的差异化变量。选择的标准包括:首先,可以确定企业比竞争对手有更大的差异化潜力的那些活动;其次,我们也需要确定各项活动之间的联系,因为一些差异化变量可能包括多项活动之间的相互作用;最后,必须考虑不同类型的独特性能够维持的容易程度,差异化越是基于企业特有的资源或包含大量人员复杂协调的技能,竞争对手就越难模仿。

(4)在企业的价值链和客户的价值链之间建立联系。差异化的目标是为企业产生溢价,这就需要企业的差异化为客户创造价值。这是价值链用于差异化战略分析的最重要环节。

复杂的消费者价值链提供了与生产商之间的许多联系，这为创造新的差异化提供了相当大的机会。汽车制造商、消费电子产品制造商和家用设备制造商长久以来的传统是观察目标消费者的选择和使用产品的行为，然后将消费者在选择和使用过程中的信息，用来作为产品设计和市场营销的参照。

2.10 控制差异化的成本

差异化的直接成本包括更高质量的投入、得到更多培训的雇员、更多的广告宣传和更好的售后服务。

企业为了实现差异化而付出的种种努力通常会导致成本上升。能够创造盈利的诀窍是把获取差异化的成本控制在差异化属性在市场上所能够索要的价格之下（从而提高单位销售利润率），或者薄利多销以增加总利润。提供一些代价并不高昂却能够增加购买者满意度的差异化特色通常具有重要意义。

将差异化和成本效率协调起来的一个方法是将差异化推迟到企业价值链的后面阶段：在价值链的前端用共用零部件进行模块化设计，允许实现规模经济；在价值链的后端，保持足够多的产品种类。例如，所有主要的汽车制造商都已经削减了平台和发动机类型的数量，在车型范围内提高了零部件的通用性，并向客户提供更多颜色、内饰和配件选择。

2.11 差异化战略最有效的应用场景

（1）可以通过许多途径实现企业的产品/服务的差异化，并且购买者认为这些差异有价值。

（2）购买者对产品/服务需求和使用的多样化。

（3）采用类似差异化的竞争对手很少。如果竞争对手分别通过不同的途径寻求独特性并努力以不同的产品特性为基础吸引购买者，就不太可能存在激烈的竞争。

（4）技术变革和产品创新速度很快，市场竞争主要集中在快速推出新的产品特色。快速的产品创新和新一代产品的推出有助于维持购买者对某种产品的兴趣，从而为企业通过各自不同的途径追求多样化提供了空间。

2.12 差异化战略的陷阱

毫无疑问，并不能保证差异化就一定能创造有意义的竞争优势。如果企业所强调的特色或能力在消费者看来并没有多大的价值，那么这种差异化战略不可能引起市场的积极反应。另外，如果竞争对手能够很快复制所有或绝大部分本企业提供的有吸引力的产品属性，那么企业为差异化所做出的努力也注定收不到效果。快速的模仿意味着一个企业实际上没有获得真正的差异化，因为每次采取新的行动使自己的产品/服务同竞争对手的产品/服务区分开来的时候，竞争对手的快速追踪和模仿都能使产品重新具有相似性。因此,通过差异化建立竞争优势,企业必须找出独特性的源泉——竞争对手如果模仿需要投入大量的时间或者实现起来相当困难的。实施差异化战略可能出现的陷阱和错误有:

(1) 差异化的基础在购买者看来并不能降低他们的成本或者提高他们的收益。

(2) 过度差异化使得产品或服务的价格相对竞争对手太高,或者产品质量和服务水平超出了购买者的需求。

(3) 向购买者索要太高的价格附加(价格的差别越大,就越难避免购买者转向低价格的竞争对手)。

(4) 自己的产品与对手在质量、服务和绩效方面差异不大,导致客户可能没有注意到产品的微小差别,或者认为这些差别不重要。

如果购买者对一些基本的产品感到满意,并且认为那些"额外的"特性并不值得他们支付更高的价钱,那么实施低成本战略的企业就能够打败实施差异化战略的企业。

第三节 混合战略

混合战略又可以称为最优成本供应商战略,它是要在追求低成本优势和差异化优势两者之间,以及追求广大的市场整体和某一细分市场两者之间进行权衡。混合战略是一种复合战略,是对把重点放在低成本上还是放在差异化上的一种平衡。其竞争优势就是以比竞争对手更低的成本使产品具有突出的特色,从而使企业的定价能够在提供具有同样吸引力的产品时比竞争对手的更低。迈克尔·波特曾将混合战略称为"夹在中间"战略,意为取低成本与差异化的折中,并表示"夹在中间"战略可能面临极大的风险:它缺少市场份额、资本投资和"打低成本牌"的决心,也不具备追求低成本地位而需要的全行业范围内的差异化,更没有在比较有限的范围内建立起产品差异化或低成本优势的集中差异化。

但事实上,极端的低成本战略或差异化战略在现实中都很少见。大多数企业的战略都是偏向低成本或者偏向差异化,因而,混合战略是极为有用的。但在战略实践中必须掌握"价格与价值"的平衡,否则就会成为一种"失败的折中"。

在某些市场条件下,混合战略相当具有吸引力。如果购买者的多样性使得产品差异化成为一种常见现象,以及在许多购买者对价格和价值都很敏感的市场条件下,混合战略可能会比单纯的低成本战略和差异化战略更有优势。这是因为,混合战略可以将企业定位于中档市场、中档的质量和平均水平以下的价格,或者很好的产品和中档的价格。在大多数情况下,大多数购买者更喜欢购买中档价位的产品而不是低成本生产商的基本产品或者差异化生产商的昂贵产品。但是,除非企业拥有必要的资源、技巧和能力能够以比竞争对手更低的成本使产品具有某些突出的特点,否则这一战略很难奏效。

混合战略也可以与某一细分市场相结合，换言之，对于某一细分市场而言，仍然存在混合战略——并非像通常理解的那样，细分市场只能是与差异化战略相结合的。例如雷克萨斯汽车品牌所针对的一般是高端细分市场，但是它在这一细分市场的战略是推出比宝马等品牌价格稍低但质量相似的产品。基于以上分析，本书将混合战略与细分市场结合的两种情形称为广域的混合战略与集中化的混合战略。集中化的混合战略在"聚焦战略"一节中讨论。

3.1 混合战略的定义和优势

混合战略是指在实现差异化的同时，价格又低于竞争对手的战略。混合战略是日本汽车制造商在20世纪80年代和90年代在市场上取得成功的原因。混合战略的成功需要具备理解和交付可以满足客户需求的更高价值的能力，与此同时，还要有较低的成本基础以保证较低的价格和投资，以及维持和开发差异化产品的充足资金，这里不要将混合战略与在采用差异化战略的同时又进行一般意义上的降低成本的做法相混淆，毕竟不论企业采用何种战略，可以想象管理者总试图在尽可能低的成本上运营。

有人可能认为，如果可以实现差异化，组织就不必提供一个较低的价格，因为在这种情况下，如果价格不高于竞争对手，至少也可以相同，但是混合战略在以下几种情况下仍具有优势：

（1）在竞争中获得比对手更大的销量，因为有低成本作为基础仍可以保持具有吸引力的利润率。

（2）如果能够清楚了解建立差异化的核心能力基础，就可以降低其他活动的成本。宜家家居能够在实现高标准、低成本生产的同时，在市场营销、产品种类、物流和店铺运作方面集中力量形成差异化。

（3）将混合战略作为进入一个已经存在竞争对手的市场的战略。混合战略是过去日本企业进行全球新市场开发时采用的战略，它们会在竞争对手的业务组合中寻找一些薄弱环节，如在全球某个地域内开展得不好的业务，然后以更好的产品和更低的价格进入该市场。它们的目标是获取市场份额，转移竞争对手的视线，并为下一步行动奠定基础，但是若采用这种战略必须确保：整体成本低；能够维持较低的利润率；在成功进入市场后有明确的后续战略。

3.2 混合战略所面临的风险

实施混合战略的风险就在于，客户可能被夹在实施低成本战略和差异化战略的两类企业中间。低成本领先者可能会利用有吸引力的更低的价格来吸引客户；特点突出的差异化企业可能会利用更好的产品特性吸引客户。因此，要是战略成功，企业就必须为购买者提供明显具有更优特性的产品，以此证明人们所支付的高于最低成本领先者的价格是有价值的；同样，在提供具有更优特性的产品的同时，企业还必须使其成本明显低于那些领先的差异化供应商,这样企业才能够以明显的低价为基础与那些特点突出的企业展开竞争。

第四节 聚焦战略

聚焦战略与低成本战略和差异化战略的不同之处在于,它将注意力集中于整体市场的一个狭窄部分。这一狭窄部分与市场营销理论中的"细分市场"有很多相似之处,细分市场可以基于很多因素,如地理区域、性别、收入、年龄、职业、教育、社会阶层、心理统计特征意义上的生活方式、行为场合、利益诉求、使用频率、忠诚度等。这一狭窄部分也可以从业务或产品的属性来进行界定,具体表现为业务的分割。

聚焦战略的本质是细分市场战略,它又可以根据产品或服务的低成本或差异化维度,区分为三种类型:低成本的细分市场战略、差异化的细分市场战略和混合的细分市场战略。低成本的细分市场战略可以是"只提供必需价值的战略",也可以是在高端细分市场以略低于竞争者的价格销售的战略。因此,严格来说,低成本聚焦并非只局限在低端市场,但限于篇幅和战略管理传统理论架构,本书仍遵循传统框架,着重阐述低端市场的聚焦战略。

4.1 低成本聚焦战略

低成本聚焦战略指通过低成本或低价格来吸引目标市场的客户,从而保持竞争优势。当一家企业能以较低的成本很好地保持住其客户时,这种战略是很有吸引力的。在保持低成本竞争优势的同时服务好目标市场的方法同最低成本领先者一样——比竞争对手更好地控制成本驱动因素,并且再造企业的价值链就可以保持住该优势。

当一家企业成为该行业的最低成本供应商,而不是与其他几个竞争对手一样成本相对较低时,它就实现了低成本领先。低成本战略的目标是实现比竞争对手更低的成本,而不是可能达到的最低成本。这意味着,如果行业中有几家企业都能达到最低成本,则实施低成本战略的企业并没有竞争优势。

寻求低成本领先时,企业管理者必须认真考虑在那些购买者看来是至关重要的特色和服务——一种产品如果过于简便,没有一点附加特色,会削弱而不是加强其竞争力。以损害企业产品吸引力的方式降低成本,只能使客户感到失望。

企业是否以一种竞争对手难以复制或相比拟的方式获取成本优势,也具有重要意义。成本优势的价值取决于这种优势的持久性。如果竞争对手发现模仿处于领先地位的低成本方法相对来说并不难或者不需要付出太大的代价,那么低成本领先者的成本优势就不会维持很长时间,也就不能在市场上产生有价值的优势。

低成本领先者可以通过两种途径获取利润:第一,利用低成本优势定出比竞争对手低的产品或服务价格,大量吸引对价格敏感的购买者,进而提高总利润;第二,不削价,满足于现在的市场份额,利用低成本优势提高单位利润率,从而提高企业的总利润和总体投资回报率。

4.2 差异化聚焦战略

差异化聚焦战略指通过向目标市场的客户提供适合其口味和偏好的产品而获得竞争优势。差异化聚焦战略的成功实施依赖于客户想要不同的产品特色和销售方式,同时也依赖于企业在相同的市场上区别于竞争对手的能力。

战术5-7

客户分类、业务分割与聚焦

随着行业的成熟,不断增多的客户差异性和日益发展的客户成熟度改变着市场的基本性质。行业发展早期,大部分客户得到的是标准化产品。当这些客户对产品越来越熟悉并将其应用于不同目的时,他们的需求开始朝不同的方向分化。供应商于是对产品进行改造以更好地服务于不同的客户群体。

具体的做法是,供应商辨别出更多不同客户群体的偏好和需求特点,这种细分甚至可以细致到每位客户可以得到一对一的定制服务。这个机会由客户群体日益发展的多样性和技术革新所引发,它们支持目标高度明确的市场营销,重视与客户的沟通与服务。

保险业提供了业务分割的例子。过去,保险业依靠一种以一概全的笼统服务。随着时间的流逝,客户的需求发生了变化,变得越来越专门化,而现有的产品和服务部门只针对"一般"的客户。在对业务进行分割之后,保险公司发现,通过分割保险购买者,根据年龄、性别、收入水平或者其他变量收取不同的保险费,它们可以开发特定的险种并因此从特定的客户群体那里创造和获取更多的价值。

战术5-8

客户分类与利润

盈利客户(Profitable Customer)是指能在一段时间内不断产生收入流的客户,其所带来的收入超过企业用于吸引该客户、同该客户进行交易、服务该客户所需的成本支出。需要指出的是,这里的成本与收益指的都是终身收益和成本,不是单指某一笔交易。

客户盈利性分析就是对客户的盈利潜力进行评估和分类的手段。在很多市场上,并不是所有的客户都是盈利客户,即使是盈利客户,他们对于企业收益的贡献也有大小之分。基于此,企业可以在客户盈利性分析的基础上制定恰当的聚焦于盈利客户的战略。

以银行业为例,30%的客户群体创造了超过100%的利润,另外30%持平,而最后的40%制造了银行业运营利润的亏损。在这种情况下,银行专门针对盈利客户开发了多种产品和服务,而向没有利润的客户收取服务费。

重新定位业务或客户群体能使企业获得很多益处。因此,决策者应该经常提出这样的问题:什么样的客户最重要?什么样的客户最有价值?什么样的客户最不值得维持?什么样的客户可以带来各种新的商机?

4.3 聚焦战略的应用场景

当存在下述条件时,不管是以低成本为基础的聚焦还是以差异化为基础的聚焦都会变得有吸引力:

(1) 目标利基市场足够大,可以盈利并有相当的发展潜力。

(2) 行业领先者认为进入这一利基市场对于它们取得竞争成功并不重要,这就避免了来自大企业的竞争。

(3) 对那些定位于多细分市场的竞争企业来说,在满足它们的主要客户的期望的同时很难满足目标利基市场的专业化或特殊需求,或者如果要满足这个市场需求,代价非常高昂。

(4) 行业中存在许多不同的细分市场,这样实施聚焦战略的企业就可以选择与自己所拥有的资源和能力相适应的、具有竞争力的利基市场。

(5) 只有极少数企业试图致力于相同的目标市场,这就降低了细分市场过于拥挤的风险。

(6) 采取聚焦战略的企业凭借其建立起来的客户商誉和服务于利基市场的能力及资源,能够与挑战者有效地展开竞争。

如果一个行业中存在许多不同的小市场或细分市场,各个市场上的竞争力量各不相同,这种条件对于实施聚焦战略的企业很重要——企业可以选择一个既有竞争力同时又与自己所具有的资源和能力相适应的利基市场。实施聚焦战略的企业所具有的为目标细分市场提供服务的专业化能力和潜力,使得它拥有了成功与竞争对手展开竞争的最强大、最可靠的基础。

当出现下述情况时,目标细分市场上的竞争较弱:参与这一市场竞争的竞争对手不多,并且那些定位于多细分市场的竞争对手很难在满足其真正想取悦的其他类型客户的需求的同时,真正满足本企业聚焦战略所针对的目标客户群体的要求。实施聚焦战略的企业所具有的为特定细分市场服务的独特能力还具有竞争壁垒的作用——拥有相关能力的难度可能会使潜在的新进入者不再想努力进入这一领域。即使某些利基市场上的购买者有着强大的讨价还价的优势,这种优势也会因为他们不愿意转向那些并不能满足自己期望的企业,而在某种程度上被削弱。

战术5-9

从0到1

从0到1战略是彼得·蒂尔(Peter Thiel)针对创业企业提出的著名战略方针。蒂尔直言不讳地指出:任何一个企业都希望垄断,但一个初创企业不可能在广大的市场中占据垄断地位。因此,每一个创业企业都应该在非常小的市场内起步——宁可过小也不可过大。理由很简单:在一个小市场里占主导地位比在大市场里要容易得多,如果你认为自己起步的市场可能太大,那就一定是太大了。

当然,从一个小市场起步并不意味着去找一个不存在的市场:一个初创企业的完美市场是特定的一小群人,而且几乎没有其他竞争者与之竞争。任何企图进入大市场的选择都是错误的,尤其已经有其他竞争者存在的大市场更糟糕。

蒂尔指出,一旦你成功创造了或是主导了一个利基市场,就可以逐步打入稍微大些的市场——这就是从0到1的含义。

4.4 聚焦战略的风险

(1)竞争对手可能会寻找与实行聚焦战略的企业相匹敌的有效途径来服务于目标小市场——可能是通过提供某些更具吸引力的产品,也可能是逐渐形成可以与聚焦战略优势相抗衡的专业知识和能力。

(2)小市场上购买者的偏好和需求可能会转向主流购买者所喜好的特性。购买者细分市场之间差异的减弱会降低目标小市场的进入壁垒,这会为相近领域的竞争对手争取实行聚焦战略的企业的客户打开一扇方便之门。

(3)实行聚焦战略的企业所聚焦的细分市场非常有吸引力,以至于各个竞争对手蜂拥而入而导致竞争激化、细分市场上的利润进一步被瓜分。

4.5 小结:战略钟

本章前几节的内容可以用一个"战略钟"来进行描述,如图5-1所示:

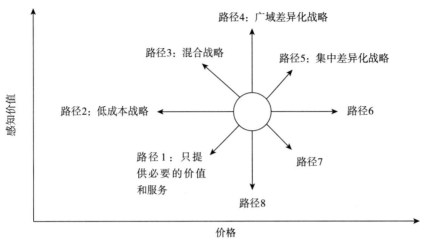

图 5-1　战略钟

其中,路径 1 只提供必要的价值和服务,是指将低价格、低感知增值度和对价格比较敏感的细分市场结合在一起的战略。该战略之所以可行,是因为可能确实存在这样一个细分市场——客户意识到该细分市场中的产品或服务的质量较低,但他们无力购买质量更好的产品或服务。

路径 2 是低成本战略。低成本战略是设法维持自己的产品或服务的价值与竞争对手大致相似的同时,以低于竞争对手的价格出售产品或服务。

路径 3 是指在实现差异化的同时,价格低于竞争对手。

路径 4 是广域差异化战略,是指提供独特的或与竞争对手向客户提供的价值不同的产品或服务的战略。

路径 5 是集中差异化战略,是指向某一选定的细分市场提供较高的感知价值,并收取较高价格的战略。

以上路径 2、路径 3、路径 4、路径 5 均涉及不同程度的差异化。战略钟上另外 3 个箭头方向均为失败路径:路径 6 是在不增加客户价值的情况下提高价格;路径 7 是在提高价格的同时降低产品和服务的价值;路径 8 是在保持价格不变的情况下降低价值。

第五节　可持续的竞争优势

如果要认真考虑竞争优势问题,就有必要思考竞争优势的可持续性问题,是否有可能通过某种方式长时间地保持竞争优势。有人认为可能,有人认为不可能,本节讨论的是支持可持续的论述。在第七节讨论的是另一种观点,即在这个日益复杂和不确定的世界里,组织必须不断地进行调整,因此不太可能实现可持续的竞争优势。

5.1　维持低价优势

对于一个试图依靠拥有最低的成本基础来维持低于竞争对手价格的组织来说,最雄心勃勃的目标就是让竞争对手无法模仿自己的成本领先者优势，准备打一场持久的价格战并取得最终胜利。但是成为成本领先者是非常困难的，有人认为成本领先可以通过拥有充足的相对市场份额来实现，原因是相对较大的市场份额，可能因为规模经济和市场能力，而使组织获取成本优势。此外，经验曲线效应也很重要，一个以最快速度沿着经验曲线移动、并取得高于竞争对手很多市场份额的企业，在市场走向成熟时应该可以在相当低的单位成本基础上运营，并有能力保持这种优势。尽管有证据表明类似的企业的确有较低的成本基础，但是充足的相对市场份额优势究竟意味着什么，对此最可能的情况是：市场份额不是要相对充足，而是要特别充足。如果一家企业拥有60%的市场份额，离它最近的竞争对手只有15%的市场份额，那么这家企业也许能够将最低成本作为依靠，但是如果一家企业拥有20%的市场份额，离它最近的竞争对手的市场份额为15%左右，那么这家企业就不可以依靠最低成本。事实上，没有几个市场内存在着这种占有市场份额主导地位的企业，即使有这样的企业，也没有几家采用的是低价战略。因为既然它们主导市场又何必采用低价呢，相反这些企业会基于自己较低的成本，将利润再投资在差异化方面。

事实上，迈克尔·波特对成本领先的定义是：行业内的低成本厂商必须寻找并利用一切可以创造成本优势的根源。因此，这里关注的重点是通过组织特有的能力，降低价值链的成本并获得成本优势。成本优势可以通过以下几种方式获得：原材料的价格低于竞争对手；更高的生产效率；所在区域的劳动力成本较低；分销成本具有优势。从某供应商处购买大量指定材料的企业，有可能获得更好的价格，具有较大的谈判影响力，确保对客户按时交货，并增加对买方的了解和合作经验，从而进一步提高内部效率等。

实际上，企业是在试图以比竞争对手更快的速度沿着经验曲线移动，从而在其所处的特定领域内实现最低成本，当然如果要采用这种方法就需要选择那些真正能够产生成本优势，并能为价格竞争带来益处的领域。如果选择降低那些对价格只能产生非常有限影响的领域的成本，这一举措将变得毫无意义。同样，瞄准那些竞争对手易于模仿的领域也不合适，但是识别出竞争对手的薄弱环节是有可能的，如竞争对手具有较小的市场份额、较高的成本（如销售成本和分销成本）的领域，或竞争对手内部固有成本较高的领域。这样企业就有可能集中精力降低其在这些竞争对手实力薄弱的领域的成本，并进一步获得竞争优势。所有这些都基于一种理念，即把在降低成本领域的创新视为企业生存的根本。

但是这也面临风险。这种一心一意通过各种不同方式降低成本的做法可能导致客户认为企业提供的产品或服务的增加值较低，并使企业错误地从战略钟上的路径2转向路径1，实际上波特观察到低成本厂商通常销售标准化的或者只提供必要价值的产品，这种企业如果将价格维持在业内平均水平附近，业绩就可以高于业内平均水平。因此这种企业实际上采用的可能是位于路径1和路径2之间的某种战略。

通过仔细检查价值链上各组成部分的能力和竞争力，获得具有竞争优势的低成本是有可能的。假设有可能识别低价基础上有效竞争所需的能力和竞争力，低价竞争所需的能力和竞争力在复杂程度上可能低于差异化竞争所需的能力和竞争力，但是前者可以被很大程度地标准化和常规化，以至于企业运营的成本能够大幅度降低。还可以通过外包大幅度降低活动成本，这样企业就可以把重点放在管理那些自己控制得最好的活动上，将成本降至最低，并将其他业务交给低成本的外包商。

但是这样做也存在风险。一来竞争对手可能会采取同样的措施，如此企业将不会赢得竞争优势，二来更麻烦的是企业可能将其没有识别出来的、实际上具有增值作用的活动外包，而这些活动恰恰是制定差异化战略的基础。

5.2 维持以差异化为基础的竞争优势

管理者通常认为差异化是企业战略的核心，但他们又常常把它简单地理解为"有所不同"。只做到有所不同还不够，如果目标是可持续差异化，那么追求容易被别人模仿的不同就变得毫无意义。

因此，重要的不是某一个具体的优势或差异，而是贯穿价值链不同环节的相互关联的活动、关系和能力的组合，也就是企业的核心能力：企业的核心能力始终是可持续性的基础。

排除企业可能拥有一些稀缺的资源和能力的情况，即某些资源和能力是其他企业无法得到的。维持差异化的条件包括以下方面：

（1）复杂性。成功的战略所依靠的能力过于复杂，竞争对手无法理解。

（2）因果模糊性。与复杂性结合在一起，使竞争对手难以理解原因和结果；即使潜在的模仿者能够辨别出一个成功战略的相关能力，也很难看出为什么这些能力能促使战略成功。

（3）当能力蕴藏在企业文化中时，就更难以模仿。

不完全流动性是获得可持续性的另一个理由。不完全流动性关注企业的能力和竞争力是否可以买卖，如果可以买卖差异化就不会持续。制药企业会因为拥有顶尖的研究人员、足球俱乐部会因为拥有明星球员而获得巨大收益，但这些宝贵的资产会被竞争对手挖走，即它们具有可交易性，但是有些资源就非常难以交易，甚至是完全不可能流动的，如以下几种情况：

（1）无形资产，如品牌形象和声誉，竞争对手就很难得到，即使竞争对手收购了拥有无形资产的企业并使用了其品牌，品牌的声誉也不会立即随着所有权的转移而转移。

（2）转换成本，即购买方改变产品或服务供应来源时的实际成本或感知成本较高。购买方或许依赖某个供应商提供特定的部件、服务和技能，或者转换带来的收益不值得去承担相应的成本和风险。

（3）协同专业化也有助于获得不完全流动性。例如，一家企业的资源或能力与购买方的企业紧密地联系在一起，还有可能是企业价值链的某些环节全部由另一家企业承担。

模仿困难性和不完全流动性结合在一起大有裨益,尤其是最有效的结合,还有可能产生锁定现象。在锁定的情况下,企业在行业中已经获得了一定的专有地位并发展成为行业标准。例如,IBM 公司的兼容架构是行业标准;微软公司在程序设计语言和个人电脑操作系统方面建立了行业标准;英特尔公司的奔腾处理器也是行业标准。在高等教育领域,牛津大学和剑桥大学则占据了这样的主导地位。

这些企业虽然建立了行业标准,但并不一定提供的是最好的产品。例如,从技术上讲许多人认为苹果公司操作系统比微软公司的更好,但是这并没有阻止微软公司通过获得锁定地位而树立行业标准。

获得锁定地位就意味着其他企业的未来发展和成功不得不与标准保持一致或接轨,整个行业结构也会围绕发挥主导作用的企业而建立。例如,其他企业的应用软件要围绕微软的操作系统来编写,这使其他的标准和技术很难进入市场。

一旦获得锁定地位,这种地位会不断自我加强和扩展,先是一家或多家企业支持该标准,随后会有更多的企业加入,然后其他企业不得不遵从,以此类推。

5.3 差异化与战略趋同

如果从表面上来理解上述内容,那么制定一个真正与众不同的差异化战略就显得极其重要,而且最成功的企业应该是那些与其他企业有着显著不同战略的企业,但事实表明这种观点是有争议的。

在描述竞争对手时,通常不是提及战略的差异,而是提及战略的相似性。会计师事务所提供相似的服务,试图通过类似的方式来改善服务,并与特定的方式与客户建立关系;在远程航线上互相竞争的航空公司或汽车制造商之间也倾向于采用类似的战略,在一家企业引进新的产品或服务后,其他企业就会模仿。实际上,战略集团的全部思想正是建立在具有直接竞争关系的企业的相似战略的基础上。事实表明成功的战略容易被模仿,特别是被那些面临不确定性和模糊性的企业模仿。

这主要有两个原因:第一个原因很简单,当一个企业取得成功时,其他企业看到了走向成功的捷径,或者说它们至少看到了希望。第二个原因不太明显,与前面讨论过的组织场和合法性概念有关。企业可能面临要遵守组织场常规做法的压力,即被组织场成员视为"合法"的压力,而组织场成员可能包括强大的利益相关者如政府、专业团体、客户等。

此外,有证据表明,这种模仿和保持一致的做法,至少在两个方面可以改善企业业绩:

(1)从长期的角度看,与组织场的战略常规保持一致的企业有更多的生存机会。选择差异化战略的企业,有些可能会超过其他企业,但另一些却有可能会走向灭亡,所以模仿和保持一致可能是一种安全的选择。

(2)其他企业(如供应商、金融机构等)也会认为与组织场具有一致性的企业比较安全。

有些人认为,达到战略平衡(即在与其他企业的差异性和相似性之间取得平衡)可能是一种有效的方法,也有证据表明与那些选择更极端的差异化战略或模仿战略的企业相比,战略平衡能为企业带来更高的回报。

第六节 动态竞争

6.1 竞争性行为的驱动力

如本书上一章所述,市场共性和资源相似性影响竞争意识、动机和能力。反过来,意识、动机和能力这些驱动因素又会影响企业实际的竞争性行为。通过企业在参与竞争性对抗时所采取的竞争性行动和反应,我们可以看出这一点。

意识是企业采取任何竞争性行动和反应的先决条件,它主要指企业对市场共性和资源相似性导致的竞争性行动的认识程度。意识还影响企业对竞争性行动和反应结果的重要性的理解程度。缺乏必要的意识可能导致缺乏竞争或过度竞争两种极端的情况。日本顶级的建筑机械制造商小松集团与美国的卡特彼勒公司拥有相似的资源,当它们在全球各个市场展开竞争时都能够知晓对方的行动,它们都具有相当好的对抗意识。

动机主要涉及企业对竞争对手的攻击采取行动或做出反应的意向,它与企业感知到的收益与损失息息相关。也就是说,虽然企业能够清楚地意识到竞争对手的存在,但是如果企业感觉自己的地位不会因对抗而得到改善,或者认为即使不采取行动自己的市场地位也不会动摇,那么企业就不会产生参与竞争性对抗的动机。对于缺乏竞争动机的企业而言,选择在某一时点不参与同某个竞争对手的竞争性对抗能够带来一种好处,即该企业能够保留资源以用于其他目的,包括与其他竞争对手竞争。

市场共性会影响企业前景及其动机。例如,一般来讲,企业更有可能向在多元市场中进行竞争的具有低市场共性的对手发起攻击。主要原因在于:与那些同企业共享多个市场的竞争对手进行对抗以获得更有利的位置,能为企业带来巨大的利益。由于在市场共性条件下的竞争会带来巨大的利益,因此受攻击的企业也更有可能予以反击以保护它在一个或多个市场中的地位。当然,事情的另一面是,双方僵持不下的行动和反应可能会导致竞争双方无法聚焦于核心市场,还会将本该应用于其他目的的资源用来进行竞争。

在有些案例中,企业可能意识到它与竞争对手共享的市场,并且有对竞争对手的攻击做出反应的动机,但是缺乏这样做的能力。能力与每家企业的资源以及资源供给的灵活性有关,如果没有可利用的资源(如金融资本和人力资源),企业就没有能力攻击竞争对手或对竞争对手的攻击进行反击。例如,一般而言,越年轻的企业其创新能力越强,但它们没有足够的资源向现有的大企业发起攻击。同样,与本土企业相比,外国企业经常处于不利地位,因为本土企业在供应商、客户及政府机构方面拥有更多的社会资本。

相似的资源意味着企业与竞争对手具有相似的进攻与反击能力,因此,当企业面对相似资源的竞争对手时,在发起进攻之前进行仔细的研究是非常必要的,因为这样的竞争对手更有可能采取反击行动。资源不相似也会影响企业间的竞争性行动和反应,采取行动的企业与竞争对手之间的资源的差异性越显著,资源处于劣势的竞争对手的反应行动就会越迟缓。例如,沃尔玛最初只在小城镇采用成本领先聚焦战略进行竞争,通过利用成熟的物流系统和高效的采购优势,沃尔玛获得了竞争优势,并且为小型零售市场的客户创造了一种新价值,主要是指提供大量可选择的具有竞争力的低价商品。当地的竞争对手没有快速高效地调动资源对沃尔玛进行反击,最后导致失败。因此,在面对拥有更多资源的竞争对手或者更具吸引力的市场地位时,不管任务看起来有多难,企业都应坚决进行反击,否则就会像那些当初没有对沃尔玛的竞争性行动予以反击的当地零售商一样,最后落得失败的境地。

6.2 竞争性对抗

企业与竞争对手之间的一系列进攻和反击行动都将影响双方的绩效,因此对于企业来说,仔细分析和研究当前企业竞争所在市场的对抗态势相当重要。如前所述,对竞争对手的意识、动机和能力所做的预测是以市场共性和资源相似性为基础的,这些预测带有普遍性。

企业在竞争性对抗的过程中会利用战略性和战术性措施来形成竞争性行动和反应。竞争性行动是企业为建立和巩固竞争优势或改善市场地位而采取的战略性和战术性行动。竞争性反应是指企业为抵消竞争对手的竞争性行动带来的影响而采取的战略性和战术性行动。战略性行动或战略性反应是指以市场为基础、涉及企业资源的重大承诺、难以执行和改变的行动。战术性行动或战术性反应是指以市场为基础的用来调整战略的行动,它涉及较少的资源并且执行和改变起来都比较容易。在参与竞争性对抗时,企业必须清楚地认识到战略性行动和战术性行动之间的区别,并在这两种竞争性行动之间实现平衡。

几年前诺基亚公司实施了一项重要的战略性行动,在智能手机业务上与微软公司合作,打造了一个具有全球影响力、具备全球规模的、无与伦比的生态系统。某种程度上,这也是一种针对苹果公司的战略性反应。2013年微软公司收购了诺基亚公司的手机业务,作为微软公司移动终端战略至关重要的一部分,这也是微软公司的一次战略性行动。沃尔玛具有侵略性的价格是一种以同时牺牲自己和竞争对手的利润率为代价,来提高企业利润和市场份额的竞争手段,就这一点而言,沃尔玛持续不断地采用一连串战术性行动来攻击竞争对手,通过不断改变产品价格以及对竞争者采取的价格变动不断做出变化及战术性反应。

6.3 攻击的可能性

除了市场共性、资源相似性以及意识、动机和能力驱动因素,先动者的优势也会影响企业采用战略性和战术性行动来攻击竞争对手的可能性。

6.3.1 先动者

先动者是指率先采取竞争性行动来建立和巩固竞争优势，或者提高市场地位的企业。一般来讲，先动者非常重视研发，将其视为一种开发客户认为有价值的创新产品和服务的途径。

成功的先动者可以获得巨大的收益，尤其是在快周期市场中，由于市场变化迅速，任何企业都无法长时间保持竞争优势，但是先动者可以比次动者多获得几倍的价值和收入。这表明，尽管先动者获得的收益并不是绝对的，但对于技术快速发展和短产品生命周期行业中的企业获取成功却是至关重要的。除了获取超额利润，在竞争对手对成功的竞争性行动做出反应之前，市场中的先动者还可以获得：①客户的忠诚，客户往往忠诚于首先为他们提供满足其需求的产品或服务的企业；②市场份额，竞争对手在未来的竞争性对抗中很难获得更多的市场份额。

大量的证据显示，先动者比后进入市场者的生存概率更大，这也许是先动者可以获得的最大优势。企业试图预测其竞争对手的竞争性行动时可能会得出结论，竞争对手可能会采取侵略性的战略性行动来获取先动者的优势。尽管企业的竞争对手或许确实期望成为先动者，但有时它们没有能力做到这一点。先动者通常更具有侵略性，愿意进行创新并承担较高但合理的风险，先动者的长期成功依赖于这些能力的维持。

要想成为先动者，企业必须拥有足够的资源对研发部门进行大量的投资，并且能够快速、成功地生产和销售一系列创新产品。组织资源的冗余可以使企业具备成为先动者的能力，冗余资源是组织实际使用的资源和可获得资源的缓冲器。作为可流动的资源，冗余资源可以迅速用来支持竞争性行动如研发和侵略性营销活动，这些行动可以帮助企业获得先动者优势。通过对其他企业冗余资源的判断，企业可以预测出行业中哪些企业可能成为先动者，以及它们是否会采取侵略性的竞争性行动来持续不断地推出创新产品。企业还可以进一步预测出先动者是否会迅速占领市场，并赢得客户的忠诚，从而获得超额利润，直到其竞争对手能够对先期行动做出有效的反应。

在评估竞争对手时，企业应该意识到成为先动者需要承担的风险。例如，我们很难准确地估计创新产品投放到市场上可以获得的收益。另外，由于先动者开发新产品的成本相当高，用于支持进一步创新的冗余资源会减少，因此企业必须仔细研究成为先动者的后果。企业想要获得持续的成功就要不断地进行产品创新，但是如果创新产品得不到客户的认可，那么在未来一段时间内这些企业是不太愿意承担成为先动者的风险的。

6.3.2 次动者

次动者是指通过模仿而对先动者的竞争行为做出反应的企业。次动者通常比先动者更加谨慎，它们会仔细研究客户对创新产品的反应，在这一过程中，次动者还会努力寻找先动者的所有微小失误，从而使自己避免发生同样的错误和产生同样的问题。也就是说,次动者对先动者创新的成功模仿可以使它避免犯错,以免承担成为先动者的巨额费用。

次动者有时间来开发一些比先动者更高效的,或者能为客户创造更多价值的新流程与新技术。成功的次动者,很少立即采取行动,当然也不会迟迟不采取任何行动,这样做既可以全面分析先动者的行动又不给先动者太多的时间来改正错误或者"锁定"客户的忠诚。总之,先动者竞争性行动的结果为次动者及后动者决定竞争性反应的性质和时机提供了有效的蓝图。

成功的次动者会仔细研究先动者的市场进入方式,并在短时间内做出反应,选择一种新的进入方式。次动者应该为客户提供更大价值的产品,成功的次动者能够迅速、有意义地解读市场反馈,并且对先动者的创新做出及时而成功的反应。

6.3.3 后动者

后动者是指在先动者采取行动以及次动者做出反应后的相当长时间后才做出反应的企业。一般来讲,有反应总比没有反应好,但是后动者获得成功的可能性要比先动者和次动者小得多。然而,如果后动者能以更加独特的方式进入市场展开竞争还是有可能获得成功的。对于来自新兴经济体的企业来说,这意味着它们要采取生产成本更低的战略,这也意味着它们需要学习市场中的竞争对手以便迅速赶上它们。后动者只有花费相当长的一段时间,来理解如何才能创造出至少与先动者和次动者的产品相同的客户价值后,才能获得平均利润。

6.4 反击的可能性

企业的竞争性行动能否获得成功,取决于竞争对手是否做出反应以及反应的类型(战略性或战术性)和有效性。如前所述,竞争性反应是企业采取的战略性和战术性行动,目的是抵消竞争对手的竞争性行动的影响。一般来讲,在以下几种情况下企业更有可能对竞争对手的行动做出反应:

（1）竞争对手采取的行动能使其更好地利用自身能力来获得更强的竞争优势或者提高市场地位；

（2）竞争对手采取的行动损害了企业利用其核心竞争力创造和保持竞争优势的能力；

（3）企业的市场地位岌岌可危。

除了市场共性、资源相似性、意识、动机和能力等因素,企业还需要对另外三方面的因素进行评估,即竞争性行动的类型、行动者的声誉和市场依存度,以预测竞争对手会对竞争性行动做出何种反应。

6.4.1 竞争性行动的类型

对战略性行动的反应和对战术性行动的反应两者之间有一定的区别,这些区别有助于企业预测竞争对手会对竞争性行动做出何种反应。战略性行动一般会遭遇战略性反应,战术性行动则通常会招致战术性反应。总体来说,战略性行动遭遇的竞争性反应相对少一些,因为战略性反应需要投入大量资源,而且难以实施和改变。

另一个原因是,实施战略性行动以及对行动效果进行评估所花费的时间也推迟了竞争对手对行动的反应,相反,竞争对手对战术性行动的反应则比较迅速,比如一家航空公司可以很快地对竞争对手在特定市场上降价的战术性行动做出反应。当战略性行动和战术性行动针对的是竞争对手的大量客户时,这两种行动都会引来强烈的反应。事实上,如果竞争对手的战略性行动,对目标企业的影响比较大(如市场份额损失、关键员工等主要资源受到损失),反应就会比较迅速和强烈。

6.4.2 行动者的声誉

在竞争性对抗中,采取行动和做出反应的企业称为行动者,声誉则是"竞争对手以过去的竞争性行为为基础,对另一个竞争对手做出正面或负面的评价"。好的声誉是企业获得超额利润的源泉,尤其是对于消费品制造商而言,因此好的声誉具有战略价值,并且会对竞争性对抗产生影响。为了预测竞争对手对当前的计划或行动的反应,企业需要研究竞争对手以前受到攻击时的反应,也就是说过去的行为往往预示今后的行为表现。

竞争对手往往更有可能对市场领导者的战略性和战术性反应做出反应,尤其是有证据显示,成功的行为特别是战略性行为很快就会被模仿。例如,尽管IBM公司是信息服务市场的次动者,为了建立在服务相关软件领域的能力,IBM公司投入了大量资源。惠普、戴尔及其他竞争者也做出了战略性反应,纷纷进入该市场。

与IBM公司这种拥有较高声誉的企业不同,如果某企业的声誉是该企业采取的竞争性行为比较冒险、复杂且难以预测,那么竞争对手不太可能对这类企业的行动做出反应。例如,有些企业是有名的价格掠夺者,当这类企业采取降价的战术性行动时,竞争对手很少对这种行动做出反应,因为这类企业一旦获得了想要的市场份额就会立即涨价,对竞争对手而言,这样的企业缺乏信誉。

6.4.3 市场依存度

市场依存度是指企业从特定市场获取收入和利润的程度。一般来说,市场依存度比较高的企业,更有可能对危及市场地位的行动进行强烈的反击。有趣的是,即便在一些关键的市场上,对危及企业市场地位的行动进行有效的反击非常重要时,这些受到威胁的企业也不是立即就采取反击行动。

以营业额计算,沃尔玛是世界上最大的企业之一。为了努力在电子商务领域获得成功,沃尔玛于2000年建立了沃尔玛网站,如今沃尔玛网站上有超过一百万种商品,并且会在网站上定期增加一些商品。而在电子商务领域,沃尔玛不得不直面与全球最大的在线商城亚马逊的竞争。尽管电子商务市场至关重要,但目前来看沃尔玛几乎不依赖于该领域的成功,当然沃尔玛也一直在采取行动,如力图更好地整合实体店及物流科技,也一直想方设法地以快速有效的方式为在线购物者配送商品,以期更好地与亚马逊竞争。

与沃尔玛相反,亚马逊当前绝大部分的销售额来自电子商务市场,这意味着亚马逊对电子商务市场存在很高的市场依存度。2014年亚马逊的收入约为890亿美元,尽管沃尔玛的电子商务销售收入与亚马逊相比,可谓小巫见大巫,但2014年沃尔玛略高于4 760亿美元的总销售收入远远高于亚马逊。考虑到亚马逊在电子商务领域的主导地位及对该市场的依存度,几乎可以肯定亚马逊会继续对沃尔玛网站的竞争性行为和反应做出回应。

第七节 市场变动周期与竞争战略

在同一类型市场中企业采取的竞争者行动及其原因具有一定的相似性,但在不同类型市场之间则是有区别的,在慢周期市场、快周期市场和标准周期市场中的竞争动态各不相同。尽管没有竞争优势可以长久不变,但各企业仍然会绞尽脑汁地试图长时间保持竞争优势。然而,企业竞争优势的持久性在不同类型的市场中有所不同,企业保持竞争优势的程度主要受竞争者模仿速度和模仿成本的影响。

7.1 慢周期市场

慢周期市场(Slow-cycle Markets)是指在这类市场上,企业的竞争优势难以被模仿,因为模仿需要较长的时间和高昂的成本。因此,在慢周期市场中竞争优势维持的时间更长一些。

在慢周期市场中,培育一种独特的专业能力可以帮助企业获得竞争优势并取得成功,而且这种优势很难被竞争对手理解。这种难以理解的、模仿成本高的能力经常来源于独特的历史条件、因果的模糊性和社会的复杂性。版权和专利都是这类能力的一些实例。在慢周期市场中,一旦在使用其能力的基础上获得了专有的竞争优势,企业的竞争性行动和反应将以保护、维持和扩大该优势为主。该市场上的主要战略性行动的风险也小于快周期市场。显然,那些获得竞争优势的企业会比那些仅仅在行业中生存的企业实现更多的成长和更高的利润,尤其是在成熟和衰退行业中。

迪士尼公司不断扩大卡通形象(如米奇、米妮等)的专有特征,这些卡通形象都有独特的历史发展过程。迪士尼公司的主题公园和各种迪士尼专卖店销售的是以卡通人物为主题的各种产品,由于卡通人物商标受到专利权的保护,因此迪士尼公司的独特优势很难被竞争对手模仿。在慢周期市场上面对竞争对手,迪士尼公司的竞争性行为和反应主要用来保护、维持和扩大它的独特竞争优势。

各国的医药市场一般都是慢周期市场,政府通过专利等强硬措施来保护新产品,从而巩固医药研发企业的市场地位。该市场的竞争者试图通过延长药物的专利保护期限来维持竞争优势,然而专利保护期一过,一般性的复制将得到允许,企业也不再免于竞争,销售收入和利润一般都会下降。

7.2 快周期市场

快周期市场(Fast-cycle Markets)是指在这类市场上,企业获得竞争优势的能力不能免于被模仿,并且模仿是迅速的,相应付出的成本也不高。因此,在这类市场上,企业很难维持竞争优势。在快周期市场中,竞争企业都清楚地意识到速度的重要性,因为这些企业信奉的是"时间像金钱和员工一样,是一种宝贵的商业资源,犹豫或推迟而付出的代价与超出预算或缺少财务预算一样高昂"。这种高速变化的环境给高层管理者造成巨大的压力,他们必须有效地做出战略决策。持续的大量竞争和基于技术的战略聚焦,使战略决策更加复杂,同时也需要用综合的方法来提高决策的速度,这两个特点在战略决策过程中通常是相互矛盾的。

快周期市场上的逆向工程和技术传播的速度使模仿变得更容易。竞争对手可以利用逆向工程迅速得到模仿或者改进企业产品所需的知识。技术的快速传播使得竞争对手在短时间内就可以掌握企业的技术。快周期市场上竞争者使用的技术既不是专有的,也不像慢周期市场上那样受到专利保护。例如,在公开市场上组装一台计算机需要几百个零部件,其中受到专利保护的零部件只有区区的几个部分。

与慢周期市场和标准周期市场相比,快周期市场更加不稳定。事实上快周期市场中的竞争几乎达到了白热化程度。阿尔迪集团(Aldi)在许多国家的食品零售市场中具有重大影响,尤其是在英国、美国和澳大利亚。Aldi 对低成本的极度重视,使它在这些国家的市场份额中实现了不断增长,这损害了这些国家中许多大型超市连锁店的利益,竞争性对抗日益激烈。食品零售行业传统上是以标准周期市场运作的,并且都在各个小市场中销售产品。随着 Aldi 市场份额的不断壮大,竞争对手被迫在更小的市场中经营,并且为了在价格上更有竞争力,不得不减少利润和削减成本。

7.3 标准周期市场

标准周期市场是指在这类市场上,企业的竞争优势受到适当的保护以防止被模仿,竞争对手进行模仿只需要付出适当的成本。在这类市场上,企业只要能够不断提升能力,以这些能力为基础领先于竞争对手就可以获取部分竞争优势。标准周期市场上的竞争性行动和竞争性反应主要是为了追求更大的市场份额,通过品牌名称赢得客户的忠诚,并且严格控制企业的经营运作,从而不断为客户提供相同的积极体验。

在标准周期市场上的企业往往同时服务于高度竞争市场中的许多客户。由于作为竞争优势基础的能力或核心竞争力不具有特殊性,因此与慢周期市场上的模仿相比,标准周期市场上的模仿更迅速,成本更低;但与快周期市场相比,这种模仿则显得比较慢,成本也较高。因此,标准周期市场的竞争动态介于慢周期市场和快周期市场的动态特征之间。在标准周期市场上,如果企业能够协调与整合产品的设计及生产过程,扩大产品销量,实现规模经济,那么竞争对手的模仿就会变慢,成本也会更高。

由于需要大产量、大市场和发展规模经济,因此标准周期市场上的市场份额之争会异常激烈。这种形式的竞争已经在食品生产商之间的竞争中清晰地显现出来。糖果生产商中的一些主要竞争者,如好时、雀巢、卡夫和玛氏,它们在口味以及制作糖果的原料、广告活动、包装设计和销售渠道上激烈竞争,其目的在于提高各自糖果的市场销售份额。近年来,糖果生产商还不得不应对来自健康专家的指责,由于它们产品中的糖分、饱和脂肪、卡路里等成分对人们的健康可能会产生负面影响。

在标准周期市场上创新,同样可以作为竞争性行动和反应的驱动因素,特别是当竞争比较激烈的时候。该市场上的创新在本质上是渐进式的而非突破式的。如今,在标准周期市场上,许多企业也都把创新作为竞争的主要手段,并以此来获得超额利润。

7.4 市场变动周期与超竞争

如前所述,在慢周期市场上,竞争主要集中在建立和维持难以模仿的竞争优势上。而当前的市场环境越来越向快周期市场发展,在快周期市场中的竞争也被称为超竞争。超竞争需要企业认识到,优势可能只是暂时的。

(1) 企业可能开发出一种产品或服务,并试图通过其特殊性或差异化获得竞争优势,但是这会被模仿且在超竞争环境下模仿的速度会很快。

(2) 企业试图设置壁垒,也许是通过更充分地利用其资源和能力,但在技术进步迅速的情况下,这也很难维持。

(3) 接下来企业可能会延伸其资源和能力进入一个新的市场,但即便这样做成功了,竞争对手也会紧随其后。

(4) 企业可能尝试降低成本,以获得低价和差异化及混合战略竞争的基础,或者集中精力在大本营建立竞争壁垒,但是竞争对手也会降低它们的成本。在一个快速变化的市场环境中以上战略也很难被保护。

(5) 企业可能会寻求建立规模,它可能会剥离一些非核心业务,筹措资金以建立全球触角或者寻求与竞争对手的合并。竞争升级导致的最终结果是市场上可能仅剩下为数不多的几个主要企业,彼此之间没有多少竞争优势,产生的租金也是微乎其微。

事实上,在超竞争环境中竞争更多关注的是如何打破现状,以致没有一家企业能够轻易获得长期优势。随着市场越来越多地呈现出超竞争特征,可持续竞争优势这一想法不断被质疑。这些质疑认为竞争战略不是一家企业长久的定位,应更多地强调变化、速度、灵活性、创新和打乱市场的重要性。

7.4.1 通过持续、快速的创新来获取优势

企业可能试图通过先动获得竞争优势。但是,在超竞争环境下先动优势是很难维持的,从先动到取得竞争优势的时间被缩短。但尽管如此,企业也只能依靠创新作为发展的引擎。由于该市场的产品下跌速度比较快,因此企业必须从创新产品中迅速获得利润。

认清这一现实可以使企业不再"忠诚"于任何一种产品,而是在竞争对手成功模仿之前就实现产品的更新换代。在快周期市场上基于这一点形成的竞争动态与慢周期市场上的竞争动态有很大的不同:与慢周期市场上企业专注于保护、维持和扩大竞争优势不同,快周期市场的企业更加集中于学习如何快速和持续地发展新的优于以往的竞争优势。它们不断寻求快速有效地开发新产品的方法,例如在快周期市场的某些行业中,企业经常会利用战略联盟来获取新技术,然后开发新产品并将其引入市场。最近几年,这种联盟开始不断向海外发展,目的在于在获取新技术的同时,使企业保持较低的成本。然而,一方面要在与国外企业合作中学习联盟其他企业的知识和技能,另一方面要对联盟有所贡献,以便其他合作者也从联盟中获益,在两者之间寻找一个平衡点非常具有挑战性。

苹果公司很大程度上是在快周期市场中竞争。随着苹果公司新智能手表的推出,苹果公司及其竞争对手将一个典型的标准周期市场变成一个快周期市场。一些分析师表明在正式发布日之前,苹果公司至少已经收到一百万个智能手表的订单。对于拥有者来说,苹果手表在市场中除了发挥功能作用,更多的是充当一种时尚宣言。苹果公司的进入引发了显著竞争,如谷歌公司、英特尔公司等相继进入该市场。据报道,苹果手表将会继续保持其技术领先的传统,这一点令竞争对手难以匹敌。

从我们的讨论可以看出,创新在快周期市场的竞争动态中扮演着非常关键的角色。对单家企业来讲,创新则是竞争优势的主要来源。通过创新,企业可以在竞争对手成功地模仿产品之前就对产品进行升级换代,从而继续保持竞争优势。

次动者认识到在自己采取行动之前不让先动者形成主导产品或设计的重要性,它们还掌握了超越先动者为自己赢得优势的方法:不是推出一个模仿产品,而是提高产品性能寻求更大的差异化,以此实现蛙跳式超越或侧翼包抄先动者;或者攻击某一特定的细分市场,削弱先动者的市场影响力;抑或选择只提供必要价值或服务的战略,在进入先动者的主要市场前,先用更低价的产品占领低端细分市场。

7.4.2 设置壁垒寻求优势

企业还可能会通过下列方式设置壁垒,以防止竞争对手进入其领地,或即使竞争对手进来也要阻止它们取得成功。

(1)企业可以试图寻求建立以资源为基础的优势。但是这并不容易,尤其在技术进步迅速或竞争优势依靠技术获得的市场上,依靠现有的或过去的资源优势,持续获得竞争优势收益的想法是不明智的。

(2)另一种建立竞争优势的方法是设立大本营。企业可能试图在某一特定领域如某个地区或细分市场中占有主导优势,这样做的目的是获得该领域内的市场影响力。大本营的主导地位增加了购买者的转换成本,但是这也可以被克服。向大本营进攻的进入者,可以采用低价或将产品送给客户试用,甚至在一段时间内提供免费服务,这当然要求新进入的竞争者具备充足的资源,因此这可能意味着这些新进入者在另一个领域,有自己占主导地位的大本营，或者说明进入成本相对较低。

企业还会通过与分销渠道联合的方式来建立大本营，但是新进入者通过使用不同的分销渠道，也可以避开这一点，它们可以用电子商务代替实体零售店。收购是进入大本营的另一条途径，新进入者可能会收购市场已有的企业，甚至收购在大本营内占据主导地位的企业。

（3）雄厚财力和大量的冗余资源可以使竞争者经得起激烈的竞争大战。雄厚财力的表现形式多种多样，最明显的是财务资产，还有人才资产和全球触角（全球触角为组织提供了这样一个机会：了解全球竞争情况，并根据需要——或是为了保护自身的利益，或是为了应对竞争——配置资源）。但是，小企业已找到了抵制大企业影响力的措施：它们避免与大企业进行直接竞争，而是集中发展有利可图的市场；它们也许还会同其他小企业合作，例如一些营销组织就是将小型零售商联合在一起，而与大零售商抗衡的，但这种合作通常不会公开，这种小企业的联合会对大企业形成威胁。例如大咨询企业发现小咨询企业削弱了它们的市场实力。这些小企业提供更专业和更有针对性的服务，而不是提供像大企业那样的商品化解决方案，以此招揽客户。这并不是说小企业之间相互勾结，而是它们普遍认识到这是应对大企业的一种途径。

当然雄厚财力是与运营规模相联系的。有关增加市场份额的讨论已经广为人知，目前很多企业逐渐意识到，在某些市场上实现全球规模是成为可信赖的竞争者的必要条件，因此它们试图建立运营规模。这就解释了大企业之间的兼并时有发生的原因：为了获得全球规模和市场覆盖程度。

7.4.3 改变游戏规则

通过思考博弈逻辑，竞争者可能会发现它们无法在现有的规则内有效地开展竞争。例如，某个竞争者可能会认为市场的本质是竞争各方在价格上展开竞争，而它们的成本结构决定了它们无法在此基础上有效地竞争；或者竞争的基础是在市场营销或研发领域进行巨额投资，认为自己无法在现有基础上赢得竞争的组织可以采取另外一种方法，即改变游戏规则。例如，如果某个市场上受低成本战略支配，竞争者可以试着将游戏规则调整为：①以更清楚地识别出客户价值为基础的差异化战略；②建立客户忠诚度奖励措施。许多航空公司的"常旅客项目"就是一个很好的例子；③使价格更加透明，从表面上看这似乎不会避免价格竞争，但博弈论的原则指出更大的透明度，可能会鼓励竞争者之间进行更多的合作。

当然博弈论是以适应性原则为基础的，可是竞争者并不总是理性地行事，但不管怎样，博弈论为考虑相互影响的竞争市场逻辑提供了一个有用的思考方法，特别是有助于思考：在什么基础上竞争，以及在什么基础上合作。

综上所述，不管企业拥有的是哪种竞争优势基础（差异化、先动优势、建立大本营或拥有雄厚财力），竞争对手总能够找到应付办法，再加上从事商业的新方式如电子商务的发展，结果必然是竞争日益激烈的超竞争市场的出现。在这种情况下，有一种观点认为管理者需要重新思考战略管理的方法，现在已经不太可能通过计划实现可持续的竞争优势，实际上对于长期可持续性所做的计划会破坏竞争优势，因为它将会减缓反应速度，但是还是有一些令人不舒服，甚至自相矛盾的准则呈现出来：

（1）每项优势都是短暂的，并将被削弱，然而长期优势可以通过一系列短暂的优势来维持。

（2）打破现状是一种战略行为，而不是恶意破坏。不断打破现状的能力本身，可能就是一种核心能力。

（3）维持原有竞争优势对发展新的竞争优势可能是一种干扰，一个拆散自己过去成功基础的意愿可能是至关重要的。为了赢得优势，企业必须准备打破自己原有的竞争优势基础。企业不是要尽力保护竞争优势，而是要通过识别有利可图的市场，或开发和推出新产品或新服务来防止他人模仿，总之跳出传统的竞争基础，另辟蹊径开展竞争是有益的。

（4）预测是危险的。不可预测性和表面上的不合理性可能都是符合逻辑的，如果竞争者摸清了另一竞争对手的行为模式，它们就能预测对手下一步或下几步将采取的行动，并能很快找到模仿或出奇制胜的方法。管理者必须学会至少要让外部世界感觉自己不可预测或不合常理的方法，而在内部却要深思熟虑。

（5）同样要警惕攻击竞争对手的弱项。如果竞争对手习惯了某种同样方式的攻击，它就会了解对它发起攻击的竞争对手的强项及与之竞争的方法。

（6）竞争是必要的，但它却让赢得竞争变得困难。尽管在超竞争环境中进行竞争是绝对必要的，但这样做也加快了超竞争的速度，使赢得竞争变得更加困难，但是竞争者别无选择：管理者必须学会如何将事情做得比竞争对手更快、更好。

（7）与制订并实施一次性宏伟战略计划相比，小规模的、可以导致整体战略发生长期偏移的战略行动也有其优势，它使竞争对手不宜察觉企业的长期方向，并为战略管理带来了灵活性。

（8）发出有关战略意图的误导信号是很有用的，在这里战略制定者可以根据博弈论的启发，发出竞争对手预期的信号，但在现实中却采取完全不同的让对手感到惊讶的做法。

以上讨论还揭示出一个问题：竞争优势的可持续性有可能在多大程度上实现？为说明这个问题，有必要考虑以下两个问题：

（1）企业面临的是什么性质的竞争环境。并不是所有商业环境都是迅速变化和超竞争的，有些市场环境相对比较稳定。在相对稳定的环境中，前面的内容可能更加实用；在相对不稳定的环境中，本节的内容可能更加实用。

（2）此外，很重要的一点是要认识到超竞争战略的核心是关于时机、速度、创新、灵活性和风险承担的重要性。有证据表明,这些要素本身就是可持续的能力。商业环境越是要求这种速度和灵活性,具有创新和灵活性文化的组织就越有机会取胜,而那些等级制度森严、有着自上而下的计划和控制体系的传统组织就不太可能取胜。具有灵活性的组织更有可能将自身责任转向"判断购买者的期望和竞争者的竞争行为";在一个非等级制的网络中就某件事情展开积极的辩论,鼓励各种不同的观点和创意的提出;企业中的中低层管理者也各负其责,给予尝试的自由并容忍失败。

这里需要强调的是,有效竞争战略的形成本身就是企业文化和企业设计的产物,它意味着灵活性、创新和速度,而不是分析、定位和持续性。

要点摘录

◆ 本章的内容是业务单位层次战略选择的基础。业务单位创造的利润在经济学中常被称为"租金"。这种"租金"的产生是由于具备较优资源或能力的企业与那些具备较差资源或能力的企业相比,可以以较低的成本进行生产,或者用消费者可以接受的价格生产更优的产品。企业战略管理学尤其关注如何获得"租金"的方法,并试图使得这种租金长期持续下去。

◆ 获取竞争优势的途径很多,但最基本的方法就是为购买者提供它们认为最有价值的价值——好产品、低价格或支付高价的更好的产品,或代表价格、特色、质量、服务及其他特点的最佳组合的、购买者认为极有吸引力的价值最大化的产品和服务。提供卓越价值——不管具体表现形式如何——几乎都要以与竞争对手不同的方式完成价值链上的各项活动,培养起竞争对手不容易匹敌的能力和资源实力。

◆ 如果一个业务单位希望通过低价战略获得竞争优势,那么它在获得可持续性优势方面面临两个基本选择:第一种是识别并专注于竞争对手认为没有吸引力的细分市场,这一细分市场的主要特征就是:该细分市场的客户无力购买或不愿意购买质量更好的产品。第二种是在主流市场上的竞争,它需要具有一个竞争对手无法比拟的低成本基础,因此主要挑战是如何以一种竞争对手无法匹敌的方式降低成本,从而使低价战略能够提供可持续的优势,事实证明这一点很难实现。

◆ 如果市场份额与利润高度相关,那么这一行业在很大程度上是由市场份额所驱动的。在某些行业中,如果企业不能进入行业规模前三位,则很难取得相应的市场地位,从而也就很难获得预期的投资回报。

◆ 要成功实施低成本战略,企业管理者必须仔细考察每一项引致成本和费用的活动并确定各项活动的成本驱动因素是什么。他们必须利用有关成本驱动因素的知识来管理价值链上的每一项活动;他们必须积极地重组价值链,再造业务流程,取消非关键的工作步骤。许多成功的低成本战略实施企业还不断将自己的活动成果同某项活动的最优秀者进行标杆比较,检验自己在成本控制方面的效果。

◆ 能够实现对购买者有价值的产品差异化的途径很少。当不同品牌之间的差异对购买者没有多大意义的时候,购买者几乎总是对价格差异比较敏感,会购买那些价格最合适的产品。此时低成本战略就很有吸引力。低成本战略实施企业所具有的这种可确定行业最低价格同时又能获得一定盈利的能力,形成了维持自己市场地位有效的保护壁垒。

◆ 低成本战略的第一个陷阱是过度削价导致利润的下降;第二个陷阱是不重视采取措施保护自身的成本优势或者能够让竞争对手达到或超越自己的成本优势;第三个陷阱是太热衷于成本的降低,使一家企业的产品或服务太缺乏特色而吸引不了客户。

◆ 要成功实施差异化战略，企业就必须认真地研究购买者的需求和行为，以了解在购买者看来，什么是重要的、有价值的以及他们愿意支付多高的价格。其中，企业自身所提供的这些属性要与竞争对手所提供的属性有着显著的、易于分辨的差别。购买者对差异化的偏好程度越高，这些客户与企业的联系就越紧密，企业所获得的竞争优势也就越明显。

◆ 在这个快速变化的世界中，竞争优势越来越偏重于服务，而不是产品本身。因此，越来越多的业务流程（如向潜在客户提供信息的过程、订单处理过程、计费和售后服务过程）都可能形成与竞争对手的差异。因此，产品越来越趋于标准化的市场，仍然存在服务差异化的战略。

◆ 只要产品所获得的额外价格超过了为获得差异化而花费的成本，那么产品的差异化就可以提高盈利能力。如果购买者对企业品牌独特性所赋予的价值期望并没有高到不去购买竞争对手的产品这一程度，或者如果一家企业的差异化方式易于为竞争对手所模仿或复制，那么企业的差异化战略就只具有暂时性，企业仍须寻求可持续的差异化战略。

◆ 差异化既可以与细分市场相联系，也可以不发生联系；低价既可以与细分市场相联系，也可以不发生联系。营销管理着重叙述其中相联系的部分，而战略管理则两者均涉及。

◆ 每一家企业都有机会向客户提供差异化的产品或服务，当然差异化机会的范围依赖于产品的特性。一种产品或服务差异化的潜力，在某种程度上是由产品或服务的物理性质决定。但原则上，任何产品都存在差异化的可能性。对于一些简单产品来说，如洗发液、卫生纸和瓶装水，任何超级市场货架上的品牌激增都证明企业的精明和客户偏好的复杂。

◆ 最具吸引力的差异化方式是那些竞争对手模仿起来难度很大或代价高昂的方式。这就是为什么持久的差异化通常同独特的核心能力、独特的竞争力以及对价值链活动的杰出管理紧密相连。一般来说，如果差异化的基础是新产品迭代、技术革新、产品质量和可靠性，以及全面的客户服务和独特的竞争力，那么差异化所带来的竞争优势就能够持续更长的时间，并带来更多的盈利。

◆ 毫无疑问，并不能保证差异化就一定能创造有意义的竞争优势。如果企业所强调的特色或能力在消费者看来并没有多大的价值，那么这种差异化战略不可能引起市场的积极反应。另外，如果竞争对手能够很快复制所有或绝大部分本企业提供的有吸引力的产品属性，那么企业为差异化所做出的努力也注定收不到效果。快速的模仿意味着一个企业实际上没有获得真正的差异化，因为每次采取新的行动使自己的产品/服务同竞争对手的产品/服务区分开来的时候，竞争对手的快速追踪和模仿都能使产品重新具有相似性。因此，通过差异化建立竞争优势，企业必须找出独特性的源泉——竞争对手如果模仿需要投入大量的时间或者实现起来相当困难。

◆ 事实上，极端的低成本战略或差异化战略在现实中都很少见。大多数企业的战略都是偏向低成本或者偏向差异化，因而，混合战略是极为有用的。但在战略实践中必须掌握"价格与价值"的平衡，否则就会成为一种"失败的折中"。

◆ 在某些市场条件下，混合战略相当具有吸引力。如果购买者的多样性使得产品差异化成为一种常见现象，以及在许多购买者对价格和价值都很敏感的市场条件下，混合战略可能会比单纯的低成本战略和单纯差异化战略更有优势。这是因为，混合战略可以将企业定位于中档市场、中档的质量和平均水平以下的价格，或者很好的产品和中档的价格。在大多数情况下，大多数购买者更喜欢购买中档价位的产品而不是低成本生产商的基本产品或者差异化生产商的昂贵的产品。

◆ 聚焦战略的本质是细分市场战略，它又可以根据产品或服务的低价或差异化维度，区分为三种类型:低成本细分市场战略、差异化的细分市场战略和混合的细分市场战略。

◆ 行业中存在许多不同的细分市场,这样实施聚焦战略的企业就可以选择与自己所拥有的资源和能力相适应的、具有竞争力的利基市场;只有极少数企业在试图致力于相同的目标市场,这就降低了细分市场过于拥挤的风险;采取聚焦战略的企业凭借其建立起来的客户商誉和服务于利基市场的能力及资源,能够与挑战者有效地展开竞争。上述条件下实施聚焦战略是有利的。

◆ 如果从表面上来理解本章内容,那么制定一个真正与众不同的差异化战略就显得极其重要,而且最成功的企业应该是那些与其他企业有着显著不同战略的企业,但事实表明这种观点是有争议的。

◆ 意识是企业采取任何竞争性行动和反应的先决条件,它主要是指企业对市场共性和资源相似性导致的竞争性行动的认识程度。意识还影响企业对竞争性行动和反应结果的重要性的理解程度。缺乏必要的意识可能导致缺乏竞争或过度竞争两种极端的情况。

◆ 在有些案例中,企业可能意识到它与竞争对手共享的市场,并且有对竞争对手的攻击做出反应的动机,但是缺乏这样做的能力。能力与每家企业的资源以及资源供给的灵活性有关,如果没有可利用的资源(如金融资本和人力资源),企业就没有能力攻击竞争对手或对竞争对手的攻击进行反击。

◆ 相似的资源意味着企业与竞争对手具有相似的进攻与反击能力,因此,当企业面对拥有相似资源的竞争对手时,在发起进攻之前进行仔细的研究是非常必要的,因为这样的竞争对手更有可能采取反击行动。

◆ 企业竞争优势的持久性与市场变动周期密切相关,企业保持竞争优势的程度主要受到竞争对手模仿速度和模仿成本的影响。

思考题

1. 使用价值链方法分析成本有何优势?如何使用价值链方法分析成本?
2. 取得成本优势有哪些途径?
3. 什么是经验曲线效应?
4. 如何实施低成本战略?
5. 什么情况下低成本战略最有效?
6. 低成本战略的风险有哪些?
7. 广域差异化和集中差异化分别是什么?
8. 基于价值链的差异化手段有哪些?
9. 谈谈你对于混合战略的看法。
10. 何时使用聚焦战略?
11. 有哪三种市场变动周期?
12. 什么是超竞争?超竞争条件下,企业如何保持竞争优势?

第六章

行业特征与战略战术

>>> 学习要求

本章讨论在五种常见形势下的战略战术:
- 在新兴行业中进行竞争的企业
- 在动荡、高速发展的市场上进行竞争的企业
- 在成熟的行业中进行竞争的企业
- 在停滞或衰退的行业中进行竞争的企业
- 在零散的行业中进行竞争的企业

第一节　行业生命周期

1.1　行业生命周期的驱动力量

行业生命周期包括四个阶段：引入、成长、成熟和衰退。驱动行业生命周期前进的力量有两个：需求增长和知识的创造与传播。

1.1.1　需求增长

（1）在引入阶段，销售量很少，而且市场渗透率很低，因为产品不为人知，而且客户很少。新颖的技术、小规模的生产以及缺乏经验意味着成本和价格很高，而且质量较差。使用新产品的客户通常较富裕，喜欢创新，而且可以承受一定的风险。

（2）在成长阶段，随着产品技术更加标准化和价格下降，产品的市场渗透速度加快。产品用户从高收入客户扩展到大众市场。

（3）市场饱和度的增加意味着市场开始进入成熟阶段。

（4）当行业面临的挑战来自生产技术方面出现更高级的替代产品的新行业时，行业进入它的衰退阶段。

1.1.2　知识的创造与传播

行业生命周期的第二个驱动力是知识。

（1）在引入阶段，产品技术迅速进步，但不存在占主导地位的产品技术，技术竞争看似是为了争夺消费者的注意力。竞争主要在老式产品的替代性技术和各种新技术的不同配置之间展开。例如，家用计算机行业的早期竞争是在不同的数据存储系统（磁带或磁盘）、视频显示器（电视接收机或专用显示器）、操作系统（CPM、DOS 或苹果Ⅱ）以及微处理器之间进行的。

（2）主导设计和技术标准。主导设计和技术标准之间的竞争通常导致行业中出现一个占主导地位的设计——一种定义了产品的外观、功能和生产方式，并为行业整体所接纳的设计。

- 1899 年诞生的安德伍德 5 号模型建立了 20 世纪初打字机的基本结构和主要功能规范。
- 由奥斯卡·巴纳克（Oscar Barnack）开发，在 1924 年投放到德国市场的徕卡 Ur-Leica 确立了 35mm 相机的关键功能。
- 雷·克罗克（Ray Kroc）于 1955 年在伊利诺伊州开设了第一家麦当劳汉堡店，建立了能够迅速推广的快餐行业主导设计。

主导设计和技术标准这两个概念是紧密相关的。主导设计指的是一个产品或系统的总体配置，技术标准则是对兼容性十分重要的一项技术或规格。主导设计可能不止体现一项技术标准,IBM 公司的个人电脑建立了 MS-DOS 操作系统和英特尔 X86 处理器作为个人电脑业的技术标准;相反,波音 707 是大型客机的一项主导设计,但它却没有在航空业建立起能够主导连续几代客机的技术标准。技术标准出现在网络效应产生的地方——所谓网络效应,指的是用户以某种方式相互联系的多种需求及其相互之间的关系,在网络效应的驱使下,用户为了避免被孤立,而选择和别人一样的技术。一家建立了主导设计的企业,如果没有独占与技术标准有关的专利、技术秘诀,那么除了作为先行者的优势,主导设计不会带来利润上的优势。

主导设计的出现是一个行业进化的关键转折点,当行业出现主导设计后,就会产生从激进式创新到渐进式创新的转变,这样的转变标志着行业步入成长阶段。

(3) 从产品到流程创新。随着主导设计建立而来的标准化在降低客户风险的同时,会鼓励企业转向生产能力的投资,这样行业的重点将从设计转移到生产过程,从而行业的创新转移到以流程创新为主,企业通过大规模生产方法寻求缩减产品成本和增加产品可靠性。

流程创新、设计更新和规模经济结合在一起可以降低成本,并且能更有效、快速地加快市场渗透。产业逐渐进入成熟阶段,随着知识的传播,客户关于行业和产品的认知渠道也更多,当他们对制造商产品的性能及特性更加了解后,也会对价格越来越敏感。

1.2 行业生命周期的普遍性与多样性

一般而言,行业生命周期模式具有普遍性,但在表现形式上具有多样性:

首先,不同行业的生命周期持续时间显著不同:

- 美国钢铁行业的引入阶段从 1827 年持续到 19 世纪 70 年代,此后进入成长阶段,20 世纪 50 年代进入衰退阶段。
- 美国汽车行业的引入阶段从 19 世纪 90 年代开始,持续了大约 25 年,到 1915 年进入成长阶段,20 世纪 50 年代进入成熟阶段。
- 个人电脑行业的引入阶段只持续了 4 年,从 1978 年开始进入成长阶段。到 1984 年年底出现增长停滞,但是到 1990 年之后,再次出现高速增长。

随着时间的推移,行业生命周期日趋缩短。因此,互联网时代的竞争需要对战略和管理流程进行彻底的重新考虑。行业生命周期的演变方式也可能各有差异。住宅建设、食品加工、服装等基本必需品行业可能不会经历衰退阶段;一些行业可能经历生命周期的再生。例如,20 世纪 60 年代,在美国和欧洲日渐衰落的摩托车行业随着新的日本休闲式摩托车的兴起而再度繁荣,重新进入它的成长阶段;电视与显示器行业则经历了连续的再生,黑白显示器市场成熟之后,进入到彩色电视机的繁荣期,此后又进入高分辨率显示器的繁荣期、液晶显示器的繁荣期、手机显示屏的繁荣期等。而这些现象的出现一般是企业进行突破性产品创新或不断开发新市场的结果。

一个行业在不同的国家可能处于其生命周期的不同阶段。虽然欧洲、日本和美国的汽车产业已经进入衰退阶段的初期,但中国、印度和俄罗斯市场还处于其成长阶段。跨国企业可以利用这样的差异性,在不同的国家市场中创造持续的利润。此外,产业生命周期在某些情形下还表现为产业边界的演变,例如个人电脑行业从PC端到移动端的演变等。

1.3 行业生命周期在每一阶段的特点

新兴产业的特点是其产品有着多种类型,这反映出技术和设计的多样性,且客户的需求也很不一致。成长和成熟阶段的标准化增加了产品的异质性,厂商进行差异化设计的空间越来越小,新产品越来越成熟,导致价格日益成为买方进行选择的主要因素。

(1)在行业生命周期的早期,行业中企业的数目增长较快,倒闭或退出率也可能较高。新进入者的来源十分多样,有的是初创公司,有的是相关行业中实施多元化经营的企业。

(2)进入成熟期,企业数量开始下降。行业会经历一次或多次"大规模淘汰"。在这个节点之后,行业进入率下降,而现有企业的生存率显著上升。行业很可能发生密集的收购、兼并。

(3)当行业集中度上升,主导企业聚焦于大众市场时,占有专门的缝隙市场的机会就出现了。

但是,在不同的行业,结构变革也可能差异很大。在大多数行业,成熟度的增加伴随着集中度的增加,但是在那些规模经济效应不显著、进入壁垒很低的行业,成熟可能导致集中度的下降。在一些行业,行业先驱能获得重要的专利保护,因此在引入和成长阶段,市场几乎被垄断,到了行业成熟阶段,随着进入者的逐渐增加,行业集中度反而下降。

1.4 行业演变与关键成功因素

(1)在引入阶段,产品创新是初始进入和后续成功的基础。但是不久之后,要想取得成功需要更多的其他因素。当第一代产品发展到后续阶段,投资倾向日益增长,财务资源变得越来越重要。

(2)一旦进入成长阶段,企业需要使它的产品设计和生产能力适应大规模生产,研发、设备以及销售方面的投资会很高。为了利用日益增强的生产能力,分销渠道的建设变得至关重要。与此同时,组织成长施加的压力催生出对内部管理的需求。

(3)在成熟阶段,竞争优势日益演变为追求成本效率,通过规模经济、低工资和低企业运行成本实现成本效率变成获取成功的关键因素。

(4)迈入衰退阶段,削减成本的压力进一步增加,通常会发生持续的行业转移,企业不断捕捉残余的市场需求以维持稳定。

第二节　新兴行业中的竞争策略

新兴行业是处于早期形成阶段的行业,大多数为了在新兴的未来行业中拥有牢固的立足点而与竞争对手展开激烈竞争的企业都处于初创阶段。它们都致力于使技术不断完善、招募人员、购买或建设各种设施、调试运作、努力扩大自己的分销领域并赢得客户的认同。新兴行业中的企业战略及其商业模式还没有得到证实——什么是有发展前途的商业概念、什么战略可能创造出富有吸引力的营业利润等,都没有经过验证。还有一些重要的设计问题和技术问题有待进一步研究和探讨。

从战略制定的角度来看,新兴行业的基本特征是没有游戏规则,新兴行业的竞争问题是全部规则都必须建立,使企业可以遵循并在这些原则下发展繁荣。

2.1　新兴行业中的竞争挑战

参与新兴行业的竞争会给企业管理者在制定战略时带来一些特殊的挑战:

(1) 技术不确定性。新兴行业中通常存在很高程度的技术不确定性。什么产品结构被证明是最好的?何种生产技术将是最有效的?对于几种具有竞争性的技术中心,哪种将获胜,以及哪些产品属性将对获得购买的青睐产生决定性影响等问题,还没有达成共识。在市场力量将这些因素确定之前,企业之间的产品质量和性能一般都存在很大的差异,竞争的核心是各个企业都致力于使市场认可自己的技术、产品设计、市场营销和分销等。

(2) 战略不确定性。由于市场是新的、尚未成形,因此关于行业的运作方式、行业的成长速度以及行业的未来容量和规模等存在许多观点。关于购买者将会以多快的速度对使用新产品感兴趣以及他们愿意为此付出多高的价钱等问题,还存在许多猜测。因而,行业内厂商经常试图采用广泛的战略方法,与采用不同的产品结构和不同生产方法进行博弈;同时,在产品/市场定位、市场营销和服务方面,不同的企业仍在摸索。

(3) 技术专业性及复杂性。在很多情况下,作为信息行业中的产品的基础技术诀窍都是各个企业所私有的,并且受到严格的保护,基本上都是那些开拓型企业开发出来的。因此,专利和独特性技术专业知识就成为获得竞争优势的关键要素。还有一些情况下,技术是相当复杂的,需要几个企业的共同努力或合作。

(4) 进入壁垒一般比较低,即使对那些创业型的初创企业来说也是如此。如果行业有着快速增长的前景,那么拥有充足资源和竞争潜力的、享有盛誉的、追求新机会的大型企业很可能会进入这一行业。这将对现有企业造成极大的威胁。

(5) 可能会存在明显的经验曲线效应,随着产量的增加,成本与价格会明显下降。但即使对于那些学习曲线在短期内能走平的技术来说,通常会有一段非常陡峭的初始学习曲线。在改进生产过程、工厂设计等方面,新想法会大量出现。其中有些新想法可能会非常有效,导致生产效率的迅速提高。

（6）由于在新兴行业中,所有用户都是第一次购买,所以市场营销的目标就是引诱客户进行第一次购买,并克服他们对产品特色、性能可靠性以及竞争厂商之间相互矛盾的主张所存在的疑虑。这时,市场营销的主要任务是向用户介绍"本替代品",诱使客户以本企业产品或服务替代原有产品或服务。因此,客户必须被给予有关新产品或服务的基本功能和特性的信息,并相信新产品能替代甚至更新原有产品或服务的功能。客户将会被告知,虽然购买有一定程度的风险,但考虑到能带来的潜在收益,这种风险是可以承受的。

（7）许多潜在的购买者期望第一代产品能够迅速得到改善,所以他们会将购买活动推迟到技术和产品设计成熟的时候。

（8）有些情况下（供应商增加生产能力满足行业需求之前）,企业比较难以保证足够的原材料和零配件供应。

（9）许多企业由于缺乏足够的资金支持必要的研究与开发来度过产品流行之前艰难的几年,最后被迫同竞争对手进行合并,或者被那些行业外寻求成长企业进行投资的企业收购。

（10）行业整体的目光短浅。在许多新兴行业中,发展客户或生产产品以满足需求的压力如此之大,以至于克服瓶颈或解决问题时往往采用权宜之计,而不是依据对未来形势的分析,由此可能导致行业整体的目光短浅。

新兴行业中的企业通常面临的两个问题是:①在企业销售额和收入攀升之前如何为业务提供初始资金支持?②如果要取得领先地位,企业应该寻求哪些细分市场和竞争优势?以低成本或差异化为基础的战略通常是可行的。如果企业的资源和能力有限,并且行业中存在许多前沿技术或者马上就可以参与细分市场,聚焦战略就比较适用。

由于新行业中没有既定的游戏规则,行业参与者就可以自由地尝试各种不同的战略。但是,拥有强大的资源能力、有吸引力的商业模式、精心制定的战略的企业,就面临着可以影响行业规则并且成为被大家认可的行业领导者的机会。

2.2 新兴行业中的消费者利益

消费者对于新产品或服务的接受程度依赖于以下几个方面:

1. 性能利益

（1）对一个特定购买者性能利益有多大?购买者因所处的地位不同对这一点的看法也不同。

（2）利益的明显程度有多大?

（3）购买者沿新产品提供的方向提升需要的迫切程度有多大?

（4）这种性能利益是否能够改善购买者的竞争地位?

（5）迫使购买者进行购买的竞争压力有多大?

(6)如果增加的性能导致更高的成本的话,购买者对价格成本的敏感性有多大?

2. 成本利益

(1)对一个特定购买者来说,成本利益有多大?

(2)利益的明显程度有多大?

(3)从降低成本中是否可以获得持续的竞争优势?

(4)迫使变化的竞争压力有多大?

(5)潜在客户的经营战略的成本导向程度有多大?

(6)产生重要利益所要求的技术水平。决定客户是否很早采用新技术的重要因素之一就是客户对产品技术性能的应用要求。某些客户仅仅使用新产品的基本功能就可获益不小,但另一些客户则需要使用更加复杂的型号,而在这方面可能还没有替代品,或者新产品还不足以提供完全替代。

(7)采用新产品面临的失败风险。面临产品失败代价较高的客户与那些面临产品失败代价较低的客户相比,其采用新产品的步伐相对缓慢。

(8)转换成本。以一种新产品替代现有产品的成本是不同的,这种成本类似于前面五力分析中的替代成本,其中包括:重新训练雇员的成本、购买新辅助设施的成本、冲销旧技术的不可折旧投资、转换所需资金、转换所需的工程或研究开发成本、改善相关生产步骤或相关经营范围的成本。

(9)支持服务。与影响采用新产品时间的转换成本密切相关的是客户所面临的为采用新产品而对支持服务(即工程、修理)的要求,这一要求既与本企业有关,也与客户的能力有关。

(10)逐渐过时的代价。对于某些特定客户来讲,新兴行业中技术的迭代将使产品早期型号变得陈旧。某些客户可能从第一代产品中获得他们实际需要的全部利益,而另外一些客户则被迫购买相继各代产品以保持竞争能力。

(11)不对称的政府、法规或劳动力壁垒。采用新产品的法规壁垒对于不同的客户各不相同。食品和药品生产厂商的任何生产作业变化都受到严密控制,而其他产业中的企业能够相对自由地改变其生产过程。

(12)客户所拥有的资源。客户因拥有向一种新产品转变的资源不同而采取不同的态度,这些资源包括资金、技术和研究开发人员。

(13)对技术变革的感觉。客户对技术变革的感觉可能不一样:有的客户热衷于使用新的技术,有的客户总是在迫不得已的情况下才使用新技术。

(14)决策者的个人风险。客户会逐序考虑采用新产品在近期、中期和远期的影响。当采用新产品的决定被证明在中近期不正确,负责决策者将面临可觉察到的极大风险时,客户会以最慢的速度来采用新产品。

2.3 早期移动壁垒

对一个新兴行业来说,与行业得到发展后相比,其移动壁垒的结构经常可以被预见到是大不相同的。常见的早期壁垒包括:①专有技术;②获得分销渠道;③得到适当成本和质量的原材料和其他投入(熟练劳动力);④经验造就的成本优势由于技术和竞争的不确定性而更为显著;⑤风险使资金的有效机会成本增加,因此增加了有效的资本壁垒。

这些壁垒——如专有技术、分销渠道、学习效果和风险等——随着产业的发展,其重要性具有下降或消失的趋势。虽然存在例外,但早期移动壁垒通常不包括品牌知名度、规模经济。

2.4 新兴行业中的竞争战略途径

新兴行业中的战略制定过程必须处理好行业在新产品引入阶段的风险和不确定性,具体包括:竞争活动的法则是非常不确定的,行业的结构未确定并可能变化,对竞争者几乎不了解。然而,这些因素还有另外一面:一个新兴行业发展阶段的战略自由度最大,好的战略选择的作用在决定经营表现方面也最大。

1. 塑造行业结构

在新兴行业中占据压倒性地位的战略问题是企业塑造行业结构的能力。通过逐一选择,企业可以试图在生产方针、市场营销方法和价格策略等方面建立游戏规则。企业应以某种方式寻求确定行业法则,以使自身在长时期获得最有利的地位。

2. 行业发展的外在性

在一个新兴行业中,一个重要的战略问题是在对行业的倡导和追求企业自身利益的努力之间做出平衡。因为在新兴阶段,企业自身的成功在某种程度上依赖于行业的整体形象、可信任性等,客户的困惑也许并不是对本企业的困惑,而是对整个行业的困惑。此时,行业中占据压倒性地位的问题是引入替代品和吸引第一批客户,与企业自身利益一致的是帮助促进标准化,帮助低于标准质量的厂商结成统一阵线。行业协会可能是一种有用的工具。

行业合作的需要似乎常使企业左右为难。这些企业在追求自身的市场地位时,经常会损害行业的发展。一个企业可能会反对推行产品的标准化,而这种标准化是帮助简化维修和提高客户信心所必需的,企业这样做的原因无非是想要保持自身产品的独特性,并使自身特定产品类型成为行业标准。例如在烟雾报警行业中,某些企业提倡会损害其他企业的行业标准,同时客户继续困惑于哪种报警方式是最好的。这一问题是否关键取决于行业现在是否已经发展得足够壮大以至于使这种困惑成为影响未来产业发展的一个重大壁垒。

一般来说,当一个行业开始实现重要突破时,在行业前途和企业前途之间的平衡必然会沿着向企业的方向转化。有些作为行业发言人的企业具有很好的形象,这对它们自己和行业都很有益处,但有时它们认识不到必须改变企业的方向,结果当行业成熟时,它们很可能被甩在后面。另外一个行业发展外在性的含义可能是一个企业最初可能要采用它最终并不想遵循的战略,或加入到一个从长期来看必须放弃的细分市场中。然而,这些"暂时"行动对行业发展可能是必需的,但一旦行业得到发展企业就获得自由,从而选择其最佳的地位。例如科宁公司曾被迫投资于接口、拼接技术和光纤应用光源的研究,虽然从长期看科林公司仅仅想成为纤维和电缆供应商,但因为现有设备和技术的质量是光纤发展的壁垒,因而科宁必须实施短期有利于整个行业发展的战略。这种在企业长期理想地位之外的投资是行业先驱必须付出的部分代价。

3. 供应商和分销渠道的角色变化

当处于新兴行业中的企业在规模上有所发展,并证明了自身价值时,企业会据此调整它们的供应商,甚至要求供应商满足其某方面的特殊需要,如产品规格、服务和交货等。同样,分销渠道可能变得更乐意作为企业的伙伴投资于设备、广告或其他等,尽早挖掘这些方向的变化可能给企业提供战略杠杆。

4. 转变的移动壁垒

正如在本章前面所述,一个新兴行业中早期的移动壁垒可能受侵蚀,当行业在规模上发展和技术上成熟时,这些壁垒经常被其他不同的壁垒替代。这一因素具有几个含义:最明显的是企业必须准备为维护自身的地位而不断发掘新的方法,必须不依赖于专有技术或独特的产品种类,即使它过去是成功的。对变化的移动壁垒做出反应可能涉及投入比早期阶段更多的资金。

另外一重含义是行业进入者的性质变成更为成形的企业,它们被吸引进入正在变得更大规模和更有价值的产业,壮大后的行业经常基于新的移动壁垒进行竞争。一个新兴行业中的企业必须基于其对于现存和将来壁垒的判断预测潜在进入者的可能性质,同时判断行业对于各种各样企业的吸引力及这些企业跨越壁垒的能力。

可能还有一个涉及行业增长的规模及技术成熟的含义是客户或供应商可能采取纵向一体化方针进入该行业。如果一体化行为发生或因其采取的竞争方法是一体化时,企业必须要准备确保自身的市场份额。

2.5 进入时机

在新兴行业中进行竞争的一个重要战略选择是正确的进入时机。早期进入(或先驱)涉及高风险,但另一方面其进入壁垒可能较低,并有望实现高收益。当具备下列基本情况时,企业选择早期进入是适当的:

(1)企业的形象和声望对客户至关重要,企业可以作为先驱者而发展和提高声望。

(2)如果一个行业中学习曲线很重要,经验很难模仿,并且不会因持续的技术更新换代而过时,则早期进入可以较早地开始在这一行业中的学习过程。

(3) 客户忠诚非常重要,所以那些首先对客户销售的企业将获益。

(4) 通过早期对原材料的供应分销渠道等的长期合约可带来绝对成本利益。

在下列情况下,早期进入非常危险:

(1) 早期竞争和细分市场的建立与行业发展中期有着重大差别,企业因此而建立错误的技能,并可能面临高转换成本。

(2) 开辟市场代价高昂,其中包括客户教育、法规批准、技术开拓等,而开辟市场的利益无法成为企业专有。

(3) 早期与新开办的小企业竞争将代价高昂,但以后这些小企业将被更难对付的竞争对手取代。

(4) 技术变化将使早期投资过时,并使晚期进入的企业因拥有最新产品和工艺而获益。

2.6　策略性行动

限制新兴行业发展的问题提出了某些可以改善企业战略地位的策略性行动:

(1) 对原材料供应商的早期承诺将在紧缺时期产生有利的优先权。

(2) 可以在金融市场感兴趣的行业事件发生的时候筹资,即使早于实际需要,这样做可以降低企业的资本成本。

2.7　对付竞争对手

新兴行业中的一个常见问题是先驱者花费过多的资源以保证高市场占有率和对那些几乎没有机会在长期中成为市场竞争者做出反应,而后者在很多情况下并非经过仔细的理性考量,而是一种情感反应。

虽然处于新兴行业,对竞争者做出有力反应可能是适当的。但企业更需要关注的是致力于提升自身力量和将整个行业做大,甚至鼓励某些特定企业进入也是适宜的。企业甚至可以从其他企业进攻性的销售产品和技术开发行动中得到好处。当然,企业相对来说愿意接受底细已知的竞争对手,甚至宁愿牺牲一部分市场份额。但矛盾的是,当行业成熟时,这一市场份额又会诱使其他企业进入该产业。如果行业发展迅速,维持一个几乎垄断的市场份额几乎是不可能的,也几乎是无利可图的。

2.8　预测技巧

新兴行业的最主要特点是极大的不确定性,而变化则是确定无疑的。如果对于行业结构如何演进没有一个明确的预测,战略就无法形成。但很不幸的是,这种预测中的变量数量通常很大,因此十分需要一种减少预测复杂性的方法。

在新兴行业中,情景方法是一种非常有用的工具。情景是一些关于未来世界面貌的离散的看法,它们可以被用来选择以圈出未来可能产生结果的范围。情景可以被用于在新兴行业中进行预测,预测的起点是估计产品和技术的未来演进,包括成本、产品种类和性能。分析者应选择少数几个内部一致的产品/技术情景,这些情景包含了可能出现结果的范围。对于其中每一个情景,分析者将创造出一个关于哪个市场将打开、其规模和特点将如何的情景。这里一个反馈循环产生了。早期开放市场的性质将刻画出产品和技术演进的方式。分析者必须试图以重复的方式在该情景中建立这种内部机制。

下一步是为每一个产品/技术/市场前景构建竞争含义并预测不同竞争对手的行为。这一过程包括预测新企业的进入以及由于新企业的进入导致整个产业的变化,因为竞争对手的性质和资源能够影响行业发展方向。

在建立起情景后,企业需要考察其地位,评价它该把宝押在哪个前景上,或者如果每一个情景真的发生的话,它该采取什么战略行动。如果企业有资源,它可以选择争取促使最有利的情景发生。倘若其资源有限企业将被迫保持灵活性。无论发生哪种情况,企业将受益于清晰地辨识重要事件,这些重要事件将表明某情景是否真的发生,这是其战略规划和技术追踪中的关键点。

2.9 进入哪一个新兴行业

进入哪一个新兴行业的选择依赖于企业按照本节前述理论推演的结果。如果一个新兴行业的最终结构(不是最初结构)是与高于平均水平回报相一致的,并且如果企业能够在行业中建立长期的防御性地位,那么该行业将具有极强的吸引力。后者将依赖于其相对于移动壁垒的资源,如前所述,这种移动壁垒也将发生演进。

如果新兴行业发展迅速,该行业中的现有企业盈利较多,或可预期最终行业规模会很大,企业往往倾向于进入该产业。

战术6-1

在新兴市场中成为领导者的战略

在某些环境中,一家企业可以创造或者再创造某一行业,并凭借这种力量让未来具有一定的可预测性。一般而言,这种战略分为三个步骤:第一,抓住市场中存在的巨大机遇;第二,为市场提供第一款产品或服务;第三,坚持这一目标,同时采取灵活的市场发展手段。

把握市场机遇的时机至关重要。成为第一,就意味着获得了领先于对手、进而成长壮大的优势;从而可以设定行业标准,影响客户偏好,也可以使市场朝着有利于自己的方向发展。

成功实施该战略的企业会将上述三个步骤,即识别机遇、接受机遇和采取行动三者连贯实施,而与此同时,其他企业的行动通常都会因最初的质疑和行动的惰性而被拖延。从需求方面来看,时机也非常重要:太早,潜在的客户还没有做好接受新产品或服务的准备;太晚,其他企业则很可能已经先期占领了市场。

通常机遇的到来伴随着三个主要的信号:①逐渐明朗的重大趋势,也就是能重塑市场,并且超过特定行业供需条件的重大结构性变化;②可能会提供全新机会或打乱已有市场的新技术的出现;③某种外部条件导致一些曾经无法满足的需求可能会得到满足。

大企业在面对机遇时的迟缓可能有以下原因:①拘泥于现状;②规模巨大而带来的惰性;③由于已有的成功而对变革信号的忽视。但同时,如果大企业能克服以上弱点,它也能把握市场的巨大机遇,并且相比于小企业存在如下优势:①新业务的开展会得到巨大的资金支持;②已有的竞争优势和客户资源可以转向新的业务,从而节省新市场的开拓成本。

资料来源:〔美〕林文德,马赛斯,亚瑟·克莱纳.让战略落地:如何跨越战略与实施间的鸿沟[M].普华永道思略特管理咨询公司,译.北京:机械工业出版社,2016.

战术6-2

抢先战略

在正在成长的市场上,扩展业务能力的一个方法是实行抢先战略。这种方法是企业试图封锁市场的主要部分,使其竞争者失去增加业务能力的信心,并阻止其进入市场。例如,如果未来需求能够确定,而某企业具备足够的业务能力来满足这些需求,则其他企业就会对构建业务能力失去信心。通常,抢先战略不仅要求企业在设备上领先于竞争对手,而且要求企业承受短期为负的财务效果。抢先战略本身是一种冒险战略,因为在市场形势明朗之前,它要求企业较早地把主要资源投入市场。此外,如果抢先战略不能够成功地阻止对手,那么由于业务能力的严重过剩,以及其他试图抢先的企业已经对市场做了重要的战略投入,企业再向后退将会十分困难,甚至可能导致灾难性战争。

抢先战略的要点如下:

(1) 比预期市场规模相对更大的扩容。如果扩容不比预期市场规模更大,就不能算是抢先。因此,一家企业试图抢先,要么必须确信它了解竞争对手的预期,要么必须通过确保其行动被视为抢先来试图影响其竞争对手的预期。如果竞争对手对潜在需求的预测不切实际地偏高,那么抢先企业也必须传达出可以迅速进一步增强业务能力的可信消息。

(2) 与总市场需求相比,更大的规模经济性或显著的经验曲线。如果扩容导致的规模经济性很大,较早的抢先扩容会使竞争对手难以达到自身的效率。在这种情况下,竞争对手必须大量投资,并且冒着生产能力过剩的风险,或者即便它们小规模投资,也将承受伴之而来的高成本。

（3）抢先企业的信用。抢先企业必须在其公告和所承诺的行动中表现出其"能够实施抢先战略"的信用。这种信用包括拥有的资源、所需的技术能力、过去计划投资的执行情况等。

（4）在竞争者行动之前发出抢先意图信号的能力。它必须在竞争者考虑扩容之前，抢先实现能力规模。

（5）竞争者愿意让步。抢先战略假设竞争对手会权衡与抢先企业竞争的潜在回报，并认为期初对风险的考虑不会与自身对抗。在以下情况下，这一假设是有问题的：①并非完全出于经济目的的竞争者。如果由于历史的原因或其他感情上的义务，竞争者高度重视在行业中的参与，则它们很可能试图发起反攻。②这项业务对其来说是一种主要的战略推进，或与其业务组合中的其他部分相关。③具有相等的或更强的持久力。

资料来源：〔英〕斯图尔特·克雷纳，戴斯·犹洛夫.战略的本质[M].郝胜楠，王梦妮，刘馨蓓，译.北京：中国人民大学出版社，2017.

第三节　动荡、高速发展市场上的竞争

动荡、高速发展市场的特征有：产品生命周期很短（因为新一代产品推向市场的速度很快）；一些重要的竞争对手进入该行业，竞争对手不断采取新的竞争行动（包括通过收购和兼并的方式建立更加稳固的地位）；购买者的需求和期望迅速变化等。在互联网、医药、生物科技等行业，高速的市场变化已经成为一种常态。

3.1　应对快速变革的战略姿态

（1）对变化做出反应。做出反应是一种防御型战略，因此不可能创造出全新的机会，但确实是企业竞争战略"武器库"的一个必要组成部分。

（2）预测变化、为变化做准备。赶在变化之前做准备需要目光向前看，分析有可能发生的情况，然后为未来做准备。这包括研究购买者的行为、需求、期望，深入了解有关市场是如何发展变化的，然后提前准备必要的产品和分销能力。

（3）领导行业变革。领导变革就是要积蓄一些其他企业必须对其做出反应和回应的市场力和竞争力。领导变革意味着企业必须首先推出一种重要的新产品或服务，意味着要成为技术上的领先者，赶在竞争对手之前推出新一代产品，拥有那些能够影响客户偏好和期望的特色和属性的产品，积极努力地去影响游戏的规则。

3.2　动荡、高速发展市场中的战略行动

在动荡、高速发展市场中的竞争行动，常常取决于在面临市场和竞争条件所出现的

迅速、并且有时是不可预见的变化情况下,企业所具有的即时反应、尝试、适应、彻底改造、革新和创新的能力。企业必须不断调整自己的战略及其竞争优势的基础:企业也许在几个月甚至几周内就要进行一次进攻型战略和防御型战略之间的切换,以确保总战略与不断变化的条件相适应。这种做法可能使企业处于动荡之中,但是不及时调整企业战略则可能置企业于更加不利的境地。

(1) 积极增加研发投入以使企业处于技术诀窍的前沿。将企业的研究与开发集中于一些关键领域是很重要的,因为这样做不仅可以避免企业资源过度分散,也可以精进企业的专有技能和技术,全面抓住经验曲线效应,从而在某一特定的技术或产品方面占主导地位。如果快速变化的市场环境涉及许多技术领域和产品种类,竞争者就别无选择,只能采取某种聚焦战略,集中精力成为某一特定产品或技术领域的领先者。当然,企业还必须紧密跟踪行业技术领域的变化,避免在技术或标准上的误判;或者企业可以采取主动进攻战略,成为该行业技术或标准的制定者。

(2) 开发快速反应能力。因为不可能有哪家企业能够预测到所有即将发生的变化,因此,具备快速反应、回应和随即有所行动的组织能力就至关重要。这就意味着企业要不断进行内部资源转移、调整现有的能力、培育创造性的能力以及紧密跟踪竞争对手,而那些一贯行动迟缓的企业在快速变化的行业中注定是要失败的。

(3) 同外部供应商和生产关联产品的企业建立战略联盟。在很多高速发展的行业中,往往会产生很多新的技术路径和产品种类,没有哪一家企业拥有足够的资源和能力来追求所有的路径和产品。专业化和聚焦战略是比较好的战略选择。

企业加强其竞争地位不仅可以通过夯实自己的内部资源基础,也可以通过与制造最先进零配件的供应商建立伙伴关系来建立与相关技术开发商和关联产品制造商的合作。诸如戴尔公司、宏碁公司等企业,它们在个人电脑方面的创新进步很大程度上依赖于芯片生产商、显示器生产商和软件开发商等。

外包战略使得企业可以灵活地放弃那些在技术方面或产品特色方面落后或者其产品价格不再具有竞争力的供应商。在这种情况下,管理者所面临的挑战就是在以下两个方面保持平衡:一方面,积累丰富的内部资源基础,以防企业受到其供应商或联盟伙伴的控制;另一方面,通过从那些有能力的外部供应商那里获取资源和专业知识,维持企业的灵活性。

(4) 不断发起新的进攻行动,而不仅仅是被动应对。例如,企业可以采取定期行动的方式,每三个月或每半年推出新产品或改良产品,而不是在原有产品的市场份额逐渐减少或者竞争对手推出新一代产品的情况下才推出自己的新产品。同样,一家企业也可以每隔六个月就开辟新的地理市场,而不是等新的市场机会出现后再有所行动;企业也可以每隔两年就更新其现有产品品牌,而不是等到现有品牌逐渐丧失吸引力之后。可以选择有意义的内部和外部时间间隔,确定变化的内部组织节奏、精心策划各种变革。

(5) 确保企业的产品和服务的新颖性,足以使其在发生的一切变化中引人注目。迅速变化所带来的风险之一,就是企业内部缺乏战略方向,产品甚至企业本身都有可能淹没在各种各样的内外部变化之中。在企业外部,产品营销所面临的挑战,就是要确保企业的产品和服务成为焦点,并且还要进一步确保其创新性,以适应市场上正在发生的变化。

在动荡、高速发展的市场上,一流的技术诀窍和"首先出现在市场上"的能力是非常有价值的竞争资产,并且激烈的竞争要求企业具有快速反应和灵活应对的能力——组织灵活性也是一笔巨大的竞争资产。

即便如此,企业仍然存在劣势,战略制定也可能会有问题。当企业战略似乎没有什么作用的时候,它就必须快速进行调整——探索、试验、即时行动、反复尝试,直到发现某些东西正好能够满足购买者的期望并且与市场和竞争的现实条件相匹配为止。

第四节 成熟行业中的竞争

成熟行业指的是一个正在从快速成长逐渐转向发展速度明显放缓的行业。成熟有很多标准,比如说当一个行业中几乎所有的潜在购买者都已经成为行业产品的使用者的时候,就可以说这个行业成熟了;市场需求主要是针对现有使用者的更换性销售,其发展取决于行业吸引新的购买者并说服现有购买者更多使用等。但本书的定义沿用迈克尔·波特的说法:作为演进进程的一部分,许多行业经历了从高速增长到有节制增长的时期,这一时期通常叫作行业成熟时期。一般来说,成熟行业的增长率在5%以下,大致等于客户整体和经济整体的增长率。

但是,行业成熟并不必然发生于行业发展过程中的某一固定点,如5年或10年之后,它可能因为发明创造或其他给行业不断注入活力的技术而被推迟。例如,日用品零售行业本来是一个成熟行业,但是因为互联网技术的采用而一度成为新兴行业。作为战略性突破的后果,成熟行业可能重新得到迅速增长,因此经历不止一次向成熟的转化。

对一个行业中的企业来说,行业向成熟转化的时期非常关键。在这个时期中,企业的竞争环境经常发生根本性变化,这要求企业艰难地做出战略反应。有些企业难以清楚地认识到环境的变化,有的企业难以根据环境的变化做出战略反应。

4.1 市场成熟导致行业变化

行业在何时开始转向成熟,并不能很容易地做出预测,并且这个过程也可能因技术进步或其他一些能够使市场需求再现活力的驱动因素而停滞。虽然如此,一旦增长率降下来,向成熟市场过渡通常会在行业竞争环境中产生一些基本的变化:

从购买者的角度来看:

(1)购买者需求增长速度的下降会使得争夺市场份额的竞争更加激烈。那些想继续维持快速增长的企业开始寻找以何种途径从竞争对手那里获得客户。价格战的爆发、广告力度的加强以及其他一些获得市场份额的策略,层出不穷。

(2)购买者变得更加精明复杂,常常使得吸引其重复购买成为一件很困难的事情。由于购买者对产品有了自己的亲身体验,对各个竞争品牌也熟悉,因此,他们能更好地评价各个不同的品牌,能够运用他们的知识来同卖方洽谈出更好的交易条件。

(3)竞争常常会提高购买者对价格和服务的重视程度。由于卖方厂商都开始提供购买者所喜好的产品属性,所以,购买者的选择越来越依赖于哪一家卖方厂商能够提供最好的价格和服务组合。

从行业的角度来看:

(1)企业在增加新的设施时会面临"溢出"问题。行业增长率的下降对制造业来说,就是行业市场容量扩张速度的下降;对零售商来说,则是新开张商店数量的降低。行业增长速度一旦下降,过快的能力扩展可能会造成供应过剩,从而给企业将来的盈利能力造成负面影响。

因此,当行业增长速度趋于放缓时,行业生产能力的增长也必须相应地放慢速度,否则将出现供应剩余。因此,企业不再沉溺于过去一派繁荣的发展情境中,提高生产能力和增加人员数量的目标必须做出根本改变。企业应当密切关注竞争对手生产能力的调整情况以把握机会——不关注竞争对手的动向而一味扩张的办法很可能在行业成熟期遭遇失败。

(2)获得产品革新和新的产品最终应用的难度增加。生产商发现,越来越难以创造新的产品特色、为产品找到进一步的用途以及维持购买者的兴趣。

(3)竞争经常趋于强调成本和服务。慢速增长、更多有知识的客户以及技术更为成熟的结果是,竞争趋势变得更加成本导向和服务导向。这种发展改变行业取得成功的"关键因素",可能要求企业重新确立战略导向。

(4)国际竞争加剧。密切关注业务增长的国内企业开始寻求在国际市场上的销售机会,一些企业将生产工厂重新设立在人力成本较低的国家以降低总成本,与此同时,产品标准化程度的提高与技术诀窍的扩散降低了市场进入壁垒,从而使得外国企业有可能进入国内市场并成为重要的市场竞争厂商。如果企业抓住国际化机会,在全球绝大多数主要的市场上建立强大的竞争地位并赢得最大的全球市场份额,那么,它们自然就确立了行业的领导地位。

(5)行业的盈利暂时或永久下降了。增长放缓、竞争加剧、精明复杂的购买者增加,以及生产能力偶尔过剩,这些都给行业的利润率增加了压力。实力较弱、效率较低的企业的日子通常最困难。

(6)日益加剧的竞争导致以前的竞争厂商之间纷纷进行并购,将实力最弱的企业驱逐出局。低效及竞争战略很弱的企业在快速成长和销量蒸蒸日上的行业中可能获得相当可观的经营成果,但是,随着行业成熟和竞争环境的日益恶化,这些企业的竞争劣势逐渐暴露,不得不为生存而战。

（7）成熟的行业并不一定意味着竞争手段的固定化。在某些情况下，激烈的竞争可能使制造、营销、批发、销售及研发手段在短时期发生大的变化。这些大的变化对于企业而言既是机会又是威胁。这种情形与上一节动荡、高速发展的行业有相同点，但不同的是，它是在市场增长有限情形下的动荡。

（8）中间商的利润下降，但其力量增强。由于受参与行业利润下降同样因素的影响，中间商的利润受到挤压，使得它们在制造商利润受到明显影响之前离开行业。这种趋势加剧了行业中竞争者们为中间商而进行的竞争，因此存续中间商的力量会显著增强。

从企业的角度来看：

（1）增长速度放缓意味着市场占有率方面更激烈的竞争。随着企业无法通过新的市场而扩大其销量，企业的竞争往往转向通过"争夺其他企业的市场份额"而实现。因而，日益加剧的竞争要求对企业前景做出根本性的重新定向，并建立一整套全新的关于竞争对手将如何行动、如何反应的假设。过去获得的关于竞争特性及其反应的知识即使不应完全舍弃也必须重新评价。竞争者会变得更富有攻击性，甚至企业之间产生错觉以及发生非理性报复的可能性都很大。向成熟市场转化时，价格战、服务战及促销战的爆发都是常见的现象。

（2）行业中的企业更加倾向于向有经验的老客户销售。产品不再是新的，而是已定型的和取得了稳固的市场地位的。客户的知识和经验日益丰富，他们已经购买过产品，有些还是多次购买过。客户的注意力从决定是否购买产品转向在不同品牌之间进行选择。

（3）可以选择的差异化空间变得更小，且许多差异化得不到客户的任何反馈或者只能取得暂时的成功。如航空公司尝试提供更大的腿部空间、提供更优越的机上娱乐设施和提高准时性等举措，唯一有效的差异化看起来是飞行常旅客计划和针对商务舱和头等舱乘客提供的服务。成熟市场得出的教训是"在行业的成熟阶段绝大多数基于差异化的竞争优势，或者是会被别的竞争对手快速模仿的或者是难以维持的"。

（4）严峻的竞争、对价格敏感的客户限制了差异化可以支持的溢价。以零售商为例，许多零售商企业在激烈的竞争中都只能赚取微薄的利润。这些微薄的利润反过来限制了进一步的差异化。

4.2　成熟行业中的战略行动

行业向成熟的转化往往是一个渐进过程而不为企业所重视，但其经常代表着行业基本结构的变化。事实上，行业结构中每一个主要因素通常都在变化中：总体转移壁垒、多种壁垒的相对重要性、竞争激烈程度等。结构变化几乎总是意味着企业必须做出战略反应，因为它意味着行业竞争的基本内容发生了相应的变化。

迅速增长容易粉饰战略错误，使大部分企业（如果不是全部的话）得以生存甚至财务上大为成功。在行业新兴期,多种战略可以并存。但是,在行业成熟期,战略上的草率往往迅速被揭示出来。其间,产品组合合理化、正确定价以及成本分析日益重要。

(1)合理配置产品组合,削减不重要的产品和产品类型。在行业的成长阶段,购买者的需求仍在不断发展,所以产品类型、特色提供的选择广泛性在有些情况下会有竞争价值。但是,随着价格竞争的加剧和利润率的降低,这种多样性的成本会很高。维持太多的产品类型不利于企业在产品设计、部件存货和生产方面的经济性。此外,那些销售速度很慢的产品销售可能无法弥补成本。将那些薄利产品从产品线中去除可以降低成本,使企业更加聚焦于利润率最高或者企业拥有竞争优势的产品。

(2)努力再造行业价值链。制造商可以将一些高成本活动实现机械化操作、改造生产线以提高劳动力效率、提高装配过程的灵活性以使其容易进行定制生产,以及增加对高技术的利用。产品部件和元件供应商、制造商和分销商可以通过互联网技术和电子商务开展合作,使各种价值链活动进一步简化并更有效率,同时进行旨在节省成本的创新。再造行业价值链可以获得四种回报:降低成本、改善产品质量、提高复合或定制产品的生产能力、缩短从设计到销售的周期。

(3)更加强调降低成本。在一个成熟的市场上,从竞争对于那里攫取客户不如扩大对现有客户的销量,提高现有客户的购买的战略涉及提供补充性和辅助性服务,为客户寻找更多的产品使用方式等。

(4)以便宜的价格购买竞争厂商。如果低价购并能够为企业带来提高经营运作效率的机会,那么,这种低价购并就有可能帮助企业强化资源基础。而且,被购并企业的客户群可以为企业提供扩大的市场份额,并且提供获得更大的规模经济效应的机会。最好的购并有助于提高购并企业的竞争优势。

(5)国际化扩张。随着企业国内市场的成熟,企业可以寻求进入那些仍然存在成长机会但竞争压力没那么大的国外市场。并且,国内企业所拥有的成熟技术、良好声誉和优质产品随时可以转移到国外市场上。例如,尽管美国市场上的软饮料行业已经成熟,但可口可乐公司仍然是一家持续成长的公司,因为它不断努力向那些软饮料的销售额仍然在快速增长的国外市场扩张。

(6)培育新的能力、深化现有能力使它们更难以模仿,或者尽力使企业现有的核心能力对变化的客户要求和期望具有更强的灵活性和可调整性。

(7)产品物理性质的标准化和消费者偏好的集中限制了能够盈利的差异化优势的发挥,但是日益增加的补充(辅助)服务差异化仍然是可行的,例如消费者融资、租赁、担保、售后服务等。

(8)在消费品市场,成熟经常意味着从物理差异化到形象差异化的改变。消费者对特殊可乐和香烟品牌的忠诚是在相近的产品中创造差别形象的长时间的品牌推广活动的最好回报。

(9)增加现有客户购买似乎比寻求新客户更可取。对现有客户增加销售常常可以通过提供外围设备、产品升级、扩展产品链等方法来实现。这种战略可能使企业跨出原行业而进入新行业,这种战略与发现新客户相比,代价通常较低。而采用传统战略通常意味着为了市场份额而与竞争对手战斗,最终结果的代价是相对昂贵的。

4.3 成熟行业中的创新案例

4.3.1 开发新的客户群体

哈雷戴维森创造了一个为中年人提供昂贵摩托车的市场,而在成熟的电子游戏市场,任天堂利用它的 Wii 游戏机吸引了十几岁和不到十岁的主要玩家之外的客户,从而获得了显著的成功。

苹果公司没有发明个人电脑,但为在家里使用的电脑开拓了市场。索尼公司和松下公司的革新在于设计满足家庭需求的录像机。

4.3.2 产业链和新的组织设计

在美国钢铁行业中,纽科公司通过将新的加工技术、扁平和灵活的组织结构以及创新性管理系统相结合,实现了无与伦比的生产率和灵活性。

美国西南航空公司的点到点、单一类型的航空服务通过运用单一的飞机类型和灵活的非工会会员使得它成为在北美唯一可持续盈利的航空公司,也成为全球低成本航空公司的典范。

耐克公司庞大的业务建立在一种企业系统上,该系统重新配置了鞋品制造业的传统价值链——尤其是通过外包、对设计和销售的关注,以及与生产商、零售商和第三方物流这个巨大的全球网络的协调结合。

苹果公司在 2003—2006 年的复活是将标志性的 MP3 播放器和它的 iTunes 音乐下载服务相结合,对唱片业务进行重新定义的结果。

4.3.3 差异化与产业链的结合

太阳马戏团将马戏团商业重新改造,发展成为将高科技特技与舞蹈能力结合在一起的多媒体景观,从而实现了差异化。戴尔公司的战略创新是一个订购、装配和配送个人电脑一体化的系统,这个系统实现了史无前例的允许客户进行选择和快速完成订购。

佳能公司在 1973—1975 年对普通纸复印机市场的成功渗透是基于一项与现有企业完全不同的战略:施乐公司的传统优势是使用墨粉和租用给客户大机器,而佳能公司引进使用油墨液和直接出售给客户小机器。

4.3.4 增加的附加产品和服务

在图书零售业,许多书店不仅提供多种可选择的书,还在其店内设置了咖啡区、阅读活动区、轻音乐和其他娱乐服务区等。

零售店和餐厅对店内主题的设置,反映了为客户提供一种超过产品本身体验的渴望。在体验经济学中,提供超越客户需求的产品或服务的企业有助于客户得到情感、智力上的满足。

4.4 成熟行业中的战略实施

当成熟行业中的竞争优势全部集中于通过规模效应和劳动分工获得的成本优势时，基于标准化流程的管理实践、精细制定的规则、等级控制以及与个人绩效紧密相关的量化的绩效目标和刺激变得十分有用。此外，在成熟行业成功的要求以及为了达到这些要求需要采用的战略变得非常复杂，不仅需要各种刚性的制度，还需要企业文化的配合以及持续的改善。

成熟行业中的领先者往往并不唯一强调规模效应，它们更可能是那些通过执行绩效导向的管理系统而专注于组织效率的企业。成熟行业中绩效最佳的企业——快递业务的 UPS、折扣零售的沃尔玛、钢铁行业的纽科公司、石油行业的埃克森美孚等，无不以绩效目标为其战略的核心，并且辅之以相应的财务控制、人力资源配置及运营实践。

基于追求效率整合一个组织需要允许将企业层面的目标分解为详细的部门和个人绩效目标的管理系统，在上述方面平衡计分卡是为了达到这一目标最常用的工具。然而，最重要的是将绩效目标置入企业的组织文化中：

• UPS 的绩效驱动管理形式的核心是一种同时包含了高水平员工自主权和企业的"强迫症人格"的企业文化。

• 沃尔玛的节约文化反映了创立者沃尔顿的价值观。"人们说沃尔玛每年挣 100 亿美元，但是公司内部的人却不这样认为，如果你花 1 美元，问题是你要卖出多少商品，才能赚到那 1 美元"。

• 瑞安航空是成本效率管理艺术的专家。从一个简单的成为欧洲最低成本的航空公司的战略目标开始，瑞安航空的航线结构、机场选择、售票系统和人力资源实践都同成本最小化做到了精细的一致。瑞安航空对削减成本的痴迷反映在大部分员工都以临时合同的形式签约，要求机组人员自己支付制服和培训费，以及对奖励工资的高度强调。

在本书"战略管理之法"部分还会专门论述战略实施过程。

4.5 成熟行业中的战略缺陷

行业在向成熟演进的过程中，企业一方面可能固守行业快速发展期的战略假设，而对于竞争对手的变化缺乏洞察。在行业成熟期，企业除了对行业、竞争对手的假设不再有效，对于客户、供应商的原有假设也不一定有效。然而，转变这些建立在过去实际经验基础上的假设有时是一种痛苦的过程。此外，这种转变也伴随着各种陷阱：

（1）随着行业的逐渐成熟，企业所犯的最大错误也许是在低成本、差异化和聚焦战略之间折中——把获取低成本的努力、获取差异化的努力以及聚焦于有限的目标市场上所做的努力与聚焦于有限的目标市场等策略"混合"起来。这种战略折中的最终结果一般是：企业置身于模糊的战略之中，为赢得竞争优势所做的投入甚少，在购买者心目中的形象平平,跻身于行业领导者行列的机会很小。

（2）现金陷阱。只有有望带来流动性的时候,现金才应该被投入经营活动。在成熟、慢速增长的行业内,为确立和巩固市场地位而进行现金投入必须谨慎。成熟行业可能会有现金陷阱,特别是当一个企业的市场地位并不稳固但试图在成熟市场上获取高占有率时更是如此。一个与此有关的陷阱是在成熟市场上过于注重总收入而不是获利能力。在新兴期,这一战略令人满意,但在成熟期这种战略对应的通常是逐渐减少的利润。

（3）为了短期利润而轻易放弃市场份额。在收入与利润的关系上,如果企业已经占有一定的市场份额,则为了利润而轻易放弃可能也不是一个好的战略。其代价是放弃市场营销、研究活动和其他需要的投入,这势必损害其日后的市场地位。迈克尔·波特认为,在成熟行业中如果规模经济显著却不愿接受较低利润是目光严重短浅的表现。当行业合理化发生时,一个低利润的时期不可避免,这时需要避免过度反应、需要保持头脑冷静。

（4）对价格竞争怨恨和不理智的反应。在行业成熟期,价格战有时是不可避免的。有些管理人员甚至将价格战视为不体面或有失身份的,这种反应可能是相当危险的。尤其是当企业只有采取进攻姿态制定价格政策、建立长期低成本地位时。

（5）对行业实践中变化的怨恨和不理智的反应。行业实践中的变化,如市场技术、生产方法和批发商合同的性质等经常是转化中不可避免的组成部分。它们可能对积蓄发展潜力非常重要,但常常受到抵制。这种抵制行为可能使一个企业在适应新环境时严重落伍。

（6）过于强调"创新性的""新的"产品,而不是改进和积极地推销现存产品。虽然一个行业在早期和快速增长阶段的成功依赖于研究与开发新产品,但迈入成熟期往往意味着新产品和新应用更不容易获得。正确的方法是改变创新的方法和手段,不只局限于推出"新的产品"。

（7）以坚持"高质量"为借口而不去适应竞争对手侵略性的定价和营销行为。高质量可能是企业的重要力量,但当一个行业成熟时,质量差异有受到侵蚀的趋向。即使这种差异还存在,更有知识的客户也可能在过去买过产品的市场中选择更低价格以代替质量因素。许多客户抱持这样一种心理,即他们不需要拥有质量最高的产品。

4.6　成熟的组织含义

我们已经从战略高度讨论了一个企业如何调整其竞争重心使之与行业成熟期间发生的变化相适应。这可能要求企业更多地重视成本、客户服务并实施真正的营销行为。对于大幅度改善老产品、不断推出新产品的热情应该有所冷却。较少专注于"创造性"和更多地重视细节和实用主义通常是成熟行业的要求。

这些战略重点的转移明显要求对组织结构与机制的变化予以支持。有必要为了突出和控制业务的不同领域而设计机制。在成熟行业中可能要求更紧缩预算、更严格控制和新的以绩效为基础的激励机制,一切都要比过去使用的更正规化。对财务资产,如库存和应收账款的控制变得更重要了。

在部门、分公司之间必然经常出现更多的协调以使企业成本具有竞争性。例如,行业成熟意味着过去独立运行的地区性工厂必须联合起来并更好地协作,这不仅需要更新机制和流程,而且必须在工厂管理工作中做出重大转变。

企业可能对于这一系列变化存在抵制。正如前面所讨论的,对领先地位和高质量产品引以为豪的企业可能对进行"乏味的"价格竞争和进攻性市场营销有所排斥。在这些方面的竞争经常在组织内部受到强烈反感,从车间到销售人员都是如此。为成本而牺牲质量,以及为成本进行更紧密的控制受到抵制。另外,新的汇报要求、新的控制、新的组织联系和其他一些变化有时被视为个人自治的丧失和一种威胁。当企业进入成熟期时,必须准备重新教育和激励各个层次上的员工。

最高管理层也必须了解,随着行业向成熟转化而出现在组织中的激励气氛的细微变化:在转化之前的增长时期,员工得到提升的机会通常较大,员工激励程度较高,本能的工作满足感省去了以内部正式机制方式建立企业忠诚。然而在更成熟的竞争环境,企业增长放缓,发展平稳波澜不惊,员工勇当先锋的冲劲也日渐消失。这种变化给最高管理层带来了许多方面的适应困难。

(1) 对财务状况的期望下降。在管理者心中可接受的增长率和利润水平通常必须下降。如果管理者试图达到过去的水平,除非企业在市场上居于强有力的地位,否则它们很有可能采取对处于成熟市场上的企业的健康发展造成极大损害的行动。因为企业在过去的成功中已建立起财务业绩优异的传统,这种期望下降是一个困难的过程。

(2) 企业中更多的纪律限制。如前所述,成熟行业中所有常见的环境变化要求企业少一些松懈,多一些纪律,以执行其所选的战略。这种需要以有形或无形的方式遍布企业的各个层次。

(3) 对提升的期望下降。在更成熟的环境中,过去的人事提升率成为不可能。然而管理人员习惯上认为成功的标志是以原先的步伐升迁。许多管理人员在转变时期因此而离去,企业内最高管理层的压力可能极大。他们面临的挑战是如何发现新的方法去激励和奖励员工。这方面的压力使有些企业实行多元化经营以提供像过去那样的提升机会,但仅仅为这一原因而实行多元化是严重的错误。

(4) 对人的问题更加重视。在适应成熟行业的新环境和调整战略重心的过程中,可能需要在内部对人的问题予以更多关注。组织机制要求建立更多的企业认同和忠诚,在迅速发展时期采用的方法已不再适用,必须使用更多巧妙的激励方法。需要用内在的支持和鼓励代替外部刺激和过去的报酬方式,并为可能需要的艰难的企业气氛内部调整提供后盾。

(5) 重新集中化。行业成熟造成的成本控制压力,要求逆转过去在工厂这一层次及其他层次上创造自治的利润中心的举动。如果当初利润中心组织的设计是为了使增加新产品更容易或在行业发展时期开拓新市场,则这种重新集中化尤为迫切且正确。

回归更加功能化的变革强化了集中控制,能显著降低管理费用,也能增强部门间协作的可能性,在成熟行业中协作变得比颠覆式创新更加重要。

第五节 停滞或衰退行业中的竞争

从战略分析的角度来看,衰退行业是指在持续的一段时间里销售量绝对下降的行业。这种不景气不能诉诸经济周期或一些短期例外事件,如原材料短缺等,而是这些行业自然发展的最终结局。随着世界经济增速放缓、成本快速增加而引起的产品更新换代以及在某些领域如电子、信息和化学等持续不断的技术更新,行业衰退的情况已经变得更为普遍。

在产品生命周期模型中,衰退阶段的特点是市场销售量降低、产品类型减少、研发及广告费用降低和竞争者减少。在这个阶段里,一个被普遍接受的战略是收割战略,即取消投资并从该业务领域中最大限度地套现,随后以撤资告终。然而,衰退期的企业并不止这一种战略,本节将深入阐述。

从成熟到衰退是技术替代、消费者偏好的变化、人口统计的变化或外国企业竞争的结果。市场萎缩引发了尖锐的战略问题,它们中的大部分可以视为成熟行业特征的延续:

(1) 生产能力过剩;
(2) 缺乏技术变革(反映在缺乏新产品的推出和工艺技术的稳定上);
(3) 竞争对手数量下降,但一些新企业通过收购现有企业资产而进入;
(4) 物资和人力资源的平均年龄较高;
(5) 激烈的价格竞争。

虽然对那些不想在如此前景黯淡的条件下继续挣扎的竞争厂商来说,结束这场游戏的战略很多,如收割策略以获取最大的现金流、变卖所有货物或财产甚至破产等,但强大的竞争对手也可以在行业整体停滞的环境下获得很好的经营业绩,停滞不前的需求本身并不是使一个行业失去吸引力的充要条件。

企业的战略目标一般包括现金流、投资回报等财务标准以及销量、市场份额等销售标准。强大的竞争厂商可能有能力从实力比较弱的竞争厂商那里攫取销售额,同时实力较弱的企业被购并或退出也为其他企业提高市场份额创造了机会。

5.1 衰退阶段竞争的结构决定因素

1. 需求状况

竞争者观察到的或主观意识到的"需求量是否将持续减少"是影响终局竞争的最重要因素之一,如果企业相信需求可以回升或趋于平稳,它们可能将试图固守其现有位置并驻留在此行业中。如果市场需求事实上正在持续降低，而企业无视销售量降低而试图维持现有位置所做的努力有可能导致一场痛苦的战斗。即使面对同样的市场，不同的企业对未来需求的认识也不尽不同：一些企业预计需求持续下降而退出；一些企业可能预计需求有可能回升而继续坚持下去。证据表明，在衰退行业的历史中，企业在行业中的位置和退出壁垒影响它们对行业需求下降可能性的认识，企业越强大或退出壁垒越高，它们对前景越乐观。

2. 衰退的速度和形式

衰退速度越慢，企业越容易使用短期因素来解释所看到的衰退现象，使得行业对未来衰退的不确定性越大，不确定性又极大地加剧了这一阶段的不稳定。另一方面，如果需求急剧下降，企业很难证明乐观预测的合理性，导致行业整体悲观和衰退加剧。

此外，在那些产品对客户非常重要的行业中，如果一两个主要生产厂家决定退出市场或收缩生产能力，这将引发客户为能否继续买到这种关键产品的担忧，因而他们更倾向于更快地转向使用替代品，所以早期宣布退出的那些企业会严重地影响行业衰退速度。

3. 剩余需求的购买力结构

当需求下降时，剩余需求购买力的性质对于决定剩余竞争者的盈利性起主要作用，这种性质可以或多或少地为竞争者的获利能力提供有利的前景。例如，在雪茄烟行业里，一个主要的剩余需求是高价位细分市场。这部分需求不受替代品的影响，拥有的客户多对价格不敏感，而且这部分需求易于接受高档次的差异化产品，即使是在行业衰退时期，那些能够在这一细分市场中保持地位的企业仍能够获得高于平均水平的利润。

一般来说，如果剩余需求来自对价格不敏感的客户和一些价格谈判力量不强的客户，幸存者在终局竞争中是有利可图的，因为他们的转换成本很高。终局竞争的盈利性也将依赖于剩余需求对替代产品、对有实力的供应商的敏感程度，也依赖于移动堡垒，因为它使服务于剩余细分市场的企业免于受到那些从失去的市场中寻找出路的企业的攻击。

5.2 行业衰退的原因

1. 技术替代

行业衰退的一个原因是技术革新创造出替代产品，或者通过显著的成本与质量的变化而生产出本行业的升级换代产品。日益增加的替代产品通常会降低原产品的利润，同时也会降低销售量，进而威胁行业利润。如果在此行业中部分需求不接受或抵制替代品，对利润的副作用即可得到缓和。

2. 人口

另一个行业衰退的原因是购买这种产品的客户群规模收缩。在行业的各环节中，尤其是下游行业里,人口减少引起需求下降。作为其中一种衰退原因,人口并不与替代品的竞争压力同时出现,因此,如果生产能力有秩序地撤出受人口下降影响的行业,剩余的那些企业仍可像以前一样获利。总之,人口变化经常带来很大的不确定性,正如我们之前讨论的那样,在衰退阶段,对于竞争而言,它是不稳定的。

3. 需求的变化

由于社会或其他原因改变了购买者的需求和偏好,其对某种产品的需求可能下降。例如,雪茄的消费量下降很大程度上是由于雪茄的社会认可正在急剧下降。然而,需求的变化也可能具有很大的不确定性,就像对雪茄的需求一样,这种不确定性使许多企业继续预测需求的恢复。在衰退阶段,这种情况对衰退期的盈利性具有很大的威胁。

5.3 退出壁垒

在逐渐衰退的行业中竞争的一个重要因素是生产能力退出市场的方式。然而,正如存在进入壁垒,也存在退出壁垒,它使企业在衰退行业里继续竞争,即使只能从投资中获得低于正常标准的收益。退出壁垒越高,对于衰退期仍然继续留在行业中的企业越不利。

退出壁垒包括以下内容:

1. 耐用和专用的资产

如果企业某项业务的固定资产和流动资产或者二者同时对企业的特定业务是高度专业化的,这就降低了企业投资的清算价值,从而产生退出壁垒。因为专用资产要么必须卖给那些打算经营同种业务的企业,要么迅速贬值而必须被废弃。而希望把这些资产用到同种业务的买主通常很少,因为那些使得企业想在衰退市场上销售它的资产的原因不可能鼓励潜在的买主。

2. 退出的固定成本

退出的大量固定成本往往会提高退出壁垒。一个企业经常面临着大量劳动力安置成本。事实上,在一些国家如意大利,由于政府不赞同失业,退出的固定成本非常高。此外,当一个企业被注销时,在相当一段时间内必须使用许多高技能的经理、律师及会计师等,这些人力资源付出价值不菲。

3. 战略性退出壁垒

一般认为,多元化企业不存在单一业务的退出壁垒。但以整体战略的观点来看,如果这项业务对企业至关重要,它仍可能面临壁垒。

(1) 相互关联。这项业务可能是一个整体战略的一部分,这个整体战略关系到整整一组业务,而且这个业务的退出会损害整体战略的效果。这个业务可能是这个企业的标志或者形象的核心。其退出可能损害整个企业与主要分销渠道的关系,或者削弱总体购买能力。

（2）进入资本市场。退出可能降低资本市场对企业的信心，或者恶化其吸引潜在兼并者或购买者的能力。如果放弃的业务与整体业务有很大的关联性，放弃它就大大降低了企业的财务信用。

（3）纵向一体化。如果一项业务与企业中其他业务存在纵向联系，它对退出壁垒的影响取决于衰退的原因是影响整个纵向链还是仅仅影响某一环节。

4. 管理和感情壁垒

虽然上述退出壁垒是基于合理的经济计算，但是退出一项业务的困难似乎远远超出纯经济的范畴。一个又一个案例研究中凸显出来的一种考虑是管理层对业务的情感纠葛与投入，随之而来的还有他们对自身能力与成就的自豪感的怀念以及对未来的不安。

企业的历史与传统越悠久，该企业管理人员转向其他企业或职业的流动性越低，以上考虑在阻滞退出时就越严重。

5. 政府和社会壁垒

在有的情况下，由于政府对就业的关注和对当地社区的影响，关闭一个企业几乎是不可能的。即使在政府不正式干预的情况下，阻碍退出的社区压力和非正式的政治压力也可能非常高，这取决于企业所处的具体环境。

5.4 衰退阶段的战略选择

一般来说，那些在衰退行业中取得成功的企业所采取的战略主要有以下几种：

（1）采取聚焦战略，将目标集中于行业中那些增长最快的细分市场。停滞或衰退的市场与其他市场一样，也包括众多的细分市场。经常会出现这种情况，尽管整个行业处于停滞状态，但其中一个或多个细分市场仍会快速增长。敏锐的竞争厂商——它们将自己的精力集中于快速发展的细分市场上，并且在满足这些细分市场的购买者的需求方面表现突出，因而可以获得决定性的竞争优势。例如，哈根达斯冰激凌成功聚焦于高档冰激凌市场。在自来水笔行业，诸如万宝龙之类的企业在高质量自来水笔细分市场通过聚焦于企业高管实现了稳定的销售额和高额的利润。尽管雪茄市场整体处于衰退阶段，但高质量的细分市场产品获得了强有力的需求并赚取了利润。

（2）寻找替代性市场。例如，尽管采用晶体管之后，真空管正在被淘汰，但通用电气公司通过将真空管提供给高端音响和军队市场赚取了非常好的利润。

（3）强调以改善质量和产品革新为基础的差异化。不管是改善质量还是革新都可以通过创造新的重要的成长细分市场或者引诱购买者购买更高价的东西来使需求恢复、重焕生机。

（4）努力降低成本，成为行业中的低成本制造商。可能的成本降低行动包括：①从价值链上去除那些微不足道的活动；②将那些外部供应商可以以更低成本完成的活动外包出去；③利用能够压缩成本的电子商务技术再造内部流程；④合并没有充分利用的生产设施;⑤增加更多的销售渠道;⑥关闭低销量和高成本分销点;⑦剥离那些利润极低的产品。

(5) 收购竞争对手或引诱竞争对手退出,以便建立自身的领先地位。建立领先地位可以通过收购竞争对手实现,但更廉价的方法是引诱竞争对手退出。其手段包括:帮助降低对手的退出成本、发表对行业未来的悲观预测、增加未来的赌注、通过支持政府更加严厉的产业政策迫使竞争对手退出等。一旦获得领先地位,企业就可以从它的市场地位中获得整个衰退行业的全部残存利润,而在一些情况下,这也是相当可观的。

以上几个战略主题并不是互斥的。引入新的产品型号可能会创造一个快速增长的细分市场。同样,不懈追求提高经营和运作效率可以降低成本,从而吸引那些对价格敏感的客户。

5.5 衰退陷阱

(1) 未能确认衰退。企业对它们所处的衰退行业复苏前景过度乐观,由于漠视未来的不确定性,相当多企业仍未能客观地认识到衰退的前景,这或者是出于对行业的认同感或是对替代产品的眼光过于狭隘。高退出壁垒的存在可能也阻碍了管理者对环境的认识,既然悲观的信号令人苦恼,他们总是寻找乐观的信号。迈克尔·波特认为,许多看来最能客观地应对衰退过程的企业是那些同时参与替代行业的企业,它们对替代行业的前景和衰退的威胁有了更清醒的认识。

(2) 打消耗战。与具有高退出壁垒的竞争对手开战通常导致灾难。这使得竞争对手被迫对变化做出有力的回应,而且没有可观的投资,开战的发起者可能无法取得想象中的战果。

(3) 缺乏明显优势的收割战略。除非产业结构对衰退阶段极为有利,否则缺乏明显优势的企业采用收割战略常陷于崩溃。一旦服务恶化或价格增长,客户们迅速流失。收购过程中,重新出售业务的价值也下降了。竞争与管理的风险要求收割战略必须明白无误地证明其合理性。

第六节 零散行业中的竞争

零散行业是一种重要的行业结构环境,其中有许多企业进行竞争。没有任何企业占有显著的市场份额,也没有任何一个企业能对行业的发展具有重大的影响。一般情况下,零散行业由许多中小型企业构成,其中许多是私人控制的。使这些行业成为独特竞争环境的基本观念是:不存在具有左右整个行业活动的市场领袖。

零散行业存在于经济活动的许多领域中,尤其在如下领域十分普遍:服务业;零售业;分销业;木材和金属制作业。

6.1 供方零散的原因

（1）市场需求非常广泛和多样化，使得大量企业可以通过控制部分购买者的偏好和需求、覆盖必要的地理区域而比较容易共存。

（2）进入壁垒低。几乎对于所有零散行业来说，其总进入壁垒都不高，否则是不会有如此众多的小企业涌入的。

（3）缺乏规模经济效应。绝大多数零散行业都不存在规模经济或经验曲线的特点，因而规模化或经验积累并不导致成本的降低，或者行业本身并不需要特别的经验积累。这导致企业实现规模化，或者规模化的大企业并不比小企业更具优势，因而导致行业的零散。以龙虾捕捞业为例，其生产单位是单船，多船作业对降低捕捞成本的作用极小，因为全部船只都将在同一水域作业，其获得好的捕捞量的机会也相差无几，这样就形成了许多小作业者以几乎同样的成本在作业。

（4）某些重要方面的规模不经济性。在某些时尚行业，频繁地依赖于个体创新的产品样式和花色变化使得一些大企业比小企业的效率更低。向不同客户提供不同产品的多元化产品链，要求大量客户与厂家就小数量产品进行面对面协商，在大数据等技术全面走向实用前，这种情况对小企业比对大企业更有利。

如果管理运营中的就近控制和监督是成功的基本条件，则小企业可能具有一定的优势。在某些行业中，特别是娱乐、餐饮等，大量的就近人工监督似乎是一种要求。

当非标准化的人员服务是企业经营的关键时，小企业似乎更加有效。人员的服务质量和客户的感觉因人而异，似乎当企业规模达到某一界限时，人员提供的服务响应质量就要下降。当然，互联网和网络服务的飞速发展似乎将在很大程度上改变这种现象。

如果企业在当地的形象和本地合同是经营的关键，则业务覆盖范围较大的企业可能处于劣势。在某些行业，如铝制构件、建筑供应和许多分销业中存在这种情形，当然，大企业也可以通过本地化运作的分公司来解决这一问题。

（5）高运输成本。即使在规模经济的条件下，有时高运输成本仍限制着工厂的规模及生产地点选址，它可能抵消规模经济性。运输成本决定了工厂可以经济地运行的服务半径，在有些行业如水泥、液体钙、高腐蚀化工等，运输成本较高。在许多服务业中，运输成本也相当高，因为这些服务必须以客户为前提或客户必须前往提供服务之地。

（6）高库存成本或不稳定的销售波动。虽然在生产过程中可能存在内在的规模经济性，这种经济性可能会因为库存成本较大或销售波动而无法获得。在这种情况下生产只能忽高忽低，这与对大规模、资本密集、连续运行的设备的要求是相反的。同样，如果销售极不稳定且大幅度波动，拥有大规模设备的企业则不比较小的、更灵活的企业更有效。小规模、低专业化的设备和分销系统通常在转产方面比大规模、高专业化的企业更灵活，虽然在稳定运行情况下小企业的运行成本要高一些。

（7）多种市场需求。在某些行业中，客户的口味是零散的。每一个客户都希望产品有不同的样式,也准备(或能够)为这种要求付出代价,并且不愿接受更标准化的产品,因此对某一特定产品样式的需求很小,这种数量不足以支持某种程度的生产、分销或市场营销策略。有时,零散的客户口味起因于市场需求的区域或地区差异。

(8) 高度的产品差异化,特别是当这种差异化基于形象时。如果产品差异化程度很高,且以形象为基础,就可能限制企业规模、并形成维系低效企业生存的保护伞。大规模可能不符合某种排他的形象或使某种商标只为个人所有的愿望。与这种情况密切相关的是这样一种情况,即行业的主要供应商认为其产品或服务的渠道所具有的排他性和特殊形象有价值,例如表演艺术家可能更愿意与小规模的订票代理人或唱片商做交易,这种小代理机构或唱片商标,具有某些艺术家希望塑造的形象。

(9) 退出壁垒。如果存在退出壁垒,则收入支出持平的企业将倾向于在行业中维持,并因此求得巩固。退出壁垒有两方面的效果,一方面较高的退出壁垒阻止了大量企业的进入,另一方面较高的退出壁垒也维持了行业内企业的数量。

(10) 地方法规。通过迫使企业服从某些特殊标准或与地方政策要求协调一致的地方法规可能是造成产业零散的重要原因。

(11) 政府禁止集中。某些产业政策限制垄断,也可能会使某些行业长期保持零散状态。

(12) 购买者所需要的定制产品的量相对较小,或者对任何一种具体产品型号的需求都很小,所以销量就不足以支持大规模分销或市场营销。

(13) 行业的产品/服务市场日益走向国际化,使得来自越来越多国家/地区的企业可以进入同一个竞争市场。

(14) 根植于行业价值链中的技术沿着许多新的路径扩散到许多新的领域,以至于要跟上任何一个领域中的专门技能的发展都必须要实现专业化。

(15) 行业很年轻,并且拥有很多雄心勃勃的竞争者,因此,还没有哪一家企业拥有足够的资源基础、竞争能力和市场认可,从而可以占领相当大的市场份额。

有些零散行业会随着行业自身的逐渐发展和成熟而走向统一,在统一的过程中,实力弱小和效率不高的企业将被驱逐出局,从而行业的集中度提高。另外一些行业可能一直处于零散状态,因为它们的业务性质如此,还有一些行业会处于零散分割状态。

零散行业中的竞争可能一般,也可能很激烈。进入壁垒低往往容易使竞争厂商的进入成为一种持续性威胁。来自替代品的竞争可能成为,也可能不会成为一个主要的因素。零散行业中,企业相对较小的规模使得它们在同强大的供应商和购买者进行谈判时处于相对较弱的地位,不过它们在有些情况下可能进行合作,目的在于运用它们的联合优势,通过谈判协定出更好的销售额和购买条款。在这样的环境下,企业所能期望的最好策略是培养忠诚的客户群,以及实现略高于行业平均水平的增速。

6.2 零散行业的战略选择

(1) 市场建立和运作"公式化"设施。这种战略通常被经营很多分店的饭店和零售业采用,如 7-11、中百仓储等。

（2）低成本经营。如果价格竞争激烈,利润率经常面临严峻的考验,那么,企业可以强调无附属经营和运作。如此一来,杂项费用低,生产率高,劳动力成本低,资本预算低,有助于实现整体运作效率。零散行业中成功的低成本生产商在采取折价销售策略的同时仍然能够获得高于行业平均水平的利润。

（3）按产品类型进行专业化。如果一个零散行业的产品包括一系列款式或服务,那么,聚焦于某一种产品或服务的战略可能会很有效。家居行业中有一些企业只生产一种家具。

（4）按客户类型进行专业化经营。一家企业可以通过为那些对低价格、独特的产品属性、定制特色、舒适的服务以及其他"特别服务项目"感兴趣的客户提供服务的方式,选定某个特定的市场点。

（5）在有限的地理区域上聚焦。虽然零散行业中的企业不能获得整个行业销量的一个大的百分比,但是仍然可以尽力占领某个地理区域。将企业的努力集中在有限的地理区域,可以提高经营运作的效率,使送货及提供客户服务更迅速,提高品牌认知度,同时避免因为经营运作分散于更宽的地理区域而带来的非经济性。超市、银行、便利店和运动商品零售商能够在有限的地理区域成功经营。

6.3 克服零散

在零散行业中,如果某一企业能首先找到行业零散的关键点,并找到克服零散的战略,则更可能成为这一行业的领袖。一个行业可能因为本节前述的各种理由而处于零散状态,但其中一定有一到两个理由是最关键的。如果关键的集中壁垒能被克服,则该企业就可能成为这一领域新的垄断者。

牛肉业提供了一个零散行业的结构如何变化的好例证。这一行业早期由大量小牧场主构成,他们在一片土地上牧牛,然后运送到屠宰场。由于大量小牧场主的存在,这一行业早期不存在规模经济。但是技术进步使圈养成为一种催肥手段而被广泛应用。在谨慎控制的条件下,集中圈养已被证明是动物增加重量的更经济的方法,虽然进行集中圈养要求大量资金投入,而且在运行中显示出极其重要的规模经济性。结果是某些大肉牛饲养商如依阿华牛肉公司和蒙福特公司不断拓展业务,触角后延至饲料供应,前伸至屠宰制肉和分销产业。

6.4 集中的一般方法

克服零散的含义是:清楚造成零散结构的基本经济因素。一些克服零散的基本方法如下:

（1）创造规模经济或经验曲线。例如,在蘑菇养殖业中,为数不多的几个大企业进入这一行业并率先采用了复杂程序,通过传送带、温湿度控制和其他装置控制蘑菇生长,降低了劳动成本,并增加了产量。这种程序涉及显著的规模经济、资本投入和复杂的技术,并为在这一行业的集中提供了基础。

市场营销手段的变化也可能导致行业集中,例如电视作为营销的重要载体是日用零售品行业集中的重要促进因素;提供融资和服务的专营、全过程代理商的出现也具有类似的影响。

（2）使多样的市场需求标准化。例如,一种新产品可能引起客户一致的兴趣,一项设计变化可能戏剧性地改变某标准样式的成本,并导致客户对标准产品给予比昂贵的、定制样式的产品以更好的评价。此外,将产品模块化也可以使部件实现大量生产并由此得到规模经济性或降低经验性成本,同时保持最终产品的多样性。

（3）使导致零散的主要因素中立化或分离。例如,野营地和快餐这两个行业一般都依赖于严密的本地控制,它们传统上由小的、个别的地点组成,因为任何在营地或快餐方面的规模经济的潜在能力都被靠近客户的需要,或靠近许多主要公路或休假点的需要抵消。然而,在这类行业中,规模经济在市场营销和采购方面具有很重要的意义,特别是当实现了全国性饱和就可以使用全国范围内的广告媒介。在这两个行业中,零散通过采用向业主经营人出售各个独立地点的特许经营的方式而得以克服,业主经营人在一个全国性组织下进行经营,这个全国性组织负责提供品牌宣传、统一采购和其他服务。另一个使用特许经营克服零散的行业是房地产代理业。

在录音业中,采用的方法是既使用多种多样的内部标志或合同,又使用互相关联的总标志,即全部产品使用相同的唱片出版、市场营销和分销组织。每一个标志都是独立建立的,并努力与其艺术家建立个人联系,然而母公司的全部市场占有率可能是显赫的。

（4）通过收购获得临界批量。在某些行业中,获得显著的市场份额最终可得到某些利益,但因为导致零散的因素的存在,提高市场占有率极其困难。例如,如果企业的本地联系在销售方面非常重要,则采用入侵其他企业的领地的方式扩张就极其困难,然而,如果企业能达到某一市场份额的临界点,就可开始获得任何重要的规模优势,在这种情况下,通过收购而不是竞争的方式就可能成功。

（5）尽早发现行业趋势。有的行业在成熟时会自然发生集中,意识到这种趋势的企业可以采取先行一步的战略,这可能是克服零散的重要方法。

6.5 被胶着在零散状态的行业

许多行业的零散并不是由经济原因造成的,而是因为它们被胶着在零散状态。造成企业被胶着的原因很多。

（1）现存企业缺乏资源和技能。有时克服零散所需要的步骤很明显,但现存企业缺乏必需的战略投资资源。例如,企业可能在生产方面存在规模经济的潜力,但缺乏建立大规模设备的资本或专业技能,或缺乏纵向兼并所需的投资。企业也可能缺乏资金或技术去发展内部分销机构、服务系统、专门物流设备,或消费者商标特许权等可能促进行业集中的手段。

（2）现有企业目光短浅或自我满足。即使企业具有促进行业集中的资源，它们可能在情感上仍留恋于支持零散结构的传统行业实践，或感觉不到变化的机会。例如美国酿酒业长期以来是生产导向，几乎没有独立发展全国范围内的分销系统和品牌知名度。几个大的消费品和饮料厂商于20世纪60年代中期通过收购而进入这一行业，并彻底改变了行业的传统走向。

（3）未被其他外部企业注意。如果上述两种情况存在，由于外部企业缺乏对它的注意，某些行业仍将长期处于零散状态——尽管存在现成的集中对象，但没有被任何外部企业发现。未被注意的行业一般是那些缺乏吸引力或明显刺激的行业，它们一般太小或太新，以致不足以引起有足够克服零散的资源的大企业的注意。

如果一个企业能够发现一个行业中的零散结构是可以克服的，就可能提供非常重要的战略机会。因为结构的零散，一家企业可能以很低的代价进入这个行业。再加上不存在零散的基础经济原因，因此投资风险并不高。

6.6　潜在的战略陷阱

零散行业独特的结构环境造成以下特殊的战略陷阱：

（1）寻求支配地位。零散行业的基本结构决定了寻求支配地位是无效的，除非可以从根本上发生变化。除此之外，任何在零散行业中寻求支配性市场份额的企业通常注定要失败。形成零散的基本经济原因通常肯定会使企业在增加市场份额的同时面对低效率、难以实现产品差异化等问题。企图对所有的人在所有的方面占优势通常在零散行业中会导致竞争力量的脆弱性达到最大值，虽然当批量生产的成本优势和其他规模经济存在时，这种战略在其他行业中也可能会取得极大的成功。

一个典型的例子是Prelude公司，该公司曾经致力于成为"龙虾业的'通用汽车公司'"。它建立了一支昂贵的、具有先进技术装备的庞大龙虾团队，配备了内部维修和船坞设施，实行了包括运输车队和餐馆的纵向一体化。不幸的是，经济性决定了它的船队相比其他捕捞者在捕捞龙虾方面并没有明显的优势，它的高额管理费用和固定成本对于行业本身波动的脆弱性达到最大。高固定成本引起了小捕捞者的价格竞争，而小捕捞者并不按大企业通常的投资收益率目标去衡量收益，会长时间地容忍相对较低的收益率，结果是Prelude公司陷入财务危机并最终停止运行。Prelude公司的战略完全没有把握该行业零散的原因，因此其战略失败了。

（2）缺乏战略约束力。极其严格的战略约束力对于在零散行业中的有效竞争几乎总是必需的。除非零散的原因能被克服，零散行业的竞争结构总是要求市场集中或专注于某些严格的战略原则。执行这些原则可能要求有充分的勇气舍弃某些业务，也要求采用某些与传统经营企业的通常方式相对立的做事方式。一项无约束力的或机会主义的战略可能在短期内发生作用，但从长期来看这种做法通常使企业暴露于零散产业中常见的严峻压力之下。

（3）过度集中化。许多零散行业的竞争本质在于人员服务、当地联系、营业的近距控制、对波动及样式变化的反应能力等。在许多情况下，集中的组织结构与生产效率背道而驰，因为它延缓了反应时间，降低了地区水平的激励，造成熟练职员流失。尽管集中控制对管理零散行业中多数企业是有用的甚至是关键的，但过度集中可能是一种灾难。

类似地，零散行业的经济结构经常造成集中的生产和市场营销组织不存在规模经济，甚至是不经济的，因此这些领域中的集中化不是增强，而是削弱了企业。

（4）假设竞争者具有同样的目标和管理费用。零散行业的特殊结构意味着行业中有许多小型私营企业，另外业主经营者们也可能存在非经济动机。在这种情况下，设想这些竞争者具有一个股份公司通常所具有的管理费用结构或目标是一个严重错误，他们经常在家中劳动、使用家庭劳动力，避免了管理成本以及满足雇员利益的需要。同样，这类竞争者可能会对与股份公司相比来说很低的获利水平感到满意，他们可能对保持产量和为雇员提供工作机会比对获利能力更感兴趣，因此他们对价格变动或其他行业事件的反应与正常企业相比可能极不相同。

（5）对新产品的过度反应。在零散行业中，巨大的竞争者数量几乎总是使客户具有强大的力量。在这种情况下，一种处于生命周期较早阶段的产品经常作为激烈竞争形势的救星。随着需求的迅速增长和客户通常对新产品不熟悉，价格竞争并不激烈。这在零散行业中是一种很受欢迎的开端，企业投入大量资金作为回应。但是当成熟的第一个信号出现时，支持这种投资的利润却消失了。这样就存在对新产品过度迎合的危险，可能推高成本和管理费用，使企业在面对许多零散行业中都存在的价格竞争时处于不利的地位。虽然在所有行业中如何对待新产品都是一个困难的问题，但它在零散行业中显得尤其突出。

要点摘录

◆ 行业生命周期包括四个阶段：引入、成长、成熟和衰退。驱动行业生命周期前进的力量有两个：需求增长和知识的创造与传播。

◆ 主导设计和技术标准之间的竞争通常导致行业中出现一个占主导地位的设计——一种定义了产品的外观、功能和生产方式，并为行业整体所接纳的设计。主导设计的出现是一个行业进化的关键转折点，当行业出现主导设计后，就会产生从激进式创新到渐进式创新的转变，这样的转变标志着行业步入成长阶段。

◆ 随着主导设计建立而来的标准化在降低客户风险的同时，会鼓励企业转向生产能力的投资，这样行业的重点将从设计转移到生产过程，从而行业的创新转移到以流程创新为主，企业通过大规模生产方法寻求缩减产品成本和增加产品可靠性。

◆ 流程创新、设计更新和规模经济结合在一起可以降低成本，并且能更有效、快速地加快市场渗透。产业逐渐进入成熟阶段，随着知识的传播，客户关于行业和产品的认知渠道也更多，当他们对制造商产品的性能及特性更加了解后，也会对价格越来越敏感。

◆ 一个行业在不同的国家可能处于其生命周期的不同阶段。虽然欧洲、日本和美国的汽车行业已经进入衰退阶段的初期，但中国、印度和俄罗斯市场还处于其成长阶段。跨国公司可以利用这样的差异性，在不同的国家创造持续的利润。此外，产业生命周期在某些情形下还表现为产业边界的演变，例如个人电脑行业从 PC 端到移动端的演变等。

◆ 新兴行业的特点是其产品有着多种类型，这反映出技术和设计的多样性，且客户的需求也很不一致。成长和成熟阶段的标准化增加了产品的异质性，厂商进行差异化设计的空间越来越小，新产品越来越成熟，导致价格日益成为买方进行选择的主要因素。

◆ 在引入阶段，产品创新是初始进入和后续成功的基础。但是不久之后，要想取得成功需要更多的其他因素。当第一代产品发展到后续阶段，投资倾向日益增长，财务资源变得越来越重要。

◆ 一旦进入成长阶段，企业需要使它的产品设计和生产能力适应大规模生产，研发、工厂设备以及销售方面的投资会很高。为了利用日益增加的生产能力，分销渠道的建设变得至关重要。与此同时，企业成长施加的压力催生出对内部管理的需求。

◆ 在成熟阶段，竞争优势日益演变为追求成本效率，通过规模经济、低工资和低企业运行成本实现成本效率变成获取成功的关键因素。

◆ 新兴行业中的企业战略及其商业模式还没有得到证实——什么是有发展前途的商业概念、什么战略可能创造出富有吸引力的营业利润等，都没有经过验证。

◆ 新兴行业中通常存在很高程度的技术不确定性。什么产品结构被证明是最好的？何种生产技术将是最有效的？对于几种具有竞争性的技术中心，哪种将获胜，以及哪些产品属性将对获得购买的青睐产生决定性影响？以上问题还没有达成共识。在市场力量将这些因素确定之前，企业之间的产品质量和性能一般都存在很大的差异，竞争的核心是各个企业都致力于使市场认可自己的技术、产品设计、市场营销和分销等。

◆ 在新兴行业中，由于市场是新的，尚未成形，因此对于行业的运作方式、行业的成长速度以及行业的未来容量和规模等存在许多观点。关于购买者将会以多快的速度对使用新产品感兴趣以及他们愿意为此付出多高的价钱等问题，还存在许多猜测。因而，行业内厂商经常试图采用广泛的战略方法以及采用不同的产品结构和不同生产方法进行赌博，同时，在产品/市场定位、市场营销和服务方面，不同的企业仍在摸索。

◆ 新兴行业中的企业通常面临的两个问题是：①在企业销售额和收入攀升之前如何为业务提供初始资金支持？②如果要取得领先地位，企业应该寻求哪些细分市场和竞争优势？

◆ 对一个新兴行业来说，与行业得到发展后相比，其移动壁垒的结构经常可以被预见到是大不相同的。企业必须准备为维护自身的地位而不断发掘新的方法，必须不依赖于专有技术或独特的产品种类等，即使它过去是成功的。对变化的移动壁垒做出反应可能涉及投入比早期阶段更多的资金。

◆ 在新兴行业中进行竞争的一个重要战略选择是正确的进入时机。早期进入（或先驱）涉及高风险，但另一方面其进入壁垒可能较低，并有望实现高收益。

◆ 虽然处于新兴行业，对竞争者做出有力反应可能是适当的。但企业更需要关注的是致力于提升自身力量和将整个行业做大，甚至鼓励某些特定企业进入也是适宜的。

◆ 动荡、高速发展市场的特征有：产品生命周期很短（因为新一代产品推向市场的速度很快）；一些重要的竞争对手进入该行业，竞争对手不断采取新的竞争行动（包括通过收购和兼并的方式建立更加稳固的地位）；购买者的需求和期望迅速变化等。这要求企业赶在变化之前做好准备，即需要目光向前看，分析有可能发生的情况，然后为未来做好准备。这包括研究购买者的行为、需求、期望，深入了解有关市场是如何发展变化的，然后提前准备必要的产品和分销能力。

◆ 成熟有很多标准，比如说当一个行业中几乎所有的潜在购买者都已经成为行业产品的使用者的时候，就可以说这个行业成熟了；市场需求主要是针对现有使用者的更换性销售，其发展取决于行业吸引新的购买者并说服现有购买者更多使用等。

◆ 迅速增长容易粉饰战略错误，使大部分企业（如果不是全部的话）得以生存甚至财务上大为成功。在行业新兴期，多种战略可以并存。但是，在行业成熟期，战略上的草率往往迅速被揭示出来。其间，产品组合合理化、正确定价以及成本分析日益重要。

◆ 在行业成熟期，企业除了对行业、竞争对手的假设不再有效，对于客户、供应商的原有假设也不一定有效。然而，转变这些建立在过去实际经验基础上的假设有时是一种痛苦的过程。此外，这种转变也伴随着各种陷阱。

◆ 虽然对那些不想在这样前景黯淡的条件下继续挣扎下去的竞争厂商来说，结束这场游戏的战略很多，如收割策略以获取最大的现金流、变卖所有货物或财产以及破产等，但强大的竞争对手也可以在行业整体停滞的环境下获得很好的经营业绩，停滞不前的需求本身并不是使一个行业失去吸引力的充要条件。当需求下降时，剩余需求购买力的性质对于决定剩余竞争者的盈利性起主要作用，这种性质可以或多或少地为竞争者的获利能力提供有利的前景。

思考题

1. 行业生命周期包括哪几个阶段？其驱动力量是什么？
2. 行业生命周期中主导设计的出现标志着什么？
3. 行业生命周期在每一个阶段的特点是什么？
4. 在新兴行业中竞争遇到的主要挑战有哪些？
5. 新兴行业中的消费者利益体现在哪些方面？
6. 动荡、高速发展市场上的竞争有什么特点？
7. 产业走向成熟的标准是什么？

第七章

其他重要的战略战术

>> 学习要求

- 战略联盟以及组建战略联盟的常见原因
- 平台战略
- 兼并和收购的动机
- 纵向一体化、前向一体化、后向一体化
- 纵向一体化如何获取竞争优势以及价值增值
- 纵向一体化的战略劣势
- 横向一体化的概念
- 横向一体化收益的来源
- 横向一体化的风险
- 外包

第一节　战略联盟和合作伙伴关系

世界经济的全球化发展趋势,大量领域内的技术革新以及在亚洲、拉丁美洲和欧洲市场上正在不断出现的新的市场机会,都使得某种形式的战略合作伙伴关系成为一个企业竞争力的不可缺少的一部分。

进入21世纪以来,世界各地各个行业中的企业都纷纷组建战略联盟建立合作伙伴关系,以求在各自的战略行动方面具有互补效应,并加强自身在国内国际市场上的竞争力。这与过去做的恰恰相反,过去大多数企业都喜欢独行,都深信自己已经拥有了在市场上取得成功所必需的资源和技巧,并且能够独立地进一步发展。

即使是规模最大、财力最雄厚的企业也得出这样的结论:既要为争夺在全球市场上的领先地位而展开竞争,又要争取在未来行业中占有一席之地。这就要求企业拥有比在它们单独生产和管理的情况下更加多元化和广泛的技能、资源、技术性专业知识和竞争潜力。这类企业以及那些缺乏追逐市场机会必需的资源和竞争力的企业发现,能够弥补这种差距的最快的方法是与那些拥有相应资源和竞争力的企业建立联盟。同样,这些企业也会加入到更多的战略联盟或合作伙伴关系中。通过建立这种关系,两方或更多的联合力量可以使得各参与方都能获得有益的战略成果。

战略联盟是企业之间的一种合作协议。根据这种协议建立起来的关系超越了一般的企业间关系,但它不是一种合并关系,或者说也不是拥有正式所有权关系的集团企业。

1.1　战略联盟的重要性

事实上,战略联盟对于许多行业中的企业来说如此重要,以至于已经成为当今企业整体战略的核心要素。例如在个人电脑行业,战略联盟相当普遍,因为个人电脑的不同组件及其运行所需要的软件都是由许多不同的企业提供的:一些企业提供微处理器,一些企业提供主板,另一些企业提供显示器,还有的提供磁盘驱动器或存储芯片等,并且它们的生产设施都分散在世界各地。不同的国家和地区在产品开发、供应链以及新产品的推出时机选择等方面都需要密切合作。

英特尔公司已经与大量的个人电脑组件制造商、软件开发商建立了密切的合作伙伴关系,共同开发新技术、共同向市场推出新产品,这样客户在使用英特尔公司新一代微处理器作为运行平台的新型电脑时才能得到最大的收益。如果没有英特尔公司同其他关键的电脑组件制造商和软件开发商在新产品和新技术研发方面广泛的合作,在新电脑硬件和软件产品问世的时候,必然会出现各种各样的瓶颈现象、延误和不兼容问题,这些都将大大削弱个人电脑使用者通过使用英特尔公司的最新芯片而带来的利益,并降低英特尔公司的销售额。

1.2 战略联盟优势的来源

战略联盟的价值并不来自协议或交易本身,而是来自合作各方所具有的能力:有效合作,共同回应它们即将面临的技术和竞争方面的意外情况、新的市场发展状况以及在战略和竞争环境方面出现的各种变化。战略联盟几乎总是意味着不断发展变化的关系,其收益和竞争价值从根本上来说取决于彼此之间的学习。随着时间的推移,所展开的有效的合作已经成功地适应了各种行业变化。最好的战略联盟是极具选择性的,它们通常会集中于价值链的某些特定活动上以及获得某种竞争利益上。如果一家企业通过战略联盟得到的联合资源和能力获得了超越竞争对手的特别的优势,那么战略联盟的竞争优势就出现了。

(1) 企业组建战略联盟最常见的原因就是进行技术合作或合作开发有前景的新产品,填补它们在技术和制造能力方面的缺口,共同培养新的能力,提高供应链的效率,获得生产或市场营销方面的规模经济,以及通过合作营销协议获得或改善市场准入。

(2) 通过与当地合作伙伴的战略联盟获得关于自己不熟悉的市场和文化的信息。例如,想在快速增长的中国市场上建立起自己市场地位的海外企业,可以通过与中国企业建立合作伙伴关系来解决与政府法规有关的事宜,同时还可以获得本土市场的支持和指导,以使自己的商品更加符合中国消费者的购买偏好,还可以建立起本土的生产制造能力,有助于开展分销、营销和促销等活动。

(3) 与此同时,中国企业通过与海外企业的合作,可以以更快的速度掌握新技术并积累新的专业知识和能力。

(4) 通过将自己的能力与合作伙伴所具有的专业知识和能力融合在一起,在目标行业中可以迅速积累竞争优势、发掘更多的机会。

(5) 制造商通常追求同零配件供应商建立联盟,目的在于改善供应链管理的效率以及加快新产品推向市场的速度。通过合作生产零配件、组装模型或营销联盟企业的产品,企业可以实现单靠自己的小规模达不到的成本节约。

(6) 组建战略联盟还可以共享分销设施和特约经销商网络或者联合促销能够互相补充的产品,从而拓宽到达客户的渠道,并充分有效地利用它们在前向渠道分销方面的投入。比如默克公司和强生公司结成战略联盟,默克公司研究开发治疗胃病的药物,而强生公司则主要承担推销的职能。联合航空、美洲航空同国际旅游企业也建立战略联盟,从而向客户提供低成本的飞行、租车、住宿和度假等一揽子服务。

(7) 在一些行业中技术发展的速度很快,而且会沿着许多不同的路径发生。一项技术上的进步往往会影响其他技术的发展。一旦行业中的许多领域同时出现快速的技术变革,各企业就会发现,即使是想要在它们自己的专业领域内处于技术和产品性能的优先地位,同其他企业建立合作关系也具有非常重要的意义。

1.3 战略联盟的不稳定性

一个战略联盟是能经得住时间的考验还是最终以解体而告终,取决于以下因素:战略联盟各方能够在多大程度上进行很好的合作;它们是否能够对不断变化的内外环境做出反应;以及在必要的情况下双方重新进行协商谈判的意愿。一个成功的战略联盟需要在一个战壕并肩作战,而不仅仅是交换意见,除非合作各方都重视彼此为联盟所带来的技巧、资源及所做的贡献,并且有关的合作协议能带来双赢的结果,否则战略联盟注定要失败。

安达信咨询公司 1999 年的一项研究表明,61% 的战略联盟要么是彻底失败,要么是没有什么价值,很多战略联盟撑不了几年就解体了,造成这种高分裂率的原因有很多:目标和优先行动选择方面的分歧,不能更好地进行合作,更有吸引力的技术手段的出现等。经验表明,战略联盟可以有效地帮助一家企业减少竞争劣势,但是,战略联盟很少被证明能够成为企业获得竞争优势的持续性机制。

战术7-1

平台战略

平台战略目前出现在各种行业中,包括社交网络、电子商务、包裹快递、信用卡、第三方支付、搜索引擎、在线游戏、地产开发、商品现货和期货交易所以及航空陆路交通运输等诸多领域。目前,在全球最大的 100 家企业里有 60 家企业的主要收入源自平台商业模式,其中包括苹果、思科、花旗、谷歌、微软、日本电报电话、时代华纳、UPS 及沃达丰等著名公司。在中国,诸如淘宝、百度、腾讯、上海证券交易所和盛大网游等企业同样是通过平台商业模式获利并继续扩大版图的。概括地说,平台商业模式是指两个或更多特定群体为他们提供互动机制,满足所有群体的需要并巧妙地从中赢利的商业模式。

一个成功的平台企业并非仅提供简单的渠道或中介业务,平台商业模式的精髓在于打造一个完善的、成长潜力强大的生态圈。它拥有独树一帜的精密规范和机制,能有效激励多方群体之间互动,达成平台企业的愿景。纵观全球许多重新定义行业架构的企业,我们往往会发现它们成功的关键——建立起良好的平台生态圈,连接两个以上的群体,改变、打碎或重整既有的产业链。苹果公司就是一个经典案例,它以全新的方式对行业进行重组,聚合音乐、出版、电信等各个环节,甚至创造出新的跨界行业。

平台生态圈的一方群体,一旦因为需求增加而壮大,另一方群体的需要也会随之增长。如此一来,一个良性循环机制便产生了,通过此平台交流的各方也会促进对方无限增长。而通过平台模式也可达到战略目的,包括规模的壮大、生态圈的完善乃至对抗竞争对手,甚至是拆解行业现状,重塑市场格局。

互联网为平台概念的产生提供了前所未有的契机,并使其以令人难以置信的速度和规模席卷全球。比如,对于音乐、小说、电影等感官式的体验性产品来说,互联网的兴起使复制成本几乎下降为零。同样对于众多行业而言,互联网也大大降低了经销成本,这使平台企业所搭建的生态圈以前所未有的速度扩张。学会正确运用平台战略的企业将会颠覆原有的行业价值链。盛大旗下的起点中文网便是一个很好的例子,它连接了作家与读者这两个原本处于行业价值链两端的族群,取代了出版商、经销商、零售商的角色,打碎并重组了整个行业结构。

第二节 兼并与收购

兼并与收购战略也是经常使用的战略选择。当战略联盟与合作伙伴关系不足以使一家企业获得必要的资源和能力的时候,这种战略尤其适合。在这种情况下所有权比合作伙伴关系更持久,使得购并活动参与方的经营活动密切联系在一起,从而形成更多的内在控制与自主权。兼并是将参与者平等地整合在一起,通常会组建一家新的企业、采用一个新的名字;收购则是指某一家企业会购买或吸收另一家企业的经营权。

很多兼并和收购都是受以下五个战略目标的驱使而形成的:

(1)收购企业为获取更多的市场份额铺平道路,或者更进一步通过企业合并、关闭高成本的工厂和淘汰行业内的多余生产能力以获得更高效率的运营。例如,戴姆勒-克莱斯勒的合并主要是考虑到,从全球来看,汽车行业的生产制造能力显然大大超出所需。戴姆勒-奔驰公司和克莱斯勒公司的管理层相信通过关闭一些工厂和裁减工人、确定哪些产品应当在哪些工厂生产以及合并双方的供应链活动、产品设计和行政管理,两家企业的效率就可以大大提高。有大量的企业收购希望实现的目标就是将两家或更多高成本的企业转变为成本水平中等或低于平均水平的精益型企业。

(2)拓展企业的地理覆盖区域。有扩张想法的企业会采取战略收购临近地理区域的本土性企业,通过收购战略成功增长的企业会成为一个地区性的市场领导者,或者还可以成为一家覆盖全国市场的企业。完成收购后,通常收购企业会尽力降低被收购的本土企业的运营成本并提高其向客户提供服务的能力。

(3)丰富企业的产品线或者进入新的国际市场。百事公司公司收购桂格麦片公司主要是想将其佳得乐品牌补充进百事公司的系列饮料产品中;百事公司的菲多利公司已经进行了一系列的外国休闲食品公司的收购以在国际市场上塑造更加强大的形象。像雀巢、卡夫、联合利华和宝洁这些致力于夺取全球市场领先地位的企业,已经将收购作为其战略的一个内在部分,以拓宽它们的地理覆盖区域并丰富竞争市场上的产品种类。

(4)更快地获得新技术以避免耗时的研究开发投入。这种收购战略是在新兴市场上快速建立有吸引力地位的手段,这类企业需要弥补技术差距、在某些确定的新方向上拓展它们的技术能力,以便在开发下一轮产品或服务之前进行准确的定位。例如,思科公司收购了超过75家技术公司,以拓宽公司的技术范围和产品线,因此大大巩固了其作为世界上最大的互联网基础设施的系统供应商的地位。英特尔公司从1997年以来已经完成了超过300项收购以拓宽其技术基础,这使其成为互联网技术的主要供应商,并使其在向个人电脑提供微处理器方面更加独立。

(5)努力建立起一个新的行业,对一些行业边界由于技术和市场机会的变化而越来越模糊的行业进行整合。在这样的收购中管理层相信一个新的行业将要产生,并希望通过将几家不同企业的资源和产品组合在一起以在这一新行业中建立起领先地位。例如,美国在线与媒体巨头时代华纳的合并,合并双方均相信所有的娱乐内容将最终转变为同一个行业并通过互联网传播。

除了以上这些目标,还有一些收购的例子表明企业是借助收购填补资源的不足。但更为经常的是兼并与收购战略并不总是会产生预期的结果。将两家企业,尤其是两家大型企业复杂的经营运作活动合并到一起,往往会遇到来自组织中普通成员的难以克服的阻力、管理风格和企业文化方面难以解决的冲突以及整合方面极为棘手的问题。预期的成本节约、专业知识共享以及进一步提高的竞争力,可能需要比预想更长的时间才能成为现实。最糟糕的情况是,这一切可能永远无法实现。整合两家大型的或者文化差异比较大的企业的运营是很难成功的。实践证明,只有少数采用兼并和收购战略的企业能够对将哪些东西遗弃、将哪些东西融合进自己的运营和制度做出持续的正确决策。在规模大体相等的企业兼并中,两家企业的管理层常常会陷入有关谁最终拥有控制权的战斗。

大量让人拍手叫好的购并案最终都落到不尽如人意的地步。美国在线和时代华纳、戴姆勒-奔驰公司和克莱斯勒公司、惠普公司收购康柏公司以及福特汽车公司收购捷豹汽车公司都是这样的结局。美国在线和时代华纳的合并被证明基本上是一场灾难,部分是由于美国在线的快速成长已经风光不再,部分是由于企业文化的剧烈冲撞,还有部分原因是绝大部分的预期利润没有实现。福特汽车公司付出了可观的价格收购了捷豹汽车公司,但仍然没有实际成为豪华车细分市场上可以与梅赛德斯、宝马和劳斯莱斯等品牌展开竞争的大品牌。

第三节 纵向一体化

纵向一体化指的是将企业的活动范围后向扩展到供应源或者前向扩展到最终产品的最终用户。因此,一种观点认为:如果一个制造商投资兴建一定的设施来自己生产某些先前从供应商那里购买的零配件,实际上这个制造商依然还没有超出原来行业的边界,唯一的变化是在行业的价值链体系之中企业的业务单元跨越了两个阶段。类似地,如果企业进行前向整合——开设多家零售店将其产品直接卖给消费者,那么这家企业的竞争范围在行业的价值链中向前扩展,但是它依然还在原来的行业之中。另一种观点认为,纵向一体化还是超过了原有狭窄的产品领域,虽然企业可能仍然处于原有的大的行业之中,但至少已经跨越了若干细分领域,因而总体上属于多元化的一种。本书认为纵向一体化属于一种特殊的多元化。

纵向一体化,可以是参与行业价值链的所有阶段的完全一体化,也可以是部分一体化。采用纵向一体化战略的企业,可以通过两种方式来扩张其业务:一是向后扩张,进入原材料生产领域(后向一体化);二是向前扩张,进入使用、分销或者销售领域(前向一体化)。一家企业进行纵向一体化的方式可以是在行业活动价值链中的其他阶段自己创办有关的经营业务,也可以购并一家已经开展某些活动的企业。

3.1 纵向一体化的战略优势

巩固企业的竞争地位或者获得更加丰厚的利润,这是企业动用自己的资源进行一体化经营的一个唯一充足的理由。如果纵向一体化所产生的成本节约不足以保证额外的投资回报,或者不能从本质上增强技术能力和竞争力,或者不能真正提高企业产品的差异化程度,那么无论是从利润角度来讲,还是从战略角度来讲,纵向一体化战略就是失败的。

3.1.1 后向整合以获取更大的竞争力

后向整合只有在下列情况下才会带来成本节约:

(1) 需求量很大,足以获得供应商所拥有的规模经济,并且在不损害质量的前提下,可以赶上或者超过供应商的生产效率。

(2) 供应商拥有相当可观的利润率,由供应商供应的产品构成主要的产品成本。

(3) 进行后向整合所需要的技术技能,很容易被掌握或者可以通过收购掌握相应技术的供应商来获取。

在有些情况下,后向整合可以大大提高企业的技术能力,使其拥有在未来行业领域占有一席之地的专业知识,进而可能产生以差异化为基础的竞争优势。后向整合在很多情况下能够提高产品或服务的质量,增强企业客户服务的能力,或者能够从其他方面提高企业最终产品的性能。在整个价值链中通过整合进入更多的产业链环节可以增强企业的差异化能力,因为通过后向整合企业可以建立或加强核心能力,更好地掌握关键技能或对战略起关键作用的技术,或者增加那些能够提高客户价值的特色。

后向整合还可以排除依靠供应商来提供关键零配件和支持服务所带来的不确定性,降低企业在面对那种利用一切机会抬价的强大供应商时所面临的脆弱性。如果一家企业处在其供应商客户优先排序的靠后位置,那么它很可能就会发现每一次都得等待供应商的送货,如果这种情况经常发生,并且给企业自身的生产活动和客户关系活动造成了重大破坏,后向整合就是一个很有利的战略解决方案。

3.1.2 前向整合以获取更大的竞争力

前向整合的驱动因素与后向整合的驱动因素基本相同。很多行业中独立的销售代理商、批发商、零售商都与同一产品的各种竞争性品牌打交道,它们并不承诺只销售某家企业的品牌产品,而往往是销售所有可能销售的产品,以赚取最大的利润。分销商和零售商的这种不真心的承诺可能会打消企业努力提高销售量和市场份额的积极性,导致企业的库存成本高昂,无法使企业保持其经济性并确保生产能力基本上得到全部利用。在这种情况下,制造商会发现下述做法可能比较有优势:设立自己的分销机构,特许特约经销商、网络零售连锁店前向整合进入批发或零售领域。

3.2 通过纵向一体化实现价值增值的几种常见形式

1. 促进专用资产投资

专用资产是指用来执行某一特定任务,而在次优用途上其价值将显著降低的资产。这项资产可以是一个对某企业有特定用途的设备,或者员工通过培训获得的专业知识和技能。企业之所以投资于专用资产,是因为这些资产可以使它们优化成本结构或者更好地实现产品差异化。例如丰田汽车公司投资于高度专业化的技术,从而使企业开发出质量比竞争对手更高的产品,苹果公司也是如此,由此专用资产可以帮助企业在业务层面获得竞争优势。

正如企业将投资于本行业内的专用资产用来构建竞争能力一样,供应商也有必要投资于专用资产来生产某一特定企业需要的投入品。通过投资于这些资产,供应商可以生产高质量的投入品,从而给客户带来差异化的优势;或者可以以更低的成本生产投入品,进而能向客户索取更低的价格来保持业务,然而要说服处在从原材料到客户的价值增值链上相邻阶段的企业,让它们投资于专用资产往往是比较困难的。为了获得专用投资带来的利益,一家企业常需要进行纵向一体化,进入相邻行业并自我投资。

设想一下,福特汽车公司开发了一种独特的燃料注入系统,这种系统可以大幅度地提高燃料利用率,从而将福特汽车公司生产的汽车与竞争对手的汽车区别开来,福特汽车公司借此获得了竞争优势。福特汽车公司这时需要决定是自行生产该系统(纵向一体化),还是将该生产任务外包给一个独立的供应商来生产。生产这种新系统需要大量投资于专用设备,而这种专用设备又只能为一种目的而使用,换句话说,由于它的独特设计,这种设备不能用于其他任何制造商。因此,这是一种专用资产的投资。

2. 提高产品质量

通过进入价值增值链其他环节的行业,企业可以提高核心业务的产品质量,加强其差异化优势。香蕉行业的情况说明了纵向一体化在保持产品质量方面的重要性。历史上进口香蕉的食品公司所面临的一个问题是进口香蕉的质量不可靠,送到本国货架上的香蕉要么熟透了,要么不够熟。为了解决这一问题,像莫里斯集团这样的美国主要食品公司进行了后向一体化,收购了香蕉种植园。它们可以通过对香蕉的供应进行控制,选择在最佳的时间来销售统一质量标准的香蕉,从而更好地满足客户需求。一旦客户知道他们可以信任这些品牌的质量,就会愿意支付更高的价格来获得该产品。通过后向一体化取得香蕉种植园的所有权,企业赢得了客户信任,这反过来使得其可以索取更高的价格。

企业也可以考虑促进前向一体化。如果要保持复杂产品必要的售后服务标准,拥有零售店就是必要的。例如20世纪20年代柯达公司通过自己的零售店来分销摄影器材,因为它认为没有多少零售店具有销售和售后服务的技术。截至30年代,柯达公司认为它不再需要拥有自己的零售店了,这是因为其他零售商已经开始能够为柯达公司的产品提供满意的分销和服务,于是它选择从零售业中退出。

3. 优化顺序

当纵向一体化带来更快、更容易和更具成本效率的计划、协调的时候,一些重要的战略优势可能由此获得。典型地,当企业想实现JIT存货系统的好处时,纵向一体化战略可能是至关重要的。例如20世纪20年代福特汽车公司的后向一体化就允许其从生产线紧密的协调和安排中获利,福特汽车公司后向一体化进入到钢铁铸造、铁矿运输和铁矿开采行业,使其运送能力进一步协调,卸在大湖区福特钢铁铸造厂的铁矿石在24小时之内就被加工成发动机组,这优化了福特汽车公司的成本结构。

在很多情况下,纵向一体化能够带来运营计划的改进,也能够使企业更好地应对一个特定产品供求的迅速变化。例如,如果需求下降了,企业能够迅速削减零部件的生产;而当需求上升的时候,企业能够迅速扩充产能,将自己的产品迅速推入市场。

3.3 纵向一体化的战略劣势

纵向一体化也存在明显的缺陷。具体如下:

(1) 增加企业在行业中的投资,从而增加商业风险,有时甚至还会使得企业的资源不能被调配到更有价值的领域。

(2) 不管是前向一体化还是后向一体化都会迫使企业依赖自己的业务活动,而不是外部的供应源,这样一来企业所付出的成本可能随着时间的推移而变得比外包的成本更高,而且纵向一体化还可能会降低企业在满足客户对产品种类方面的需求的灵活性。

(3) 当技术迅速变化时,纵向一体化可能会把企业锁定于陈旧、无效的技术,制约企业的发展。例如,索尼公司早先采用后向一体化战略,生产用于电视和电脑显示器上的已经过时的阴极射线管(CRT),奠定了其在该领域的领先地位,但由于索尼公司锁定在过时的CRT技术上,它很晚才认可未来的宽屏LCD技术。索尼公司对改变技术的抵制迫使它进入与三星公司的战略联盟,将三星公司提供的LCD屏用在电视上,结果索尼公司失去了原有的竞争优势导致大部分市场份额的丢失。

(4) 纵向一体化还会引起平衡价值链上各个环节的生产能力的问题,例如就摩托车制造业务而言,制造轮轴的最有效的生产运作规模与制造散热器的最有效的生产运作规模就不同,与制造发动机和动力传送器的最有效的生产运作规模也不同,要生产相同数量的轮轴、散热器、发动机和动力传送器,并且确保每一部件的生产都控制在最低的单位成本水平上,这只能是一种例外情况,而不是一般情况。

(5) 不管是前向整合还是后向整合都需要拥有完全不同的技能和业务能力。零配件的生产装配、批发、分销与销售以及通过互联网直接销售等是不同的业务,需要具备不同的关键成功因素。投入大量的时间和资本来开发专有技能和特许经营技能,以便前向整合进入批发、零售领域或后向整合进入原材料供应领域,生产制造企业的管理者必须谨慎考虑这样做是否有很大的商业价值。

第四节 横向一体化

单一行业经营,可以使企业集中全部技术、资源与能力成功地参与单一领域竞争,这对那些快速成长和变化的行业来说尤其重要,因为这些行业中的企业可能需要大量的资源和能力,同时通过建立竞争优势而获得的长期利润可能也是非常显著的。

单一行业经营的第二个优势是"恪守主业",也就是说企业只待在自己最了解和最擅长的业务中,这样企业就不会犯如下错误:进入企业现有资源和能力难以有效创造价值的新行业,以及进入新行业所遭遇的一系列全新且具备竞争能力的行业力量,如新竞争对手、供应商和客户所带来的始料未及的威胁。与许多其他企业一样,可口可乐公司曾出现过这种战略错误。可口可乐公司曾经决定进军电影行业,因而收购了哥伦比亚影业公司,它还曾收购过一个大型葡萄酒生产商。但它发现由于自己缺乏在新行业中参与竞争的能力,也未能预见到这些行业中存在着像派拉蒙影业公司和嘉露酒业制造商等不同类型的竞争力量,因而这些新行业侵蚀而非创造了企业价值,并降低了企业盈利能力,因此它最终赔本卖掉了新业务。

与单一行业经营不同,横向一体化(Horizontal Integration)是企业为了获得规模竞争优势,而收购或兼并竞争对手的过程。

4.1 横向一体化的收益

在进行横向一体化的时候,管理者决定将企业的资本用于购买行业内竞争对手的资产,并将此作为提高企业单一业务模式盈利能力的一种方式。当横向一体化能够:①降低成本结构;②提升产品差异化;③复制商业模式;④降低行业内竞争强度;⑤增强企业相对于供应商和客户的议价能力时,企业的利润和盈利能力才会得到提高。

1. 降低成本结构

横向一体化之所以能够降低企业的成本结构,是因为它可以创造持续增加的规模经济。假如有五个主要的竞争对手,且每一家企业都在某一地区经营一家工厂,而没有一家工厂是满负荷运转,如果一家企业收购了它的竞争对手,那么它的工厂就可以实现满负荷运转而降低生产成本。在高固定成本结构的行业中,获取规模经济非常重要,在这样的行业中大规模生产可以使企业将固定成本分摊在大量产品上,从而降低单位成本。

例如在电信行业中，建造可以提供5G宽带网络的固定成本极高，因此要使这样一种投资实现盈利，企业就需要拥有大量客户。

当横向一体化能使企业减少两家企业之间的资源重叠时，比如企业不需要两个企业总部、两支独立销售的力量等，企业也可以降低其成本结构。

2. 丰富产品线，提升产品差异化

当横向一体化能够提升产品差异化时，企业盈利能力也能得到提升。例如基于对新药投入的渴望，美国礼来公司花费65亿美元投入免疫克隆系统研制抗癌药物，一举打败百时美施贵宝公司。

横向一体化可以通过合并双方的产品线为客户提供更多种类的产品，并且还可以将它们打包销售。产品包可以使客户以一个整体价格购买一套完整的系列产品，这就提升了企业产品线的价值，因为客户往往可以通过购买一套产品而获得折扣，并且客户也习惯于只与一家企业及其销售代表打交道。

交叉销售是提升产品差异化的另一种方式，它是指企业充分利用自己与客户已经建立的关系实现向客户销售其他种类产品或产品线的方式，这种方式之所以能提升产品差异化，是因为它可以为客户提供一套完整的解决方案，并满足所有客户的特定需求。

3. 复制商业模式

由于横向一体化可以通过很多方式带来产品差异化和低成本优势，因而在本行业新的细分市场中，采取横向一体化战略复制企业成功的商业模式将是有利可图的。例如在零售业中，沃尔玛将低成本、低价格的零售商业模式应用到了价格更低的仓储市场。进一步，沃尔玛通过开展卖场业务以及建立全国连锁百货商场的方式扩展它的产品范围。

4. 降低行业内竞争强度

横向一体化可以通过两种方式来降低行业内的竞争强度：第一，收购竞争对手或与竞争对手合并来消除行业内的过剩产能。由于过剩产能常引发价格战，通过移除过剩产能，横向一体化可以创造出一个更加缓和的竞争环境，在这样的环境中价格可能会稳定下来，甚至还会上升。第二，减少行业内竞争者的数量，横向一体化使得竞争对手之间更容易达成隐蔽价格合谋，也就是不通过沟通而达成的合作。一般而言，一个行业中的竞争者数量越多，就越难达成非正式的协议，而由行业主导者实施的价格领导则能降低价格战爆发的可能性。

5. 增强议价能力

有些企业通过横向一体化来获得对供应商和客户的议价实力，从而以牺牲前两者的利益为代价提高自己的盈利能力。通过横向一体化提升行业集中度，一家企业就可以变为供应商的超级大买家，并利用这一地位压低投入要素的价格，从而降低自己的成本结构。

4.2 横向一体化的风险

尽管横向一体化可以通过多种方式明显强化企业的商业模式,但是这一战略还存在一些问题、局限和风险。横向一体化战略的实施对管理者来说并不是一件容易的事情。如下原因将经常导致并购不能带来预期的收益:①不同企业文化合作带来的问题;②敌意收购导致被收购企业管理层的高流失率;③管理者倾向于高估并购带来的收益,而对业务流程融合中出现的问题估计不足。

当使用横向一体化战略导致体量过大时,企业还可能成为反垄断机构的注意对象。反垄断机构担心主导行业的大型企业可能会滥用其市场势力,从而使得消费者面临比存在竞争时更高的价格;它们还认为主导企业可能会利用其市场势力挤垮潜在的竞争对手,比如当新的竞争对手进入该市场时,它们可以通过削价将竞争对手挤出,而一旦威胁消除,主导企业将再次提高价格。

基于这些担心,一旦反垄断机构认为某一并购将导致过度集中,进而存在滥用市场势力的可能时,该并购将被阻止。

第五节 业务外包战略

当前,将原先由企业亲自完成的一些价值链活动转包给外部企业成为一种越来越流行的做法。有些企业发现纵向一体化对于竞争而言会成为沉重的负担,因此它们决定反其道而行之,解散一体化并从行业价值链的某些环节中退出。并且许多单一业务企业也开始将以前由自己完成的各种活动外包出去,使自己能够将更多的精力集中于整个价值链上某些范围狭窄但更具有战略意义的活动。

因此,外包涉及企业内部应保留哪些价值链活动,以及哪些价值链活动需要放权给外部的专家和商业伙伴。外包决策背后的两个主要驱动目标是:①外包常常能够使某些活动完成得更好,或者获得更低的成本;②外包可以使企业将全部精力集中在核心业务上,也就是那些处于企业核心技术、并且对于获取竞争和财务成功最重要的活动上。

将部分价值链活动外包,使一家企业的业务活动范围更加狭窄,在以下情况下具有战略意义:某项活动由外部专业企业来做可能成本更低;某项活动由外部专业企业来做可能会完成得更好;该活动对于企业获取持久竞争优势的能力并不具有至关重要的意义,并且不会影响企业的核心能力或技术诀窍;这样做可以降低企业面临的技术革新或购买者偏好变化的风险,如果一家零部件供应商的产品落后于正在发展的新一代技术,那么采取外包战略的企业可以轻而易举地更换供应商;这样做能够简化企业的运作、缩短新产品进入市场的时间、降低内部协调成本、提高组织的灵活性;这样做能使企业集中精力于核心业务,并做自己最擅长的事情。

通过将业务外包给一流的供应商或者与它们建立长期合作的关系,可以:较之内部生产,获得产品质量更好、成本更低的零部件;提高企业的创新能力;提高企业在面临客户需求和市场条件巨变的情况下的战略灵活性;提高企业快速而有效地组织各种不同专业知识的能力;使企业可以将资源集中用于可以比外部企业完成得更好的内部活动或者那些企业有必要直接控制的活动。

外包所面临的最大危险就是企业可能将许多活动或者是不恰当的活动类型外包出去,最终导致企业不再拥有自己的能力。在这种情况下,企业就失去了长时间积累起来的、对于它们取得成功有重要决定作用的活动和专业知识。

要点摘录

◆ 战略联盟是企业之间的一种合作协议。根据这种协议建立起来的关系超越了一般的企业间关系,但它不是一种合并关系,或者说也不是拥有正式所有权关系的集团企业。

◆ 战略联盟的价值并不来自协议或交易本身,而是来自合作各方所具有的能力:有效合作,共同回应它们即将面临的技术和竞争方面的意外情况、新的市场发展状况以及在战略和竞争环境方面出现的各种变化。战略联盟几乎总是意味着不断发展变化的关系,其收益和竞争价值从根本上来说取决于彼此之间的学习。随着时间的推移,所展开的有效的合作已经成功地适应了各种行业变化。

◆ 一个战略联盟是能经得住时间的考验还是最终以解体而告终,取决于以下因素:战略联盟各方能够在多大程度上进行很好的合作;它们是否能够对不断变化的内外环境做出反应;以及在必要的情况下双方重新进行协商谈判的意愿。

◆ 兼并是将参与者平等地整合在一起,通常会组建一家新的企业、采用一个新的名字;收购则是指某一家企业会购买或吸收另一家企业的经营权。

◆ 整合两家大型的或者文化差异比较大的企业的运营是很难成功的。实践证明,只有少数采用兼并和收购战略的企业能够对将哪些东西遗弃、将哪些东西融入运营和制度做出持续的正确决策。在规模大体相等的企业的兼并中,两家企业的管理层常常会陷入有关谁最终拥有控制权的战斗。

◆ 如果纵向一体化所产生的成本节约不足以保证额外的投资回报,或者不能从本质上增强技术能力和竞争力,或者不能真正提高企业产品的差异化程度,那么无论是从利润角度来讲,还是从战略角度来讲,纵向一体化战略都是失败的。

◆ 要说服处在从原材料到客户的价值增值链上相邻阶段的企业投资于专用资产往往是比较困难的。为了获得专用投资带来的利益,一家企业常需要进行纵向一体化,进入相邻行业并自我投资。

◆ 通过进入价值增值链其他环节的行业,企业可以提高核心业务的产品质量,加强其差异化优势。企业也可以考虑促进前向一体化。如果要保持复杂产品必要的售后服务标准,拥有零售店就是必要的。

◆ 当纵向一体化带来更快、更容易和更具成本效率的计划、协调的时候,一些重要的战略优势可能由此获得。

◆ 不管是前向一体化还是后向一体化都会迫使企业依赖自己的业务活动,而不是外部的供应源,这样一来企业所付出的成本可能随着时间的推移而变得比外包的成本更高,而且纵向一体化还可能会降低企业在满足客户对产品种类方面的需求的灵活性。当技术迅速变化时,纵向一体化可能会把企业锁定于陈旧、无效的技术,制约企业的发展。

◆ 不管是前向整合还是后向整合都需要拥有完全不同的技能和业务能力。零配件的生产装配、批发、分销与销售以及通过互联网直接销售等是不同的业务，需要具备不同的关键成功因素。投入大量的时间和资本来开发专有技能和特许经营技能，以便前向整合进入批发、零售领域或后向整合进入原材料供应领域，生产制造企业的管理者必须谨慎考虑这样做是否有很大的商业价值。

◆ 横向一体化（Horizontal Integration）是企业为了获得规模竞争优势，而收购或兼并竞争对手的过程。横向一体化之所以能够降低企业的成本结构，是因为它可以创造持续增加的规模经济。当横向一体化能够提升产品差异化时，企业盈利能力也能得到提升。由于横向一体化可以通过很多方式带来产品差异化和低成本优势，因而在本行业新的细分市场中，采取横向一体化战略复制企业成功的商业模式将是有利可图的。有些企业通过横向一体化来获得对供应商和客户的议价实力，从而以牺牲前两者的利益为代价提高自己的盈利能力。

◆ 如下原因将经常导致并购不能带来预期的收益：①不同企业文化合作带来的问题；②敌意收购导致被收购企业管理层的高流失率；③管理者倾向于高估并购带来的收益，而对业务流程融合中出现的问题估计不足。

◆ 当前，将原先由企业亲自完成的一些价值链活动转包给外部企业成为一种越来越流行的做法。有些企业发现纵向一体化对于竞争而言会成为沉重的负担，因此它们决定反其道而行之，解散一体化并从行业价值链的某些环节中退出。并且许多单一业务企业也开始将以前由自己完成的各种活动外包出去，使自己能够将更多的精力集中于整个价值链上某些范围狭窄但更具战略意义的活动。因此，外包涉及企业内部应保留哪些价值链活动，以及哪些价值链活动需要放权给外部的专家和商业伙伴。

◆ 外包决策背后的两个主要驱动目标是：①外包常常能够使某些活动完成得更好，或者获得更低的成本；②外包可以使企业将全部精力集中在核心业务上，也就是那些处于企业专门技术的中心、并且对于获取竞争和财务成功最重要的活动上。

◆ 通过将业务外包给一流的供应商或者与它们建立长期合作的关系，可以：获得较之内部生产，质量更好、成本更低的产品和零部件；提高企业的创新能力；提高企业在面临客户需求和市场条件巨变的情况下的战略灵活性；提高企业快速而有效地组织各种不同专业知识的能力；使企业可以将资源集中用于可以比外部企业完成得更好的内部活动或者那些企业有必要直接控制的活动。

◆ 外包所面临的最大危险就是企业可能将许多活动或者是不恰当的活动类型外包出去，最终导致企业不再拥有自己的能力。

思考题

1. 企业组建战略联盟的常见原因是什么？
2. 企业间并购的动机是什么？
3. 后向整合在哪些情形下能带来成本节约？
4. 通过纵向一体化实现价值增值有哪几种形式？
5. 纵向一体化的战略劣势有哪些？
6. 横向一体化的收益来源于何处？
7. 外包在什么情况下是有助于企业获得战略优势的？

第八章

国 际 化

>> 学习要求

- 国际化的理由
- 国家和地区间差异
- 地区性优势、汇率波动、政治风险
- 国家竞争优势
- 跨国竞争和全球竞争
- 国际市场竞争优势的建立
- 利润保护所
- 跨市场补贴
- 全球进攻战略
- 与国外合作者的战略联盟和合资的收益和风险

企业国际化是企业跨过国家边界从事经营活动的战略行为,也是一种地域多元化的战略行为。企业国际化既有国际产品的流动,也有国际生产要素的流动;既有进出口活动,也有对外直接投资(Foreign Direct Investment,FDI)、技术与管理咨询、非股权的国际合作和许可经营等。随着全球化进程的加速,企业国际化已成为一种势不可挡的趋势,国内企业应该选择合适的机会,让自己的经营活动战略性地跨出国家边界,实施企业国际化发展战略。随着跨国经营和投资活动的广度、深度和力度增加,企业有可能发展成为一家全球性的跨国公司。

本章重点关注有关全球竞争战略四个方面的问题:

(1)国际化企业在每个国家是提供针对当地的本土化产品,以适应本土消费者的口味和偏好,还是在全世界提供相对标准化的产品;

(2)国际化企业是在所有国家运用本质上相同的基本竞争战略还是根据不同国家分别对战略加以调整;

(3)如何安排企业的生产基地、分销中心和客户服务活动才能实现最大的区域优势;

(4)如何有效地将企业资源和能力从一个国家转移到另一个国家,以努力保证自己的竞争优势。

第一节　国际化的理由

1.1　概述

企业国际化的动因主要是通过国际化,企业可以有效地利用国家差异、规模经济和范围经济达到减少成本、提高效率、降低风险、学习和创新等目标。

(1)争夺新的客户群体。进入国外市场可以提高企业收入、利润,使企业获得长期发展,在企业所处的国内市场已经发展成熟的情况下向国外市场拓展尤其有吸引力。通过获得新的海外客户,在海外市场建立强有力的市场地位,可以扩大市场规模。如果国际化战略取得成功,这种规模是相当可观的。

(2)实现低成本并提高企业竞争力。通过市场规模的扩大,可以产生规模效应和经验曲线效应,从而大规模地实现企业在成本方面的竞争力。

(3)充分利用地域优势。把工厂设到海外可能会帮助企业减少成本,尤其当工厂所处的位置能够更容易地获取廉价劳动力、能源和其他资源时,企业更容易获得这一优势。其他的地域优势还包括获得重要的供应商和客户。一旦占据了有利的地理位置,企业应通过有效的管理来维持和强化这种优势。

(4)充分利用其核心竞争力。拥有核心竞争力的企业不仅可以在国内市场上发挥其核心竞争力,而且可以利用这一核心竞争力在国外市场上确立自己的竞争优势。

(5)企业通过在不同国家市场拓展业务的方式,而不只是依靠国内市场,从而分散所面临的业务风险。

1.2 国家和地区间差异

不论企业向国外扩张的动机是什么,它在国外市场采取的战略都必须是"环境驱动"的。实际上,不同国家和地区的文化、人口组成和市场条件等因素都是大不相同的,不同国家和地区在文化和生活方式上的差异最为明显。法国人喜欢从上方放入衣物的洗衣机,而在其他大多数欧洲国家的市场上,消费者喜欢从前方放入衣物的洗衣机。北欧人喜欢大冰箱,因为他们喜欢一周去超市购物一次;欧洲南部居民喜欢小冰箱,因为他们每天都购物。在亚洲的部分地区,冰箱是一种身份的象征,可能会放在起居室内,因而相应区域的消费者就比较关注颜色和式样。在欧洲的其他国家,许多家庭的空间是有限的,当地消费者购买的冰箱只有四英尺高,这样冰箱的顶部还可以放其他的物品。

同样,不同的国家之间市场发展的潜力也是大不相同的。像印度、中国、巴西这样的新兴国家,其市场发展潜力要远远大于英国、法国、加拿大和日本等经济发展成熟的国家。另外不同国家之间市场竞争的激烈程度及行业发展驱动因素也大不相同。

进入国外市场发展的企业最为关注的一个问题是:它们是根据不同国家市场上当地购买者不同的品味和偏好定制产品,还是在全球范围内提供很大程度上标准化的产品。尽管针对当地客户的需求提供定制化产品可以使企业的产品对当地消费者来说更具吸引力,但是根据不同国家的市场定制产品则会导致生产成本和分销成本的上升。因为这就需要生产和组装更为多样化、产品的生产周期更短、存货处理和物流更复杂。另一方面提高产品的标准化水平有助于企业实现规模经济和经验曲线效应,从而有助于取得低成本优势。迫于市场压力而进行定制化生产与迫于竞争压力而降低成本之间的张力就是企业参与国外市场发展和竞争所必须要解决的重大战略问题。

除了不同国家之间存在的基本文化和市场方面的差异,企业还要特别关注以下问题:由于不同国家的生产和分销成本的差异所带来的地区性优势、汇率波动以及东道国政府的政策和经济、政治风险。

1. 生产和分销的地区性优势

不同国家在劳动力工资水平、通货膨胀率、能源成本、税率、政府管制等方面存在差异,导致制造成本有着明显的差异。有些国家的工厂具有明显的制造成本方面的优势,因为那里的投入成本尤其是劳动力成本更低,或者拥有独特的资源等。这种情况下在低成本国家进行生产,再将产成品出口到世界其他国家的市场上,相对于工厂位于成本更高的国家中的竞争对手而言,就会有竞争优势。同样,短的运输时间和低运输成本,使得有些国家相比其他国家成为更优的建立分销渠道的地方。

国家商业环境质量的好坏也会影响到地区性优势,有些国家的政府急于吸引国外投资,想方设法地创造对国外投资者有利的商业环境。

2. 汇率波动

波动的利率使得区域成本优势变得异常复杂。跨国公司必须兑换的外汇,每年可以高达收入的25%—40%,汇率的波动完全可以使国家的低成本优势荡然无存,或者使一个原来成本很高的地区变得成本上有竞争力。比如20世纪80年代中期,当美元相对于日元坚挺的时候在日本投资的美国企业相比美国本土企业可以削减25%的成本,但是从1985年开始当美元逐渐贬值的时候,这一优势消失殆尽。

3. 东道国政府的政策和经济、政治风险

东道国政府能通过采取一系列措施来影响外企的商业环境和运作模式,东道国政府会对外企在本国的生产提出要求、对出口提出限制,以保证国内的供给;管制进口和本地产品的价格、对进口商品收取关税或者实行配额限制。有时候一些管制条件限制了外企的竞争优势,比如技术标准、产品认证、项目审批、资本回收、本地化最低限额。还有一些政府急于获得新工厂和开拓新的就业机会,则会提供市场准入优先和技术支持,因此外资在进入的时候要严格考察该国的政治环境和政策以及关注市场准入条件。

在新兴经济体中,一个重大的经济风险是重要基础设施的可用性。一些大型行业中的参与者,如矿业公司,需要国家的输电网络能够充分满足它们的电力供给要求,而一些发展中国家在电力供给上往往难以保障。政治风险是指由东道国、本国的政治势力和政治事件,或者国际环境变化所导致的国际化企业运营瓦解的可能性。国际化战略尤其是针对第三世界国家的国际化战略必须考虑政治风险。事实上,即使向美国等发达国家的投资有时也会卷入到当地的政治冲突之中,可能会因为环境问题、国防机密问题而遭受巨额罚款。

第二节　国家竞争优势

2.1　国家竞争优势框架

尽管产品生产和市场已经全球化,很多在某个行业内最成功的企业却仍然分布在很少的几个国家。例如,很多世界领先的生物技术公司和电脑公司都在美国,很多成功的消费电子公司都在日本,中国台湾地区和韩国、德国是许多出色的化学和工程公司的基地。这些事实说明了一家企业所在的国家和地区也许对其在全球市场上的竞争地位有着重要的影响。

在一项关于国家竞争优势的研究中,迈克尔·波特界定了对企业的全球竞争力有重要影响的国家或地区应具备的四个因素。波特将这四个因素定位为钻石模型的组成部分,指出一个国家的企业在这四个因素都很出色的行业或战略群组中最有可能成功。波特指出钻石模型中的因素,形成了一个相互加强的体系,一个因素的效果取决于其他几个因素。

1. 要素禀赋

要素禀赋即生产要素的成本和质量,是某个国家在某个行业可能具有竞争优势的主要决定因素。生产要素包括基本要素,如土地、劳动力、资本、原料,以及高级要素,如技术知识、高水平管理、基础设施建设。美国拥有的生物技术行业的竞争优势,也许可以解释为高级要素与一些基本要素的组合,这种结合也许可以为支持生物技术等高科技、高风险的创新企业的成长提供一个良好的环境。

2. 本地需求情况

本地需求在提供竞争优势升级动力上扮演了重要角色。企业一般都对与它们关系最为密切的客户的需求最为敏感,因此本地需求情况对形成本国商品特性、实现企业创新和提高质量的压力特别重要。如果一个国家的企业所面对的国内消费者见多识广、需求旺盛,且能促使本地企业达到高水平的产品质量和生产创新型产品,那么这些企业就能够获得竞争优势。

3. 相关和支持行业的竞争力

在一个行业内获得国家优势的第三个必备属性是拥有国际竞争力的供应商或相关行业。一个行业的相关和支持行业对高级要素投资所获得的利益可以溢出该行业,从而帮助其获得较强的国际竞争地位。

4. 竞争强度

在波特的钻石模型中,获得国家竞争优势必备的第四个属性是国内企业的竞争强度。波特在这里强调了两点:

(1) 不同国家之间企业的管理理念有所不同。而管理理念或许能帮助它们建立国家竞争优势。例如,德国和日本企业的技术人员在高级管理层中的数量优势,使得这些企业强调改进制造流程和产品设计;相反,美国企业的高层管理者中财务人员占数量优势,导致美国企业对最大化短期财务回报的过度重视。根据波特的观点,这些不同的管理理念导致的后果之一是美国在通用制造业中的竞争力相对较弱。

(2) 国内市场强有力的竞争与行业内的创造力、持久竞争优势之间有很强的联系。因为竞争促使企业寻找提高效率的方式,这使得它们成为更好的国际竞争者。

2.2 框架应用

刚刚描述的这个框架,有助于管理者识别他们最重要的全球竞争者。例如,为了利用美国在生物技术领域的专长,许多国外企业在美国生物技术企业聚集的圣迭戈、波士顿和西雅图设立了分支机构。相似地,为了利用日本在消费电子领域的成功,许多美国电子企业在日本设立了研究和生产机构,这些机构经常是与它们的日本合作伙伴一同开设的。

这个框架还可以帮助一家企业估计其进入某个国外市场的艰难程度。如果一个国家在某个行业内具备竞争优势,这对想进入这些行业的国外企业来说可能会是一个挑战。例如,国外企业进入美国高竞争力的零售行业已被证实十分困难,像英国玛莎百货和瑞典宜家家居这样成功的国外零售商在进入美国市场时都是困难重重。

第三节 国际竞争的方式和模式

3.1 国际竞争的方式

国际竞争可以有多种不同的战略选择,主要有出口、许可经营、特许经营、战略联盟与合资。

1. 出口

许多企业都是首先通过出口进入其他国家的。出口是指企业将本国生产的产品输送到国际市场。对于小企业来说,出口是启动国际化战略的一种方便的进入模式。这一战略选择可以使企业将风险和资本的需求量控制到最低限度,因此它是一种试探国际市场的保守做法。

采取出口战略的企业可以选择与在所在国市场上具有分销和营销经验的批发商或零售商合作,也可以选择在部分或者全球目标市场上建立自己的分销和营销组织。不管采用何种方式,企业都可以通过出口使在国外的投资降低到相对较低的水平。

出口的优点主要体现在初始投入少、灵活性强,缺点在于关税和非关税壁垒可能导致出口产品失去与当地产品价格竞争的优势,运输成本高、产品到达当地市场的时间过长,难以保持对当地代理商的监督和控制。

长远来看,出口战略能否取得成功,主要取决于"将生产集中于本国"这一策略是否能获得相应的、持续的成本优势。就某些行业而言,企业可以通过将生产集中于一个或几个生产能力超过了任何一个国家市场需求的大型工厂的方式获得额外的规模经济和经验曲线效应。显然要获得这种规模经济效应,企业就必须将产品出口到其他国家的市场上,但是如果一个企业在本国的生产成本要比竞争对手的工厂所在的国家的生产成本高出很多,或者企业的运输成本相对很高,或者汇率发生了不利的变化,这种出口战略就很容易失败。

2. 许可经营

许可经营是企业通过与目标国家的企业订立长期的、非投资性的无形资产转让合作合同而进入目标国家的方式,属于一种非股权安排(Non-equity Arrangement)。

如果一家企业拥有有价值的技术诀窍或独特的专利产品,而没有进入国外市场所必需的资源,许可经营战略就具有重要意义。许可经营战略具有下述好处:

(1) 绕过东道国的进口壁垒。由于许可经营是无形资产的贸易,所以不受进口壁垒的限制。

(2) 能够以最少量的资本投入即可在国外开展经营活动。

(3) 使企业可以规避将其所拥有的多数资源全部投入自己不熟悉的、面临巨大的不确定性或者政治状况不稳定的市场而造成的风险。通过将技术的使用权或产品的生产权授予国外企业，企业就不必自己承担进入国外市场的成本和风险，同时还能够获得特许权使用费用。对企业来说，许可经营战略所造成的最大不利，就是要向国外企业提供有价值的技术诀窍，由此会在一定程度上失去对这种技术诀窍的控制。许可经营战略容易培养新的竞争对手，而且被许可方有意或无意地泄漏专有技术秘密，不仅会造成专有技术的失效，也会引起新的竞争风险。

3. 特许经营

许可经营战略多用于制造类行业，进行全球扩张的服务型和零售型企业使用较多的通常是特许经营。获得特许权的一方承担特许权授予方在当地所面临的大部分成本和风险，特许权授予方必须投入的成本包括：寻找特许权代理人并对其加以培训、支持和监控。特许经营最大的问题是质量控制。通常情况下，国外特许权持有者并不对确保质量一致性和标准化承担很大的责任，或许是因为当地的文化并没有对它们施加很大的压力，或者是它们不怎么重视同样质量的问题。

4. 战略联盟与合资

20世纪末以来，国际战略联盟成为国际扩张的主要方式。国际战略联盟是企业与海外竞争者、供应商、消费者、分销商或相似行业甚至不同行业企业之间通过合作以开发、生产、分销和销售产品或服务的战略方式。在国际化进程中，国外企业寻求与当地企业结成联盟，希望通过与当地企业的合作来克服进入的障碍，包括有形障碍和无形障碍，而当地企业也可以通过合作获得国外企业的资金、技术和管理模式。

国际战略联盟包括资产型战略联盟和非资产型战略联盟。其中，国际资产型战略联盟就是国际合资，即企业将资金、技术、管理模式转移到目标国家，与当地企业建立控股或参股的企业。国际资产型战略联盟的好处在于：有利于突破市场进入的政策障碍；能够在一定程度上（取决于控股和参股的程度）保持控制；能够节省运输成本、海关关税等，最终实现产品成本的减少；有效提高产品对当地市场偏好的适应性；在文化冲突与协调中更直接地获取国际营销经验。国际资产型战略联盟的弊端在于：不同国家的合资方有可能发生冲突，如经营目标上的冲突、利益分配上的冲突、销售市场上的冲突等；对财务管理等方面资源需要做出更大的承诺，需要承担的风险更大；投资回报时间较长而导致初期成本过高；缺乏灵活性。

国际非资产型战略联盟则是以合同而不是以资产为纽带的合作形式。如国际航空业中很多航空企业组成以合同为纽带的营销和运营联盟。国际非资产型战略联盟与资产型战略联盟类似，也会遇到因合作目标不一致及其他方面冲突所带来的风险。

3.2 国际竞争的模式：跨国竞争和全球竞争

不同的国家之间在文化、经济、政治条件和竞争方式方面存在着巨大的差异，在这种情况下企业就要采用跨国竞争战略。这样企业就可以根据东道国的不同市场条件制定相匹配的战略。通常采用跨国竞争战略的企业为了更好地满足当地客户的需求以及获得相对于当地竞争对手的市场优势，就要根据不同国家的情况对战略进行调整。

跨国竞争的显著特点是：

（1）各个市场的消费者有着不同的偏好；

（2）各个国家的销售商有所不同；

（3）行业条件和竞争力的地区差别比较大。在跨国竞争中，每个国家的市场是独立的，一家企业在一个国家的声誉、客户基础和竞争地位与其在另一个国家的竞争能力关系不大，甚至没有关系。由此产生的结果是：在跨国竞争的环境下，企业在一个国家所采用的战略影响力及其所带来的竞争优势在很大程度上仅限于这一个国家的市场，向其他国家的溢出效应则微乎其微，几乎不存在。

在有些市场上企业可能会关注广大范围内的目标市场，而在另一些市场上企业可能会更关注细分市场。国家与国家之间的差异越明显，企业的战略就越会变成多个国家之间战略的组合。虽然国家之间存在差异，企业仍然可以通过将其在一个国家市场上取得成功的某种理念、技术、能力成功地转移到其他国家，从而将其在不同国家市场上的战略联系起来。

跨国竞争战略的优点在于，它使得企业的竞争战略能够与东道国特定的竞争环境相匹配，跨国竞争战略在下述情况下具有重要的意义：不同国家的购买者在消费需求和购买习惯方面差异显著；某个国家的消费者坚持要定制的产品；东道国政府进行管制，要求在本国市场上销售的商品必须符合本国严格的制造标准和性能标准；各国家之间的贸易限制层出不穷，以至于企业无法在全球内采用单一的相互协调的市场竞争战略。

不过跨国竞争战略有两个缺点：第一，很难使企业所拥有的某种资源和能力在不同国家之间转移；第二，不利于企业培养某一种竞争优势，尤其是不利于企业在低成本方面形成竞争优势。实施跨国竞争战略的主要目的是使企业战略和不同国家的市场条件相匹配，而不是培养一种明确的跨国家的能力。一个采用跨国竞争战略的企业，要想成为低成本的领先者会面临巨大的障碍，除非它们可以找到既能实现定制化生产又能获得经济效益和经验曲线的方法，也就是说以相对低的成本进行定制化生产。

跨国竞争战略最适合那些跨国竞争占主导地位，或者当地市场比较重要的行业。另一种极端的情况是全球竞争，即在不同国家的市场上价格和竞争态势密切相关。在全球竞争行业中，互为竞争对手的企业在许多国家的市场上同时展开竞争。全球战略就是企业在各个国家的市场上所实行的战略在很大程度上是一致的，尽管为适应东道国的某些特殊要求国家之间存在着小小的差异，但企业的基本竞争主题，在世界范围内都是一样的。全球战略还意味着在全球范围内整合协调企业的战略活动。当一家企业参与国际竞争的时候，它可能面对的首要战略问题就是：是在所有国家的市场中运用本质相同的竞争战略，还是在每个国家改变企业的竞争方式以适应独特的市场环境和客户偏好。

多数的跨国竞争者会在需求允许的情况下实行全球战略，这几乎成为规则。飞利浦电器在成功实施了多年的跨国战略之后，越来越倾向于全球战略，开始整合在欧洲和北美的市场。全球战略可以集中资源建立持续的低成本和差异化竞争优势，不论在国内市场还是在海外市场都可以做到领先，只要国家之间的差异可以小到能够实行全球战略，且相比于跨国战略还是有优势的，比如品牌优势和对手无法匹敌的竞争能力。

某些行业中存在这样的情况：行业中的某些部分存在着全球竞争，而另外一部分的竞争状况则随着国家的不同而有所不同。如旅馆行业中低价位的细分市场的突出特点就是跨国竞争，因为竞争者主要为同一国家内部的旅行者提供服务，而这一行业中的商务和豪华档次的细分市场上的竞争则呈现出全球竞争的特点。

认识到有些行业正在从跨国竞争向全球竞争过渡也很重要。例如在啤酒业和家具业，领先的国内厂商开始向国外扩张，经常是兼并本土的企业或品牌，将其整合到企业的运营中。一些行业领导者开始建立国际品牌和国际形象，形成全球规模经济和品牌效应。随着工业化水平的提高，少数企业越来越强，这样跨国竞争逐渐演变成了全球竞争。同时消费者对于某一系列的商品的品位开始趋同，多元化的减少和偏好的趋同为厂商建立全球品牌和全球销售提供了可能。即使在消费者品味不同的行业，厂商也会实行面向需求的批量生产，以形成规模优势来满足不同的消费者需求。这些都给跨国竞争向全球竞争发展提供了外部条件。

总之，企业应该根据所处行业的特点是跨国竞争、全球竞争还是过渡期来制定自己的战略，并在海外市场上展开竞争。

第四节　国际市场竞争优势的建立

企业可以通过四种途径在国际市场建立竞争优势：一是利用地区优势，以一种能够降低成本或者取得更大的产品差异化的方式在许多国家开展技术研发，部件制造、组装，设立分销中心、营销中心、客户服务中心以及开展各项其他活动。二是以一种既有效率又有成效的方式将企业所拥有的竞争优势从国内市场转向国外市场。三是进一步增强或拓展资源优势和能力，将不同国家内分散的活动整合、协调起来。四是利用国际化战略提供的利润保护所、跨市场补贴，实施全球进攻战略。

1. 利用地区优势

若出现以下几种情况，企业倾向于将活动集中于有限的几个地区：

（1）当某些特定地区的生产成本或开展其他活动的成本比其他地区成本更低的时候。

（2）生产和最终产品组装过程中存在显著的规模经济效应，这意味着企业可以利用几家效率极高的工厂大幅度减少成本而不是在许多国家设立分散化的小型工厂。

（3）在有些行业中部件生产或产品组装活动的经验曲线效应如此显著，以至于企业可以设立一家或几家大型工厂为全世界的市场提供产品。因为利用经验曲线效应、确保低成本的关键就是将生产集中于少数几个地区以尽可能快的速度提高一家工厂的总产量。

（4）当某些地区拥有优质资源、能够更好地彼此协调或者能够为企业带来某些价值优势的时候。

可是在有些情况下，将一些活动分散要比集中起来更有利：与购买相关，比如分销、销售以及广告和售后服务都必须接近购买者，这就意味着全球化的企业，只能把完成这些任务的能力分配到企业的主要客户所在的每一个国家的市场上。

2. 通过国家之间的能力转移建立竞争优势

使企业所具有的能力和竞争优势在不同的国家之间转移，有助于使这些能力得到进一步的拓展和深化，在理想的情况下，能够帮助企业取得某些重要领域内的主导优势。在某种对形成竞争优势具有重要价值的资源和价值链活动方面占据主导地位，这使企业获得相对于其他竞争对手国（尤其是东道国的一些小企业）的持续性竞争优势，这是因为，那些只进行本土经营的企业或者市场容量太小，或者是市场刚刚兴起，不足以为其提供足够的客户资源。国内企业通常很难取得主导优势，因为一个国家的客户资源太少，不足以为其提供足够的资源支撑，或者是它们所在的市场刚刚兴起还没有优质的资源。

3. 协调国家间的活动以获得竞争优势

协调企业在不同市场上的活动，有助于企业多方面建立持续的竞争优势。对那些参与许多不同国家的市场竞争的企业来说，究竟在哪里以及如何应对竞争对手的挑战，它们可以自主做出选择。一家跨国企业或全球性企业可以选择在最富有攻击性的竞争对手所在的国家市场上削弱竞争对手的资金实力；企业还可以在劣势竞争对手的本国市场上进行削价活动，以争取更大的市场份额，利用企业在其他市场上所获得的利润补偿由此所造成的短期损失。

如果一家企业学会了如何在巴西的工厂里有效地进行产品组装，那么它可以通过互联网迅速地把积累的专业诀窍推广到其他地区的工厂；企业在英国积累起来的营销方面的知识可以与在新西兰或澳大利亚积累的人力方面的经验进行交流；一家企业可以将生产从一个国家转移到另一个国家，获得由于汇率波动带来的利益，增强其对东道国政府的影响力，并对工资水平的变化、产品部件供应商短缺以及能源成本的变化或关税和配额的变化做出回应。企业可以在世界范围内协调生产计划：如果一个地区的销售额意外地出现大幅度上升，而另一地区出现下降，企业就可以将其产品通过运输活动转移。

企业可以通过互联网向客户征求有关新产品开发和产品改进的建议，从世界各地召集从事销售和营销工作的员工,并且获得足够的信息以做出有关哪些产品可以实现标准化生产、哪些产品应该停止生产的决策。同样,互联网还可以使企业所拥有的最佳设计和制造人员一起讨论有关新产品开发的问题,如果一个地区工作量很大,就可以将部分工作转移到员工能力没有充分开发的地区。

4. 利用利润保护所、跨市场补贴和实施全球进攻战略

利润保护所是指在一些国家,企业由于有强大的或受保护的市场地位而获得高额利润。大多数情况下,一家企业所拥有的对其战略起到关键作用的最大的利润保护所都来自其所在的本国市场,但是跨国企业或者全球性企业的利润保护所,也有可能存在于其他国家的市场,在那里它们拥有强有力的竞争地位、巨大的销量以及可观的利润率。

利润保护所是一种很有价值的竞争性资产,为企业在部分国家的市场上进行战略进攻奠定了资金基础,成为企业争夺全球市场领先地位的驱动力之一。跨国市场的利润保护所为企业带来的额外的资金实力,使得全球竞争者和跨国竞争者拥有了发起面向国内竞争者进攻的资金优势,而后者可能的唯一利润保护所是本国市场。全球性企业可以降低其在本国市场上的价格以争夺更大的市场份额,用企业在利润保护所市场上获取的利润补偿微小的损失,这种做法叫作跨市场补贴。全球性企业可以调整其产品降价幅度以便快速进入市场并扩大市场份额,如果国内企业也采取同样的降价方式予以回击,它们就面临着总收入和利润受损的风险,即使是国内市场的领先者,也可能因为利润下降竞争力遭到削弱。

跨国企业最常用的一种进攻方式是在竞争对手的国外市场上倾销产品,这种方式在同一国家重复使用会迫使竞争对手面临严重的财务危机,并最终退出市场。许多政府出台了针对这种行为的反倾销法律。因此更为机敏的进攻方法最好是多途径和伪装的进攻手段,但是在进攻之前,跨国企业需要了解对手的反击能力和防守能力,还必须对击败竞争对手所付出的代价以及究竟可以获利多少进行评估。

实施全球进攻战略可通过以下三种途径:

第一种途径是直接冲击,目的是占据市场,并挤出竞争对手,通常包含:①降价;②投入巨额的营销、广告和促销费用;③试图掌握一个或更多分销渠道。这种选择要以很大的资源投入为基础,因此仅当市场对于进攻者有吸引力时才有效。

第二种途径是专注于自己占据优势的一个特定细分市场,该市场中防御者的能力和优势难以发挥出来,而进攻的武器则是具有突破性的新一代产品。

第三种途径是伪装,其目的是转移防守者的注意力,使得进攻者的主要目标不被发现。最有力的例证是菲利普·莫里斯公司在1993年降低美国畅销香烟万宝路的价格,降价幅度达20%,当时竞争对手资源紧张,不得不降低骆驼香烟的价格来维持正在被蚕食的市场份额。但就在竞争对手忙着保护国内市场份额的时候,菲利普·莫里斯公司却向俄罗斯和东欧市场发起进攻,共花费了800万美元建立起品牌形象。最后,菲利普·莫里斯公司赢得了争夺俄罗斯和东欧市场份额的胜利。

第五节　与国外合作者的战略联盟和合资

近年来,战略联盟、合资呈现爆炸式增长,从战略管理的角度来看,国内企业与国外企业大量增加合作,以进行战略联盟和合资的原因主要有以下五点。

(1) 获取生产和营销上的规模经济。要使企业具有成本竞争力,必须进行成本缩减。通过在生产零部件、装配和销售产品方面的通力合作,企业可以实现单靠自己的微小产量无法取得的成本节约。

(2) 弥补专业技术或当地市场知识的缺口。联盟参与者在进行共同研发、分享技术秘诀、学习彼此的制造方法以及了解如何制定销售和营销策略使之适应当地的文化和传统方面,可以相互学习。

(3) 共享分销设施和经销商网络,可以加强彼此接触客户的能力。

(4) 联盟企业可以直接将其竞争矛头指向共同的竞争对手,而不是专注于彼此之间的竞争,联手合作有助于它们缩小与领先企业之间的差距。

(5) 企业可以就某些重要的技术标准达成一致。像各种个人电脑设备、移动电话及其他无线通信设备等产品的标准和有关互联网的技术标准,都是通过这一途径形成的。

5.1　与国外合作者结成联盟的风险

使相互独立的、目标迥异的企业之间实现有效的合作并不是一件容易的事情,这需要许多相关人员多次会面、进行坦诚的协商,讨论哪些相关资源可以共享、哪些资源仍然可以私有以及合作协议怎样才能发挥作用等问题。跨国联盟尤其需要克服合作各方在语言和文化方面的障碍,从管理者需要投入的时间来看,交流、培养信任和协调的成本都是很高的。经常会出现这样的情况:相关合作协议已经达成,合作各方却发现彼此在关于如何进一步推进合作,以及如何协调相互冲突的目标和战略方面存在巨大的差异。一旦合作各方之间出现相互猜忌,工作关系必然冷淡,预期的收益很难实现。

联盟合作过程中面临的另一个重要问题就是很难使联盟伙伴以足够快的速度做出决策,从而对飞速发展的技术做出回应。例如,大型通信企业为了实现全球联通而采用的战略就是广泛地与国外同行业的企业建立合作联盟和合资企业,但是关于究竟采取哪一种技术方案以及如何适应替代技术的飞速发展的问题,双方很难达成共识。联盟参与者常常发现很难在竞争敏感的领域进行有效的合作。此外,利己主义和企业文化也会有冲突,关乎成败的关键人物往往坚持己见,不能与他人密切合作或结成伙伴关系或难以达成一致意见。合作伙伴关系的另一种风险就是从长远来看,可能会造成一方在某些重要的专业技术或能力方面过度依赖另一方。一家企业要想成为强有力的市场竞争者,从根本上说它就必须在所有有助于强化其竞争地位和形成持续竞争优势的领域内培养自己的内在能力,如果通过联盟关系获得的能力和知识有限,收购或兼并一个拥有技术秘诀和资源的企业将是一种更好的选择。如果一家企业的目标是获得全球市场领导地位,那么跨国兼并或收购相比跨国联盟或合资可能是更好的选择。

5.2 充分利用与国外合作者的战略联盟

企业是否应该与国外企业结成战略联盟需要考虑下列六个因素:

(1) 选择一个好的合作者。一个好的合作者不仅拥有所需的专业技术和能力,而且关于联盟还持有相同的愿景。经验显示,避免同那些有可能因为产品线重叠或其他利益冲突而直接竞争的国外企业合作通常是明智之举,除非这些产品是互补的而不是替代的,而且在关键员工之间要有良好的协作,否则共同销售彼此产品的协议很可能导致冲突。

(2) 对文化差异感觉敏锐。除非外来者尊重当地文化和当地商业惯例,否则富有成效的工作关系是不可能出现的。

(3) 认识到联盟必须对双方都有益,必须共享信息,必须保持直接、信任的关系。如果任何一方合作者对信息有所保留,或企图利用另一方,那么随之而来的摩擦很快会影响进一步的合作。

(4) 确保双方信守承诺。双方必须为联盟做出各自的承诺,以产生预期的利益。工作分配必须公正,双方获得的利益大小必须公平。

(5) 确立决策制定流程,有必要时可以采取敏捷的行动。在许多情况下,技术和竞争的快速变化要求组织必须同样快速地制定决策。如果双方进行问题讨论或从上级获得内部批准的时间耽搁太久,联盟计划就会延迟、甚至夭折。

(6) 管理学习过程,调整联盟协议,以适应新的环境。在当今快速变化的市场中,很少有联盟仅仅通过坚持最初的计划就能取得成功。取得长期成功的要诀之一是学会适应变化,联盟的条款和目标必须根据需要进行调整。

如果联盟双方的业务已逐渐成熟,双方可以独自行动,联盟也可以随之解除。在这种情况下,企业必须快速充分地掌握合作者的技术、商业实践和组织能力,然后把有价值的思想和实践迅速转化到自己的经营中去,这一点非常重要。有时候,虽然长期联盟被证明对彼此都有利,但大多数的合作者都会毫不犹豫地终止联盟,在商讨联盟解除的后续事宜后,开始单独行动。

当出现以下情况时,联盟更可能会长期存在:

(1) 包含与供应商或分销商合作的联盟,每一方的贡献涉及行业价值链中不同部分的活动。

(2) 由于相互利益,双方决定继续合作,可能因为新的学习机会出现,或者因为进一步合作会使双方拓展各自的市场范围,而单靠自己的力量无法做到这一点。

第六节 在新兴的国际市场竞争

为获取在全球市场上的领先地位而参与竞争的企业还必须考虑巨大的、新兴的国际市场。这些国际市场中的商业风险都很高,但是其潜在的发展机会也是巨大的,因为这些新兴国家的经济发展状况和生活水平正在逐渐向发达国家靠拢。一家企业要想成为世界市场上的领先者,就不可能忽视这些国家所提供的市场机会或技术和管理人才基础,在当前许多国家中原来存在的相当高的保护壁垒逐渐消除的情况下,尤其如此。

要使产品适合于这些巨大的新兴市场,就意味着不仅要对产品进行小幅度的改变,还要熟悉当地的文化。例如,家乐氏公司曾经试图在全球市场推广其谷类产品,但在早期并不十分成功,因为许多新兴国家市场中的消费者并不以谷类制品为早餐,要改变生活习惯相当困难,成本也很高。

6.1 战略的含义

新兴市场上的客户极其关注价格,这就使得许多情况下当地的那些低成本竞争者能够取得竞争优势。要在这些市场上获得成功,一家企业就必须不仅要依靠更好的产品,还要依靠低廉的价格吸引客户。这种途径有可能会与企业在世界其他地区的市场上所采用的战略存在根本差异。并且企业为某种产品开拓新兴市场,有可能是一个长期的过程,在这个过程中要对消费者进行再教育,企业就必然不仅不能急于获取高额的收入和利润,而且还要做好在这期间投入巨资改变消费者的购买习惯和偏好的准备。为了适应当地的市场环境,企业还有可能需要推出经过专门设计和包装的产品。例如,联合利华公司进入印度的洗衣剂市场后,认识到当地80%的人买不起其销售给印度富裕阶层的日用品,为了与当地企业所推出的价格相当低的洗衣剂产品开展竞争,企业推出了一种低成本的、对皮肤无害的产品配方,配制了新的低成本的包装设施,并且其产品包装容量为一次使用量,这样其定价就能够相当低廉。

因为在新兴市场上竞争的企业既需要了解全球性知识,又需要密切关注当地的文化和商业实践,企业管理团队通常必须由国外管理者和当地管理者共同组成。国外管理者的作用就是对技术、管理实践和企业文化加以转换,充当企业总部与当地企业两者之间的桥梁;当地管理者则应对本地市场的一些细微差别有深入了解,并积极投身于当地的市场活动中。

6.2 本地企业应对全球竞争的战略

1. 利用本土优势应对全球竞争者的挑战

如果全球竞争所带来的压力比较小,并且本地企业所具有的竞争优势适合在当地市场条件下发挥,一个较好的战略就是集中企业在本地市场所具有的优势来迎合那些对本地商品情有独钟的客户的需要。当然,这种战略要承受一部分客户转向全球性品牌而造成的损失。

本地企业可以充分利用本土导向的优势,如熟悉本地市场上客户的偏好,以及其与本地客户建立起来的稳固的关系。在许多情况下,本地企业往往都拥有相对于全球竞争对手明显的成本优势,使得它们能够以更低的价格为基础展开竞争。而全球竞争对手往往将产品定位于那些收入位居中上层的来自市区的购买者,这些客户关注得更多的是时尚,愿意尝试新产品,并且认为全球性品牌更有吸引力。

例如,面对脚踏车的全球性竞争的挑战,印度最大的脚踏车生产商 BAJAJ 重点聚焦于那些希望购买成本低、耐用的,并且在乡村地区维修便利的脚踏车的客户。它们推出一款坚固结实的、制造成本低廉的加力车,适合在印度国内崎岖不平的道路上行驶。通过加大公司在研发方面的投资以提高产品的质量和可靠性,以及建立广泛的分销网络和路边销售商店,收到了明显的成效。

2. 将企业所拥有的专业知识转移到国外市场

如果一家企业所拥有的资源优势和能力,适合于参与其他国家市场上的竞争,那么一条可行的战略选择就是将其所拥有的专业知识转移到国外市场上去。

3. 通过转向新的业务模式或进行新的市场定位避开全球竞争

如果转向全球化所面临的行业竞争压力很大,下述三个选择可能是最有帮助的:①将企业业务转向行业价值链中企业所拥有的专业知识和资源能够提供竞争优势的部分;②与某个全球竞争对手建立合作伙伴关系;③将企业出售给一个欲进入本国市场并且将收购视为进入市场的有效途径的全球竞争对手。

4. 参与全球层次的竞争

在某些情况下,如果新兴市场的企业拥有可转移的资源和能力,它就可以成功地应对全球化的挑战,主动参与全球化层次的竞争。

要点摘录

◆ 企业国际化的动因主要是通过国际化,企业可以有效地利用国家差异、规模经济和范围经济达到减少成本、提高效率、降低风险、学习和创新等目标。除了不同国家之间存在的基本文化和市场方面的差异,企业还要特别关注以下问题:由于不同国家的制造和分销成本的差异所带来的地区性优势、汇率波动以及东道国政府的政策和经济、政治风险。

◆ 进入国外市场发展的企业最为关注的一个问题是:它们是根据不同国家市场上当地购买者不同的品位和偏好定制产品,还是在全球范围内提供很大程度上标准化的产品。尽管针对当地客户的需求提供定制化产品可以使企业的产品对当地消费者来说更具吸引力,但是根据不同国家的市场定制产品则会导致生产成本和分销成本的上升。

◆ 尽管产品生产和市场已经全球化,很多在某个行业内最成功的企业却仍然分布在很少的几个国家。例如,很多世界领先的生物技术公司和电脑公司都在美国,很多成功的消费电子公司都在日本,中国台湾地区和韩国、德国是许多出色的化学和工程公司的基地。这些事实说明了一家企业所在的国家和地区也许对其在全球市场上的竞争地位有着重要的影响。

◆ 企业应该根据所处行业的特点是跨国竞争、全球竞争还是过渡期来制定自己的战略,并在海外市场上展开竞争。

◆ 企业可以通过四种途径在国际市场建立竞争优势:一是利用地区优势,以一种能够降低成本或者取得更大的产品差异化的方式在许多国家开展技术研发,部件制造、组装,设立分销中心、营销中心、客户服务中心以及开展各项其他活动。二是以一种既有效率又有成效的方式将企业所拥有的竞争优势从国内市场转向国外市场。三是进一步增强或拓展资源优势和能力,将不同国家内分散的活动整合、协调起来。四是利用国际化战略提供的利润保护所、跨市场补贴,实施全球进攻战略。

◆ 一家跨国企业或全球性企业可以选择在最富有攻击性的竞争对手所在的国家市场上削弱竞争对手的资金实力;企业还可以在劣势竞争对手的本国市场上进行削价活动,以争取更大的市场份额,利用企业在其他市场上所获得的利润补偿由此所造成的短期损失。

◆ 跨国企业最常用的一种进攻方式是在竞争对手的国外市场上倾销产品,这种方式在同一国家重复使用会迫使竞争对手面临严重的财务危机,并最终退出市场。许多政府出台了针对这种行为的反倾销法律。因此更为机敏的进攻最好是采用多途径和伪装的进攻手段,但是在进攻之前,跨国企业需要了解对手的反击能力和防守能力,还必须对击败竞争对手所付出的代价以及究竟可以获利多少进行评估。

思考题

1. 企业国际化的动因是什么?
2. 什么是跨国竞争?什么是全球竞争?
3. 国际竞争战略有哪些形式?各自有哪些优劣势?
4. 可以通过哪四种途径在国际市场建立竞争优势?
5. 实施全球进攻战略的三种常见手段是什么?
6. 与国外合作者的战略联盟和合资的收益与风险有哪些?

第九章

多元化

学习要求

- 多元化战略的概念
- 多元化经营的动因
- 多元化战略的关键内容
- 实施多元化经营的时机
- 行业吸引力检验、进入成本检验、状况改善检验
- 进入新业务领域的三种形式及其优劣
- 相关多元化和不相关多元化
- 范围经济
- 利用竞争能力和转移竞争能力
- 跨业务战略匹配
- 相关多元化战略的风险
- 实施不相关多元化战略的理由

多元化战略又称多元化经营，是指企业为了获得最大经济效益和实现长期稳定经营，开发有发展潜力的产品或者丰富充实产品组合结构，在多个相关或不相关行业领域同时经营多项不同业务的战略。与本书前述业务战略相比，多元化战略处于企业层面，它是通过选取和管理不同市场上的不同业务来赢得企业整体竞争优势的行为，因而又称为企业层战略。企业层战略还包括本书后面章节介绍的横向一体化、纵向一体化等。通常，合作与联盟战略、国际化战略也归入企业层战略一类，因为它们通常涉及企业的横纵向的矩阵式结构。

企业层战略主要关注两个问题：一是企业应该在哪些产品市场和业务领域进行竞争；二是企业总部应如何管理这些业务。当然，企业层战略以业务层战略为基础，对多元化企业来说，它们需要为每一个参与竞争的业务领域选择业务层战略。与业务层战略类似，企业层战略也是通过创造价值，主要是协同价值来帮助企业获取超额利润。

多元化由著名战略大师伊戈尔·安索夫于20世纪50年代首先提出，该概念一经提出便为企业界所接受并付诸实施，并在50—70年代掀起了全球范围内的多元化热潮。然而随着现代企业理论的发展，特别是企业核心能力理论的兴起，又出现了多元化业务向以核心业务为主的专业化经营回归的趋势。但随着互联网的出现，平台、跨界等新业态也逐渐产生，上述企业行为与多元化有很大的关联。

多元化经营是若干单项经营的集合，所以要在比制定单项经营战略更大的范围内进行企业战略的制定。在一个单一经营的企业中管理者考虑的是如何在一个行业环境中成功地竞争，但是在多元化经营的企业中管理者必须为在不同行业的环境中进行竞争的几个不同的业务分公司制订战略行动计划，他们的目标是精心制定一个多行业、多种经营业务的战略。同时多元化经营企业中的高层管理者必须更进一步制定整个企业或集团的战略。

在大多数的多元化企业中，高层管理者会将相当部分的战略决策权力委托给各个业务部经理，授予他们根据其所在特殊行业的竞争环境制定商业决策的权力，并且承担相应的责任。但是，制定多元化企业的整体战略则是高层管理者责无旁贷的责任。

企业进行多元化经营的动因，主要包括如下几个方面：

（1）产品系列化。利用产品相关性、资源共享性强的特点，将产品进行适度延伸，进而实现产品系列化。如东芝、飞利浦等企业在产品的系列化方面就做得非常出色。

（2）开拓新领域。当主业市场容量有限，且市场占有率已相当高时，企业再扩张规模的机会成本很高。在这种情况下，企业就需要向新领域扩展，而开辟新领域就等于开辟了新的天地。

（3）分散风险。通过多元化分散风险，力图使企业总体盈利稳定。

（4）调整企业的主业。任何行业都有生命周期，企业往往会重新调整业务组合，在原有业务基础上发展新业务；或认为有必要退出某一业务领域，选择全新的发展方向，把握新机遇，由此使企业能够生生不息。

为多元化经营的企业制定企业战略包括以下几个方面：

（1）选择进入的新行业和进入的方式。多元化经营需要考虑的第一个问题是进入哪个新行业，是从头开始启动一项新业务，还是购并目标企业行业中的一家企业，抑或是成立一个合资企业或战略联盟。企业的多元化经营，可以基于狭窄的少数几个行业，也可以基于宽范围的多个行业。进入每一个目标行业方式的选择决定了企业进入每一个所选择的行业时开始所处的位置。

（2）提高企业进入的经营领域的业绩。当选定所进入的行业后，企业战略制定将集中于巩固该新业务的长期竞争地位和增加企业投资业务的经营利润。母公司可以通过向子公司提供财力资源、经营技巧和技术诀窍或者提供能使关键的价值链活动运作更加良好的管理技能以帮助子公司更加成功。母公司当然还可以采用购并该行业中的其他企业，并将二者合并成一个更强大的企业，以及购并一家新企业以增强现存企业的力量等方法来帮助子公司成长。

（3）设法实现价值链跨业务和策略的协同并将之转变为竞争优势。当一家企业实施相关多元化战略，即在具有相关技术、相似的价值链活动、同样的销售渠道、共同的客户或存在一些其他协同联系的业务中进行多元化经营时，与实施不相关的多元化企业相比，相关的多元化经营可以转移技术、分享专有技能和设施，因此可以削减总体成本，加强企业某些产品的竞争力或增强业务单元的生产能力，所有这些都是竞争优势的源泉。

（4）建立投资优先次序，将企业资源投入到最有吸引力的业务单元。从增加投资的角度来看，在多元化经营企业中业务不同通常吸引力也不同，管理层不得不决定：第一，在企业的不同业务中进行资本投入的优先排序；第二，将资源投入到盈利潜力较高的业务领域而远离盈利潜力较低的业务领域，剥离运营逐渐恶化的或者处于日益缺乏吸引力行业的业务单元；第三，腾出未见效的投资，用到有前途的业务单元中或者用于资助新的有吸引力的购并。

第一节　实施多元化经营的时机

只要一个企业正全力投入所处行业中有利的增长机会战略，就不急于实行多元化战略。多年持续集中于一项经营可以不用依靠多元化战略而获得成功。麦当劳、苹果公司、联邦快递、沃尔玛都是在单一领域获得了成功。集中于某一经营范围，不进行或小范围进行多元化经营有着重要的优势，这使得企业更清楚"我们是谁、我们做什么"。单一经营可以将全部资源集中于提高竞争力、扩展新的区域市场、对市场环境和客户偏好及时回应。一家单一经营的企业越是成功，就越能成功地利用其积累的经验、特别的竞争力和品牌声誉形成持久的竞争优势，占据行业领先者的地位。

集中于单一经营的较大风险，当然是将企业所有的"鸡蛋"放到一个行业的"篮子"里。如果市场由于新技术、新产品或快速转移的客户偏好而受到侵蚀，那么企业的前景会很快黯淡下来。例如,数码相机对胶片和胶片处理市场带来的影响,CD 和 VCD 技术对盒式磁带和软盘市场的影响,以及移动通信技术对长途固定通信业务的影响。当单一经营的企业的市场即将枯竭,以及企业主营业务的利润和收入增长机会减少的风险增大时,管理者需要将多元化作为其考虑的重点。

1.1 标志多元化时机已到的因素

当单一经营的企业面临萎缩的市场机会和停滞的主营业务销售时,多元化便是管理者要重点考虑的内容。下列四个因素也会使多元化战略成为企业的首要选项:

(1) 当企业可以进入一个其技术和产品对现有业务形成互补的行业时;

(2) 当企业可以利用现有的优势和能力进入新的行业,并且形成有价值的竞争资产时;

(3) 当以多元化方式进入紧密相关的行业可以带来削减成本的新渠道时;

(4) 当企业拥有可以覆盖其他领域产品的强有力的知名品牌时。

在新的业务领域进行多元化经营的决策会带来这样的问题,即实行哪种及多大程度的多元化,这时存在范围非常广泛的各种战略可能:企业可以进入密切相关的业务或进入完全不相关的业务;可以在小范围(新业务占全企业收入和利润的比例小于 15%)和大范围(新业务产生大于 30% 的收入和利润)实行收入和利润多元化;可以进入一个或两个大规模的新业务或者很多小的业务领域;可以通过收购一个现有的企业、从内部创建一家新企业或创建合资企业的形式进行多元化。目前还没有一个判断企业多元化实际的行之有效的方法,对企业多元化努力的评价应该根据企业的特点和情况具体分析。

1.2 实施多元化经营的根本原因

如果仅仅是为了将风险分散到不同行业而形成股东价值的保值,那么股东可以通过自行购买不同行业的企业股票(甚至不参与经营)而轻易做到。实施多元化经营(也包括不相关多元化在内)的根本原因是为股东带来更大的增值。需要通过以下三个检验,才能证实多元化是否为股东带来增值:

(1) 行业吸引力检验。选择进行多元化经营的行业,必须有足够的吸引力使投资连续得到良好的回报。一个行业是否有吸引力,主要取决于是否存在有利的竞争条件和有利于长期获利能力的市场环境,使得企业可以获得与现有业务一样或更好的利润,很难想象可以将一个比目前业务利润更低的行业说成是有吸引力的。

(2) 进入成本检验。进入目标行业的成本一定不能高到侵害获利潜力的地步。为收购有吸引力行业中的一家企业花费太高的成本,会降低企业收购价格的回报率,同时侵蚀股东价值的增长潜能。

(3) 状况改善检验。多元化应该使得企业现有业务和新业务在一家企业的大伞下比它们独立、单一经营时运作更好。

能够满足所有三种检验的多元化经营决策,对于在长期内创造股东价值有最大的潜力。而只能通过一种或两种检验的多元化决策则令人怀疑。

第二节 进入新业务领域的战略

进入新业务领域可以采取下面三种形式中的任意一种:购并、内部创业、合资或战略联盟。

1.1 购并

购并是进入另一行业时最通行的一种方式,这不仅因为与从头开始一项全新业务相比,它是一条进入目标市场的捷径,而且因为它提供了跨越进入壁垒的有效方法。这些壁垒包括获得技术方面的经验、建立与供应商的联系、达到足够大的规模以抗衡对手的效率和单位成本、不得不在导入广告和促销方面大量投入以获得市场青睐和品牌承认、保证有足够的经销量等。在很多行业中选择内部创业的道路,并具备试图发展成一名有效率的竞争者所必需的知识、资源、运作规模和市场声誉可能要花费数年的时间,而购并一家已有的相关企业则可以使进入者直接进入在目标行业建立强大的市场地位的阶段,无论这种并购是否是敌意的。

但是要发现适合购并的企业有时也是一种挑战:一家想进行购并的企业所面临的两难境地是:它是应该为一家成功的企业支付高价,还是应该通过讨价还价买一家境遇不佳的企业。如果买方企业对新行业一无所知,但有充足的资本,通常购买一家有能力的、有较强地位的企业比较好,除非购买价格高得难以承受或无法通过进入成本检验。然而,如果购并者看到有将衰弱的企业变得强大的方式,并且拥有这样做的资源、专业技术和耐心,一家境遇不佳的企业则可以成为较好的长期投资。

因为一家成功的和正在成长的企业的所有者会提出一个较高的价格,这样的购并通常不能通过进入成本检验。一家想引入多元化的企业,不能指望能以仍然可以获得有吸引力的投资回报率的价格在一个吸引人的行业中购并一家前景良好的企业。

1.2 内部创业

通过内部创业实现多元化需要在企业的大伞下创建一家新企业以在期望的行业中进行竞争。一个新形成的组织不仅不得不克服进入壁垒,而且不得不投资形成新的生产能力、发展供应源泉、雇用和训练雇员、建立销售渠道、促进形成客户规模等。通常,组建一家新企业进入一个新的行业在以下情况时更有吸引力:

(1)企业已拥有大部分或全部进行有效竞争所需的技术;

(2)有足够的时间从头从事一项经营;

(3)内部创业比购并进入成本更低;

(4) 目标行业存在许多相对较小的企业,因此新企业可以避免与大规模的、更有力的竞争对手进行直接对抗;

(5) 增加新的生产能力不会给该行业的供需平衡带来负面影响;

(6) 行业中原有的企业对新进入行业者打开市场的努力反应迟缓或缺乏效率。

1.3 合资或战略联盟

至少在以下三种情形下,合资或战略联盟是进入新业务领域的有用方式:

第一,对于一项组织单独运作不经济或有风险的业务,合资或战略联盟是一种较好的方式。

第二,当通过集合两个或更多个组织的资源和能力能够为一个组织带来更多的资源和竞争性资产,使之成为一名强有力的市场竞争者时,合资或战略联盟是有意义的。

第三,合资企业有时是进入国外市场的唯一方式,特别是在该国政府要求进入的国外企业与本地企业建立合资企业的情况下。与国外合伙人合资有时是克服进口限额、关税、国家政治利益和文化羁绊的唯一或最好方式,国内合伙人为外来企业提供当地市场、当地习俗、文化和消费习惯方面的知识以及管理、营销人员和分销渠道,国外合伙人则要提供打开本地市场所需要的特殊技能和其他资源。

但是这样的合资经常会产生诸如如何在合伙人之间分工和谁持有有效控制权等复杂的问题。在国外和国内合伙人之间就是否使用当地的资源力量、出口多少产品、运作过程应与国外企业一致还是服从于当地的偏好,以及在多大程度上国内合伙人有权使用国外合伙人的技术和知识产权等诸多方面也会产生冲突。随着国外合伙人获得越来越多的经验,它们对国内合伙人的依赖就越来越少,这就出现了是否需要解散合作关系的战略问题,这在国际生产商和本地经销商的合作关系中特别常见,总的来说合资或战略联盟是最不持久的进入方式,通常只能维持到合伙人决定独自经营为止。

1.4 多元化的程度

(1) 低度多元化。低度多元化包括单一业务或主导业务多元化战略。单一业务多元化战略是指企业销售收入的95%来自核心业务领域;主导业务多元化战略是指企业总收入的70%—95%来自单一业务领域的战略。

(2) 中高度多元化。中高度多元化是指企业超过30%的收入来自主导业务之外的业务,如果这些业务之间存在紧密的相关关系可称为相关多元化;如果这些业务之间的联系较少则称为不相关多元化。

第三节 相关多元化战略

一旦做出进行多元化经营的决策,就必须选择是进入相关的还是进入不相关的业务领域,或者同时进入这两种业务领域。当各业务的价值链活动间存在竞争性的有价值的联系时,它们就是相关的。相关业务的吸引力在于可以通过协同作用,达到 1+1=3 的效果,从而创造股东价值。如果各自的价值链中没有相似点和互补性,那么业务间就是不相关的。

大多数企业都倾向于相关多元化战略,因为跨业务协同可以带来业绩的提升。然而,出于个别原因,有些企业则选择通过不相关多元化来建立股东价值,还有一些企业则选择同时实施相关多元化战略和不相关多元化战略。

3.1 相关多元化的概念

相关多元化战略是指进入与企业现在的业务在价值链上有战略匹配关系的新业务领域,具体而言包括共同市场、营销渠道、生产、技术、采购、管理、商誉和人才方面的共享效应。战略匹配存在于价值链非常相似以至于能为企业以下方面带来机会的不同经营业务之间,这些方面包括:①将竞争性的有价值的技术秘诀或生产能力,从一种业务转移到另一种业务;②合并相似的价值链活动以获得更低的成本;③共同使用一个知名商标;④通过跨业务合作,创造出有价值的竞争性资源优势和能力。

当企业将多元化经营建立在具有相关性的活动上时,成功的机会就会较大。之所以如此,主要原因是企业的原有竞争优势可以渐渐扩展到新领域,在稳扎稳打的基础上发展壮大。因此,相关多元化从各个角度来看都是一个有吸引力的战略。它可以使一个企业获得转移技术、更低的成本、统一的品牌和更强的竞争力等竞争优势,同时也可以将投资者风险分散到广泛的业务基础上。此外,不同业务之间的相关性为管理多元化提供了焦点,同时也为整个企业的不同业务活动提供了战略相融性。

3.2 相关多元化的常见形式

1. 范围经济:共享资源和能力

相关战略匹配的一个重要战略优势是可以带来比竞争者更低的成本。业务的相关性提供了整合价值链的可能,或使用通用的资源,从而削减成本。这种成本削减被称作范围经济,与规模经济不同,规模经济是通过大规模生产而削减成本,例如就单位成本而言,大厂商比小厂商更低,大型分销中心比小型分销中心更低,大量采购部件比少量采购部件更低。范围经济则是直接从成本削减战略与价值链活动中的匹配中产生的,这种经济性仅存在于多元化企业并且体现了相关多元化的特性。通常而言,范围经济是两家或更多的企业通过分享资源而产生的,例如分享技术、共同研发、使用共同的生产和分销系统、分享共同的销售或分销商网络、使用相同的品牌和建立相同的管理体系。与成本削减战略匹配相联系的经济性越高,通过相关多元化建立低成本的战略优势的可能性就越大。

当两个或多个处于不同行业的业务单位能够共享资源和能力时,可以实现范围经济,从而提高多元化企业的利润。如果多元化企业的一个或多个业务单位能够更好地共用、分享诸如熟练的雇员、生产设备、分销渠道、广告宣传和研发实验室等昂贵的资源和技术,就能实现成本节约或差异化优势。

2. 使用产品搭售战术

使用产品搭售战术可以实现范围经济。在寻求以新的方式实现产品差异化的过程中,越来越多的企业选择进入相关行业扩张和延伸产品线,以便能够满足客户对全部相关产品系列的需求。这种情况表现在通信行业中,当客户面对有线电话服务、无线电话服务、高速互联网接入、电视节目、在线游戏,以及这些服务的一些组合时,他们迫切希望寻求一揽子价格。

就像制造业企业努力减少供应商成员的数量,以实现降低成本、提升质量一样,消费者最终也希望获得产品搭售的便利和价格优惠。

3. 利用企业的一般能力

企业的一般能力是企业高管和职能专家的技能,当这些一般能力客观存在时,就有利于企业内每一个业务单位。简言之,强大的一般能力使得企业多元化扩张的成本,至少是管理成本优于其他企业。例如阿里巴巴、腾讯等企业强大的一般能力,使其能管理范围极广的业务。一般而言,企业的一般能力包括企业家式能力、组织设计技能和卓越的战略能力。

4. 跨行业转移竞争能力

转移竞争能力是指把处在某一行业的业务单位培育出来的竞争能力转移到在其他行业运营的业务单位之中。业务单位中的后者通常是企业收购而来的。把多元化战略建立在竞争能力能够转移基础之上的企业,可以把某一项或多项独特价值竞争能力转移到价值链活动中(如生产、营销、物料管理和研发),从而显著强化被收购单位或企业的业务模式。

把多元化战略建立在竞争能力转移基础之上的企业,倾向于收购与原有业务活动相关的新业务,这是因为它们在一个或几个价值链功能之间具有共性。所谓的共性,就是在两个或多个业务单位共享或使用某一功能时,那些能够更有效地创造更多价值的属性。

一般来说,这样的竞争能力转移能够提高利润率的条件是:降低多元化企业的一个或多个业务单位的成本结构或者使一个或多个业务单位的产品更好地实现差异化,这会赋予相应的业务单位价格选择权,决定是降低产品价格从而提升市场份额还是提高产品价格。

为了提高利润率,转移的竞争能力所涵盖的价值链活动在未来必须成为特定业务单位竞争优势的来源。也就是说,所转移的独特竞争能力必须具有实在的战略价值。然而屡见不鲜的是,众多企业假定其价值链之间的任何共性对于价值创造都是有效的,然而当试图转移竞争能力的时候,它们发现预期的收益并没有如期而至,这是因为不同的业务单位并没有共享这一些重要的共同属性。

例如,可口可乐公司收购美汁源公司的案例无疑是高度成功的,因为可口可乐公司可以充分利用两家企业全球化分销和销售渠道等共性,相反可口可乐公司收购哥伦比亚电影公司,想利用对方的市场营销能力制作轰动一时的电影,这个决定被证明是一场灾难,导致企业损失了几十亿美元。最终可口可乐公司将哥伦比亚电影公司转售给索尼公司,索尼公司在电影的基础上开发出了众多成功的家用电视游戏。

5. 利用竞争能力

利用竞争能力是把在某一行业的业务单位开发出来的独特能力,用于不同行业以创造新的业务单位。毫无疑问,多元业务模式成立的前提是构成某一行业竞争优势的一系列独特能力,也可能用于为不同行业的新业务单位创造差异化或低成本的竞争优势。例如,佳能公司使用其在精密仪器、精细光学和电子图像方面的独特能力生产激光打印机,这是佳能公司在新行业的新业务。佳能公司在激光打印机行业的竞争优势源自其竞争能力能够使佳能公司低成本地生产高质量的打印机。

利用竞争能力和转移竞争能力的区别在于,前者是创建全新的业务单位,而后者是在原有业务单位之间的转移。这种区别建立在不同的多元业务模式基础上,利用竞争能力建立新业务的企业更多的是技术型企业,它们利用研发能力在多元行业创造新的业务机会和单位。相反,转移竞争力的企业通常是行业领导者,通过收购原有企业而进入新行业,然后它们通过向被收购企业转移一系列强势竞争能力,从而提升竞争优势和利润率。

许多企业把多元化战略建立在利用竞争能力的基础上,并且用这种方法在不同的行业中创造新的业务单位。微软公司利用其在软件开发和市场营销方面的技能在新的行业创造和经营了两个业务单位——网络在线和电视游戏。微软公司的管理者相信多元化战略会给股东带来最大的利益,这是因为企业原有的竞争能力能够使企业在网络在线和电视游戏行业获得竞争优势,实际上这一战略的结果喜忧参半。

3.3 价值链视角下的跨业务战略匹配

跨业务战略匹配可以存在于价值链的任意位置,例如产品研发和技术开发活动、供应链活动、生产活动、销售和市场营销、分销和管理支持。

1. 产品研发和技术开发活动的战略匹配

有着技术共享利益的业务在一起运作比分开运作结果更好,因为这时在产品研发和技术开发方面存在潜在的成本节约,并且新产品进入市场的时间更短,从而可以使两种业务的销售都得到增长,产品间重要的互补或内在相关以及业务间技术转移的潜力可以使技术相关活动取得更高的业绩。

2. 供应链活动的战略匹配

供应链匹配的企业可以达到双赢结果,例如在购买原材料时技术转移的可能、与供应商之间的议价能力增强、通过加强与供应链中各个环节的联系而获得的利益、与送货者就总额折扣的议价能力加强,等等。

3. 与生产相关的战略匹配

当一家多元化企业能够将其在生产质量和经济有效的生产方法方面的优势运用到其他业务中去时,与生产相关的各项活动便成为竞争优势的一个重要来源,此时便存在着战略匹配。与生产相关的战略匹配的另一个优势在于能够在同一个工厂独立地实现生产和组装活动,这就使得其能够将生产集中在少数几个工厂从而极大地削减总生产成本。

4. 与销售和市场营销相关的战略匹配

可以通过为不同的业务单位建立同一个销售部门,而不是为不同的业务建立独立的销售部门,从而缩减销售成本。当产品是通过相同的批发商和零售商销售或者直接向消费者销售时,可以向一个销售人员授权销售所有相关产品,可以通过同一个网站销售,包括同一种媒体广告和推广手段。

紧密相关业务的产品的售后服务和维修部门可以合并为一个部门。削减成本的机会包括合并售后服务和维修组织、协调订货、使用共同的促销手段、合并特约经销商网络。

除了范围的经济性,市场相关战略匹配会带来将销售技巧、促销技巧、广告技巧和产品差异化技巧从一种业务转移到另一种业务的机会。宝洁公司的产品线包括很多品牌,这些产品都拥有不同的竞争者、不同的供应渠道和不同的生产流程,但是却都通过相同的分销渠道进行销售,通过大致相似的销售渠道销售给客户,通过大致相似的方式进行广告宣传和促销,同时要求实施相同的营销和经营技巧。此时一个企业的品牌名称和信誉可以由一种产品转移到其他产品。

5. 与分销相关的战略匹配

拥有紧密相关的分销体系的企业可以通过战略匹配而获得比单独运作时更多的利益。例如通过分享相同的分销体系缩减成本、利用战略相同的批发渠道和零售商接触更多的客户等。

6. 行政支持活动方面的战略匹配

当不同业务单元在技能类型、能力和管理诀窍等方面具有可比性,因此可将一种业务经营活动中的管理方法转移到另一种业务中去时,就存在这种匹配关系。同样地,不同的业务部门会使用相同的管理支持系统。

3.4 范围经济、竞争优势和风险

相关多元化战略的吸引力在于将不同业务价值链之间的战略匹配转换成竞争优势。多元化企业各业务之间的相关性越强,就越有机会整合相关的价值链、共同使用品牌名称以建立新的资源优势和能力。相关业务之间的战略匹配关系越具有竞争重要性,就越有可能建立竞争优势。

1. 范围经济与竞争优势

范围经济和其他战略匹配所带来的竞争优势,使得多元化企业可以获得 1+1=3 的财务收益和可以预期的股东价值增长。相关业务价值链已获得战略匹配的企业,相对于那些没有实施多元化经营和企业多元化战略没有带来相应的战略匹配利益的企业,能够建立更大的竞争优势。拥有了这种竞争优势,企业就有了获得超出平均水平的利润的可靠基础。具体而言,可以获得比单一经营时更多的收益。作为回报,超出平均水平的盈利带来了 1+1=3 的股东价值增长,这也满足了状况改善检验并且证明了企业多元化战略的可行性。

因此,在可以跨业务战略匹配的情况下,相关多元化战略可以为子业务带来比单一经营环境下更好的财务表现。这样,相关多元化战略在为股东带来价值方面具有相当大的吸引力,而且这种价值是不能通过投资于不同企业的股票而获得的,战略匹配利益只能通过相关多元化获得。

2. 相关多元化战略的风险

很多企业在相关多元化方面跌了跟头,因为它们为要兼并的企业付出了过多的成本或没有通过进入成本检验。状况改善检验中通常会出现两个问题:一是高估整合相关价值链和获得范围经济能带来的成本削减,在这种情况下实际的成本削减和盈利增长并不能证明收购价格的合理性;二是在将一种资源转移到另一种业务上时充满了障碍,拖延或抵消了所能获得的战略匹配利益。经验证明人们常常会对跨业务协同效应过于乐观,事实上,实现这种协同效应比一开始发现它们要困难得多。

第四节 不相关多元化战略

4.1 实施不相关多元化战略的理由和操作

企业大多愿意以多元化方式进入任何一个可以使其获得持续性良好财务回报的行业。之所以做出以多元化方式进入某一行业的决策,是因为这一行业可以找到"好的"可购并的企业。不相关多元化的基本前提是任何可以购并的、具有有利财务条件和令人满意的利润前景的企业都是多元化进入的很好选择。寻求不相关多元化的企业努力使其多元化目标确切符合行业吸引力和进入成本检验,而符合状况改善检验的条件或者不被

考虑或者被放在次要地位。不相关多元化并不需要花费很多精力研究新业务是否与企业其他业务存在战略匹配。企业要投入很多时间和精力，按下述原则挑选和审查要购并的候选企业：

（1）这项业务是否可以达到企业获利能力和投资回报率的目标；

（2）新业务是否需要注入资金以更新固定资产、扩充资金和提供流动资金；

（3）这项经营是否处于有着重大增长潜力的行业；

（4）新业务是否大到足够对母公司的利润做出重大的贡献；

（5）是否可能出现业务困难或者违反政府有关产品安全或环境的规定；

（6）这些行业对萧条、通货膨胀、高利率或者政府政策的变动是否是脆弱的。

有时，采取不相关多元化战略的企业因为它们的"特殊情况"，将注意力集中在挑选能为企业提供快速获得财务收益机会的购并候选企业，有三种企业具有这样的吸引力：

（1）资产被低估的企业——以小于全部市值的价格购并这样的企业，并以高于买价的价格将其资产和业务再次出售，可以为企业带来实际的资本利得。

（2）财务困难的企业——经常可以廉价买到这种企业，借助母公司的财力和管理办法，可使其经营摆脱困境，然后可以将之作为一项长期投资或以一个有利价格出售，这取决于哪种方式更具吸引力。

（3）有着光明的增长前景，但缺少投资资本的企业——缺少资本、富有前景的企业，对于财力强大、正寻求机会的企业通常是很好的实施多元化战略的候选企业。

寻求不相关多元化的企业几乎总是通过购并一家已建立的企业来进入新领域，而很少采用在自己的企业结构内组建新的子公司的形式。它们的前提是通过购并实现的增长可以转化成增加的股东价值，只要不相关多元化能为企业带来年收入和利润的持续增长，并且被购并企业不会因经营不善而倒闭，暂不使用状况改善检验就被视为是合理的。

不相关多元化战略的一个要点是在多大范围内建立不相关业务组合。换言之，一家企业应该是在多个还是在少数几个不相关业务中寻求多元化？企业的执行经理能够管理多少多元化的业务？解决多元化程度难题的合理途径是回答如下两个问题：要达到既定的增长率和盈利率，至少应该寻求多大程度的多元化？考虑到多元化所带来的复杂性，企业所能管理的多元化程度最大是多少？最佳的多元化程度往往在这两个极端之间。

4.2 不相关多元化的正面作用

不相关多元化在以下几个财务角度富有吸引力：

（1）经营风险在一系列不同的行业得到分散——与相关多元化相比，这是更好的分散财务风险的方法，因为企业的投资可以分别投在有着完全不同的技术、竞争力量、市场特征和客户群的业务之中。

（2）通过投资于任何有着最佳利润前景的行业，可以使企业的财力资源发挥最大作用。尤其是来自低增长和低利润前景业务的现金流可以转向购并或扩大具有高增长和高利润潜力的业务。

（3）当企业的管理者能够非常聪明地发现具有利润上升潜力的廉价企业时，股东财富就能增加。例如用低廉的价格购买经营不佳的企业和业务，利用母公司注入的资金和管理技能使其经营状况迅速好转，然后获取由新业务带来的利润增长。

（4）企业的获利能力可以更加稳定。因为一个行业的艰难阶段可以被其他行业的繁荣阶段部分抵消——理想的情况是企业某些业务的周期下降可以与多元化进入的其他业务的周期性上升取得平衡。

（5）不相关多元化在其他情况下也会体现其价值。当一家企业要从陷入危机或缺乏吸引力的行业退出时，同时并没有与众不同的能力或技能可以转移到临近行业时，不相关多元化就会成为合理的选择。实施不相关多元化战略的所有者希望将风险分散到更大的范围内，而不是受限制只投资于紧密相关的业务。

4.3 通过不相关多元化创造股东价值

通过不相关多元化创造股东价值是管理者处理相关业务时必须具备的能力。要使不相关多元化战略能够创造股东价值，企业管理者必须能够比业务经理在单独管理其业务的情况下创造更好的财务回报。企业管理者通过一系列的决策增加股东价值，例如精明地决定进入和退出哪些行业、将母公司的财务资源明智地分配到最有盈利潜力的业务上，为企业业务经理提供持续的战略指引。具体而言，这意味着：

（1）在以多元化方式进入能将续产生优良的投资回报的新业务方面做得很好。

（2）在谈判取得有利的收购价格方面做得很好。

（3）决定什么时候以什么样的价格出售一项业务，理想的情况是价格要比企业的净投资高。

（4）明智和积极进取地将企业财务资源由盈利机会黯淡的业务中转出，投入到正在快速增长和获得高投资回报的业务中去。

（5）在监督子公司和对之进行管理方面做得非常好，使得各项业务比采用其他方式运作更好。

如果企业管理者制定和执行的不相关多元化战略能产生以上成果，使得企业在为股东创造更多的红利和资本利得方面超过其他企业，那么股东价值就真正得到了提高。

4.4 不相关多元化的负面作用

不相关多元化战略有两个方面的重要缺陷：需要足够的管理技能和有限的潜在战略优势。

1. 需要足够的管理技能

不相关多元化经营的致命弱点是它强烈要求企业管理者充分考虑到在不同行业中

完全不同的经营的特点和竞争环境以做出合理的决策。企业的重要管理者,因为只在一个或两个业务部门工作过,不可能对企业每一个业务都有深入的了解,例如市场的竞争环境、驱动力量、行业的制胜关键要素和各个业务的竞争优劣势。一家企业所涉足的业务领域越多,多元化程度越高,企业管理者越是难以对每家企业进行监督和尽早发现问题,也就越难以形成识别和评价每个经营行业吸引力和竞争环境的真正技能,从而判断各业务层次的管理者提出的计划及战略行动的质量也更加困难。

进行宽范围的多元化,企业管理者必须足够机敏和聪慧,从而能分清好的并购和坏的并购;挑选有能力的管理者主管某一种业务;辨别业务单元管理者提出的主要战略计划何时是合理的;知道如果一个业务单元的经营出现失误,应当做些什么。

不相关多元化程度越高的企业,如果使用数据管理方式,也就是说紧密关注每个业务单元的财务和经营结果,只要最终的财务数据和经营指标良好,则认为一切都在掌控之中,这样做会忽视一些战略性要点和可能的业务下滑趋势,往往一两个没有遇见的萎缩和重要的战略失误就会造成企业股价的下跌。测度以多元化方式进入新的不相关领域的风险大小的方法是询问,"如果新的业务陷入困境,我们是否知道如何摆脱",如果回答是不知道,不相关多元化就会带来很大的财务风险,这项经营的利润前景也极为不确定。

因而,管理广泛多元化的业务要比想象中更难,事实上很少有企业证明它们有实力做到这一点,在不相关多元化方面失败的企业要远远多于成功的企业。对于企业管理者而言,很难通过他们在以下方面的经验创造股东价值:选择进入哪些行业和收购其中的哪些企业;将资源从低收益行业转移到高收益行业;为业务经理提供决策指引。不相关多元化的结果往往是 1+1=2 或更少的股东价值,而不是 1+1=3 的股东价值增值。

2. 有限的潜在战略优势

不相关多元化战略的第二个重要缺陷是不相关的多种经营组合的竞争优势并不比各业务独立经营所获得的总和多。不像相关多元化战略,不相关多元化战略不会有由战略匹配带来的削减成本、转移技术和能力、使用统一的知名品牌和协作建立的互利竞争力等利益。也许一家资金充足的母公司可以在寻求不相关多元化的过程中为其资金缺乏的业务部门提供紧缺的资金支持和处理具体业务难题的管理技能,但是除此之外,它不能帮助业务部门建立起竞争优势。缺少了战略匹配所带来的潜在竞争优势,不相关多元化业务业绩总和只会稍微大于或等于各个业务部门单一经营所取得的业绩总和。

要点摘录

◆ 多元化战略又称多元化经营,是指企业为了获得最大经济效益和实现长期稳定经营,开发有发展潜力的产品或者丰富充实产品组合结构,在多个相关或不相关行业领域同时经营多项不同业务的战略。与本书前述业务战略相比,多元化战略处于企业层面,它是通过选取和管理不同市场上的不同业务来赢得企业整体竞争优势的行为,因而又称为企业层战略。

- 企业层战略主要关注两个问题:一是企业应该在哪些产品市场和业务领域进行竞争;二是企业总部应如何管理这些业务。当然,企业层战略以业务层战略为基础,对多元化企业来说,它们需要为每一个参与竞争的业务领域选择业务层战略。与业务层战略类似,企业层战略也是通过创造价值,主要是协同价值来帮助企业获取超额利润。

- 随着现代企业理论的发展,特别是企业核心能力理论的兴起,又出现了多元化业务向以核心业务为主的专业化经营回归的趋势。但随着互联网的出现,平台、跨界等新业态也逐渐产生,上述企业行为与多元化有很大的关联。

- 在多元化经营的企业中管理者必须为在不同行业的环境中进行竞争的几个不同的业务公司制订战略行动计划,他们的目标是精心制定一个多行业、多种经营业务的战略。

- 单一经营可以将全部资源集中于提高竞争力、扩展新的区域市场、对市场环境和客户偏好及时回应。当单一经营的企业的市场即将枯竭,以及企业主营业务的利润和收入增长机会减少的风险增大时,管理者需要将多元化作为其考虑的重点。

- 在新的业务领域进行多元化经营的决策会带来这样的问题,即实行哪种及多大程度的多元化,这时存在范围非常广泛的各种战略可能。

- 如果仅仅是为了将风险分散到不同行业而形成股东价值的保值,那么股东可以通过自行购买不同行业的企业股票(甚至不参与经营)而轻易做到。实施多元化经营(也包括不相关多元化在内)的根本原因是为股东带来更大的增值。

- 进入新业务领域可以采取下面三种形式中的任意一种:购并、内部创业、合资或战略联盟。

- 规模经济是通过大规模生产而削减成本,例如就单位成本而言,大厂商比小厂商更低,大型分销中心比小型分销中心更低,大量采购部件比少量采购部件更低。范围经济则是直接从削减成本战略与价值链活动的匹配中产生的,这种经济性仅存在于多元化企业并且体现了相关多元化的特性。

- 范围经济和其他战略匹配所带来的竞争优势,使得多元化企业可以获得 1+1=3 的财务收益和可以预期的股东价值增长。相关业务价值链已获得战略匹配的企业,相对于那些没有实施多元化经营和企业多元化战略没有带来相应的战略匹配利益的企业,能够建立更大的竞争优势。拥有了这种竞争优势,企业就有了获得超出平均水平的利润的可靠基础。

- 很多企业在相关多元化方面跌了跟头,因为它们为兼并的企业付出了过多的成本或没有通过进入成本检验。状况改善检验中通常会出现两个问题:一是高估整合相关价值链和获得范围经济能带来的成本削减,在这种情况下实际的成本削减和盈利增长并不能证明收购价格的合理性;二是在将一种资源转移到另一种业务上时充满了障碍,拖延或抵消了所能获得的战略匹配利益。经验证明人们常常会对跨业务协同效应过于乐观,事实上,实现这种协同效应比一开始发现它们要困难得多。

- 寻求不相关多元化的企业努力使其多元化目标确切符合行业吸引力和进入成本检验,而符合状况改善检验的条件或者不被考虑或者被放在次要地位。

- 不相关多元化战略的一个要点是在多大范围内建立不相关业务组合。换言之,一家企业应该是在多个还是在少数几个不相关业务中寻求多元化?企业的执行经理能够管理多少多元化的业务?

- 一家企业所涉足的业务领域越多,多元化程度越高,企业管理者越是难以对每家企业进行监督和尽早发现问题,也就越难以形成识别和评价每个经营行业吸引力和竞争环境的真正技能,从而判断各业务层次的管理者提出的计划及战略行动的质量也更加困难。

◆ 因而，管理广泛多元化的业务要比想象中更难，事实上很少有企业证明它们有实力做到这一点，在不相关多元化方面失败的企业要远远多于成功的企业。

思考题

1. 多元化战略的关键内容是什么？
2. 进入新业务领域的三种形式及各自的优劣势是什么？
3. 什么是相关多元化？什么是不相关多元化？为什么有的企业会实施不相关多元化战略？
4. 解释范围经济与规模经济的概念。
5. 挑选不相关购并的企业通常有哪三条标准？
6. 如何通过不相关多元化为股东创造价值？

第四篇

战略管理之法

第十章

战略实施与组织结构

>>> **学习要求**

- ➢ 战略实施过程中的主要任务和关键
- ➢ 战略实施存在的问题和应对措施
- ➢ 组织各种基本结构类型的优点与缺点
- ➢ 流程的概念以及流程在组织中的重要作用
- ➢ 组织内外的各种关系及其界限
- ➢ 基于战略的组织结构规划要点

第一节　战略实施概述

战略确定后,重点就是如何将其转化为行动。其中有三个主要步骤:一是确定战略执行的组织及配置资源;二是不断消除战略执行中的冲突和对抗;三是定期对战略执行情况进行检查和调整。制定战略和实施战略的显著不同之处在于,前者强调的是分析和决策能力,解决应该做什么的问题,而后者强调执行力,解决怎么做的问题。具体包括组织更广泛的人员参与,管理和协调战略实施中的各个单元,纠正战略规划与执行的偏差,解决战略执行中的各种混乱问题,克服战略推进中的各种抗拒力量等。正因为战略执行需要解决诸多的不一致、混乱和冲突,所以很多管理者都认为实施战略比制定战略要困难得多。

1.1　战略实施过程中的主要任务

虽然不同企业的战略实施过程千差万别,但战略实施都离不开以下几项基本任务:
(1) 建立一个具有实施战略所需的能力、实力和资源的组织;
(2) 给具有战略关键性的活动分配大量的资源;
(3) 制定支持战略的政策;
(4) 开展最佳实践活动并不断改善;
(5) 将激励机制同战略目标相关联;
(6) 使工作环境、企业文化与战略相匹配;
(7) 实行促进战略实施工作所需的战略领导。

不管具体的战略如何特殊,以上任务会反复出现在战略实施的过程中。根据战略实施过程中各种因素的差异和变化,这些任务中的一项或几项通常比其他任务更加关键或更耗费时间,这些因素包括:①不得不进行的战略变化;②组织的财务条件和竞争力的差别;③是否存在需要改进的重要资源弱点或需开发的新能力;④企业拥有的资源满足持续创建竞争优势的程度;⑤必须改变的约定俗成的行为模式之力量强弱;⑥企业历史上个人和组织的联系状况;⑦追求短期效果和提高期末财务业绩压力的大小。

在制订行动计划时,战略实施者应首先明确,组织必须做哪些事情以及如何做好。然后,考虑尽快进行必要的内部变革。实施者的行动应集中在如何使价值链活动、内部经营与实施战略一致,这需要一系列的"匹配关系"。如组织的能力和资源必须与战略的需求相匹配,特别是当选择的战略是以能力和资源方面的竞争优势为基础时;财务资源的配置,必须能够提供给各部门有效承担其战略任务的人力和运营预算资金,这些匹配关系的力量越大,成功实施战略的机会也就越大。另外,企业的薪酬体系、政策、信息系统和运营活动,都需要在必要时为实施战略而做相应的调整,否则就可能成为实施战略的障碍。

1.2 战略实施存在的问题与应对措施

战略实施包括战略执行计划的制订、战略执行与战略评估三个阶段,每一个阶段都会面临一些具体问题:

(1)在战略执行计划的制订阶段,最突出的问题是对战略意图的理解。企业战略在形式上表现为有形和无形两种:有形的是战略的书面表述,无形的是战略表述中隐含的战略意图。如果战略的执行者仅看到了书面的战略,而没有理解战略制定者的战略意图,则在战略执行计划的制订阶段就容易出现偏差。

(2)在战略执行阶段,最突出的问题是如何处理战略计划与执行的不符。战略执行计划制订的基础既包括对未来外部形势的预测,也包括对内部能力的判断。战略执行中产生的偏差,既可能是战略计划本身存在的问题,也可能是对未来的预测出现的偏差,还可能是内部能力和努力程度不够。在实践中,以上三种因素往往纠缠在一起,难以分辨和处理。

(3)在战略评估阶段,最突出的问题是战略执行的评估与激励。为防止出现大的偏差,战略执行过程中应有评估和反馈机制。实践表明,阶段性的评估和激励,对于战略执行有非常显著的促进作用。然而,在执行评估和激励时,组织又往往缺乏系统的评估工具和有效的组织机构。这种情况在许多企业中屡见不鲜,大量的企业集团几乎都建立了战略发展部,但建立战略评估专业部门的却凤毛麟角。

为了在战略实施过程中减少或防止出现以上问题,提高企业战略实施的效率,企业战略管理者必须采取相应的预防措施:

(1)在战略制定过程中保持沟通。任何战略的制定,都需要至少企业中层以上的管理者参与。在战略制定过程中,必须不断交流沟通,以达成共识。战略制定最终形成的战略文本固然重要,但更重要的是战略制定过程中的深入沟通和对战略意图的充分理解。很多企业的战略看似相同,但放在不同的企业背景下所包含的战略意图却大相径庭,只有当大部分中层以上管理者透彻领会了企业的战略意图,战略才可能被有效地执行。

(2)在战略执行中保持柔性。战略执行计划的制订中包含大量的预测和假设,执行过程中需根据实际情况进行及时调整。战略调整一般有以下三种可能:一是外部环境发生了重大变化,导致原有战略目标无效而被迫调整;二是内部资源条件发生了变化,或是原有对内部的各种假设中,某些重要的假设条件缺失,从而不得不改变战略目标;三是定期对战略进行评估和微调。为了保证战略规划的严肃性,调整不宜过于频繁,一般以年度或半年度为宜。

战略执行中出现各种问题在所难免,但应分清问题的主次、辨别什么是需着力解决的关键问题、什么是可暂缓处理的次要问题,甚至可静观其变,无为而治。

（3）在战略评估中突出重点。战略评估的重要性是不言而喻的，没有正确的评估，不仅会失去对战略执行的有效控制，而且难以产生有效的激励和合理的处罚，继而也就难以保证下一阶段战略的有效执行。但战略评估不是事无巨细，等量齐观，平均使用力量，而是要突出重点。

第二节 组织的结构、流程与关系

2.1 组织结构

管理者在描述他们的组织时，通常会画一张组织结构图来以此说明。这些结构界定了组织内的"等级"和角色分工，既促进也制约了流程与关系的作用。接下来我们首先对组织的基本结构类型进行分析，并指出各种类型的优点与弱点。这样我们就可以把注意力放在如何使组织结构适应快速变化的、不确定的、知识影响力与全球化日益重要的商业环境上。

1. 简单结构

简单结构无一定之规。具有简单结构（Simple Structure）的组织通常是被个人控制，组织的形态也是以个人所能建立与维系的关系（组织内部与外部的关系）和做事情的非正式流程为主。简单结构是小企业或初创企业通常采用的结构类型，所有者往往承担大部分管理责任，可能有个合伙人或助手，但几乎没有什么管理职责的分工，即使管理者不止一人，也没有明确规定谁负责干什么。这种结构类型的主要问题是：组织在一定的规模以下才能有效运转，一旦超过一定规模一个人将难当重任。

2. 职能结构

职能结构是根据组织所开展的主要活动（如生产、财务、市场营销、人力资源和信息管理）划分的（见图10-1）。这种结构类型通常见于那些规模较小，或是产品类型较少的企业。职能结构的优势体现在高层管理者可以对运营活动有更好的控制，对职责的划分也很清晰。但是随着组织的扩大和组织内部多元化的增强其弱点也暴露出来，主要是高层管理者将被淹没在日常运营的琐事中，或者仅仅依靠他的专业技能而不是战略眼光来处理问题，在快速变革的商业环境中这些依赖专业技能的管理者既无法体察整体战略的需要，也无法做出协调一致的快速反应；个人关注的重点是孤立的业务流程，没有人对整个产品或整体客户群负责，对各职能专家的专业知识进行整合也变得困难。

图 10-1 职能结构

同样，因为各职能部门的设置基于各自的业务流程，在彼此协调差异时也有很多问题。比如组织的各种战略业务单位被一刀切要求采用统一的做法，因此生产时间、财务管理、营销的广告支出、人力资源的奖金制度等方面都要统一规定，无法真实反映组织的多样性。

当然，流程与关系可以用来缓解职能结构中的这些问题，比如通过各种体系和关系的建立来提高各职能部门之间的协调性，有些职能部门可能会通过其内部结构来解决这个问题，如销售与市场营销部门会在其内部设置产品经理或重点客户销售代表以解决协调问题。

3. 多分布结构

多分布结构（Multidivision Structure）是由基于产品、服务或地理区域划分的各分支机构的组合（见图10-2）。设立分支机构的主要目的是弥补上面提到的职能结构在处理差异方面的不足。多分布结构有利于根据各分支机构的具体要求，专门制定有特色的产品市场战略，也有利于各分支机构的员工有效地实施这些战略。

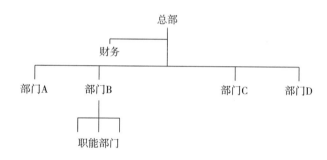

图10-2　多分布结构

在实践中，使分支机构的设立与战略业务单位（SBUs）完全吻合是十分困难的。例如，这可能是由于规模和效率的影响（如果部门机构与战略业务单位完全吻合，将产生太多的分支结构），因此一个多分布结构在现实中往往包含多个战略业务单位。尽管分支机构内部的差异性要低于整个组织的差异性，但是差异性同样存在而且难以管理。一个处理办法是在大的分支机构内再设立相应的子分支机构，这样又可能导致机构的臃肿。

在划分分部时常见的一个问题是划分的标准是产品、市场还是技术？处理不好也会影响运作效率或产生一个非常复杂的结构。此外，哪些业务活动应该列入分部之中，哪些职能应该放在企业总部，这些也是必须考虑的问题。

多分布结构的优势在于各部门的专业性都很强，这使它们可以专注发展各自在特定产品、技术和客户方面的能力，各部门的业务活动相对独立也便于管理。多分布结构的缺点表现在以下三个方面：第一，各分支机构十分专业化，而且自己自主，它们实际上与独立的企业没有什么区别，但是它们承担着企业总部的间接成本，因此将企业分为若干独立的子公司也许更加合理。这种拆分现象已经相当普遍。

第二，分支机构在没有任何母公司经验和技能的情况下，将自己变为总部却未能给下一级业务单位提供任何增值服务,例如分支机构在财务管理、市场营销、人力资源和信息技术方面的能力可能很薄弱,于是下一级业务单位虽然承担着该分部的成本却无法得到真正的母公司所提供的支持与服务,因为该分支机构没有母公司所具备的技能,因此,在这种情况下业务单位反而不如直接向企业总部汇报。

第三,多分支机构的日常管理与控制既不直接也不简明。

4. 控股公司结构

控股公司(Holding Company)实际上是一个投资公司,它拥有若干个独立企业的股份,这些企业虽然是母公司的一部分,但是往往独立经营并保留其原有名称。母公司的职责是对买卖子公司进行决策,极少过问子公司的产品和市场战略。母公司和子公司之间的流程和关系仅仅是财务上的(如投资回报和财务绩效),这是许多传统集团公司的运营方式。

控股公司结构的建立是基于这样的理念:在动荡不定的商业环境中,各成员企业在不受干预的情况下,会尽其所能地采取最佳的产品和市场战略;各成员企业在不负担母公司的间接费用的同时可以以任何方式(如更优惠的投资融资)充分享受其成员资格所带来的利益;控股公司本身也可获益,如可以通过所拥有的成员企业分散市场风险,通过剥离个别成员企业而获利。控股公司结构最大的缺点恐怕是其内部缺少战略凝聚力,各成员企业的业务多少会有些重叠。

许多集团公司被拆分成多个独立子公司的事实给我们如下启示:控股公司虽然好但不足以维持庞大的联邦体制,金融机构并不喜欢这种结构,它们看不出控股公司的机制在为其成员企业提供增值服务方面比股票市场的机制强在哪里。

5. 矩阵结构

矩阵结构(Matrix Structure)是一个组合性结构,它可以是既按产品划分同时又按地理区域划分的结构,也可以是职能结构与多分布结构的混合。由于在对各种专业知识进行整合的同时,结构设计过程需要基于多个因素来制定划分标准,所以矩阵结构有可能被采用。例如国际企业可能倾向于按地理区域划分业务单位,因为这种业务单位既具有关于当地市场的专业知识,同时也拥有全球性产品管理部门以统筹协调所有地区的产品开发制造和销售。

在矩阵结构中,决策时间延长是个突出的问题。由于决策的做出通常是通过协商各方面达成一致意见,而不是通过下达指令,因此矩阵结构容易产生分工和职责不明确的情况,这会引起不少冲突。

此外矩阵结构存在两个"坐标轴",因此在实践中矩阵的一个坐标轴可能因为影响着某些重要指标如规模化生产的产量而需要发挥主导作用,而在这些重要指标中矩阵的另一个坐标因素也必须发挥作用,如对产品进行改进以适合当地的特点,上述情形可能会导致矛盾。最后一个现实问题是怎样能使员工成为企业战略的真正主人,矩阵结构中总部有时需要指派专家到指定的产品和客户管理部门并执行双向汇报制度,矩阵结构成功的关键是:高层管理者必须善于维系矩阵各方的合作关系,并有能力处理由此带来的混乱和模糊性。

6. 以团队为基础的结构

随着管理理念和实践的发展,出现了以团队为基础的结构——这种结构并不是全新的结构。全面质量管理的支持者通常就在运营层面上支持以团队为基础的结构,而不是以业务活动为基础的结构。以团队为基础的结构的理念是:与传统的、严格的劳动分工和广泛的、正式的控制措施相比,自我管理的团队可以在产品和服务上创造更高的价值。战略管理需要考虑的问题是这种结构是否全面适用于组织或适用于组织中的各个分部。以团队为基础的结构试图通过把员工按照业务流程分成跨职能的小组而实现横向和纵向的协调。

7. 以项目为基础的结构

对一些组织而言,团队是为项目而建的,而项目是有生命周期的。以项目为基础的结构是这样一种结构:团队为完成一项任务(如内部和外部的合同)而建,任务完成后团队就解散,这种结构明显适用于那些提供大型耐用商品或昂贵服务的组织,也适用于在有限时间内开展活动(如会议、体育比赛等)的组织。因此,这种组织结构是一个不断变化的若干项目团队的组合。许多组织用以项目为基础的结构,作为对主结构的专门补充。例如为推进新战略的实施或是解决现有组织结构无法解决的问题,就会成立新的项目小组。

与其他结构一样,以项目为基础的结构也要考虑流程、关系和界限这些重要的实际问题。比如,如果项目小组只存在很短的时间,那么它的成员从哪里来,项目完成后小组成员又到哪里去。如果这些项目小组的存在只是暂时的,成员们如何才能像一个团队一样合作?他们之间的理解和默契将如何培养?他们能否有效地实施组织战略?

总之,在快速变化的环境里,个体的知识与能力需要在短时间内以创新的方式进行整合和重复应用,以团队为基础的结构和以项目为基础的结构因其灵活性而日益受到人们的重视。

8. 中间结构

现实中很少有组织会单纯采用以上某种特定的结构形式,它们最常使用的是各种结构形式的混合体。因此我们需要以下能力:适应组织环境将各种结构加以糅合的能力,确保结构与时俱进的能力,使组织形态的各组成要素共同起作用的能力。

例如,一家企业在开发新产品和开拓新市场时会发现其原有的职能结构无法适应差异日趋显著的多样化环境。把组织结构调整为多分布结构肯定有助于战略的调整,但是战略结构变革是渐进式的,而不是转型式的。这种结构的变化(从职能结构到多分布结构)也是通过流程和关系的变化逐步实现的。多元化引发的第一个挑战,就是现有产品和市场与新开发产品和市场之间在资源上的竞争,这些矛盾会层层上传,直到一个具有足够级别的高层管理者做出最后决策:当这些矛盾越来越多时,新的规则、方针和程序就会建立,以使这些资源能够合理配置于产品和市场中。而在计划阶段就有必要将这些程序正式化。比如说,分配给新产品或市场一个预算额度,如此一来组织形态的变化是通过改变流程和关系,而不是通过职能结构的变化而实现的。

如果新产品和新市场变得越来越重要,它们对资源的争夺就会更加激烈。部门间协调角色的设置就很有必要了,例如成立一个委员会或者一个专门任务小组,负责对优先次序提出建议,这往往会导致一个常设协调小组或者特别的协调角色的出现——产品经理就是一个很好的例子,或者有必要建立一个专门负责协调的部门,如规划中心。总之,随着多样性的增加,维持职能结构的成本也将随之增加,制造成本高得难以接受,然后组织就会设立分支机构来解决这个问题,另一种处理办法是新组建若干独立的分支机构或子公司,母公司的职能结构也会由于多样性的问题得到解决而重新回到先前的组织结构。

2.2 流程

结构是组织成功的关键要素,但是任何结构的组织得以运转,都需要依靠正式和非正式的流程。流程是对组织运营的各种控制,它既能促进又能阻碍战略的实施。流程包括正式的控制(体系、规则和程序),也包括社会约束(文化、惯例),甚至还有自我控制。我们将探讨以下几种典型的流程:直接监管;规划与控制体系;业绩目标;社会文化机制;自我控制和个人动机。

在现实中,以上各种流程会通过不同的组合来发挥作用(有的因素会在组合中起主导作用)。

1. 直接监管

直接监管是一个人或少数人对战略决策进行直接控制。小企业通常采用这种机制,一些变化不大、业务不太复杂的大企业也采取这种做法,即由少数几名管理者在总部对战略进行详细控制。

2. 规划与控制体系

规划与控制是最典型的行政管理,即通过规划、控制和监督资源配置和资源使用效率的体系,保证战略的成功实施。规划涵盖组织的各个方面,并用财务指标清楚地说明各个领域占用资源的情况。同时也表明这些资源的详细用途,这种规划通常表现为预算。比如市场营销部门得到500万英镑的预算,该部门就要说明这笔资金将怎样使用在员工薪酬、广告促销和物流运输等方面,这些开支根据规划定期受到审计。收入也是规划的组成部分,实际销售也要根据规划予以考核。当然规划和预算也要有一定的灵活性,以便应付预想不到的事件。

20世纪初对制造效率和可靠性的追求是通过科学管理思潮实现的,该思潮至今在许多制造业企业中仍发挥着非常大的作用。这种以详细规划和协调为主的做法特别适用于相对稳定、变化很少的企业。但是规划对战略的支持方式多种多样:

(1) 规划可以是自上而下的,并伴随着标准化的工作流程或产出。

(2) 许多大企业都通过引进企业资源规划系统,而在组织内部广泛应用信息技术系统。

(3) 许多企业都面临一些不适合采用自上而下的规划/控制流程的情况,例如快速变化的环境和企业内部各业务单位之间存在很大差异的环境。在这些情况下,发自战略业务单位的自下而上的规划就是一个很重要的流程。为保证这种方式能够发挥作用,必须有一个汇总调节的环节,以保证各业务单位所递交的全部规划都能得到采用。

3. 业绩目标

业绩目标是保证战略成功实施的重要机制。它关注的是组织的产出,如产品质量、价格或是业绩结果(利润)。内部或外部对组织业绩的评判标准主要是组织实现业绩目标的能力,当然组织可以在一定范围内自主决定应该如何实现目标业绩。

业绩目标是组织总部对业务单位的战略和工作表现进行控制的常用手段。在大型组织内,业绩目标通常是层层下达至业务部门、业务单位或是职能部门,最后还经常落到个人头上。

许多管理者发现设计一套对其企业来说行之有效的业绩指标十分困难,其中一个原因是许多指标虽然有用,但无法反映企业的全貌,而且许多指标是定性的,如果非要对业绩进行定量评估,就可能陷入以财务指标代替业绩指标的误区。为应对这种纷繁复杂的情况,平衡计分卡作为一种识别有用、但各不相同的重要指标的方式应运而生。平衡计分卡结合定性与定量两种标准,并考虑到不同的利益相关方的不同期望,根据战略选择制定相关的业绩评估指标。重要的是,业绩不仅与短期产出有关,还与流程的管理方式有关,如创新流程与学习机制对企业的长远发展就有着至关重要的影响。

4. 社会文化机制

长期以来,我们将注意力过多地放在了用于成功实施战略的正式协调机制上——这些机制在发展缓慢、简单明了的环境中会很有效,但是无法应对21世纪的挑战。有些软性的机制(如社会文化机制和自我控制)在许多组织中十分重要。社会文化机制指的是组织文化和标准化的行为规范。社会文化机制对于那些处于复杂和动态环境中的企业尤其重要,在这样的环境下鼓励创新是企业生存和成功的关键,但不能通过自上而下的方式进行创新,只能通过自下而上的文化机制才能得以发展。换言之,只有构建专家和专业团体之间对知识进行共享和整合的非正式交流机制才能够真正鼓励创新。

5. 自我控制和个人动机

随着环境的快速变化及其复杂性的增加,加之知识的重要性日益凸显,自我控制和个人动机对工作表现发挥着越来越重要的作用。自我控制是在没有监管的情况下,通过个人之间的直接互动达到知识整合和行动协调的目的。个人动机在很大程度上受领导者类型和领导风格的影响。

2.3 关系和界限

构成组织形态的一个重要因素是对知识和组织内(纵向与横向)各部门的活动以及组织间(特别是价值链内)各项活动加以整合的能力。前面小节叙述了重要的结构与流程,但是还需要明确谁做什么即需要明确组织内部各组成部分之间的界限以及组织与外部的界限。在这些广义的界限内,不管组织内部各部门之间还是不同组织之间都需要建立和维持一定流动性的关系,以便对不确定性环境做出反应。它包括如下方面:①如何在组织内部划分组织运营和战略决策的职责与权力,以及如何将这些分散的职责联系和整合在一起;②组织外部关系的重要含义及组织的界限关系;③关系网络及其培养。

2.3.1 集权和分权

1. 集权决策

在一个高度集中的组织中,高层管理者保留了多数战略决策和经营决策的权力,并严格控制业务单元和各部门的管理者,基层管理者和员工个人只有相对较小的自由。集权模式是基于这样的假设的:实际从事工作的人既没有时间也没有意愿来监督和控制工作的进行,而且关于如何能够最佳地完成工作,他们也缺少相关的知识来做出信息充分的决策。

因此,组织才会产生对指定的程序、密切的监督和严格的控制的需求,强调集权结构的要点在于,认为通过严格的监督和管理来加强详细程序是保证战略沿着正确轨道发展的最可靠的方法。

集权结构的最大优势在于其决策管理者的严格控制——一旦出现问题能很容易界定责任。但集权结构也存在一些不足:一来,由于各层级管理者层层审阅将耗费很多的时间,因此组织行动变得迟缓。二来,为了能够做得更好,集中的决策需要高层管理者收集和加工所有与决策相关的知识,如果这些相关知识存在于较低的组织层次、具有很强的技术性或者这些知识过于具体或是难以用词语表达,这时要将所有的内容和其细微的差别展示于远离行动现场的高层管理者面前就非常困难,并且将耗费很多时间和精力:知识不能从一个人脑中"复制"到另一个人脑中。所以集权决策通常是不实际的,从这个意义上讲企业的规模越大,业务精英越是分散,基层管理者的决策权力就应该越多。

2. 分权决策

分权是指组织总部在一定程度上将其决策权力委托给下一级单位和管理者的做法。分权的压力来自如下两个方面:

(1)高层管理者面临市场和业务前沿越来越远的危险。大型组织里的过度集权会使管理者无所作为,容易只注意内部事务而忽略为客户服务。在快速变化的市场环境下,或是在公共服务部门进行重大改革时,人们普遍认为应该赋予运营一线人员更多的权力以改善企业业绩。

(2) 决策要求越来越快地做出,而传统的多级上报的体制无法适应这一形势——机构精简可以作为一种应变的手段,但它本身也会引发别的问题,如管理范围的增加导致管理者捉襟见肘,他们需要将更多的决策权下放给别人。

在一个高度分权的组织中,管理者被授予在他们负责领域内自主行动的权力。分权的目的不是将决策推向更低层,而是将决策权交给那些最靠近事态、对事态最了解的员工或团队手中,并训练他们权衡各个相关因素进行准确判断的能力。授予员工决策权并使其对自己的业绩负责,是基于这一观念之上的,即一个从所有员工的才智中获得力量的企业比一个依靠命令和控制模式的企业会运作得更好。例如,在一个按分权决策原则进行多元化经营的企业中,业务单元的管理者在运营子公司时有很宽的职权,受到企业总部的干预相对很少。而且,执行各个分解后的战略时,事业部管理者也可以把决策权授予各个职能部门、流程部门以及事业部的下一级管理者。同样的道理,工作团队也可以获得足够的权力来管理和改进他们承担的价值链活动,与客户进行接触的员工们则被授权可以做能够使客户满意的事情。

分权的组织结构有许多可取之处。将较大的职权授予下属管理者和员工可以创造一个更加扁平的、更少层次的组织结构。在一个集权的垂直结构中,管理者和其他员工不得不逐层攀越权力等级以得到一个回复,而在一个分权的水平结构中,他们可以做出自己的决定和行动计划——制定决策并对结果负责成为他们工作的一部分。分权决策通常能够缩短组织的反应时间,促进新观念和创造性思维的产生和发展,并能促进革新,带动更多的下属管理者和员工参与。通过对员工授权,对职责可以进行更加广义的界定,几项任务可以整合为一项单一的职责,人们可以管理自己的工作。组织会需要更少的管理者,因为制定决策已经变成每个人或者每个团队职责的一部分,而且考虑到今天的电子通信系统,组织各层级的员工直接通过电子途径获得数据并与其他员工、管理者、供应商和客户建立联系已经变得更加容易且代价相对低廉,他们可以很快收到信息,与监督人员或任何其他需要的人员进行核查,并采取负责任的行动。一般来讲,当信息灵通的人们被准许用自我指导的方式进行活动时,会带来真正的员工士气高涨和劳动生产率的提高。由此,分权决策不仅可以缩短组织的反应时间,还可以激发员工产生新思想、创造性思维,并大大提高各个部门不同人员的参与程度。

分权就意味着每个组织单位的管理者不仅应当能够领导他们单位的战略制定,而且负有将战略计划付诸实施的任务,因此分权决策需要挑选强有力的管理者领导每个组织单位,并使他们承担起制定和实施适当战略的责任,那些在战略制定和实施中连续获得令人不满意效果的管理者应当被淘汰。

在分权组织结构中保持控制授权,也面临在组织方面的挑战。如何对被授权员工的行动进行足够的控制以使组织在实现授权利益的同时能够避免将自己的业务经营置于风险之中,通常运用以下几种方式来保持对于授权员工的有效控制:限制授权员工的权力范围;使员工对其决策负责;设立薪酬制度来奖励为组织做出贡献的员工;创造一种促使员工产生责任感的组织文化。

尽管分权有许多好处,但人们也担心很多权力下放只不过是为了"赶时髦"或是对原来过度集权的一种矫正。为了避免这种风险,我们应该把集权与分权问题看成是从高度集权到高度分权的平缓过渡的连续体,而不是一种非此即彼的选择。

2.3.2 企业内外部的界限

1. 外包

外包是源于价值链的战略能力的重要内容。外包是指组织决定从外部购买那些先前由组织内部自行提供的产品或服务,比如分销、客户服务和维修、配件制造、信息技术服务、培训等都是外包的常见例子。在物色外包对象时有两个重要的基本原则:第一,外部供应商能够提供比组织内部供应更加物有所值的产品或服务;第二,核心能力通常不会外包,因为它们是组织竞争优势之所在。

许多管理者都能接受外包的原则理念,但却没有充分意识到外包对组织的影响。例如,外包要求管理者要更善于通过管理供应商(或分销商)关系,而不是通过组织内部的管理控制体系来维持业绩。此外,供应商和分销商需要更深入地了解组织的战略、业务重点和标准以及它们的工作将如何影响组织最终的产品或服务;组织还需要激励供应商和分销商持之以恒地满足组织的运营标准。实现这些标准有两种方法:一是通过企业资源规划系统把供应商和组织"捆"在一起。当供应商比较确定也比较固定时,这种方法比较可行。二是通过社会机制和行为规范来维系这种关系,比如与那些组织已经有相当了解并接受组织文化的供应商合作。当供应商需要提供有创意的产品或服务时,这种方法比较适合。

2. 战略联盟

战略联盟包括从完全合同关系联盟和基本靠"关系"结合在一起的联盟。其中一个重要的组织问题是,在专业知识的各种最佳来源与组织的专业知识整合能力之间找到一个平衡点,这样才能向客户提供最有价值的产品或服务。联盟的成员越多,整合的任务就越复杂,为保证联盟成功需要付出的精力也就越多。

3. 虚拟组织

在以上思路的基础上可能会延伸出这样一种组织,尽可能少地保留内部资源和活动而将绝大部分组织资源和活动置于组织外部,这就是所谓的虚拟组织。有人认为像虚拟组织这样极端的外包形式,从长期来看可能会导致组织在战略上处于劣势,因为组织将缺乏核心能力,并失去通过在组织内部从事各项活动而逐渐促进组织学习的机会。

2.3.3 关系网络

伴随知识创造、通信技术的发展和全球化导致的商业环境的变化,对组织界限中的各种问题和趋势进行重新定义就显得尤为重要。综合起来,它们意味着越来越多的组织要依赖内部和外部的各种关系网络来保证其成功,因此合作已经成为"企业组织工作"的一个重要方面。

许多组织的工作性质发生了很大的变化,以致员工可以不必在一个特定的地方(如工厂或办公室)办公,更多的人可以独立地完成自己的工作,但需要与组织的重要资源(如数据库或专业人员的建议)、同事、供应商和客户通过电信和计算机网络保持联系,这被称为远程工作。在这种机制下,至少组织的一部分工作是由关系网络中相互独立的人员完成的。这些人员可能是组织的员工、自由职业者或者二者的混合。既然利用互联网对每个组织来说都是一个重要的战略问题,采取基于互联网的新的组织管理方式就是必不可少的了。互联网使许多正式的组织结构被打散,取而代之的是有信息基础设施支持的高效率的关系网络。

关系网络是由各种专业人才自愿组成的一个松散联盟。他们通过将各自的专长结合在一起而创造更好的产品和服务。在文化娱乐领域,音乐家、演员和其他有创造力的艺术家有时就通过这种方式结合在一起,但同时也通过经纪人或合同等更正式的机制共同工作。有些组织就是通过建立关系网络资源的数据库来实现的,它们可以通过组织社交活动来促进资源间的社会接触。

检验一个战略是否正确的重要标准,在于它是否能给客户带来最好的产品和服务。其中包括客户在购买前、购买时和购买后与组织的各种接触体验。总体上客户希望这种接触是顺利和连贯的,而在此以前这通常是不容易做到的,因为大多数产品和服务是由不同的部件或活动组合而成的,所以客户通常体验到的都是相互脱节的服务,而关系网络为客户的这种整合体验提供了各种解决方案。

小　结

检验结构、流程和关系是否完善的标准是:它们在多大程度上有助于组织应对21世纪初的战略挑战。我们在前面反复提到这些挑战,包括快速的市场变化、知识的创造和整合、现代通信技术的应用和全球化浪潮,这就意味着组织不得不同时处理好战略上看似对立的不同方面:

（1）在获得标准化收益(如低成本、更快捷的交货能力、更大的可靠性等)的同时满足客户个性化的要求(在不增加成本的情况下)。

（2）有创造知识的能力,同时做到知识共享和整合。尽管知识共享会提升行业(或部门)标准,但组织需要对知识共享抱有信心,相信它不会削弱组织的竞争优势。

（3）战略的建立是持续改善与战略转型式改变的综合结果(既要废旧也要立新)。

（4）需要创新,同时也要保持稳定以规避创新的风险。

这些战略困境反过来也引发了一系列组织困境,只有那些能够很好地走出这些困境的组织才有可能取得最好的业绩:

(1) 等级制度与关系网络并不排斥,这是因为:一个组织可能同时实施一系列不同的战略。组织的一些部门可能采用的是机械官僚形态,因为它们需要通过产品的标准化和流程的常规化来降低成本,并在较低的价格、只提供必要服务的、可靠的产品或服务上展开激烈的竞争。组织的另外一些部门则可能通过产品或服务的差异化来进行竞争,从而需要类似于专门性结构的组织形态的支持。此外,商业环境随着时间的推移而变化,例如产品生命周期的不同阶段。

(2) 组织需要在组织内建立纵向流程和横向合作的关系网络,这两个方向会互相影响。例如,战略规划是通过一个整体规划对这两种方向的关系同时进行协调的;财务控制对纵向流程的控制能力较强,却在横向合作方面控制较弱;战略控制处于两者之间。

(3) 组织也需要处理好"集权"与"分权",即"紧与松"的关系。这指的是总部该干什么,业务单位该干什么,紧与松也涉及前面所讨论的其他重要关系如外包和战略联盟。

(4) 也许组织面临的最大的难题是:如何在源自专业化的卓越和提供最佳产品和服务的知识与活动的整合能力之间寻求适当的平衡。

在如何组织工作以支持战略方面几乎没有什么有说服力的和能够迅速生效的规则。每家企业的组织图都有自己的特点,反映了被优先考虑的组织模式,而且每项战略都基于自己的一套关键成功因素和价值链活动,但是对不同企业而言还是有些共同的东西可以借鉴的。

也许一个组织最重要的资源就是人。因此人员所发挥的作用、他们如何通过正式与非正式的过程进行互动以及他们之间所建立的关系是战略成功与否的重要因素。传统的观念认为这是组织设计的领域,并且规章制度贯彻于组织中,这种观点也可以追溯到20世纪初甚至更早的管理学家们的理论。这些理论认为战略决策是自上而下由高层管理者做出的,其他人员和部门只负责战略实施,因此组织结构的设计也是一种自上而下的控制手段,这种控制原则被称为"官僚式或机械式"原则。但是战略制定是自上而下的这种观点值得质疑。确实,在快速变化的环境下,我们应该采取更加主动和动态的方式来进行组织结构的设计,而不是抱持静态的观点,因此有的作者建议我们不要围绕组织这个"名词"而要围绕组织这个"动词"下功夫,即"如何组织"下功夫,这样才能更准确地反映现实的挑战。

一个组织的形态是由组织借以运行的结构、流程、关系和界限组成的。因此在考虑"如何组织"时,以下一些重点尤其需要注意:

(1) 变化的速度及商业环境中不断增长的不确定性。

(2) 知识创造和知识共享作为战略成功的基本要素,其重要性也日益受到重视。因此,组织既要鼓励知识创造,又要有效地共享和应用知识——这是两种不同的挑战。例如,知识的创造通常要求有较高的专业化水平,而知识的共享和应用则要求对不同类型的知识有较强的整合能力,任何将新产品推向市场的人都知道,将新产品性能改善方面的知识与市场知识结合起来是多么重要,又是多么不容易。

（3）全球化变得越来越重要,不管这是否意味着更广泛的国际客户群,更多的竞争者、供应商、员工或是更多的融资渠道。总之,极少有组织不受全球化浪潮的影响。建立一个全球化的组织面临着众多挑战:要在更广泛的地理区域内进行沟通,要协调更加多样化的成员,而且需要在不同的文化群体间建立联系。

以上这些因素产生了这样的效果:组织内部和组织之间的关系网络的建立变得重要,正式结构的等级制度不再像以前那样受到重视,人们对组织内部的分工也不再循规蹈矩。总之,不确定性、知识管理和全球化受到人们重视后,流程与关系变成了核心话题。

（4）广义的组织结构设计（对分工、职责、汇报制度的设计）可能已经失去了往日的光环,但它依然对战略成败有着重要的影响,忽视这个问题至少会限制战略发展和组织业绩。

（5）联系、驱动和支持组织内外成员的流程,对战略的成败有着重大的影响。这些流程包括正式的体系和控制方法,但更重要的是,它还包括成功所需的人们的非正式的行为和互动。

（6）如何建立和维持组织内外部的关系也将影响组织业绩,其中一个重要方面是如何定义和保持不同参与者之间的界限,这个问题涉及面很广,包括以下三方面:①如何划分战略决策和运营决策的职责,即集权和分权问题;②哪里是各项活动在价值链体系中的最优位置,即外包问题;③与合作伙伴的关系或战略联盟问题。

通过分析组织形态的三个组成要素:结构、流程和关系,本节试图反映:

（1）各要素的相对重要性会随着环境和时间的变化而有所不同,但是这三个要素都很重要,如上所述流程和关系也许在现阶段得到更多的关注,但结构的重要性也不容忽视。

（2）为战略成功而进行组织,最重要的是保证结构、流程、关系和界限共同、协调地起作用,而不是为有关某一单一要素的管理时尚（如外包、扁平化结构或最新的信息技术系统）所驱使,这要求对组织形态的设计有一致性。

（3）组织形态设计与战略成功的驱动要素有重要的关联。

第三节　基于战略的组织结构规划要点

3.1　决定价值链中的重点活动

在任何业务中,价值链中的某些活动对于成功总比其他活动更加关键。一些重要的价值链活动就是某些关键的业务过程,它们必须被运作得非常好,或者采用密切合作的方式以使组织能发展取得战略成功所需要的各种能力。例如,汽车旅馆必须提供快速入住登记和离店结账的办理手续、优质的客房和餐饮服务,并营造一个舒适、愉快的环境。巧克力生产商必须精于采购、生产、商品推销和促销活动,其中能够以低价采购到高质量的可可豆是非常关键的,每块巧克力的生产成本如果能够节约一分钱就意味着在利润上可能提高七位数。在获取折扣的证券经纪业,具有战略关键意义的活动是快速获取信息、精确地执行指令、有效率地记录和交易以及服务好客户。在特殊化学制品行业,关键的活动是研究、开发与革新产品,迅速将新产品推入市场和开展营销,以及服务客户。在技术发展日新月异的电子行业,关键的组织活动是迅速将技术先进的新一代产品推向市场。

下面两个问题可以帮助我们识别出哪些是组织具有战略关键意义的活动:"什么样的职能必须运作得特别好,以获得持续的竞争优势?""在什么价值链活动中不良业绩会严重危及战略成功?"对这两个问题的回答通常指出了必须集中精力进行组织建设的关键活动和组织能力。

一般来说,关键的战略活动应该在组织内部进行,目的是保证管理者可以直接控制其绩效,而对于那些不是很重要的活动则可以选择外包,例如常规行政管理和一些辅助性职能。已有大量企业成功运用外包,依靠外部的零部件供应商、产品设计者、分销渠道、广告代理和财务服务公司代为运作重要的价值链活动。例如,耐克公司将力量集中于设计、营销和对零售商的销售,而将鞋类和运动装的几乎所有生产外包出去。总之,组织应该在内部从事关键的战略活动,适当把一些非关键的战略活动外包出去。

3.2 组织结构的基石

如果对战略成功非常关键的活动或能力拥有所需的资源、决策影响力和组织影响力,那么它们就不得不在组织规划中占据中心地位。一个新的战略会导致新的关键性活动、竞争能力,因此,需要新的组织安排;如果没有及时进行有效的组织调整,就会导致战略和结构间的不相匹配。因此,试图用旧的组织结构来执行一项新的战略是不明智的,就如同一家企业的战略需要跟着外部环境的变化而演化一样,一个组织的结构也要进行演化,以与有效战略实施不断变化的需要相匹配。

反过来,组织结构也会影响战略的选择。当一个组织目前的结构形式与某项特别战略的需要如此不协调,以致必须对组织进行彻底的改头换面,才能实施这项战略,这样的战略就是不可行的。但是一旦战略被选定,则必须修正结构,以使之与战略相匹配。从逻辑上看,结构对战略的任何影响,应当在进行战略选择前而不是选择后纳入考虑。

3.3 组织结构的基本组成单元与战略执行

组织的主要构建单元通常包括传统的职能部门和全流程部门。传统的职能部门包括研究开发、工程和设计、生产运作、营销和销售、信息技术、财务会计以及人力资源;全流程部门包括供应链管理、客户订单填写、客户服务、质量控制、电子商务等。

管理者应该特别注意，在传统的职能型组织结构中，战略上相关的各项活动和才能常常被分散在许多部门中，结果是没有任何一个团队或管理者对此负责。

（1）准确而迅速地满足客户订单需求。这是一个跨越销售、财务、生产、仓储、运输等多部门的流程。

（2）加速将新产品推向市场。这是一个被割裂分散在研究开发、工程、采购、制造和营销几个部门中的流程。

（3）提高产品质量。这一流程通常涉及研究开发、工程和设计、零部件采购、零部件制造和安装以及仓储和运输等各部门人员的合作。

（4）供应链管理。这是一个涉及采购、工程和设计、零部件采购、存货管理、零部件制造和安装以及仓储和运输各部门的合作性流程。

（5）建立通过互联网开展业务的能力。这是一项涉及信息技术、供应链管理、生产、营销和销售、仓储和运输、客户服务、财务会计等各部门人员的流程。

（6）获得来自客户的反馈修正产品以满足他们的要求。这是一项涉及客户服务和售后支持部门、研究开发、工程和设计、零部件采购、零部件制造和安装，以及市场研究等各部门人员合作的流程。

部门间的多次转手延长了完成的时间，并且常常会增加间接费用，因为协调这些分散的部分需要在很多人身上花费若干个小时的时间。职能型组织结构对财务会计、人力资源管理等支持性活动有很大的好处，但是考虑到一家企业的竞争能力是多项活动的复合体，而不是存在于某个单一的职能部门活动中，这种割裂是职能型组织的一个重要弱点。

在过去十几年中，企业发现，与其继续将相关的业务流程分散在几个职能部门中，忙乱地努力对其进行整合，不如对各项工作进行重组，建立流程部门。通过将处于各职能部门的人员抽出来纳入一个共同工作小组，来运作整个流程就可以实现这一点。将战略关键性流程抽离出"职能"的竖井，创建流程部门或者跨职能的工作小组，来负责实施产生战略关键性结果所需的所有步骤，这一活动被称作业务流程再造。

通过再造战略关键性活动来减少它们在传统管理时尚部门直线间的分散并减少管理费用，已经被证明是一种合理的组织设计工具，它不是昙花一现的管理时尚也不是一种短期的管理项目。从各方面来看，使组织的流程合理化就像职能专业化一样是有效的组织原则，只有当不同部门执行的各部分的战略关键性活动和核心业务的流程能够得到正确的整合协调时，战略才得以顺利实施。

3.4 建立一支强有力的管理团队

建立一支强有力的管理团队是组织建设任务的首要基础之一。不同的战略与企业环境需要不同的人员背景、经验、决策、价值观、信念、管理方式和个性的组合。管理团队中成员的个人特点,应当符合组织要求团队的治理结构,应当与选定的战略相匹配。关键管理职位配备是战略实施最重要的一步,否则战略的执行过程将不能全速前进。有时候现存的管理队伍就很合适,有时候则需要从内部提升合适的人员或从外部引进在经验、技能和管理方式各方面适合实际情况的人以加强和扩大现有的管理队伍,在战略转型和快速增长的情形下,或者当企业内部没有具备所需的经验和技能合适人选时,从外界寻找人员来填充关键的管理职位就是一种比较常见的做法。

3.5　决定集权与分权的"度"

企业必须决定在工作中给予每个组织单位的管理者多大的职权以及给予员工个人在工作中多大的决策自由。同样,这些部门的管理者也必须决定在工作中应该给予员工多大的权力。由高层集中做决策或在管理者和员工的责任范围内授予他们足够的权力进行分散决策是两个极端的情况。

致力于取得跨事业部战略匹配利益的多元化企业必须清楚,当企业必须通过跨事业部合作来获取战略优势的时候,应当给予事业部管理者足够的权力来独立经营。通常,在企业层次将与战略匹配相关的决策权集中化或者强化业务间的紧密合作和实行共同决策制都是获取跨业务战略匹配利益的最佳方式。例如,如果生产过程和生产技术方面有很多重叠的业务都分别拥有各自独立的研究开发部门,每项业务实行自己的优先顺序规划和战略,则在企业层面很难实现规模经济和范围经济。类似地,在可以共享销售力量、分销渠道,依靠同一领域的服务组织处理客户对于技术辅助、保养和修理服务的要求,使用共同的电子商务系统和手段时,对不同业务的相关活动进行集中控制就是有道理的。

这里需要提到一点,为了保证控制的有效性和跨事业部合作的顺利进行,在将决策权力分散化和给予事业部独立经营权时应当适度——分权并不意味着授予部门和员工个人做任何事情的权力。在很多情况下,决策权需要保留在组织的高层,从而保证跨事业部合作的严格执行。

3.6　提供内部的跨单位协作

协调各组织单位活动的传统做法是将这些活动放置在层级中,这样最密切相关的活动都可以向单个人报告。处于级别较高层的管理者一般拥有对多个组织单位的职权,因此具有协调和统一他们监督下的单位活动的影响力,在这种结构中最高层主管人员、主要执行人员和业务层的管理者处于协同活动的中心。当一家企业追求相关多元化战略时,对各独立业务的相关活动进行协调常常需要某家企业集权领导;实行相关或不相关多元化战略的企业也都对公共关系、财务会计、人力资源和信息技术等这类人员的支持性职能在企业层面上进行集中领导。

但是,正如前面的例子所表明的,多业务中采用的职能型组织结构常常会使具有战略关键意义的流程分散在几个部门之间,而不是统一在某个高层管理者的职权之下。为了避免出现分割问题,多数企业在自己的职能组织结构中补充了进行协调的队伍和执行跨职能任务的团队。

3.7 与外部的供应商和战略联盟合作

在与每一个参与战略实施的主要的外部单位进行协作时,必须给予某个人或某个集团以相应的职权。形成联盟和合作关系代表一种即时的机会,并为未来的可能性打开了大门,但是直到这种关系成长发展到繁盛之前,不会实现什么有价值的东西。除非高层管理者看到搭建与战略伙伴合作桥梁的组织工作已经开始,具有生产价值的工作关系已经出现,否则联盟的价值就会丧失,企业执行自己战略的能力也将会被削弱。如果与供应商的密切工作关系非常关键,那么在企业的组织图中应给予供应链管理中的职权和责任以正式地位,并在等级顺序中使其处于一个重要的位置。如果分销商、特约经销商或特许加盟店的关系很重要,就必须指定专人负责培育前向渠道联盟的关系。

如果与互补产品和服务的提供方平行工作有助于增强组织能力,那么就应该做出某种形式的合作性的组织安排并使之产生好的效果,仅仅对相关的管理者进行任命和授权是不够的,必须在多个层次上建立多种联系,确保恰当的交流、合作与控制。

外部联盟的建设可以通过任命"关系经理"的方式来完成。关系经理的职责是使特别的战略伙伴关系或者联盟产生预期的利益,具体包括:将合适的人员召集在一起形成良好的关系;监督制订和执行特别活动的计划;协助对内部流程和沟通系统进行调整;密切伙伴关系,消除运作上的不同之处,培育人际关系的纽带。这需要建立多种跨组织的纽带并保持对外开放,以确保进行适当的沟通和协调;必须实现信息的充分共享,以使联盟关系发挥作用,并对冲突、出麻烦的环节和变化的情形进行定期的讨论。

小 结

所有的组织设计都有其相适应的战略。要使结构与战略很好地匹配,战略实施者们首先必须选择一种基本的设计,根据需要对之进行修正以适合企业的业务构成。然后,他们必须:①以适当的协调机制,对该设计进行补充;②运行企业采用的任何网络沟通方案来支持有效的战略实施。为了不扰乱某些现存的组织关系,或者包容所涉及人员的个性和其他特质,一些企业可能会避免建立"理想的"组织安排,但他们必须将构建一个富有竞争力的组织作为其工作的目标。

建立更强核心能力和组织能力的方式和手段,对于每家企业来说都具有特殊性。不仅不同的企业和高层管理者会有不同的方式来应对有关能力建设方面的挑战,而且不同的能力需要不同的组织技巧,因此在对如何建立组织能力进行概括时必须谨慎。

可以明确说明的是,要建立一个拥有竞争力的组织来有效地执行战略,需要一个将个人和集体的努力有意识地连接在一起的过程。竞争能力出现于个人和团体之间建立和培育合作关系,从而能以一种使客户更加满意的方式进行各种活动的流程中,而不是来自仅仅将组织图上的方框进行重新排列。组织建设是一项高层管理者必须进行领导和深度参与的工作。确实,对内部流程和外部合作关系进行有效的管理,以创建和发展有价值的竞争能力,在现代企业高层管理者待办事务清单上占据着重要的位置。

要点摘录

- ◆ 制定战略和实施战略的显著不同之处在于,前者强调的是分析和决策能力,解决应该做什么的问题,而后者强调的是执行力,解决怎么做的问题。很多管理者都认为实施战略比制定战略要困难得多。
- ◆ 战略实施者的行动应集中在如何使价值链活动、内部经营与实施战略一致,这需要一系列的"匹配关系"。如组织的能力和资源必须与战略的需求相匹配;财务资源的配置,必须能够提供给各部门有效承担其战略任务的人力和运营预算资金,这些匹配关系的力量越大,成功实施战略的机会也就越大。另外,企业的薪酬体系、政策、信息系统和运营活动,都需要在必要时为实施战略而做相应的调整,否则就可能成为实施战略的障碍。
- ◆ 战略执行中产生的偏差,既可能是战略计划本身存在的问题,也可能是对未来的预测出现的偏差,还可能是内部能力和努力程度不够。在实践中,以上三种因素往往纠缠在一起,难以分辨和处理。
- ◆ 实践表明,阶段性的评估和激励,对于战略执行有非常显著的促进作用。然而,在执行评估和激励时,组织又往往缺乏系统的评估工具和有效的组织机构。
- ◆ 任何战略的制定,都需要至少企业中层以上的管理者参与。在战略制定过程中,必须不断交流沟通,以达成共识。战略制定最终形成的战略文本固然重要,但更重要的是战略制定过程中的深入沟通和对战略意图的充分理解。很多企业的战略看似相同,但放在不同的企业背景下所包含的战略意图却大相径庭,只有当大部分中层以上管理者透彻领会了企业的战略意图,战略才可能被有效地执行。
- ◆ 战略评估的重要性是不言而喻的,没有正确的评估,不仅会失去对战略执行的有效控制,而且难以产生有效的激励和合理的处罚,继而也就难以保证下一阶段战略的有效执行。
- ◆ 以团队为基础的结构的理念是:与传统的、严格的劳动分工和广泛的、正式的控制措施相比,自我管理的团队可以在产品和服务上创造更高的价值。以团队为基础的结构试图通过把员工按照业务流程编成跨职能的小组而实现横向和纵向的协调。
- ◆ 以项目为基础的结构是这样一种结构:团队为完成一项任务(如内部和外部的合同)而建,任务完成后团队就解散。因此,这种组织结构是一个不断变化的若干项目团队的组合。许多组织采用以项目为基础的结构,作为对主结构的专门补充。例如为推进新战略的实施或是解决现有组织机构无法解决的问题,就会成立新的项目小组。
- ◆ 结构是组织成功的关键要素,但是任何结构的组织得以运转,都需要依靠正式和非正式的流程。流程是对组织运营的各种控制,它既能促进又能阻碍战略的实施。流程包括正式的控制(体系、规则和程序),也包括社会约束(文化、惯例),甚至还有自我控制。
- ◆ 构成组织形态的一个重要因素是对知识和组织内(纵向与横向)各部门的活动以及组织间(特别是价值链内)各项活动加以整合的能力。组织的内外部关系和界限包括:①如何在组织内部划分组织运营和战略决策的职责与权力,以及如何将这些分散的职责联系和整合在一起;②组织外部关系的重要含义及组织的界限关系;③关系网络及其培养。

◆ 在任何业务中,价值链中的某些活动对于成功总比其他活动更加关键。一些重要的价值链活动就是某些关键的业务过程,它们必须被运作得非常好,或者采用密切合作的方式以使组织能发展战略成功所需要的各种能力。

◆ 试图用旧的组织结构来执行一项新的战略是不明智的,就如同一家企业的战略需要跟着外部环境的变化而演化一样,一个组织的结构也要进行演化,以与有效战略实施不断变化的需要相匹配。

◆ 将战略关键性流程抽离出"职能"的竖井,创建流程部门或者跨职能的工作小组,来负责实施产生战略关键性结果所需的所有步骤,这一活动被称作业务流程再造。

◆ 不同的战略与公司环境需要不同的人员背景、经验、决策、价值观、信念、管理方式和个性的组合。管理团队中成员的个人特点,应当符合组织要求团队的治理结构,应当与选定的战略相匹配。关键管理职位配备是战略实施最重要的一步,否则战略的执行过程将不能全速前进。

◆ 分权并不意味着授予部门和员工个人做任何事情的权力。在很多情况下,决策权需要保留在组织的高层,从而保证跨事业部合作的严格执行。

思考题

1. 战略实施过程中的主要任务和关键是什么?
2. 战略实施存在的问题和应对措施是什么?
3. 叙述组织各种基本结构类型及其优劣势。
4. 基于战略的组织结构规划要点有哪些?

第十一章

战略实施与人力资源和企业文化

学习要求

- 人力资源的硬性方面与软性方面
- 人力资源通过何种途径促成战略的成功
- 人力资源的短期循环与长期循环
- 基于战略的人力资源管理的常见方法
- 企业文化的概念
- 新文化渗透到企业的六种途径
- 文化如何推动战略实施
- 强文化与弱文化
- 健康文化的类型与不良文化的类型
- 如何改变有问题的企业文化

第一节 概述

人们所掌握的知识与经验是促进战略成功的关键因素,但是人也会成为成功采取新战略的障碍,因此:

(1) 人力资源的问题,并不是只由专门的人力资源管理部门来考虑的问题,而是组织中大多数管理者都应关心和负责的中心问题。

(2) 事实上,虽然正式的人力资源体制与结构,对于支持成功的战略是至关重要的,但如果这些体制与结构并不适合组织所采取的战略类型,那么这些体制与结构就有可能成为战略的障碍。例如,一个高度官僚化的招聘程序可能会使具有创造精神的人不来应聘,因为这些人认为他们不能在一个高度官本位的环境中工作。如果企业战略是建立在产品或工艺的较高创新度基础上,对于这类企业来说上述招聘程序就是灾难性的,因为这种程序不能为企业招聘到合适的员工。

(3) 此外人员与成功战略之间的关系,不仅涉及人的素质,也同样涉及人的行为,还涉及企业文化,它已经超出了传统人力资源职能的范畴,其中组织改变员工的行为的能力将成为成功的关键因素。

1.1 人力资源的硬性方面与软性方面

人力资源管理既包括硬性的方面,也包括软性的方面。人力资源管理的硬性方面,将人员视为一种资源,考虑组织如何运用其体制与结构来获得、使用、培养及留住人员以保持其战略优势。在这种情况下,组织的需要占主导地位。人力资源管理的软性方面,关注人的行为:既包括个人行为,也包括集体行为及文化。人力资源管理的软性方面考虑文化如何促进或妨碍战略以及如何改变文化,它也与满足个人和组织需求的承诺有关。在现代经济中,组织需要进行知识创造与知识共享,这一点对于成功是非常关键的,但是如何在组织内部建立与维持信任,对这一点会产生很大的影响,这就是所谓的公平程序。组织中的人力资源管理通常只注重属于硬性方面的体制与结构,而忽视软性的一面。因为软性方面与改变人的行为有关,如果它被忽略了,企业战略发展与转型就会受到阻碍。

1.1.1 人力资源管理的硬性方面

一个成功战略的起点是获得、保持并开发至少可以达到最低标准的资源——很明显,这也适用于人力资源管理。许多人力资源管理的硬性方面都与在组织中确保维持这一"底线"有关,即与业绩管理有关。在当今快速变化的世界中,这是一项艰巨的工作,因为最低标准总是在不断提高。人力资源管理活动可以通过下列途径促进战略获得成功:

(1) 通过审查来评估组织战略人力资源需求,识别未来战略所需的与人员相关的核心能力。

（2）为个人和团队设定目标并进行业绩评价。通常大多数组织都指派主管经理运用由组织总部设计的评估体系来完成这些任务，这就将业绩评估更多地与组织战略联系在一起；此外，越来越多的组织开始采用所谓360°评估体系（即从各个角度对业绩进行评估，而不只是主管经理对员工业绩进行评估，组织内部其他受到员工工作影响的部门也要对员工进行评估），这样就能评判员工工作对组织战略的影响及其程度。

（3）很多组织在运用奖励手段时，必须考虑到在实现战略过程中需要更多的团队工作的事实。高度针对个人的激励计划（如经常运用于销售部门的激励计划），可能会对团队合作产生破坏作用，团队激励计划可以对个人激励计划起到补充作用，而不是取代个人激励计划。

（4）在许多组织中，招聘是提高组织战略能力的一个关键手段，特别是在组织需要注入新能力的时候，所以许多公共部门在试图接近客户和利用信息技术时，它们就需要招聘具有营销技能与信息技术应用技能的人员。同样，对于所有面临变革的组织，人员的重新安置及裁员计划非常重要，人员的接替计划也需要从原先的只着眼于为层级某一特定职位寻求接班人转向保证组织中有足够大的人才库，以满足未来组织对高层管理者的需求。

（5）组织中拥有的具有特殊技能的人员（如医院中知名的外科医生、律师事务所中的刑事律师或大学中的学术带头人）并不能为组织带来长期的战略优势，因为这些人员可能会离开组织。因此若要保持这种优势，人力资源政策要考虑的一个主要问题就是：如何将这些人的知识在组织中传播开来。但是这种知识传播的过程，可能也会让竞争对手受益（如当员工跳槽到另一个组织时），因此必须在组织中持续培养革新与创造能力。

（6）在培训与人才培养方面，常规的培训项目正在逐渐减少，取而代之的是更多的指导与辅导，以支持自我发展。对个人来说，如果其所在组织的战略在不断地变化与发展，那么自我发展的能力就是非常重要的个人技能了。

为了在以上这些方面制定并实施人力资源战略，管理者及人力资源专业人士需要熟悉组织的发展战略、这些战略在未来可能发生的变化，以及这些变化对员工所需技能的影响。此外，员工自身对这些问题的理解也是至关重要的。在英国，上述观点孕育了许多重要的全国性倡议活动，例如有一项名为"为人投资"的计划，其目的在于帮助组织根据其战略制订每个员工详细的个人发展计划。由此来看，最理想的方式是在制订计划的过程中，让员工掌握个人发展的主动权，这样每个员工都能了解：自己所做的工作是如何帮助组织战略取得成功的或是导致战略失败的。

但是仅仅依靠调整业绩管理流程来支持战略的改变还是远远不够的，管理者需要有这样的能力和意愿：在未来，通过比竞争对手更好地延伸组织的人力资源能力来改善组织战略并提高组织业绩。例如，较强的指导与辅导能力能够在组织内部创造一种"喜欢应对挑战并愿意学习"的氛围，这反过来又会培养一支比竞争对手更善于进行思维创新的工作队伍，它能使组织不断生产出新的产品，创造出新的市场竞争方式。当然这些行为需要组织结构和流程的支持。

1.1.2 人力资源管理的软性方面

在管理战略变革时出现的许多问题，都是因为不能很好地理解、处理及改变文化与政治环境而造成的。文化与政治环境仍然是组织战略管理的薄弱环节，这些与转变行为有关的软性方面通常会被忽略。人力资源战略可以将文化与政治环境发展由劣势转化为组织的优势，途径如下：

（1）教导管理者理解战略转型问题。例如，许多组织都有"价值陈述"，试图突出这些软性方面并借此改变员工的行为研究表明，在价值陈述的使用过程中如果能够根据不同类型的员工、位于不同的地理位置的组成部分或部门，以及所遵循的不同类型的战略来"自行"诠释价值观的内涵，就有可能获得最佳的效果。能够根据具体情况灵活变通的价值陈述往往比较容易接受，并且比强加的要求更容易渗透到组织文化中。

（2）鼓励就文化与战略选择的关系进行辩论，这种辩论应该是双向的，既然文化有可能成为新战略的障碍，就有必要就是否采用这些战略和是否改变文化做出决策。同样重要的是，应对哪种类型的战略的选择应与组织文化相匹配。实际上，可能会有这样一些战略，在其实施过程中组织文化会提供其他组织所不能提供的优势。

（3）支持就文化的凝聚力与多样性及其对战略成败的影响进行辩论，这是保证在组织中成功制定和实施战略的关键因素，它也能帮助管理者认识到组织中存在挑战。

（4）确保不低估文化转变过程中会遇到的困难及时间。文化转变是一个漫长的涉及员工行为转变的过程，仅仅使用硬性转变工具（体制与结构）不太可能取得预期的效果。

（5）应当意识到，管理变革的风格要依据组织情况的不同而有所区别，帮助管理者培养其管理关系的技巧是很重要的，因为这种技巧是管理者在处理与组织内外部利益相关方之间的政治关系时的关键因素。此外，组织中团队必须能够同时以不同的风格进行协作，因此组建和保持具有不同特点的团队和"在团队中保持不同能力的组合"同等重要。

小 结

人力资源战略必须能够通过人力资源管理活动的短期循环（目标设定、业绩评价、奖励及培训）来支持组织的现行战略。与此同时，人力资源战略还必须能够通过人力资源管理活动的长期循环（如能力、文化、领导力及组织）来改变组织，并为新战略的形成提供一个平台。

人力资源管理活动的短期循环和长期循环之间，以及这两个循环与业务战略之间都必须通过多种方式相连：

（1）从垂直关系来看，业务战略与人力资源管理活动，必须通过短期、长期循环相辅相成。

（2）从水平关系（人力资源所包括的各个要素之间的关系）来看，要取得战略成功，通常要求将人力资源管理活动所涉及的不同要素结合起来，比如培训、新的业务评价方式及奖励制度。

（3）从时间关系来看，短期循环与长期循环必须结合起来。短期目标的实现一定不能以牺牲长期人力资源能力为代价。举个例子，就像上面所讨论过的，把奖励制度（如个人奖金计划）作为刺激短期成功的主要手段，可能会削弱组织采用更有利的战略性措施（如设立新的职位、建立新的关系）来创造一个更具创新精神的组织的能力。

第二节 基于战略的人力资源管理

如果无法引入有能力的管理者，缺少拥有适当知识基础和恰当智力资本组合的员工，企业就不能成功执行战略。

2.1 招募和保持有能力的员工

仅仅有一支好的管理队伍是不够的，用合适的人员配备组织的工作必须做得比一般的管理工作更加深入，从而为有效的战略执行提供所需的人力资源和知识基础。通用电气公司、宝洁公司、百事公司等企业在招募和挽留它们所能发现的最优秀人才方面做出了一致的努力：用极好的薪酬组合、迅速晋升和获得职业发展的机会，以及富有挑战性而又充满趣味的任务来吸引和维持人才。

"人是我们最重要的资产"这一说法听起来好像很空洞，但是对于高科技公司而言这句话完全符合现实，除了对职能性和技术性技能进行严格考察，戴尔公司还要求测试求职者对模糊和变化的忍耐程度以及他们与团队一起工作的能力和在行动中学习的能力。企业提供的薪酬组合不仅包括有吸引力的工资和福利，还包括丰厚利润的股票期权、令人愉快的工作环境等，这是为什么像亚马逊公司、思科公司在招募、雇用、培养、开发和保持有才能的员工方面取得更大进步的原因。

智力资本对构建具有战略适应性组织非常重要的企业，在为组织配备人员和建设合理的知识结构方面产生了不少可以借鉴的经验：

（1）在观察和评价求职者方面付出大量的努力，只挑选那些对于学习活动有合适的技能、精力、热情、判断力和智力，以及能够适应企业工作环境和文化的人。

（2）使员工处于贯穿整个职业生涯的培训项目中。

（3）给予员工富有挑战性、充满趣味，并有利于技能进一步发展的任务。

（4）借助内容丰富并且能够跨越职能和地理边界的工作职位对员工进行内部岗位轮换，给予员工在不同的国际环境下获得经验的机会，已经逐渐成为跨国企业职业发展活动的基本组成部分。

（5）鼓励员工变得富有创造性和革新性，能够挑战现在的工作方式，提出更好的工作方式,并能为新产品业务出谋划策。循序渐进的企业会致力于创造一个思想和建议能够自下而上而不是自上而下酝酿和传输的工作环境,这样会使员工们感觉到自己的意见具有重要性。

(6) 培育一种具有激进的和鼓励性的工作环境,这样员工们会认为企业是一个适合工作的好地方。

(7) 努力借助提高薪酬、业绩奖金、股票期权,以及其他一些长期的刺激手段留住高潜力、高业绩的员工,对于那些平均水平的员工可以训练和教导他们做得更好,对那些低业绩的员工和候补人员则要予以淘汰。

(8) 辞退无能和懒惰的员工,同时训练普通员工提高他们的技能。

2.2 支持战略的激励活动

使组织的业务单元和个人都能热情饱满地忠诚于战略实施和业绩目标是很重要的。企业管理者通常会激励和奖励那些取得优良业绩的人员,以鼓励整个组织支持战略计划的执行,一名管理者不能仅仅停留于告知每个人新的战略活动和业绩目标对组织未来前景的重要性,而需要做更多的事情。不管谈话多么鼓舞人心,从实际效果来看很少能长期使人以最好的状态工作。要获得员工持久的、充满热情的支持,管理层在设计和使用激励措施方面——金钱或非金钱的——必须富有智慧。一名管理者对于哪些东西更能激励下属越了解,他就越能将激励手段作为实现目标战略和业绩目标的一种工具,员工们也就越有可能日复一日、年复一年地很好地实施企业的战略计划。

1. 激励形式多样

为取得员工在良好的战略执行上的全心全意的承诺,金钱激励是所有激励工具中最好的工具。金钱激励一般包括:增加基本工资、绩效奖金、员工利润分享计划、股票、退休保证金、计件工资奖励等。但是成功的企业和管理者们通常广泛使用非金钱的胡萝卜加大棒式激励法,例如日常的口头表扬或建议性批评,在企业的集中场合或时事通讯上给予特别肯定,更多的职业安全、令员工感兴趣的任命、调至富有吸引力的职位、增加其对工作的控制和决策自主权,晋升的"胡萝卜"和使其靠边站或置于没有前途的工作中的"大棒"。此外,企业还可以使用其他激励办法来获得员工在战略执行过程中更大的承诺。

企业还可以为员工提供富有吸引力的补贴和福利。这里的各种选择包括各种健康保险、偿还攻读大学学位的全部学费、三四周的带薪休假、单位内的儿童照管服务、单位的体育馆设施和按摩师、利润分享计划、照顾生病家人时的带薪假、给孩子的大学奖学金以及对杰出成绩当场颁发的奖金等。

在任何可能的时候依靠内部提拔人员。这一活动可以帮助将员工与其雇主更紧密地联系在一起,而且它也是一种对获得好业绩的刺激。

切实保证员工们的观点和建议得到重视。研究表明,很多企业推进决策活动转向下层并授权员工的措施,提高了员工的受激励程度和满意度,也提高了他们的生产率。采用自我管理的团队也有几乎同样的效果。

创造一种员工内部以及管理层和员工之间拥有真诚对待、彼此关心和尊重的工作气氛。基于良好工作气氛对企业业绩的有益影响,企业在营造亲密工作气氛方面不遗余力。

实施鼓舞人心的领导活动,使员工们感觉到他们正在参与做一件非常有社会意义的事情:拥有高尚目的的工作常常会激发员工的工作热情。在辉瑞公司、默克集团和大多数其他制药企业里,帮助病人恢复健康以使其回归正常生活的观念驱动员工不懈努力;在全食超市(Whole Foods Market)公司,改善人类的健康和营养状况的理念则是员工鼓足干劲的驱动力。

与员工共享有关财务业绩、战略制定和实施、运营措施、市场条件和竞争对手行动的信息。这些行动传达给员工的是,他们被充分信任,没有被隔绝在企业发展之外。把员工蒙在鼓里会使他们无法获得对完成各自工作有用的信息,妨碍他们积累职业经验,这通常会使员工变得厌烦。

拥有引人注目的设施。对于员工来讲,一种令人印象深刻的企业工作环境通常对工作伦理和生产率有强烈的积极效应。

在跨国企业和多元文化环境下,企业在人员管理方法上保持灵活性:那些所处国家的惯例、价值观和经营实践与总部办公室所在国家不同的管理者和员工们通常会对刻板的、强制一律的管理实践,感觉灰心。但是需要传达这样的共同信息:组织对所有人种和文化背景的人员都予以关注,那些基于人种、性别或文化的歧视是不能被容忍的。

2. 正确平衡奖赏和惩罚

在激励、补偿以及员工管理的大多数方面强调正面激励的同时也不排除负面惩戒。在通用电气公司、麦肯锡公司、数家全球性的会计师事务所以及其他寻求和期望很高个人业绩的企业都有一种非升即走的政策,对那些被认为业绩平平或者业绩不足以提升的管理者和专业人员不会发放奖金和股票期权,甚至会被淘汰。有些企业除了拥有富有吸引力的支付计划,还期望员工能够投入更长的时间,将他们置于沉重工作和紧张时间期限的压力之下,推动他们努力实现野心勃勃的更高目标。

一般来说,完全清除业绩好的个人和团队的压力,或者降低由其引致的有关绩效的压力和焦虑是不明智的,没有证据表明一个没有压力的工作环境会使战略更好地实施或者能够取得持续的优良业绩。高效率运行的组织需要野心勃勃的人,这些人喜欢追求攀登成功阶梯的机会,喜欢挑战和在以绩效为导向的环境中茁壮成长,并且他们愿意去参与和承受那些有利于他们自己获得个体承认、成就感和自我满意感的竞争和压力。

然而,如果一名战略实施者的激励措施和奖金结构导致过大的压力、内部竞争和工作的不安全感,那么对于员工和战略实施的影响就会是负面的。证据表明,管理者要推动战略的实施应当更注重结合正面而不是负面的因素,因为当工作受到正面的支持和奖励,而不是被惩罚式的命令和威胁紧紧约束时,员工会以更大的热情、创造性和积极性做出反应。

一般来说,应该采取某种折中,即不仅对达到或超过业绩目标进行积极奖励,而且当实际业绩低于目标时充分利用消极后果。但是未能达到目标的消极后果绝不应该严重到使士气受挫,以致阻止克服现有障碍并在未来为达到目标的努力。

3. 将奖励制度与取得的战略相关性业绩挂钩

要使组织上上下下将注意力集中到组织目标上来,并使实现这一业绩目标成为一种生活方式,最可靠的方法是慷慨地奖励那些达到业绩目标的个人和集体,而对那些没有达到目标的个人和集体坚决不予奖励。刺激和奖励手段的运用是管理层在有效地实施战略方面能够获得员工们强有力支持的唯一最有力的工具。如果不能合理且有力地运用这一工具,整个战略的实施效果将有所削弱。

建立一种促进战略良好实施的奖励制度的关键在于使战略相关业绩的衡量标准成为设计激励制度、评价个人和集体努力以及分发奖金的主要基础。要为每个单位、每名管理者、每个团队或工作集体,甚至是每个员工制定战略驱动性的业绩目标——用来衡量战略实施是否正在令人满意地向前发展。如果企业实施低成本战略,激励制度就必须奖励那些使成本降低的行动和成就;如果企业是在卓越的质量和服务基础上追求差异化战略,那么激励制度就必须奖励零缺陷、减少产品修理次数和客户抱怨数量以及加快订购过程和发货速度等方面的成果;如果企业的成长需要新产品的革新,激励应与来自新产品的收入和利润所占比例的大小等因素相联系。

4. 将激励基于取得成果,而不是基于执行指定职能之上的重要性

要创建一种支持战略的刺激和奖励制度,就必须把重点放在奖励那些取得成果的人,而不是那些本分地执行指定职能的人身上,将员工的精力集中于取得什么成果,而不是做些什么,工作评估要以结果为导向。仅仅将激励制度与满意的职务业绩和活动联系在一起,希望这样会带来期望的经营产出并不是完美的管理方式。

在任何工作中,执行指定的任务并不等同于获得预期的效果,实际上在指定的工作中努力、忙碌和勤奋并不能保证结果。对高层管理者的激励性补偿,通常要与企业的获利能力、股价业绩以及表明企业市场地位的市场份额、产品质量、客户满意程度、整体竞争力和预期的未来业绩结合在一起。

针对部门负责人、团队和个人的激励却经常与其负责领域密切相关的产出相联系。在制造业,激励性补偿可以与单位生产成本、按时生产和销售、缺陷率、因劳工纠纷和机器故障导致的工作停顿的次数和影响范围联系在一起。在销售和营销行业,激励则可以与达到销售目标的金额和数量、市场份额、目标客户群的销售渗透度、引进新产品的结果、客户不满的次数、开设的新账户数量等相联系。

将激励补偿基于哪项业绩标准之上,取决于具体情况,如各种财务和战略目标的优

先顺序、取得战略和竞争成功的要求等。

5. 设计激励性补偿制度的准则

（1）对业绩支付的报酬必须成为全部补偿内容的主要而不是次要的部分。业绩报酬至少应该是基础工资的10%到12%才能发挥效用，占到整个报酬金额的20%或更多的奖励可以获得极大的关注，能够真正带动个人的工作努力。而且，取得高水平业绩的人员其报酬必须大大高于取得平均水平业绩的人员，取得平均水平业绩的人员的报酬要大大高于那些低于平均水平业绩的人员。

（2）激励计划应该扩展到包括所有的管理者和所有的员工，不能仅限于高层管理者。在如此之少的高层管理者获得有利可图的奖励的情况下，还希望基层管理者和员工们能够迅速地工作是彻底不现实的。

（3）必须认真、谨慎和公平地实行奖励制度。如果业绩标准设置太高或者对个人/集体的业绩评估不准确、不认真，那么对于这项制度的不满会超过任何正面的作用。

（4）激励必须仅与达到战略计划中阐明的业绩目标紧密联系。激励不能包括那些被认为"很好"，而被扯进来的其他因素，如果业绩评估是基于那些与战略并不密切相关的因素，则表示要么战略计划是不完善的，要么管理层真正想做的是已制订的战略计划以外的事情。

（5）每个人被期望达到的业绩目标应当包括那些本人能够影响的产出内容。激励的作用是加强个人的支持，引导人们采取有意义的行动，而当评价个人的业绩标准超出他的影响力的范围时，激励就不可能起到这些作用。

（6）在业绩审查和支付奖金间保持短的时间间隔。业绩审查和支付奖金较长的时间间隔会导致产生不满，并与企业强调因果关系的文化背道而驰。

（7）大量运用非金钱奖励，不要单一靠金钱奖励。当金钱激励被适当运用时是一种颇为有力的激励，同时表扬、特别的承认、意外的任命等也是强有力的激励手段。

（8）对制度画蛇添足以寻求奖励非达标者的方式必须绝对避免。对于那些曾经尽力并有了一定进步，但因为环境超出他们的控制范围，因此仍然处于落后的人在奖励时是否应当作为例外，是一个有争议的问题。将那些因不可知、不可控和不可预见的环境因素导致的无法达标，作为例外会产生一个问题，即一旦为奖励"非达标者"寻找到好的理由，就会为各种解释为什么实际业绩无法达到目标业绩的合理原因打开大门，各种水平的人都应对执行他们在战略计划中的指定角色负责，他们必须知道他们的奖励是基于他们的成就。

一旦激励制度设计出来，必须对其内容进行传达和解释。每个人都需要知道奖金是如何计算的以及个人、集体的业绩目标将会怎样影响整个组织的业绩目标，而且应当深入研究每个人无法达标的原因以考察是因为个人/集体的业绩水平不佳，还是环境因素超出那些对此负责的人的控制。在要求达到战略和财务业绩目标，并持续改善战略实施状况方面的努力，应当始终坚持不懈，无理由标准必须普遍实行。但是对要求业绩的压力必须要给予相匹配的奖励,没有丰厚的报酬,这一制度就会失败。

2.3 跨国企业中基于业绩的刺激和奖励

在某些国家,公司发放奖金的做法与当地的习惯和文化准则是相悖的,例如,日本的文化认为公开表扬一个人是对整个机制和谐的一种损害。在一些国家,员工们偏好非金钱奖励:更多的闲暇时间、重要头衔、带薪假以及免税的额外津贴。因此跨国企业在设计刺激和奖励制度时必须保持一些灵活性,以容纳跨文化的传统和偏好。

第三节 创建一种能促进更好地执行战略的企业文化

每家企业都有自己的独特的文化。一家企业的文化和工作氛围的特点体现在以下方面:管理层所认可的企业核心价值和商业规则、伦理意义上的企业是非标准、"我们如何完成这些事情"的模式、管理员工的方法以及企业内部政治。所有这些固有的信仰、商业规则、运营模式,深入人心的行为和态度以及工作氛围综合在一起构成了企业文化。

企业文化范围很广。比如沃尔玛企业文化的基石,是竭尽全力致力于提高客户的满意度、对最低成本的热情追求和经营上的节俭、强烈的职业道德、总部用于交流观点和检查问题的仪式性的周六晨会、听取客户的意见以及征求雇员的建议。在诺德斯特龙(Nordstrom),企业文化关注向客户提供额外的服务;该公司的座右铭是"对客户不合理的要求做出反应"——每一个不同寻常的客户需求被视为一位员工采用英雄行动的机会和建立企业在提高客户满意度的购物环境方面声誉的一种方式,公司重点提升那些杰出的服务以及在服务中勇于奉献的人;对销售人员的报酬激励机制主要建立在授权基础上,该公司最优秀的销售人员获得的报酬至少两倍于在其他商店工作的水平。

微软公司的企业文化包括:程序员们在工作中投入的长时间,在遇到和克服编码问题时的感情高潮和低谷,按时完成一个复杂程序的兴奋,因工作于前沿项目而产生的满足感,加入负责开发先导性软件的队伍所带来的奖励以及勇于竞争的传统。

3.1 识别企业文化

企业文化的核心是企业有关如何处理其事务的理念和哲学,是为什么要这么做事情的原因。一家企业的文化体现在管理层所宣传和实行的价值观和原则中、道德标准和官方政策中、与利益有关的各方联系中,也体现于其传统中、员工的态度和行为中,以及人们反复传播的有关企业内所发生的事情的故事中。企业文化还体现于现存的监督压力、企业的经营管理中,以及弥漫于整个工作环境的融洽关系和个性中。在这些社会学意义上的力量中,有些是显而易见的,有些则是相当微妙的。

根植于一家企业中的文化理念和习惯,可以在各处生根发芽,它可以产生于一个有影响力的个人、工作集体、部门和分支机构,也可以产生于企业等级中的底层或高层。通常很多企业文化的组成因素与一名奠基者或其他早期领导人相联系,他们将这些因素清楚地表达为一种企业哲学,或一套企业必须遵守的原则,或者是企业对待员工、客户、供应商、股东及其所在的社区等各种程序、规范等。随着时间的推移,这些文化的基础开始生根,渗入到企业的经营中,被企业管理者和员工们分享,然后当新雇员被鼓励信奉它们时得到延续。

3.2 对关键主题或主导价值反复强调

企业在制定战略时总是围绕自己具备或追求的独特竞争优势,质量、差异化、成本优势和速度就是竞争优势的四种关键来源。有远见的领导者会在企业内部培养关键主题或主导价值,从而强化他们试图维持或建立的竞争优势。企业常常会在广告词中强调其关键主题或核心价值,员工在内部沟通时也会表现出来。在施乐公司,他们所强调的关键主题是尊重个人、为客户服务;宝洁公司至高无上的价值观就是产品质量;麦当劳毫不妥协地强调质量、服务、卫生和价值;西南航空公司的宾至如归主题已经形成了一种团队精神,并培养了每名员工的合作态度、积极的人生观和对优异工作业绩的自豪感。杜邦公司一直以安全作为公司导向,其安全事故记录是化工业平均水平的1/27,是整个制造业平均水平的1/68。

文化底蕴深厚的企业非常明确自己的信仰和价值观,并且非常慎重地对待其形成过程。最重要的是这些价值观能够保证企业战略的实施。例如,麦当劳每年都举办竞赛,评选最佳汉堡师。首先,每家门店内部会进行比赛,评选出店内最好的汉堡师;其次,门店的获胜者将争夺地区冠军;最后,地区冠军将参加全美竞赛。获胜者将在麦当劳制服上佩戴全美冠军纪念章,并被公司大力宣传。

一旦建立企业文化,可以通过下面六种途径渗透到整个企业中:①检查和挑选出与企业文化相适合的新员工;②将文化的基础内容系统地灌输给新成员;③高级的团队成员在日常谈话和发表观点时,对核心的价值观反复重申;④企业故事的传播和再传播;⑤定期举办仪式奖励那些展示文化精神的人;⑥以大家可以看见的方式嘉奖那些遵循文化准则的人、惩罚那些违反准则的人。企业招收的新员工越多,挑选技能、经验更符合企业信仰、价值观的人就越重要。

3.3 鼓励传播有关企业核心价值观的故事

文化底蕴深厚的企业会乐于收集和传播有关企业基本信念的故事、轶事和传奇。菲多利公司非常强调客户服务,因此经常流传一些小故事,讲述公司的薯条销售人员是如何冒着暴风雨将薯条送到客户手中的,并且有效服务率达到99.5%,全公司都为他们感到自豪。美利肯(Milliken)公司每个季度都要举行一次会议,让工作团队交流工作经验,一般情况下,每个团队都有5分钟时间介绍自己的经验,100个团队可以在两天内交流完毕,并且每次会议都有专门的主题,比如产品质量、成本精简、客户服务等,在听别人讲述时不允许提出批评意见,做得好的团队可以受到嘉奖。3M 公司讲述关于创新的故事,而宝洁公司、强生公司和 IBM 公司则讲述有关产品质量的故事,这些故事在企业文化的形成中发挥了重要的作用,因为企业成员在记住故事的同时也逐渐体会到了故事中蕴含的企业信仰和价值观。

3.4 人力资源招聘与企业文化

那些在经营过程中强调诚信和公平的企业,也必须要雇用那些具有诚信及公平价值观的人。如果企业的战略强调产品革新,那么企业必须挑选具有新颖想法和能对变化和不确定性快速响应的人。美国西南航空公司的核心价值观之一是愉快的工作环境,目的是确保乘客享受飞行过程,该企业就雇用那些机智的、愉悦的、外向的工程和保安人员,因为他们能展现出享受工作的态度;快速成长的企业,如果匆忙地招募具有才能和信用度的员工,而忽视了这些人的人生观、人生哲学及个性是否契合企业的特点、愿景和战略的话,就会是偶然创造而不是有计划地创建了企业文化。

企业雇用那些胜任本职工作并且能够包容现行文化的员工已成为一种规则,人员求职过程中也更易受具备如下条件的企业吸引,即有着舒适的工作环境和乐于与之一起工作的人的企业。那些对企业不适合的员工会很快离开企业,而那些对工作环境满意的员工才会留下来,最终会尽到工作职责并得到职位上的升迁。一个人在企业中工作的时间越长,它就越是能逐渐地包容并展现企业文化,这些人的价值观和信仰的形成往往会受到其监督者、同事、企业的培训课程以及受推崇的文化的影响。一般来说,那些在企业中工作较长时间的员工在向新员工灌输企业文化方面起着主要的作用。

3.5 企业亚文化或次级文化

虽然人们常常谈到的是一种企业文化,但企业一般有多种文化或在众多的亚文化中有占上风的文化。价值观、理念和习惯,可因部门、地理位置、分支机构或业务单元的不同而不同。当新购并的业务单位还没有被同化,或者不同的业务单元在不同的国家或地区运营,或者业务单元具有不同的管理方式、经营哲学和运作方法时,一家企业的亚文化可能会与企业文化相冲突,至少不能很好地吻合。

跨国公司往往会具有文化多元性,因为跨国公司各业务单元具有不同的经营历史和工作环境,而且各分支机构往往在不同的文化习俗、传统下成长起来,相应地有不同类型的价值观和信仰。

一些优秀的文化具有公共性和兼容性的重要特点,例如通用电气公司的文化包括无边界性、群策群力及六西格玛质量标准,这些能在不同的国家或地区深植并成功得到应用。美国爱依斯电力公司是在全球二十多个国家运营的电力公司,发现其文化的核心:诚信、公平、愉快和社会责任感被许多国家的人们接受,于是公司在其运营的国家用同样的方法定义和塑造上述核心价值,尽管这与其跨国经营的那些国家或地区的现有的文化有很大的不同。公司的高层管理者阐述了这样的观点,世界各国的人们往往趋同化大于差异化。

在现今的全球环境下,跨国公司正在学习如何制定战略——重要的文化特点能跨越国家边界,并在世界范围内创建一种可运行的一致性。与此类似,进行收购时的企业对文化的兼容性也非常重视,它们高度关注如何兼并及新并入企业文化的融合——通常对文化的重视与对财务方面的重视,共同决定了如何进行兼并和收购。在许多情况下,有些企业决定不收购某些特定的企业,就是因为前者认为有许多难以克服的文化冲突。

3.6 文化与战略执行

一种与实施战略所需要的价值观、习惯和行为准则相一致的文化,有助于激发人们以一种支持战略的方式工作。例如,一种将节俭这一价值观广泛根植于企业成员中的文化将会非常有利于成功地实施和执行低成本战略;一种围绕使客户满意、公平对待、运营良好、给予员工高度授权等原则建立的文化,对于实施一种为客户提供更卓越服务的战略,从而最终提供高质量的产品和服务是非常有帮助的。而一种以支持创造性、支持变化和挑战现状为主题的文化对于实施和执行一种追求产品革新和技术领先地位的战略非常有利。

文化和战略的紧密结合以下面两种方式进一步推动了战略实施:支持战略的文化不仅给予了企业员工以行为和如何使工作取得良好绩效方面的指导,而且还产生了来自同事间的压力从而形成的文化上可以认同的标准。战略与文化匹配得越好,文化就越能更好地推动人们去展示其行为和遵守运营实践以实现良好的战略执行,支持战略的文化会给予组织以能量,使其做正确的事并取得积极的结果。在战略与文化错误匹配的企业中,成功实施战略所需的行为与盛行的文化所需要的行为和价值背道而驰,近年来,这往往会与对现有企业文化有着强烈认可的员工发生冲突。如果员工认可程度深而且流传范围广,以致对执行战略构成了一种可怕的障碍的话,这样的文化对于战略所需要的行为会产生阻力。

一种包含价值观和行为的有利于战略实施的文化,能促进员工对企业愿景、业绩目标和战略的深刻认识。如果企业文化是基于实施战略所必需的行为,员工们会真正对他们的工作、工作环境和企业正努力想建立的功绩有更好的感觉。因而可能会更有利于员工充满热情地尽力做好他们的工作,并使企业离战略愿景更近。

这些战略与文化的匹配对于战略实施过程中的管理非常重要:企业文化与精确的战略执行吻合得越紧密,就越值得高层管理者注意。管理的任务就是要创立并培育一种工作环境,使得组织能量在执行战略的过程中得到活化。以管理工作为基础的良好的文化可以部分地起到树立对实施战略的自信态度,激发员工为达到企业目标而迸发出热情和勇于奉献的精神的作用。

文化所认可的行为与更好地执行战略所需要的行为之间的冲突,就会给组织成员传递混乱的信息，引发一些不能预料的事情。组织成员应该忠于企业文化和传统，因而抵制和拒绝那些有利于战略执行的行为吗？或者说他们应该只支持那些为执行战略所做的努力，而采取与企业文化相冲突的行为吗？

如果企业文化和战略成功所需要的文化不一致，那么就必须尽快地改变文化以有利于管理。当然，假设的前提是文化的一方面或多方面是不堪一击的，然而要避免战略与文化之间的冲突，有时就意味着要经常修正战略以使之与文化相匹配，而更多的时候还意味着要修正文化以使之与战略相匹配。战略与文化之间匹配的差距越大，要实施一种新的或不同的战略，直至形成一种较好的战略所面临的困难也就越大，这就产生了文化校正。战略与文化之间明显的、长期的冲突会弱化甚至挫败管理者对战略的实施。

3.7 企业文化的强度

企业文化渗入企业日常运营和行为准则的程度差别很大，企业的强文化是企业的心脏和灵魂，而有些企业根基较浅的企业文化则很难体现企业的特征。

1. 具有强文化的企业

企业的文化是强大且富有凝聚力的，其表现是企业可以依据一套清楚而具体的原则和价值观进行经营活动，管理者将大量的时间用于交流这些原则和价值观，并解释它们如何与经营环境相关。并且这些价值观在企业中得到广泛的共享，包括高层管理者和普通员工们。具有强文化的企业一般都有纲领或价值观声明书，并且管理者要定期强调将这些价值观和原则作为整个企业进行决策和采取行动的基础。

具有强文化的企业价值观和行为准则是如此根深蒂固，以至于更换一名新首席执行官时，它们也可能不会发生很大的变化。有三个因素有助于培养强文化：

（1）根据客户需求、竞争条件和战略要求建立连贯的合理的价值观、原则和实践标准的创业者或强有力的管理者；

（2）通过对上述原则的坚定支持来塑造企业运营的内部环境；

（3）真正关心组织的三个最大的利益团体——客户、员工和股东的现状。管理的连贯性、较小的团队规模、稳定的团队成员、地理上的集中和企业取得的可观业绩，都对强文化的出现有所助益。

在强文化的形成过程中，几乎总是存在战略和文化之间很好的配合关系。当一家企业的环境发生急剧变化，不得不对战略做出与现有文化相冲突的大幅度调整时，在一家有着强文化的企业中就可能会出现战略和文化的冲突。战略和文化的冲突，还可能发生在那些经营逐渐下滑的强企业的文化中。如果企业新来的一个管理者欲改善企业的运营，那么可能会将企业推向一个新的战略方向，而这个战略方向实际上需要一种不同的文化行为标准，在这种情况下管理者就要发起大规模的文化变革运动。

2. 具有弱文化的企业

与强文化的企业形成直接对比的是具有弱文化的企业。后者强调价值观的持久性或广泛接受性,在运营中的行为标准非常不明确;企业文化很少被企业员工大力推动过。由于高层管理者并不是反复强调某一特定的商业哲学或对某一特定的价值观表现出长久的认同,或者是称颂某一特定的运营活动和行为标准,这类弱文化企业的组织成员往往缺乏对企业文化认同的深刻感受。而且弱文化企业不会孕育出支持企业、对企业高度忠诚的员工,也不会以一种高度确定性的方式进行经营。

因为缺少一种共同的价值观和经营方式,企业成员一般很少能对企业的愿景和战略有深刻的认知,很多员工仅将企业视为一个工作的地方或者将其工作视为谋生的一种手段,尽管他们对自己所处的部门、他们的同事或上司有一定的义务感和忠诚度。有一点很普遍,即弱文化来源于那些阻碍定义明确的全企业范围内的工作氛围形成的温和的亚文化。

由于管理者在激励执行战略时没有传统、信仰、价值观、工作的标准和行为准则这些手段可以应用,因此弱文化对于实施战略只有一点帮助或者几乎没有帮助。然而,较弱的文化并不总是对实施战略有着较强的阻碍作用,有时也不构成阻碍。如果缺乏使组织能量沿着良好的战略执行方向移动的工作环境,那么管理者就只能用报酬激励手段及其他经济手段来激发员工的奉献精神。

3.8 有助于战略实施的健康文化

1. 高绩效文化

一些企业具有所谓的高绩效文化。该企业文化的突出特点是"苦干精神"、正确做事的荣耀、无借口的责任意识和普遍渗透的结果导向的工作氛围,在这类文化中员工全力以赴达到或超出目标。在高绩效文化里,企业员工有很强的参与意识、强调个人主动性,全企业每个组织单元和个人都有清晰的绩效期望;问题迅速地被处理、高度集中于需要做的事情、清晰且不可妥协的期望使企业从高层管理者到一线员工在内的所有员工都展现出高绩效的行为和使企业成功的激情。这类文化弥漫着完成或超过绩效目标的成就感和建设性压力,对战略实施和卓越运营具有重要的贡献。

塑造高绩效文化的挑战,在于激发员工的高度忠诚感和奉献精神,如此一来,他们能够精力充沛地工作。管理者努力强化建设性行为,奖励高绩效员工,清除阻碍高生产率的习惯和行为。他们必须了解下属的优势和劣势,以便更好地为他们分派任务,使员工能够通过做最擅长的事,为企业做出有意义的贡献。他们必须强调从错误中学习,必须毫不松懈地强调前进并取得进步。实际上必须要有一种纪律性的、聚焦于高绩效的企业管理办法。

2. 适应性文化

适应性文化的特点是企业成员愿意接受变化和引入或实施新战略。企业成员都相信企业可以应对任何威胁和抓住任何机会,愿意接受风险、试验、创新以及改变战略的实践。企业氛围支持管理者和员工提出或实践有用的变化。适应性文化鼓励并奖励个人和团队进行企业内部创业。高层管理者支持和鼓励创新、主动发现改进的机会。管理者公开评价各种新观点和建议、资助新产品开发和完善,并大胆利用新兴市场机会。

为什么在适应性文化中,变化受到欢迎?为什么组织成员不害怕变化会影响他们的工作?为什么适应性文化没有随着战略、运营实践以及行为的变化而被抛弃?因为适应性文化有以下两个主要特征:

(1) 运营实践和行为的任何变化都不能破坏企业核心价值观和长期的业务准则。

(2) 变化必须满足股东、客户、员工、供应商和企业所在社区的合法利益。换句话说,企业成员能认同管理层所做的变化,并且能与企业的核心价值观和关键利益相关者的最大利益一致。当员工的安全不受到威胁,能将新义务和工作任务视为适应新环境过程中的一部分时,他们通常更能够接受变化。在裁员不可避免的情况下,重视员工利益的管理层会以一种人道的方式进行人员分离,尽可能减轻员工离开的痛苦。

技术性企业、软件企业以及互联网企业是具有适应性文化的企业,这些企业在变化中茁壮成长,推动变化,引导变化,并投资变化。像脸书(Facebook)、推特(Twitter)、苹果公司、谷歌公司和英特尔公司都培养了快速行动和反应的能力。这些企业不乏富有企业家精神和创新性的热心实干家,愿意为开发新产品、开展新业务和开拓新行业冒险;为了建立和培养快速适应变化的商业环境的文化,企业重用灵活的、主动挑战变化的、能够很好地适应新环境的人才。

适应性文化对所有企业都有效,而不仅仅是那些身处快速变化环境中的企业,每家企业的市场条件和商业环境都会发生变化,所以需要内部运营的响应、组织成员相应地采取新的行为。

3.9 阻碍战略实施的不良文化

不良文化的特点就是对工作氛围和员工业绩有不利的影响。具体如下:

1. 拒绝改变的文化

在这种文化中,员工对新发展的重要性抱有怀疑,对变化的恐惧成为常态;管理者依靠安全保守的选择来维持现状,保护他们的权力基础及短期利益。当企业所处的行业环境发生急剧变化时,这些企业改变传统做事方式的缓慢速度将成为一种负担,而不是一种资源。在这种环境下拒绝改变的文化将鼓励许多不好或不良的行为,如害怕冒险、不敢把握市场新机会、松懈产品创新和价值链活动的持续改进,更喜欢跟随市场而不是引导市场变化。在拒绝改变的企业文化中,改变做事方式的过程就像发动一场战争,提出新想法的人常常被视为麻烦制造者。不愿意接受原创性和新思想的高层管理者会为产品创新、试验和改善活动设置障碍。

对变化怀有敌意通常发生在那些有着多层级管理机构的大企业中,它们过去曾经取得过很大成功,从而患上了诸如"我们这样做已经很多年了"这样的综合病症。通用汽车公司、IBM公司、西尔斯公司和柯达公司就是典型的例子,拒绝改变的官僚作风损害了它们的市场地位和财务绩效。当市场发生变化时,它们留恋于过去取得成功的文化和传统而不愿意改变经营方式或进行业务调整。

2. 政治化文化

政治化的内部环境之所以是不健康的,是因为政治斗争消耗了大量的组织能量,常常使最好的建议被否决。在政治文化占主导的企业中,作为企业创立者的管理者有自己的日程,他们把归其管理的部门视为自己的"领地"并监督部门工作的开展。他们往往考虑的是如何保护或扩大其势力范围,因此经常质疑与其他部门的合作,跨部门合作很勉强。具有政治影响力的高层管理者的赞成或反对意见对企业的行动有很大影响。这些操作使企业实施战略的精力大大减少,也使得那些没有政治影响力但更愿意为企业利益考虑的个人遭遇挫折。

3. 闭门造车的文化

当一家企业长期处于行业领导者地位并获得巨大的市场成功,以至于其员工开始相信他们有所有问题的答案或者他们能够自发改善时,他们就很可能忽略消费者的观点以及消费者的需求和期望如何变化。这种对企业做事方式正确性的自负和对企业竞争优势坚定不移的信仰滋生了傲慢情绪。企业看不到外部竞争者的优势,认为向最佳的企业学习收效甚微。闭门造车的思想、注重从内部寻求解决问题的方法以及排斥外部创新的想法渗透在企业文化里。只关注内部的变化带来了"近亲繁殖",企业很难雇用那些具有新思想的员工,也很难接受外部的观点。狭隘的文化思想最大的危险是企业低估了竞争对手的能力和业绩,过高估计了自己的进步,从而慢慢丧失了自身的竞争优势。

4. 不道德和贪婪的文化

如果企业不尊重道德标准或者任由那些被贪婪和自我满足驱使的高层管理者运营企业,那么企业也将发生丑闻。企业在追求野心勃勃的收入和盈利目标时,将释放出傲慢、自我、贪婪和为达到目的不择手段的负面心理。对不道德行为视而不见的高层管理者可能也会越界做出不道德甚至犯罪行为。他们倾向于采用使财务绩效看上去比实际更好的会计原则。许多企业堕落为不道德行为和贪婪的猎物,这包括著名的世通公司、安然公司、奎斯特通信公司。

5. 不相容的次级文化

尽管一般提到的企业文化都是单一的,但具有多元文化或独特文化的企业并不少见。有时企业内的价值观、信仰和实践在不同部门、不同地理位置、不同分部或业务单元间有天壤之别。只要企业的次级文化与首要的企业文化相互兼容,并支持战略实施,就不容易产生问题。如果多元文化由不兼容的次级文化组成,带来相互冲突的经营哲学,导致不一致的战略实施方法,鼓励不相容的人事管理方法,那么多元文化就是不健康的。冲突的次级文化使企业不能协调制定战略和实施战略的努力,使企业员工的注意力从关键业务中转移。次级文化为取得主导地位而进行内部扩散阻碍了企业不同组织单元的团队合作,阻挡了战略实施的合作性方法的出现。对企业方向把握缺乏一致性,很可能在实施新战略活动中出现支离破碎和不一致的方法,影响企业整体战略的成功。

3.10 改变有问题的文化

当强文化不健康或者与成功实施战略所需的行为不同步时,企业必须尽快改变这种文化。这意味着要尽可能快地消除不健康或功能失调的文化特征,力求使有利于战略实施的新行为和工作实践根深蒂固。企业文化中不匹配或不健康的方面越牢固,战略实施越受到阻碍,为此越需要做出改变。

因为已有的行为和态度根深蒂固,所以变革一家企业的文化以使之与战略相匹配是最困难的管理任务之一。企业员工依赖熟悉的实践,害怕新的做事方法,这是很自然的。因此,需要在一段时间内采取协调的管理行动,用更有效的做事方法取代不同步的文化,才能根除某些不需要的行为。区分文化变革的成功与失败的一个最明显因素是高层领导力。进行重大的文化变革,克服对固有文化的反弹抵制需要有很大的权力,而这种大的权力只有最高管理层特别是首席执行官才拥有。然而,尽管高层管理者必须站在领导变革的前线,但是集结新文化所需的支持和灌输期望的文化的行为任务必须有整个管理团队的参与,中层管理者和基层管理者起着关键作用。他们执行新的工作实践和运营方法,以赢得普通员工对变革的接受和支持。

高层管理者在改变有问题的文化时,会采取如下步骤:

步骤1,识别现有文化中阻碍新战略实施和企业绩效目标完成的因素。

步骤2,管理者必须明确界定战略实施所需要的新的行为模式,并详细说明他们想建立的文化的关键特征。

步骤3,管理者必须使企业员工明确为什么现有文化存在问题,为什么新行为模式和运营方法可以提高企业绩效以及如何提高绩效,务必使文化变革的理由具有说服力。

步骤4,最重要的是,所有有关重塑现有文化的言论必须立刻跟随可见和强有力的行动,以促进期望的新行为和工作实践。企业员工会将这些行为解读为高层管理者对不同的工作氛围和新运营方法的坚定承诺。灌输新文化的行动必须既是实质性的又是象征性的。

1. 使文化变革具有引人入胜的理由

管理层是通过向企业员工兜售新的行为模式和工作实践来塑造企业文化的。企业为什么要重塑文化以及员工为什么需要全心全意参与到不同的做事方式中,对这两个问题的回答十分关键,务必要使文化变革具有引人入胜的理由:

(1) 解释现有文化的某种行为和工作实践为什么以及如何阻碍战略实施。

(2) 解释新的行为和工作实践如何更有利,如何产生更好的结果。有效的文化变革领导者善于说故事,描绘新的价值观和期望的行为规范,并将它们与日常实践相联系。

(3) 如果文化变革需要来自战略变革,那么引证说明为什么必须更改现有文化。这包括解释为什么新战略将有利于提升企业的竞争力和绩效,以及文化变革如何有助于战略实施。

首席执行官和其他高层管理者有必要亲自向企业员工说明变革与文化相关的工作实践的原因。在向他们所管理的员工解释行为规范的变革需要时,高层管理者和部门领导必须发挥首要作用,并且很可能要反复解释。为了使文化变革获得成功,基层管理者和员工的意见领袖必须接受变革理由,这意味着要使他们信服在组织各个层级(从最高层到最底层)实施文化规范的好处。如果员工理解他们如何能够从企业利益相关者(特别是客户、员工和股东)中获益,那么他们对新的做事方式和工作实践往往更容易接受。在大部分员工接受变革的需要并认同所需的工作实践和行为之前,向员工兜售企业的文化变革还有许多工作要做。获得广泛的组织支持需要抓住每个机会反复宣传为什么新的工作实践、运营方法和行为对企业的利益相关者有利。

2. 实质性的文化变革行动

如果仅仅只是谈论不同行为和工作实践的需要,那么文化变革是走不远的。管理者必须通过一系列的主动性活动来加强文化变革。管理层真的致力于塑造新文化的确凿标志包括:

(1)撤换那些抵制和阻碍组织变革和文化变革的关键管理者。

(2)提拔文化变革的先锋和具有期望的文化行为的模范人物。

(3)任命具有期望文化特征的外部人士担任高层职位,引入新的管理者,以便准确无误地传递新时代信息。

(4)仔细筛选新职位的候选人,只雇用那些适应新文化的员工。

(5)要求所有员工参加文化培训项目,以更好地理解企业所期望的与文化相关的行为。

(6)设计奖励机制,奖励那些表现出企业所期望的行为的团队和个人,因为员工出于经济利益,更可能做出企业所期望的行动和行为。

(7)修正政策程序,以便更好地推动企业文化变革。

管理者必须注意,一开始就要实施全企业范围的文化变革行动,这样员工就不会对管理层变革现有文化的严肃性和文化变革的势在必行存有丝毫的怀疑。高层管理者采取的这一系列活动必须在整个企业内构造许多沟通路径,快速开启变革进程,并坚定有力地建立新的工作实践范式、期望的行为规范和标准化的运营风格。

3. 象征性的文化变革行动

改变有问题的文化和巩固文化与战略相匹配也需要象征性的管理行动。最重要的象征性行动是高层管理者采取的并被视为榜样的行动。例如,要想企业成为其行业中的低成本制造商,高层管理者就必须在行动和决策中勤俭节约,如管理者办公室没有奢华的装饰、减少费用支出和娱乐开支、精简办公室员工、严格审查预算以及降低管理者津贴等。高层管理者必须意识到企业员工时刻在观察他们是否言行一致,因此他们必须确保现有的决策和行动与新文化的价值观和规范保持一致。

另一类象征性行动,包括举行正式活动,挑选并奖励那些践行新文化的员工。此外,每一个文化变革的成功都需要庆祝。管理者对于促进战略与文化的匹配非常敏感。他们经常习惯性地出现在仪式现场并表扬遵守计划的个人和团队;他们在员工培训时现身,强调战略的优先性、价值观、道德准则和文化规范。他们把每次集会都视为宣传价值观、表扬好人好事、详细阐明新文化的优点、引证新的工作实践和运营方法如何带来优势的实例的机会。

象征性行动在文化的塑造中使用非常广泛。许多企业每月都设有员工奖,对榜样性的人员颁发奖章和奖状。玫琳凯化妆品公司为实现销售目标的美容顾问设立了一系列奖品。

4. 改变问题文化需要的时间

种植和培育新文化的种子需要首席执行官和其他高级管理者坚定不移的努力。它需要持续一致的努力,通过语言和行为不断强化。改变有问题的文化不是短期活动,新文化的产生和盛行需要时间,一蹴而就的变革不可能发生。新文化深深地根植于企业中需要更多的时间,企业越庞大,产生支持实施所需要的匹配性文化变革需要的时间越长。在大企业里,改变有问题的文化和灌输新文化可能需要 2~5 年的时间。实际上改变顽固的问题文化往往比向一家新企业灌输新的文化更困难。

要点摘录

◆ 人们所掌握的知识与经验是促进战略成功的关键因素,但是人也会成为成功采取新战略的障碍。人力资源的问题,并不是只由专门的人力资源管理部门来考虑的问题,而是组织中大多数管理者都应关心和负责的中心问题。此外人员与成功战略之间的关系,不仅涉及人的素质,也同样涉及人的行为,还涉及企业文化,它已经超出了传统人力资源职能的范畴,其中组织改变员工的行为的能力将成为成功的关键因素。

◆ 一个成功战略的起点是获得、保持并开发至少可以达到最低标准的资源管理——很明显,这也适用于人力资源管理。

◆ 组织中拥有的具有特殊技能的人员(如医院中知名的外科医生、律师事务所中的刑事律师或大学中的学术带头人)并不能为组织带来长期的战略优势,因为这些人员可能会离开组织。因此必须在组织中持续培养革新与创造能力。

◆ 在培训与人才培养方面,常规的培训项目正在逐渐减少,取而代之的是更多的指导与辅导,以支持自我发展。对个人来说,如果其所在组织的战略在不断地变化与发展,那么自我发展的能力就是非常重要的个人技能了。

◆ 人力资源管理最理想的方式之一是在制订计划的过程中,让员工掌握个人发展的主动权,这样每个员工都能了解:自己所做的工作是如何帮助组织战略取得成功的或是导致战略失败的。

◆ 在管理战略变革时出现的许多问题,都是因为不能很好地理解、处理及改变文化与政治环境而造成的。文化与政治环境仍然是组织战略管理的薄弱环节,这些与转变行为有关的软性方面通常会被忽略。

◆ 帮助管理者培养其管理关系的技巧是很重要的,因为这种技巧是管理者在处理与组织内外部利益相关方之间的政治关系时的关键因素。

◆ 从时间关系来看,人力资源的短期循环与长期循环必须结合起来。短期目标的实现一定不能以牺牲长期人力资源能力为代价。例如,把奖励制度(如个人奖金计划)作为刺激短期成功的主要手段,可能会削弱组织采用更有利的战略性措施(如设立新的职位、建立新的关系)来创造一个更具创新精神的组织的能力。

◆ 要获得员工持久的、充满热情的支持,管理层在设计和使用激励措施方面——金钱或非金钱的——必须富有智慧。

◆ 一家企业的文化和工作氛围的特点体现在以下方面:管理层所认可的企业核心价值和商业规则、伦理意义上的企业是非标准、"我们如何完成这些事情"的模式、管理员工的方法以及企业内部政治。所有这些固有的信仰、商业规则、运营模式,深入人心的行为和态度以及工作氛围综合在一起构成了企业文化。

◆ 根植于一家企业中的文化理念和习惯,可以在各处生根发芽,它可以产生于一个有影响力的个人、工作集体、部门和分支机构,也可以产生于企业等级中的底层或高层。

◆ 有远见的领导者会在企业内部培养关键主题或主导价值,从而强化他们试图维持或建立的竞争优势。文化底蕴深厚的企业非常明确自己的信仰和价值观,并且非常慎重地对待其形成过程。最重要的是这些价值观能够保证企业战略的实施。

◆ 一种与实施战略所需要的价值观、习惯和行为准则相一致的文化,有助于激发人们以一种支持战略的方式工作。

◆ 弱文化企业的组织成员往往缺乏对企业文化认同的深刻感受。而且弱文化企业不会孕育出支持企业、对企业高度忠诚的员工,也不会以一种高度确定性的方式进行经营。弱文化来源于那些阻碍定义明确的全企业范围内的工作氛围形成的温和的亚文化。如果缺乏使组织能量沿着良好的战略执行方向移动的工作环境,那么管理者就只能用报酬激励手段及其他经济手段来激发员工的奉献精神。

思考题

1. 人力资源通过何种途径促成战略的成功?
2. 试列举一些符合企业战略的人力资源管理手段。
3. 怎样的激励手段会比较符合企业战略?
4. 一种新建立的文化通过哪六种途径渗透到企业中去?
5. 文化与战略的紧密结合以哪两种方式推动战略实施?
6. 什么是强文化?什么是弱文化?
7. 什么是健康文化?它包括哪些类型?什么是不良文化?它包括哪些类型?
8. 如何改变有问题的企业文化?

第十二章
战略实施、战略变革与领导

>>> 学习要求

- 战略领导力的概念
- 战略领导者的不同角色
- 战略领导的一般技巧
- 组织进行战略变革的困难
- 实施战略变革需综合考虑的内容
- 四种战略变革类型
- 对战略变革的环境分析
- 对战略变革的文化分析
- 对战略变革的作用力分析
- 战略变革管理的风格
- 战略变革的各类参与者
- 战略变革与组织常规
- 战略变革与象征性过程
- 战略变革与权力和政治过程
- 战略变革的战术技巧

第一节 战略实施与领导

1.1 战略领导力的概念

战略领导力是指预测事件、展望未来、保持灵活性并促使他人进行所需的战略变革的能力。战略领导力在本质上是多功能而非单一功能的,包括管理他人、管理整个组织以应对全球经济中不断增加的变化,由于全球经济的复杂性,战略领导者必须学会如何在不确定的环境下有效地影响他人的行为。通过言传身教以及发挥预见未来的能力,战略领导者可以对与自己共事的人的行为、思想和情绪产生深刻的影响。

吸引并管理人力资本的能力是战略领导者需要具备的关键技能,因为有才华的人力资本的匮乏将制约企业的成长。在21世纪,企业人力资本中拥有的智力资本包括管理知识和进行创新的能力,这些都影响着战略领导者的成败。

有效的战略领导者还可以建立有助于利益相关者(如员工、客户和供应商)的高效运作环境,并提供必要的支持。战略领导力的核心是有效地管理企业的运营以及保持企业高绩效的能力,这足以证明上述技能(指吸引人力资本并为其提供合适的环境的技能)的重要性。

企业获取有效战略领导力的主要责任由高层管理者,特别是首席执行官(CEO)承担。其他公认的战略领导者,包括董事会成员、高层管理团队以及部门总经理,事实上,任何对人力资本的业绩和企业某一部分的业绩如一个生产单元承担责任的个人都是战略领导者。不管头衔和组织职能是什么,战略领导者都承担着大量的决策制定责任。这些责任是不能推卸给他人的,战略领导力是一种复杂且非常关键的领导力,如果没有有效的战略领导者,企业就无法制定和实施战略并获得超额利润。

作为战略领导者,企业CEO承担着数量众多、种类繁杂的任务,这些任务在某种形式上都涉及战略管理过程的有效利用。

良好的战略管理的步骤是:制订合理的战略计划,充分实施计划以实现预期目标。战略领导者施行权限内的领导力,成为带头人,强力推进各项任务并获得成果,这些任务要求管理者在管理战略实施中承担不同的角色,如获取资源的人和对资源进行配置的人、能力的构建者、激励者、政策制定者、政策强化者、拉拉队队长、危机的解决者、教导者。这些角色存在差别甚至是矛盾。有时成为独裁主义者和铁面无私的人是很有用的,有时则成为一种所期望的倾听者和妥协的决策制定者,有时带有强烈参与特点的同事式的方式会起到作用,有时则应扮演一名教练和建议者。许多场合要求战略领导者成为能够经常见到的有着宽裕时间的人,而其他场合则需要简短的仪式性的出现而将细节授权给下属去做。

重大的变革活动在很大的程度上应当是以企业愿景为动力,并且从上层的领导开始。如何着手具体的领导组织方面的努力以使战略适当并达到所需的结果,都要以了解执行战略的需求为基础,之后对组织能力做出判断,做好必要准备,然后决定选择哪几种方式达到目标。一般来说,良好的战略执行和卓越的运营需要管理者关注以下几个方面:

(1) 对正在发生的事情的运行现状保持了解,密切关注进展情况,了解在战略实施过程中存在哪些障碍,解决争端。

(2) 对组织施加建设性的压力。

(3) 使组织关注卓越的运营方面。

(4) 引领较强的核心竞争力和竞争能力的发展。

(5) 展现道德完整性并引领实施社会责任。

(6) 采取矫正行动以改善战略实施状况并达到既定目标。

1.2 战略领导的一般技巧

1. 对事情运行的现状保持了解

如果一名管理者想了解实施过程的现状,他就需要建立一个进行交流和接触的广泛的网络和各种信息源泉,可以是正式的、也可以是非正式的。常规的渠道包括与关键的下属交谈、发表讲话和参加会议、审查最新的经营成果、与客户交谈、观察竞争对手的反应、通过电子邮件和电话与偏远地区的人进行交流以及倾听普通员工的意见,但是有些信息比其他信息更具有可信的价值,不同人的观点和期望可能迥然不同,下属的谈话和简要介绍可能代表真实的情况,但不是所有的真实情况。

当下属希望通过延迟汇报失败和问题以给自己更多的时间扭转局面时,坏消息或问题可能在描述中被最小化或者在某些情况中根本就不汇报,因此战略管理者必须确保他们拥有准确的信息,并对当前的形势有所察觉。管理者必须要跟踪事件的进程,了解在执行过程中存在的障碍,一旦障碍得以确定,就要发挥个人努力及时清除。

做到这一点的一种方法是定期进行实地参观,并与处于不同层级的人员进行交谈。沃尔玛的领导人,有一种传统的活动即每周花两到三天的时间参观沃尔玛的门店,并与门店经理和员工交谈。沃尔玛的开创者认为"关键是走进商店,并倾听相关各方的陈述"。通用电气公司前首席执行官韦尔奇,他不仅每个月花几天时间参加通用电气公司的经营,与重要的客户交谈,而且安排时间与在公司领导人发展中心参加课程培训的几乎每个层级的管理者交谈。

许多制造企业的首席执行官花费很多时间巡视工厂,与工人交流,并定期与工会官员接触,还有些企业的管理者在较大的场所设置与其他人在一起的小休息室,这样就能更容易、经常性地与工人交流。亚马逊公司的首席执行官以实行走动管理而闻名,他在巡查设备时会提出一连串问题,而且他也坚持认为该公司的管理者将时间用于员工交流,可以避免其过于理想化而脱离实际。

大多数管理者都认为在现场花费一定的时间与不同组织层级上的不同人员进行非

正式的交流非常重要,这种接触可以使管理者了解事情进展的状况,并为他们提供机会,使其可以进行提振士气的讲话,营造一种非正式和活跃的气氛,所有这些都可以带动实施工作以积极的方式开展,并且可以增强实施战略的组织能量。

2. 对组织施加建设性的压力

管理者必须首当其冲,激发组织的能量来驱动良好的战略执行和使经营更卓越。这里所需要的部分领导力需要一种结果为导向的工作环境。这里所说的具有建设性的压力,对更好地执行战略以及使经营更卓越有非常大的贡献。以结果为导向的文化提倡"正能量"的渗透作用,且在达到和超越绩效目标过程中留有良好的追踪记录,如果想通过以结果为导向的工作氛围来驱动战略执行的话,高层管理者需要做以下几件事情促成一种领先革新者能够茁壮成长的风气:增强企业员工的归属感,强调个人的主动性和创造性,尊重个人和集体的贡献,强化对做正确的事的自豪感。

那些成功地创造以结果为导向的工作氛围的组织领导者的典型特征包括:热衷于以员工为导向,熟练地运用员工的管理实践来达到对员工情感方面的承诺,鼓舞员工尽其最大的努力。他们优待员工的行为通常会带来团队工作的高效率、较高的士气、较高的忠诚度,并且能增强员工做出贡献的承诺,所有这些都有助于更好的团队合作和战略实施。

成功地将高成就的精神灌输到文化中去,通常需要以下几方面的领导力行为和管理实践:

(1)尊敬和尊重员工。通常包括企业承诺对员工进行全方位的培训、提供有吸引力的工作机会、重视内部提升、提供较强的工作安全感。在许多企业,每个层级的管理者都要对那些向他们报告的人负责。

(2)从那些超出绩效目标的员工中评出优胜者,但要采取促进团队工作和跨部门协作的方式来进行,而不应鼓励在员工之间进行不健康的比赛。

(3)设立长期性的目标并清楚地对期望的目标进行交流,引导企业员工尽其最大的努力来达到绩效目标。

(4)给员工充分的自主权来实现自我、铸就成功。

(5)使用全方位的激励手段和报酬机制来激励员工,培育以结果为导向的工作氛围,强调较高的绩效标准。

(6)庆祝个人、团队及企业的成功。高层管理者不应该错过任何可以表达对员工尊敬以及表彰个人和团队的突出贡献的机会。

(7)尽管领导者试图要灌输以结果为导向的文化通常强调积极的方面,但是也存在负面的影响,必须更换那些一直以来表现不佳的部门经理,也必须解雇或至少从原来的岗位上撤换掉那些拒绝以结果为导向的表现不佳的员工,还应劝诫表现一般且潜力有限的员工,除非他们今后能够更加努力,提高技能,以达到较好的效果。

3. 使组织内部专注于卓越表现

另一个推动更好地执行战略的领导方面的因素是要促使有关改进的思想和建议在组织中不断涌现。管理者不能仅仅是通过劝诫员工"要有创造性"就能革新进步，或者是指示员工在操作方面更努力就能取得持续的进步，而是必须培育一种革新思想和以一种新的方式做事的尝试，可以在其中开花结果的文化。战略领导者需要做以下几件事情，才能激发新创意以改进价值链活动的绩效。

（1）必须鼓励个人和团队具有创造性，采用非正式的头脑风暴法使他们在所有方向上展开想象，最后形成如何做事的建议。保持在业务中的紧迫感，因而员工会将革新视为必要的。

（2）鼓励、支持那些想要贡献出更好的经营方法的人，对那些持异见者以及提出不同寻常建议的人耐心地对待，并给予他们实施的空间。总之不能将拥护激进的或不同意见的可能的领先者视为具有破坏性或制造麻烦的人，最理想的拥护者及变革代理人要以持久的、竞争的、顽强的、负责的态度来寻找新想法以达到成功。

（3）保证对成功的领先者的奖励金额较大，并且是可视的，对那些率先尝试但没有取得成功的人要给予再次尝试的鼓励，而不是惩罚或冷落。鼓励失败的尝试是很重要的，因为许多想法最终未必成功。

（4）使用各种组织形式支持新意见和试验。在不同的团队内部组建风险小组、任务执行小组、业绩突击小组以提升竞争性。

（5）用标杆、最佳实践、企业流程再造、全面质量管理、六西格玛等方法关注持续的进步，这些都已证明是能够较好地执行战略并取得经营业绩的方法。

4. 提升组织的能力和竞争力

使战略更好地执行及使运营卓越的第四种途径是，提升组织的能力和竞争力，这通常需要高层管理者的参与。高层管理者通常不得不领导这一工作是因为核心竞争力的取得来自不同工作团队、部门和合作联盟的共同努力。

5. 展现道德诚信并引领社会责任举措

管理者可以做以下三件具体的事情以实行道德领导：首先也是最重要的，CEO及其他高层管理者必须以自己的行为树立一个优秀的讲道德的榜样，并在其自身的行动和决策中展现出个人的诚信。人们总是仔细观察高层管理者的行为，这就为企业员工传递了一个清晰的信息，即什么是个人行为的真正标准。而且，企业战略和运营行为也被视为是有道德的，事实胜于雄辩。其次，高层管理者必须清楚、毫不含糊地支持企业的道德准则，并以一种永不妥协的态度期望企业所有员工都能在任何时候均依此道德准则办事，这意味着要向员工一再重申遵守企业的道德准则是员工的义务。最后，高层管理者必须准备在棘手的判断中做最后的仲裁人，这意味着在某些人员违反了道德准则，是将他们调离关键岗位还是将之解职要由高层管理层来定夺。不能迅速和坚决地对不道德行为进行惩罚会被解释为缺乏真正的承诺。

小结

当要实施一个与以前不同的战略时,战略变革就发生了。战略变革的起点当然是一个较为明确的未来战略,这种明确的战略可能来自某种战略规划,也可能来自组织的使命陈述或某个主要领导者的远见卓识。然而仅此还远远不够,这是因为使组织所有的利益相关者都对组织的战略发展方向有一个清楚的了解并加以认同绝非易事,特别是在快速变化的环境中,要做到这一点更加困难。必须认识到,虽然这是战略领导者的一个非常重要的职责,但是当不同的利益相关者包括管理者对组织的未来目标持有不同的观点时变革仍将继续而且也需要持续下去。因此,本章中对利益相关者进行管理的问题以及有关政治活动的讨论都是非常重要的。

对组织战略尤其是战略变革的了解或设想,并设计出相应的组织结构和流程以实现它,这本身并不意味着人们最终就能够实现这一战略。大部分关于战略变革的研究表明,人们对于变革总是有一种惰性与抵制的倾向,人们总倾向于维持现有的做事方式。对于什么是合理的,也总是坚持他们现有的信念,因此对战略变革进行管理就必须认真认识组织中这些范式和文化网对组织所采取战略产生的强大影响。

要使变革获得成功,还必须将组织战略方面的问题与经营方面的问题与组织的日常工作结合起来,这不仅强调了将战略变革反映到详细的资源计划、成功关键因素、关键任务以及通过控制流程对组织进行管理的方式中去的重要性,而且强调了通过组织的日常工作对变革进行沟通的重要性。

管理战略变革的方法也要因环境而异,不可能所有类型的组织在各种情况下都采取同样的方法。管理者需要根据其面临的不同情况,在不同的战略变革管理方式中进行思考和权衡,此外管理者需要具备一定的能力以帮助营造促进变革的组织环境。

本章第二节讨论组织在开始进行战略变革时,就环境进行诊断需要考虑的一些重要问题,它们包括变革范围、各种环境因素及会阻碍或促进变革的文化因素。第三节从变革管理的风格、战略领导者及其他变革机构的作用等角度,讨论战略变革的管理问题。第四节详细介绍管理战略变革可以采用的具体方法,讨论文化网中的各项要素,包括组织结构与控制体系、组织常规、象征性过程及权力和政治过程。此外,还介绍了不同形式的沟通所能发挥的作用和管理变革的具体战术。

第二节 诊断变革环境

在管理战略变革时,其前提是确定目前企业现状与未来应该转向的正确战略以及如何转向,它包括以下内容:

(1)战略目标的基础竞争优势和竞争活动的基础;

（2）更加具体的战略发展可能的方向和方法；
（3）为什么战略变革是必要的；
（4）将战略思想付诸实施所需的结构、流程、关系及活动的改变。

但是仅仅明确现状和转向的目标还远远不够，战略领导者还需要认识到在实施战略变革过程中所面临的挑战的复杂性，为此要考虑所需变革的范围、产生变革的宏观环境、当前存在的阻碍或促进变革的文化因素。

2.1 战略变革的类型

巴洛贡（Balogun）和奥普·海莱（Hope Hailey）确定了四种战略变革类型（见表12-1），这在一定程度上影响了管理变革的方式。

表 12-1　四种战略变革类型

时间维度	空间维度	
	转型式	重新调整
渐进式	进化式变革	渐进式变革
一蹴而就	革命式变革	重组式变革

以上划分包括两个维度：时间维度和空间维度，时间维度指的是变革持续的时间，空间维度指的是战略方向调整的幅度。从时间维度来看，有证据表明渐进式的变革更容易实施，因为渐进式变革可以为组织内员工逐渐建立起个人技能、常规与信念，这样有利于提高变革效率并获得员工的支持。一蹴而就式的变革，可能在某些情况下也是必要的，例如，如果组织面临危机，或者需要迅速改变其发展方向，但是这种变革方式会打破组织的连续性与一贯性，而且过程会很痛苦。

从空间维度来看，即就变革的幅度来说，需要考虑的问题是，是否可以在不改变组织当前范式的情况下实现这种变革。如果可以，这种变革就是对组织战略的一种重新调整，而不是战略方向的根本变革，或者这种变革不需要对组织当前范式进行根本改变，否则这种变革就是转型式变革，将两个轴线所代表的内容结合起来就形成了四种战略变革类型。

（1）渐进式变革是指组织在现有范式内，渐进地进行变革，这是最常见的组织变革形式。

（2）重组式变革是指发生速度很快，而且还会在组织内部产生一系列急剧变化的改革，但这并没有从根本上改变组织范式。例如，一个组织可能对其结构进行重大调整或者推行一个大型的削减成本的项目，以应对艰难的不断变化的市场环境。

（3）进化式变革是指需要改变组织范式的战略变革，但这种变革需要较长的时间完成。管理者可能会通过本书前面介绍的分析技巧认识到有必要进行战略转型，然后管理者开始对进化式变革进行规划设计，并确定实现变革所需的时间。也可以从另一个角度来解释进化式变革,即将组织视为一个学习型系统,随着环境的变化不断调整其战略。

(4) 但如本书前述所指出的那样,渐进式变革可能存在战略偏移的危险。其原因在于尽管环境和竞争压力需要组织进行一些更为彻底的变革,但变革毕竟是建立在组织现有范式和常规的基础上,并受到组织范式和常规的制约。革命式变革是指需要对组织战略和方式进行重大、快速改变的变革,这可能是因为上述战略偏移最终带来了要求组织进行变革的压力,如利润下滑或组织受到被收购的威胁。

战略变革与企业文化密切相关,例如,如果运用文化网,那么核心问题就是需要进行的战略变革是否可以在不改变当前文化,特别是组织范式的条件下进行。或者,是否需要对组织文化及组织范式做出重大改变。具体来说,一家零售商可以在不对其组织假设及信念进行根本性变革的条件下推出新产品,另一方面,某些战略变革却也可能要求对组织的核心假设做出根本性改变,例如当一家制造商从以产品为中心转向以客户为中心时,服务方式的转变可能不会导致企业产品的变更,却很可能需要对组织文化做出重大调整。有关战略变革与企业文化之间的关系详见本节2.3。

2.2 环境的重要性

对于如何管理战略变革并没有一个正确的"公式"。战略变革成功与否取决于变革发生的大环境。举一个明显的例子,管理一家业务简单且相对较新的企业的变革与管理大企业或有悠久历史的公共部门的变革会截然不同,因为小企业里受到良好激励的团队本身可能就是推动战略变革的主要力量,而大企业或公共部门已经建立起来的正式组织结构、常规同时也将成为阻碍变革的重大力量,这两类组织所处的环境完全不同,因此管理变革的方法也要有所差异。

巴洛贡和海莱在此基础上又做了进一步发展:强调在设计战略变革项目时需要考虑一系列重要的环境特性,实际上就包括前面提到的变更范围的问题。表12-2对这些特性进行了总结,在启动变革项目之前对环境分析是有用的。

表12-2 对战略变革的环境分析

时间	需要以多快的速度完成
范围	需要什么程度的变革
保留程度	需要保留哪些组织资源和组织特点
多样性	组织内部各员工群体及部门之间的相似程度如何
能力	实施战略变革的管理能力及个人能力如何
实力	进行战略变革所需的资源在多大程度上能得到满足
准备程度	员工是否为进行战略变革做好了准备
权力	战略变革领导者有多大的权力来实施变革

（1）可用于战略变革的时间会有很大的差异。例如，一家面临营业收入或利润急剧下滑的企业与一个需要在未来或几年之后进行变革的企业相比，就面临着截然不同的变革环境，后者有足够的时间详细制订变革的实施计划。

（2）不论变更的幅度有多大，总是需要对组织中的某些方面予以保留，特别是那些作为变革基础的组织能力。例如，有一家快速成长的计算机公司，由于业务增长，公司的组织方式需要更加正规。技术专家可能会对此感到不安，因为他们已经习惯了直接快速地与公司高层管理人员接触。但是建立正规的组织结构，对于保留这些技术专家的专业知识和积极性又是至关重要的。

（3）如果组织内部在经验、观点和意见上存在多样性，这将有助于变革。但是如果组织几十年来一直遵循着同一战略，并且在组织内部形成了一种高度一致的看待事物的方式，变革就会受到阻碍，所以衡量组织内部多样化的性质与程度非常重要。

（4）组织在战略变革管理方面具有多少经验和能力？可能有些组织的管理者从前曾对变革进行过有效的管理或者其员工队伍已经习惯和接受了从前在其工作中发生的变革，而有些组织可能在变革管理方面基本上没有什么经验。

（5）战略变革的成本一般而言是非常高的，这不仅是财务成本，还包括管理时间。组织在所需资源方面是否具备变革的实力？

（6）在有些组织中，可能各层级人员都为变革做好了准备。而在另一些组织中，可能对变革有普遍的或是局部的抵触，一位总裁就将其公司的中层管理者比喻为水泥天花板，这些中层管理者大多在公司工作了许多年，而且已经不再有提升的机会，因此他们就不愿意考虑变革的问题。

（7）组织中是否有人有权力实施战略变革？在大多数情况下，人们总是认为公司总裁具有这样的权力，但是面对来自下属或外部各利益相关方的抵触，情况可能就并非如此了。还有另外一种情况，就是总裁认为公司中其他人员具有实施变革的权力，而实际上这些人都没有。

把上述这些因素综合在一起，进行环境分析的内容可归纳为三点：

（1）需要进行战略变革的组织是否有足够的实力、能力在需要进行变革的范围内实施变革？组织是否为此做好了准备？

（2）在推进战略变革之前，是否需要改变战略变革所处的环境？换句话说，是否有必要设计一个过渡性变革计划，以使组织为实施更重大的战略变革计划做好准备？

（3）环境将如何影响对管理战略变革方式的选择？

2.3 组织文化环境

在考虑变革的文化环境时，文化网是一个有用的工具。根据文化网的理论，文化绝不是整齐划一的存在，而是存在一个网状的结构，来自不同源头的因素之间互相影响。很明显文化网中各要素之间是相互关联的，例如有影响力的个人和团队总是在方方面面都有紧密的联系,包括保持权力基础的组织结构,发挥主导作用且需长期坚持的常规、等级制度或权威的标识,以及有关权力或权力来源的故事等。

部门负责人的主导影响力存在于组织的等级结构、正式的决策委员会及对预算的控制等方面,但是除此之外,一些非正式的标识也能体现部门负责人的影响力,如高层管理者的特权。另一方面职位较低的员工从加入组织就要了解对领导服从,专心本职工作。这种职业实用主义不仅在部门内部的文化中得以保留,而且还正是由于职业的制度化特点才被保留下来。它不仅在本质上是一种部门本位制和职能本位制,而且这种实用主义已经为业内人士所接纳、被合法化,并受到有影响力的部门负责人的保护。

但是上述种种情形与组织所支持的战略并不一致。组织管理者试图制定一个专注于解决重大问题、需要超越部门职责并进行跨部门合作的组织战略。部门负责人可能的确参与有关组织整体战略的讨论,也可能对战略表示同意,但是在自己的部门内部他们仍把重点放在维持符合业内标准和已有程序的服务标准上。这样做的危险是组织的战略将只停留在纸面,而由长期形成的文化与致力于保存这一文化的有影响力的个人所推动的部门战略仍继续发挥作用。

2.4 作用力分析

作用力分析通过识别促进和阻碍变革的各种力量,初步展示需要解决的变革问题,实际上在文化网分析的基础上还可以提出一些更为深远的问题:

(1) 现行文化的哪些方面可以支持战略向理想的方向发生转变?如何强化它们的作用?

(2) 现行文化的哪些方面会阻碍战略变革?如何克服?

(3) 未来支持战略变革,应当引进或发展哪些方面?

作用力分析能识别出组织文化中一些可以促进变革的要素。例如,如果管理者了解到部门员工都致力于提供高质量的服务,拥有勤奋工作的作风,在提供服务方面还有一定的灵活性,只要能克服一些阻碍因素,利用这些有利因素,就会产生潜在的积极影响。

提前考虑如果组织采取不同的战略将需要何种文化作为支持是有用的,作用力分析就是用于帮助识别出为促进变革的发生应该增加或引进哪些要素。例如:

(1) 有必要让技术服务管理者认识到应该更加关注客户,而不仅仅是从专业角度来看待优质服务,还需要增强部门间的合作。

(2) 改变组织结构并建立更有效的控制体系,需要将责任下放,但是所有这些都意味着需要改变日常工作的方式。

(3) 管理者还要能识别出一些改变组织标识、惯例和常规的可能性;需要更多地利用临时组建的项目组或任务组;组织更多的社交活动,以便将不同层级的管理者聚合在一起;与客户进行更多的直接接触;根据需要而不是职务等级来使用停车位;直接获得客户的反馈意见,不仅局限于受理客户投诉这种形式,而且要通过更系统的调查来了解客户的意见;感谢信应当在组织内共享并传阅;高层管理者尤其需要与员工进行更多的接触,并在非正式的聚会上倾听他们的意见,主要负责人更需要与员工保持更友好的联系,了解员工日常关心的问题及面临的困难;需要更多地给予赞扬,而不是批评;更多地谈论成功,而不是谈论失败;应当形成这样一种共识,即对做事方式提出怀疑与挑战是很正常的。

在这种对变革环境的诊断分析中通常会发现:组织常规、控制体系、结构、标识、权力彼此之间的依存关系,可能会是阻碍变革的重要因素,也可能会是推动变革的重要因素。

第三节 变革管理:风格与角色

本节主要讨论管理者在管理战略变革中能够发挥的作用、实际发挥的作用以及他们如何发挥这些作用。本节首先介绍管理者在管理变革中可以使用的不同风格;然后讨论战略变革领导者在战略变革中所发挥的作用,中层管理者在实施变革过程中的作用,以及外部人士如咨询顾问和外部利益相关者的影响。

3.1 变革管理的风格

无论谁对战略变革进行管理,都需要考虑采取什么样的管理风格。由于不同组织的环境不同,因而选择的风格也各不相同。常见的一些风格如下:

(1) 教导与沟通。它包括对战略变革的原因及即将采取的战略变革的方式的解释。如果是在战略变革管理过程中存在信息不真实或信息缺乏的问题,这种风格就是合适的。然而这种风格也存在问题:如果战略变革涉及的人员很多,管理者就不得不通过大量的情况介绍会的方式与这些人沟通,但是管理者发现这样做的效果其实很不好,不仅是因为那些听到介绍的人可能根本没有机会对其获得的信息进行消化吸收,还可能因为在管理者与员工之间缺乏相互的信任与尊重,依赖自上而下的沟通程序也会带来问题,因此让那些可能会受到战略变革影响的人员参与战略的制定与规划过程是很重要的。

(2) 合作或参与。它指在战略变革过程中让会受到战略变革影响的人员参与到相关活动中来,比如参与确定具有战略意义的问题、参与制定战略议事日程、参与战略决策过程或参与战略变革的规划。这种方法可以使组织内部人员对于某个决定或变革过程更有主动性,提升其责任感。这种方法可能会要求成立专门的项目小组或任务小组。与不采用这种方法相比,采用这种方法的结果是决策质量的提高。召开战略研讨会也是一种有用的方法,它可以将处于不同层级的管理者聚在一起就某一特定战略问题出谋划策,在更广泛的战略框架内讨论解决问题的方案,并且将变革机制推进到组织生活的常规方面,然而采取这种方法也不可避免地会带来风险,即解决问题的方案很可能局限在目前的组织范式。因此无论谁负责这项工作,他一定具有对合作与参与过程进行干预和引导的能力。

(3)干预。它是指负责分配变革工作的相关机构对变革过程进行协调和控制。变革机构可以将变革过程中的某一特定阶段的任务分配给项目小组和任务小组,如集思广益、搜集数据、详细规划、提出战略变革的理论基础及找出成功的关键因素等——这些小组不会承担整个变革过程的全部责任,但是他们的确参与了变革并感受到了自己的工作对整体变革的影响,战略变革的发起人负责对变革过程进行监督并确保变革的实现。这种方式的优势在于使组织成员不仅可以参与变革的创意,还可以参与解决方案的部分实施。例如,让那些提出变革创意的人协调并监督与其创意相关的那部分战略变革的实施工作,这种参与可以增加员工对变革的认同。

(4)指令。它包括使用个人的管理权威来确定一个明确的未来战略,以及决定如何进行战略变革,这实际上是对战略变革进行自上而下的管理。这可能是由于组织中的某个领导者对组织的愿景和战略意图形成了清晰的思路,或是对成功关键因素和工作重点有了清楚的认识。

指令式风格的极端表现就是强制,即强行推进战略变革或发布进行战略变革的命令,很显然,这是依靠权力进行战略变革,而这种方法在某些情况下是必要的。

对于这些不同管理风格的适宜性问题,存在一些普遍的看法:

(1)在实施某一变革计划时,这些不同的管理风格并不相互排斥。例如,一家大型的商业组织所进行的战略变革,可能对不同的利益相关者都会有影响,对于某些利益相关者来说,教导与沟通的方式是合适的,但在组织内部就战略变革进行动员的时候,其他管理风格可能是适宜的。

(2)在战略变革过程的不同阶段,可能需要采取不同的管理风格。如果要激发组织成员进行变革的积极性,清晰的指令就至关重要,但如果要在整个组织内获得对变革的广泛支持、确定阻碍变革的因素,并规划某些特定的行动,参与或干预的风格则可能更有帮助。

(3)有证据表明参与式的管理风格,对于循序渐进式的组织变革是最合适的,而当组织需要进行根本性变革时,则指令式风格更合适。值得注意的是,有时候即使高层管理者认为他们所采用的管理风格是参与式的,但在下属看来其管理风格也是指令式的,而且实际上其下属可能会欢迎这种指令。

(4)如果组织更类似于专门型、网络型或是学习型组织,那么合作式与参与式的管理风格就不仅是不可避免的,而且是最理想的。当然如果内部有不同意见的话,那将为变革带来困难,即使是在这类组织中,有时也会发现有必要采用某种形式的强制性指令。

毫无疑问,不同的管理风格适合于不同个性的人,但是人们普遍认为那些可以对战略变革进行最有效管理的人通常有能力在不同情况下采用不同的管理风格,实际上有关战略变革领导者有效性的讨论将证明这一点。

还应该记住,对战略变革进行管理往往涉及一个管理团队而不仅仅是一个管理者,所以问题是整个管理团队采用同一种风格还是不同的团队成员采用不同的风格。在不同的情况下,这两种做法可能都是合适的。例如,当面对外部投资者或宣传组织的整体战略方向时,整个管理团队采用统一的管理风格就很重要,而在面对某一特定的或多或少对战略变革存有抵触情绪的利益相关者时,不同的团队成员采用不同的管理风格就是合适的。

3.2 战略变革过程中的各类参与者

当讨论战略变革时,绝大多数时候人们总是过分强调处于组织高层的个人的作用,当然战略变革领导者是重要的,但是如果考虑到不同的组织环境、组织战略变革的不同类型及变革过程,那么从变革机构的角度更广泛地考虑变革是有用的。变革机构是指使战略变革在组织中得以实现的个人或团队。

举例来说,最初制定战略的人可能是也可能不是变革机构,而中层管理者在某些特定的情况下也可能是变革机构。某些战略变革领导者需要依靠其他人在实施战略变革的过程中发挥主导作用;也可能会有一组变革机构,他们或来自组织内部或来自组织外部(如外部顾问),所以变革机构并不一定就是某个个人。

3.2.1 战略领导

变革管理通常都是与战略领导者所发挥的作用直接相连。领导是指对组织施加影响以实现目标的过程,根据这一定义,领导者不一定是组织中处于高层的某个人,而是能够施加影响的人,但是通常提到的战略变革领导者大都是指高层管理者,他们可以分为以下两类:

(1)具有个人魅力的领导者,这种领导者主要关心的是为组织勾画未来前景,并鼓励员工实现这一前景,因此,他们也经常与战略变革管理联系在一起。有证据表明当组织内部人员意识到组织面临不确定性时,这种领导者更能对组织业绩产生好的影响。

(2)机械式或交易型领导者,他们更注重对系统的设计和对组织活动的控制,因此他们所做的通常只是改善现状。

有关领导的论述文章通常都会提到:成功的领导者总是具有某些特殊的性格特征或品质,这包括预见未来的能力、善于团队建设与团队工作、具有自我分析与自我学习的能力、头脑灵活以及具有处理复杂情况的能力;他们很清楚自己应当向什么方向发展,并且很自信。具有超凡魅力的领导者,尤其擅长以一种简单的方式表达复杂的思想,激发人们的献身精神并充分发挥人们的能力。

彼得斯(Peters)与沃特曼(Waterman)认为大多数成功的战略变革领导者都是掌握硬币正反面的大师,这意味着成功的战略变革领导者,既要有个人魅力又要具有机械式领导的特点,这就要求他们具备应对不同管理风格之间潜在冲突的能力:

(1)在制定战略时需要具备详细分析的能力,同时又能高瞻远瞩。

(2)为使组织战略更加可信,领导者需要对组织的未来发展有深刻的理解,同时还能采取行动,使预期的事情发生。

（3）在挑战组织现状时，领导者必须拥有公信力，并带动大家一起进行变革，与此同时打破组织中习以为常的现行做事方法。

（4）在沟通战略意图时，领导者应当有能力将那些通常来讲比较复杂的战略问题，融入人们能够理解的日常工作，在巩固和实施战略过程中，在打破组织中原有的假设和做事方式的同时维持组织业绩。

进行战略变革是一项具有挑战性的工作，它要求领导者具有应对模糊局面的能力，具有灵活性、洞察力以及对战略环境的敏感性，能处理好与他人的关系，以及在进行战略变革的过程中能够保持组织目前的经营业绩。

实际上，有证据表明战略变革领导者通常会采取不同的方式来管理战略及战略变革，即他们会重点关注战略管理的某些方面，而在战略管理的其他方面就不会投入太多精力。这些证据还在一定程度上表明，不同的管理方法与不同的变革管理风格是相对应的。管理方法多种多样，强调的重点也不尽相同，可以分为以下几类：强调个人对组织未来机会和制定整体战略的责任；强调培养能够承担市场战略责任的人；强调可以成为竞争优势的某个领域的专长；强调制定、沟通、监督控制措施，以保证统一的组织行为和标准；强调战略变革和组织持续的再创造。

这些方法都注重战略变革，但这是它们唯一的共性，但面对变革时，上述不同的管理方法对战略领导者如何管理变革都会产生影响。那些亲自参与战略制定的战略变革领导者，可能会将管理战略变革特定过程的责任下放，而那些将变革看作唯一方法的领导者可能会把变革看成自己的责任，如果战略变革领导者注重的是控制或某一特定领域的技术专长，那么他在管理战略变革时就会主要借助控制机制或这一技术专长能够提供的支持，而强调人力资源方法的战略变革带来的结果是基层管理者的广泛参与，实际上基层管理者是变革的领导者。

同样，对于上述各种方法的运用是否取决于战略变革领导者的个性也存在争议，当然理想的状况是领导者有能力依据不同的环境采用相应的战略领导方法。而且就战略变革管理而言，如果领导者做不到上述这一点，他们会遇到很大的问题，毕竟有些管理方法与战略制定和控制有着更紧密的联系，而与战略变革管理的关系却不大，但这些管理方法也可能导致那些不适应某一特定变革环境需要的方法发生变化。

3.2.2 中层管理者

在对战略与战略变革进行自上而下的管理过程中，中层管理者被视为战略的执行者，他们的作用是通过以下一系列活动使高层管理者做出的决定得到实施：保证对资源进行合理的分配和控制；对员工的行为与表现进行监管；另外，如果有必要，向下属解释战略。那些采取这种自上而下管理方法的领导者大多倾向于将中层管理者视为阻碍战略成功的人，而不是战略的促进者，实际上这通常被认为是削减中层管理者的数量及减少管理层级，借此增进高层管理者与组织其他成员之间的沟通并减少潜在的阻力与信息过滤的一个原因。

然而有证据显示,无论是在战略制定的过程中,还是在战略实施的过程中,中层管理者确实都能为组织带来益处。在管理战略变革时有必要强调,中层管理者所发挥的以下四种重要作用:

(1) 系统化的实施与控制。在自上而下的变革中,中层管理者是变革的监督者。

(2) 战略变革逐渐展开的时候,他们要根据各方面的反应发挥解释与调节作用,例如与客户、供应商及员工的关系等问题,只有中层管理者才能发挥这一至关重要的作用,因为他们与这些方方面面的人在日常工作中保持着密切的联系。

(3) 他们也是高层管理者与组织基层员工之间沟通的重要桥梁,因为中层管理者经常触及组织的常规,而这些常规又很容易发展成变革的阻碍因素,并形成促进或妨碍变革的氛围,因此中层管理者需要将变革创意转化为与基层相关的容易理解的形式或信息。

(4) 中层管理者还可以向高层管理者提出建议,指出哪些因素可能会发展成组织的阻碍因素及所需的相应改变。

因此,中层管理者既能促进也能阻碍战略及战略变革的实施过程,而且其影响显著。参与战略变革可以提高中层管理者对此过程的认可程度,从而发挥积极的作用,缺少认同将对战略变革形成严重的阻碍或抵制,因此让中层管理者参与战略制定、战略变革项目的规划与实施,并对战略变革提出反馈意见,这是非常重要的。

3.2.3 外部人士

除了组织中的管理者在战略变革中会发挥重要作用,有大量证据显示外部人士在这一过程中也发挥着重要作用。

组织有可能从外部聘请一名新的主管,从而使战略变革得以实现。新任主管会从一个全新的视角来审视组织,而不会受到组织的常规或固有做事方式的制约(这些常规及固有做事方式都可能阻碍战略变革),尤其是混合型新主管更容易取得成功——混合型主管不是组织主流文化的一部分,但对经营同一行业甚至同一企业的业务有着丰富的经验,并且取得了有目共睹的成功,例如他们可能曾经是竞争对手或一家大集团中某一单位的成功的变革者。

从组织外部引进新的管理层还可以增加组织中思想观点及各种假设的多样化程度,这有助于打破战略变革的文化障碍,而且他们还可以丰富组织在战略变革方面的经验,提高组织进行变革的能力。然而,引进外部人士出任中层与高层管理者是否取得这样的成功还要看他们能从主管那里获得多少明显的支持,如果没有这样的支持,组织中的其他成员会认为他们没有权威和没有影响力,而有了这种支持他们就能够在组织中促进战略变革。

战略变革过程通常会利用咨询顾问,他们可以帮助制定战略或对战略变革进行规划,但是现在顾问越来越多地成为战略变革过程中的协调人,例如作为战略变革项目组的协调人,或者作为制定战略与规划战略变革方式而召开战略研讨会的协调人,以发挥其协调作用。可以从两方面来看咨询顾问的价值:第一,他们不会受到组织传承文化的影响,因而可以冷静客观地看待变革;第二,他们可以向组织成员传递一种象征性信号,使其认识到战略变革过程的重要性,主要是因为给他们支付的费用可能是非常高昂的,例如一些主要的战略咨询公司承担的咨询项目,费用可能高达数百万英镑。

还应当记住,在组织的利益相关网络和组织场内,可能有来自组织外部但对战略变革有重要影响的人士,如政府、投资者、客户、供应商及业务分析师,他们都可能成为组织的变革者。

第四节 管理战略变革

4.1 组织结构与控制体系

对组织结构与控制体系的某些方面做一些变革是战略变革的重要方面,战略变革所涉及的这些方面的内容总是倾向于将处于组织高层的管理者视为最重要的变革者或战略变革的控制者,而其他组织成员只是对这些高层管理者设置的体制做出相应的反应,然而这种情况也存在危险,即组织结构与控制体系的变革并不会影响组织成员的日常活动。虽然看起来所有活动都在向这种组织结构与控制体系靠拢,但实际上人们仍一如既往地做着他们从前每天都在做的事情。高层管理者可能会认为他们已经建立起了实施战略的体系,但实际上人们的行为并未发生变化。因此,利用其他方式对战略变革进行管理也是很重要的。

4.2 组织常规

组织常规是指组织特定的"我们这里做事的方式",这种做事方式会随着时间的流逝而持续下去,并引导人们的行为。如果一个组织尤其擅长以某些特定的方式开展经营活动,那么它就能获得真正的竞争优势,然而这也存在着风险,即这些常规也可能阻碍战略变革并导致战略偏移。

当为了推进新战略而需要改变常规时,常规的力量就会凸显出来,管理者如果认为由于他们已经制定了新的战略,新战略又要求在实际工作中对运营做出改变,而且管理者已经向下属解释了需要进行何种改变,因此变化就必然会发生,那这就大错特错了,他们会发现这些变革延迟发生,甚至根本无法发生,原因与组织常规的持续影响有关。

对战略变革规划进行细化,以识别出成功的关键因素及支撑这些因素的能力是非常重要的。通过采取这种方法,管理者可以将既定战略的实施计划细化到可操作的层面,而这很可能要求改变组织常规。正是在这个层面上,对于绝大多数人的日常组织活动而言,战略变革才变得真正有意义。此外,如上所述,常规通常与组织范式中认为的"本该如此"的假设紧密相连,因此常规的改变可能就是对组织中根深蒂固的一些观念与假设的质疑与挑战。贯穿全书的一个主题就是：进行战略变革要求改变一些认为"本该如此"的假设、常规及固有的做事方式等文化要素。

因此，"在行动的基础上发展出一种更好的思维方式，要比在思维的基础上找到一种更好的行动方式容易得多"。也就是说，先变革人的行为，然后在此基础上再来改变那些认为"本该如此"的假设要比通过改变认为"本该如此"的假设来改变人的行为容易得多。如果认真地采纳这一观点，那么在决定采取哪种管理风格的时候，就要考虑到这一点。如此一来，通过教导与沟通的方式说服人进行变革，就不如让人直接参与到变革行动中更有效，通过改变组织中的一些常规做法改变人的行为，这种做法本身就有助于改变人的观念和假设。

试图实现战略变革的管理者个人需要承担责任，他们不仅要确定需要对常规做哪些变革，而且要监督这些变革的最终实现。这些变革也许看起来平淡无奇，但它们却能产生巨大的影响。

4.3 象征性过程

从性质上来说，战略变革过程并不一定总是非常明显、非常正式的，有时候这一过程可能更具象征性。前小节阐释了组织中具有象征意义的行为和表现是如何帮助组织保持其固有范式的，并说明了分析它们与组织文化和战略关系的方法。本小节将介绍如何利用它们来传递变革信号。

标识是指能表达比本身内容更多意义的物体、事件、活动或人。标识可能就是一些每天都能接触到的东西，但这些东西在特定的情况下或特定的组织内便具有了特别的意义。有人认为在一定程度上创造和操纵标识能对变革产生影响，改变标识可以重塑人们的信念和期望，因为在组织的日常活动中改变后的标识所代表的意义更加清晰，这也是改变常规很重要但改变组织中其他的日常和世俗事务也很重要的原因之一，这些事务包括人们经常讲述的故事、象征地位的汽车和办公室、组织中使用的语言和仪式等。

（1）组织中的许多仪式都与战略变革有内在的联系。可以对这些仪式进行管理：可以引进新的仪式或废除旧的仪式。强化仪式可能包括：在组织中传播变革的好消息，以及奖励为取得这些成绩而做出贡献的人——通常可以利用企业简报来达到这一目的。组织也可以召开表彰会对变革取得的成绩及变革过程中涌现的榜样人物予以表彰，还可以通过这些活动让组织成员接触或融入新方法、新活动和新理念。组织可以通过结构调整或人员任用这些形式开展一些减少冲突的仪式，以尽量减少和控制不和谐因素的出现。结构调整与人事任免活动可以向组织成员表明哪些管理者在组织中具有重要影响，哪些管理者已受到排斥。过渡仪式通常标志着组织发展已从一个阶段进入到另外一个阶段，例如原来的管理层离任、新的管理层上任，可能对董事会的高级成员进行撤换，也可能换掉整个董事会，这些活动比个别人员的调整更能标志着组织正在从一个时代向另一个时代过渡。

（2）标识的重要影响也体现在组织的系统与流程中。奖励机制、信息与控制体系及代表着报告关系的组织结构，从其性质上来说，也具有象征意义，例如组织在招聘选拔过程中采取的面试方法就可以向面试者传递有关该组织性质及组织对其有何预期方面的信息，一个非常正常的面试程序，可能意味着这是一个机械式的等级化的组织；而以较随意的谈话方式进行的面试则表明该组织崇尚挑战与怀疑精神，也期望被面试者具有这种特质，如果组织改变了选拔程序、任命了不同类型的管理者，而且公开表示鼓励挑战与怀疑精神，这就标志着组织具有进行战略变革的决心，从这一点来看选拔程序在本质上也具有象征意义。

（3）改变工作环境中的实物也是进行战略变革的一个重要的象征。比较典型的改变，包括总部迁址、人员的重新安排、衣着制服的改变，以及对办公室空间的改变等。

（4）在与战略变革有关的标识中，最强烈的就是变革者自身行为的变革，尤其是战略变革领导者行为的变革，他们的行为、语言及与他们有关的故事都可以向组织成员强有力地传递进行变革的必要性，以及哪些行为是与变革管理相适应的。这些变革者在宣布了进行变革的必要性之后，其可见行为一定要与变革的要求一致，因为对组织中大多数人来说，他们的组织是一个由事件与行动构成的实体，而不是一个抽象的概念。

（5）在一定程度上对组织舆论（或流传的故事）进行管理，比如可以采用企业简报和报纸的形式，以及其他一些比较微妙的方式。

（6）变革者使用的语言在实施变革的过程中也是非常重要的。自觉不自觉地，变革者总会使用一种语言或隐喻来促进变革。在战略变革这一背景下，语言不仅是用来沟通事实与信息的，它还具有象征意义，能够同时表达多个意思，由此语言也是强有力的一种标识。例如，它能把过去与未来联系起来，在说笑中它就可以抨击或破坏过去的形象，以此来传递非常重要的信息；它还能强烈地激起人们的某种情绪。但有时变革者意识不到语言的力量，虽然他们正在酝酿实施战略变革，但使用的语言却让人感到他们仍在维持现状，或其个人并不愿意进行变革，因此那些参与变革的人需要仔细考虑他们所使用的语言及行动所具有的象征意义。

4.4 权力和政治过程

有时候非常有必要重建组织的权力结构，尤其是组织需要进行根本性变革的时候，为了能实现这一权力重建，需要组织内部有强烈拥护战略变革的力量。具有代表性的是来自企业主管、董事会里握有实权的成员或具有重要影响的某一外部人士的拥护，变革需要得到既有权力又有兴趣的个人或团体的支持。

有些机制是与那些可以用来进行战略变革的权力相关的，包括对组织资源的控制、与具有权力的团体和重要人物的关系、与组织中子系统有关的活动以及具有象征意义的活动。所有这些被用来建立权力基础、鼓励支持力量或克服抵制因素以及激发组织成员对某一战略或某一行动的责任感。

（1）能够获得额外的资源或能够代表重要的资源领域或者技术专长领域，并具有撤走或者分配这些资源的能力，这就是一种具有重要价值的工具，可以用来克服抵制情绪或者说服他人接受变革。

（2）在组织中握有实权的团体是至关重要的，当然他们通常也是对组织具有重要影响的利益相关者。与这些团体建立起关系或者得到他们的支持，可以帮助建立权力基础，而对于本身并没有较强的可以支持其工作的个人权力基础的变革者来说，这样做是很有必要的。同样，如果管理者能与一个受人尊敬，或显然是非常成功的变革者保持联系，也能帮助他克服组织中对变革的抵制。

（3）有时候可能需要撤换抵制战略变革的个人和团体，哪些个人或团体需要撤换，这会因组织情况的不同而不同，可能是处在高层掌握实权的个人，也可能是组织中存在的松散关系网，也可能是受到变革威胁的职能部门或服务部门的高层管理者组成的抵制群体。

（4）虽然赞成变革的人本身可能并不具有强大的势力，但与其建立变革同盟及关系网络也是很重要的，它有助于克服具有强大实力的团体对变革的抵制。要想让整个组织转而接受变革是非常困难的，但是组织中的某些个人或团体有可能比其他个人或团体更赞成变革，因此变革者可以有意识地将注意力放在这些个人或团体身上，通过他们营造出一种变革的积极氛围，建立起一支对变革者的行为与理念持支持态度的队伍，尽量削弱抵制变革的人的势力。

但是这样做的危险在于：组织中具有强大实力的团体会把建立这种支持队伍或削弱抵制变革力量的行为视为对其自身权力的一种威胁，这些可能导致他们对变革做出进一步的抵制。在这里将各方的权力与利益进行分析，对于确定同盟基础及可能存在的政治体制是很有用的。

（5）前面已经说过，在变革过程中有具有象征意义的机制是非常有用的，从政治的角度来看这些机制可以采取不同的形式。为掌握权力，管理者最初可以将其自身与那些可以保护并巩固组织方式的标识密切地联系起来，比如在委员会结构框架内工作，与组织当前遵循的仪式或与组织相关的故事联系起来等，但为了反击抵制变革的力量，挑战、改变和清除这些仪式与标识可能是非常有利的手段，这样就可以使组织成员对那些想当然的东西提出怀疑，也可以利用具有象征性的活动来巩固变革行为，例如将注意力放在那些最能接受变革的人的身上，对他们进行表扬并给予奖励，这样就更有可能使组织在较大范围内接受其行为，另外也可以通过设计新的标识对变革活动进行肯定，比如设计新的结构、新的职位、重新分配办公室等，这样可以使组织成员意识到变革是重要的，而且是不可逆转的。

无论是日常管理，还是战略变革管理，政治方面的考虑都是不可避免的。在组织生活中积累的经验教训，不仅对管理者来讲是重要的，对政治家也同样重要，然而管理中政治方面的考虑也是困难的,而且具有潜在的危险。

第一种危险是,在构建权力基础的过程中管理者可能会与当前掌握权力的团体走得太近,以至于要么他实际受到了这些团体观念的影响而接受其观念,要么其他组织成员会认为他接受了这些观点,从而失去那些战略变革潜在支持者的支持,因而构建权力基础实在是一项很微妙的工作。

在克服对战略变革的抵制时,遇到的一个主要问题是管理者可能根本没有权力采取这些行动。一个权力很有限的人所做的试图克服抵制情绪的努力,可能注定要失败。可能存在的第二种危险是打破现状的过程中破坏性极强,而且持续的时间很长,以至于组织可能无法从这种破坏中恢复过来。如果真有必要采取这种打破现状的做法,那么接受一套新的理念或实施一项新的战略以取代原有的理念和战略非常关键,并且要尽快做。还有,就像前面所提到的,在实施战略变革的过程中一个主要的问题是如何在组织中反映这种变革,让几个处在组织高层的管理者改变态度是一回事,让整个组织都转而接受重大的变革是另一回事。潜在的危险是组织成员可能只将变革视为一种暂时的现象,即这只是应对变革的权宜之计。

4.5 沟通战略变革

通常来说实施战略变革的管理者总会大大低估组织成员对战略变革必要性的理解程度,包括这种变革要达到什么目的、变革会涉及哪些内容。为此需要强调以下几点:

(1) 战略方向发生变革的原因通常是很复杂的,而且战略本身可能就包含了很复杂的思想,因而有效地实施变革很重要的一点是所采取的沟通方式。一定要能够使这些复杂的思想具有意义和活力,以便它们能够被整个组织接纳,本书有关愿景及战略意图重要性的介绍就表达过这一观点,这些沟通活动不应当只是平淡地重复战略,而是要抓住并解释战略重点及其所包含的挑战。

(2) 进一步澄清并简化战略的优先性也很重要,有些人认为主题法很有用,即沟通过程中只强调有限的几个关键战略点,而不是就战略的总体复杂性和所有枝节都进行沟通。

(3) 在就战略及战略变革计划进行沟通时沟通媒介的选择也很重要,包括面对面、一对一的沟通,也包括常规公告板上张贴的告示以及组织中发布的通知等。

这些不同的沟通媒介的有效性取决于变革的性质,即这种变革是一种常规性变革还是一种非常复杂的变革。如果是要就一套高度复杂的变革计划进行沟通,那么使用标准化的告示和通知的方式就是不合适的,因为使用这些方式根本就不能获得反馈意见也不可能产生互动。在进行战略变革的情况下,有时候虽然高层管理者可能将某种变革视为一种常规性变革,但对于没有参与战略制定的组织成员来讲,他们可能将其视为一种非常规的变革,所以能够产生互动并鼓励参与的沟通方式是比较理想的。

(4) 组织成员参与到战略制定和战略变革的规划中来,这本身就是一种沟通方式,而且会非常有效,那些参与者可能会使变革计划在组织中渐次传播出去,即在一定程度上他们自身成了变革者。这是前面第三节中所描述的干预风格的重要因素。

(5)沟通应该是双向的。沟通过程中的反馈是非常重要的,特别是在以下情况下:将要进行的变革是难以理解的或具有威胁性,或者保证变革的正确性是至关重要的。通常来讲,组织很少以组织较低层级的成员能理解的或者可以在较低层级上实施的方式来考虑战略变革,此外在这些层级上,战略变革的目的通常会被误解或曲解。

上述问题可以通过多种方式加以解决,如果组织中存在着渐次传递程序,那么这种程序也可以用来获得信息反馈;详细梳理需重点沟通的"重点团体"是一种比较有用的方式,可以让他们针对战略变革的实施与接受程度给高层管理者提供反馈意见;有些组织采用调查的方式来检查战略变革被执行、被理解及受到欢迎的程度,另一些组织的高层管理者通过走动与交谈的方式获取反馈意见,从而保证有机会与那些负责实施战略变革的人见面交谈,这种交谈可能就在这些人的工作场所以非正式的方式进行。

(6)在组织中进行沟通,不只是因为试图实现战略变革的管理者希望进行沟通,而且还因为组织成员需要了解对他们来说即将发生的事情,因为组织成员之间会相互沟通而这种沟通通常会以"小道消息"或"讲故事"的方式进行,在对战略变革进行管理的时候,要做的不只是就变革进行沟通,还要保证这种沟通足以战胜可能发生的、不可避免的逆向沟通。

4.6 战略变革的战术技巧

有一些更为具体的战术技巧可以用来推动战略变革的实施:

1. 选择时机

在考虑战略变革的时候,人们常常忽略选择时机的重要性。选择时机指运用一定的战术选择正确的时间,以便对战略变革进行宣传。

(1)战略变革的程度越大,越要将这种变革建立在实际存在的或组织成员感知的危机基础上,这样会有利于变革的实施。如果组织成员感觉到维持现状所面临的风险比进行战略变革所面临的风险还要大,他们就更愿意进行变革。例如,一家面临着被吞并威胁的企业,其管理层可能会将这一威胁作为实施根本性战略变革的催化剂。实际上有人说一些组织的主管为了促进战略变革的实施,通常会将存在的某些问题升级以使组织成员感觉到危机的存在。

(2)在进行变革的过程中也会存在时机。例如,在一家刚刚被吞并一段时间的企业内,企业新的所有者有可能进行比较重大的变革,而这样的变革在平时就不大可能出现。新主管上任、引进一种非常成功的新产品或者出现了重大的竞争威胁的情况都提供了进行变革的时机,然而这种时机可能稍纵即逝,因而变革者需要在这些短暂的时期内采取决定性行动。

（3）还有一点很重要，负责进行战略变革的人在做出变革的时间安排时，不能提供相互矛盾、容易让人误解的信息。例如，如果他们认为变革需要尽快完成，就不应当保留任何会让人感觉有很长时间来进行变革的程序或信号。再如，如果管理者鼓励他人进行变革，但同时维持多年以前建立的控制与奖励程序和工作习惯，这样也会让组织成员产生误解，所以具有象征意义的时间框架信号就非常重要了。

（4）通常一说到变革，人们总会感到紧张，所以选择合适的时间对战略变革进行宣传以避免不必要的畏惧和紧张情绪是很重要的。例如，如果有必要裁员或是撤换管理层，那么在变革开始之前完成这些工作要比在变革进行之中做这些工作更合适，因为这样做可以让组织成员感觉到变革计划确实有助于改善组织状况，在将来能为组织带来益处，而不是因为变革使人们失去了工作。

2. 裁员与减少组织层级

战略变革计划通常会与裁减工作职位联系在一起，从关闭组织中的某些单位到撤换高层管理者。

（1）与变革计划有关的裁员工作的切入点的选择是很重要的。例如，组织中可能普遍认为某一层级的管理者和某些特定的个人是进行变革的障碍，那么清除这些人就是强有力的信号，标志着进行变革的严肃性与坚定性。整个取消某一管理层级，会使处于下一层级的管理者感到他们有了更多的机会。对于多数企业而言，如果不得不裁员，会尽可能地从高层管理者入手，因为通常来说这些人最有可能抵制变革，而且裁掉他们也是对下层员工很好的激励。

（2）避免持久性的裁员也是很重要的，如果在变革过程中不断出现裁员而威胁到组织成员的工作稳定性，那么这样的变革不太可能获得成功。在有些情况下，裁员工作要进行得快且狠，这比随着时间的推移而进行无休止的裁员要好得多。

（3）如果一定要裁员，那么对于那些被裁掉的员工，一定要采取一些大家都看得到的负责任的、关照性的措施，这样做不仅是出于人道上的考虑，更是一种策略，这对于那些留在组织中的员工是一种信号，即组织是关心员工的。

3. 短期见效

制定战略时主要考虑的是长期的方向和重要的角色，然而依据某一战略变革计划实施战略时，通常要求采取许多相当具体的行动，完成许多具体的任务，让组织成员看到这些任务很快就被执行了并取得成功是很重要的。如一家零售店迅速开发了一种新的店面形式，并在市场上取得成功，有效地打破了旧的工作方式，并提出了更好的方式。

这些形式本身并不代表着新战略的特别重要的方面，但是它们却是看得见的、与新战略相关的新方法的标志，因此在短期内取得这样的成果往往可以激发组织成员对变革的热情。

要点摘录

- 战略领导力是指预测事件、展望未来、保持灵活性并促使他人进行所需的战略变革的能力。战略领导者必须学会如何在不确定的环境下有效地影响他人的行为。吸引并管理人力资本的能力是战略领导者需要具备的关键技能。

- 战略领导力是一种复杂且非常关键的领导力,如果没有有效的战略领导者,企业就无法制定和实施战略并获得超额利润。

- 战略领导者需要扮演不同的角色,如获取资源的人和对资源进行配置的人、能力的构建者、激励者、政策制定者、政策强化者、拉拉队队长、危机的解决者、教导者。有时成为独裁主义者和铁面无私的人是很有用的,有时则成为一种所期望的倾听者和妥协的决策制定者,有时带有强烈参与特点的同事式的方式会起到作用,有时则应扮演一名教练和建议者。

- 当要实施一个与以前不同的战略时,战略变革就发生了。战略变革的起点当然是一个较为明确的未来战略,这种明确的战略可能来自某种战略规划,也可能来自组织的使命陈述或者某个主要领导者的远见卓识。然而仅此还远远不够,这是因为使组织所有的利益相关者都对组织的战略发展方向有一个清楚的了解并加以认同绝非易事,特别是在快速变化的环境中,要做到这一点更加困难。

- 大部分关于战略变革的研究表明,人们对于变革总是有一种惰性与抵制的倾向,人们总倾向于维持现有的做事方式。对于什么是合理的,也总是坚持他们现有的信念,因此对战略变革进行管理就必须认真对待组织中这些范式和文化网对组织所采取战略产生的强大影响。

- 渐进式变革是指组织在现有范式内,渐进地进行变革,这是最常见的组织变革形式。重组式变革是指发生速度很快,而且还会在组织内部产生一系列急剧变化的改革,但这并没有从根本上改变组织范式。进化式变革是指需要改变组织范式的战略变革,但这种变革需要较长的时间完成。渐进式变革可能存在战略偏移的危险。

- 如果运用文化网,那么核心问题就是需要进行的战略变革是否可以在不改变当前文化,特别是组织范式的条件下进行。或者,是否需要对组织文化及组织范式做出重大改变。如果组织几十年来一直遵循着同一战略,并且在组织内部形成了一种高度一致的看待事物的方式,变革就会受到阻碍,所以衡量组织内部多样化的性质与程度非常重要。

- 有证据表明参与式的管理风格,对于循序渐进式的组织变革是最合适的,而当组织需要进行根本性变革时,则指令式风格更合适。

- 进行战略变革是一项具有挑战性的工作,它要求领导者具有应对模糊局面的能力,具有灵活性、洞察力以及对战略环境的敏感性,能处理好与他人的关系,以及在进行战略变革的过程中能够保持组织目前的经营业绩。

- 在与战略变革有关的标识中,最强烈的就是变革者自身行为的变革,尤其是战略变革领导者行为的变革,他们的行为、语言及与他们有关的故事都可以向组织成员强有力地传递进行变革的必要性,以及哪些行为是与变革管理相适应的。

- 无论是日常管理,还是战略变革管理,政治方面的考虑都是不可避免的。在组织生活中积累的经验教训,不仅对管理者来讲是重要的,而且对政治家们也同样重要,然而管理中政治方面的考虑也是困难的,而且具有潜在的危险。

- 有效地实施变革很重要的一点是所采取的沟通方式。一定要能够使这些复杂的思想具有意义和活力，以便它们能够被整个组织接纳。

◆ 通常一说到变革，人们总会感到紧张，所以选择合适的时间对战略变革进行宣传以避免不必要的畏惧和紧张情绪是很重要的。

思考题

1. 什么是战略领导力？战略领导包括哪些基本技巧？
2. 战略变革需要考虑哪些内容？
3. 战略变革有哪四种类型？各自的定义是什么？
4. 战略变革与组织范式和文化的关系如何？文化会对战略变革形成哪些抵触？
5. 战略变革的风格有哪些？
6. 实施战略变革时，中层管理者发挥了哪些作用？
7. 战略变革与权力和政治过程有何关系？

第十三章

信息战略、创新战略与财务战略

>> 学习要求

- 信息对战略管理的影响
- 创新周期的概念
- 强独占性制度环境与弱独占性制度环境对创新收益率的影响
- 影响创新收益的四个因素
- 投产期前时间对创新收益率的影响
- 专用补充资源和非专用补充资源
- 创新生态系统
- 创新的战略窗口
- 新兴行业两种主要的不确定性来源
- 标准与网络外部效应
- 标准之争以及赢得标准大战的关键资源
- 财务战略的中心问题
- 市场增长/份额矩阵

第一节 信息战略

1.1 信息与战略能力

大部分业务活动都涉及信息处理及信息在组织内和组织间及与组织与客户之间的传递,信息处理能力可通过以下几种途径提高组织的战略能力:

(1) 减少组织与其客户、供应商或分销商进行交易的直接成本,对服务性组织来讲尤其如此。例如,网上银行服务可以将银行与其客户间的交易成本大幅度降低。

(2) 提高服务质量,例如即时记账系统的速度与准确性优势。

(3) 改善业务流程以间接降低成本或提高服务质量。例如,在零售网点安装电子销售系统不仅能提高零售店的效率和服务水平,还能够提供高质量的信息,而这些信息能够为制订存货计划、采购计划及销售推广计划提供支持。

但是可以通过多种渠道获得信息也会提高竞争者的学习速度,所以与过去相比,由经验产生的优势能维持的时间可能会缩短;这意味着组织不可避免地要对其竞争基础进行更频繁地重新检查与重新界定,而这反过来又使组织产生了更多的信息需求。

1. 信息与产品/服务特点

提升的信息技术能力能够帮助组织提供被客户认可的产品或服务性能:第一,产品或服务价格降低(通过降低成本而获得),尤其是在信息本身就是产品的领域,如金融服务领域;第二,售前信息服务得到改善;第三,更方便、更快捷的采购(如网上订货)与交货程序,这能使客户根据其业务流程更准时地开展服务;第四,开发新性能所需的时间更短,这又能使企业购买者在他们的客户那里获得优势;第五,产品或服务的可靠性及出现问题时做出诊断的能力得到改善,如车内的发动机管理信息系统;第六,在不提高价格的情况下,不断增加个性化产品的供应;第七,改善售后服务。

以上所列示内容的战略意义在于:如果客户很重视在以上某些方面或所有方面所做出的改善,如果竞争者能利用信息和信息技术很快学会如何提供具有这些特点的产品/服务,那么在市场中生存下去所要达到的最低标准就会被迅速提高;这样,如果供应商不能满足这些较高的标准就会被市场淘汰。

2. 信息与市场竞争

竞争与业绩标准的确立并不仅仅局限在特定的行业或部门的客户,对于服务标准的期望,比如速度与可靠性已成为所有行业及公共服务领域的通行基准。举个例子,现在提供公共服务的组织已被迫开发网站,这是因为公众作为消费者在私营部门购买产品或服务时体验到的服务水平,使他们的期望提高了。

对于生产和分销实物产品的组织来说,信息技术革命的一个关键影响在于:在将来,竞争优势可能会更多地源自服务的好坏(如交货速度与可靠性)而不像原来那样来自产品自身的特点,所以管理者在为其业务定位时需要将其企业视为一家供应产品的服务性企业,而不是能够提供支持性服务的生产性企业——对一些管理者而言,这是在他们考虑哪些能力对竞争表现具有重要影响这一问题时所需的一种观念上的根本转变,应特别注意的是处理信息与积累市场知识的能力比以前更加重要。

另一个影响在于,至少在一段时间内竞争优势可能掌握在能更细致地了解市场的组织手中——这种对市场的了解主要来自对各细分市场中不同客户需要的细微差别进行分析,并针对这些需要设计产品或服务性能的能力。现在大部分组织都掌握了大量与此有关的原始数据,也具有对数据进行分析的信息技术处理能力,但它们在将数据转换成市场知识这一数据挖掘过程中做得并不好。

数据挖掘是指通过找出数据中蕴含的趋势及联系,改善竞争表现,例如建立客户个人的采购档案,以此来为营销推广活动提供依据,确定具有相关关系的购买行为,或仅仅为了找出潜在的推动需求的因素。

1.2　信息对战略管理的影响

管理者需要认识到,信息技术能够改变组织,而不仅仅是对现行战略及程序进行细微的调整,他们不应当只将信息管理视为一种对其他业务职能的支持,而应当将其放在与其他业务职能同等重要的位置上。

信息管理者需要基于其专业知识与外部网络知识全面了解信息技术的潜能,也需要了解信息技术的不足之处,例如信息技术并不能取代某些类型的知识,比如直觉。他们需要作为合作小组的一部分,而不是旁观者参与到商业战略中去,并依靠商业战略,进而发现信息技术能为组织带来的新的商业机会,他们还需要具有影响高层同事的技能,以使这些人能理解并认可这些机会。

第二节　创新战略

2.1　创新周期

创新是通过新知识的开发或现有知识的新组合创造新的产品或生产过程,大部分发明是现有知识的新应用产生的结果。

创新包括基本知识、发明、创新、扩散、采用和模仿几个阶段,这一完整的过程称为创新周期。历史上,知识创造和创新之间的时间间隔是很长的,例如,切斯特·卡尔森(Chester Carlson)在 1938 年通过将已有的静电学和印刷术知识结合起来发明了经典印刷术,1940 年被授予第一批专利。随后施乐公司购买了专利权,并在 1958 年推出了第一台办公复印机。1974 年,IBM 公司、柯达公司、理光集团和佳能公司推出了第一批竞争性产品。应用牛顿力学原理的喷气式发动机在 1930 年由弗兰克·惠特尔(Frank Whittle)发明,第一架商用喷气式飞机在1957年推出,两年之后波音707面世。

随着时代的发展,创新周期有了明显的加速:模糊逻辑数学在20世纪60年代由卢特菲·阿利亚斯卡·泽德(Lotfi Aliasker Zadeh)在加州大学伯克利分校发展起来;20世纪80年代初期,日本的九州技术研究所为包含模糊逻辑的集成电路申请了专利;1987年,欧姆龙公司推出了一系列工业机器用模糊逻辑控制器;1991年,世界模糊逻辑控制器市场估计达20亿美元。1987年,德国弗劳恩霍夫研究所发明音频压缩软件;20世纪90年代中期,MP3音乐文件在美国校园飞速发展;1998年第一台MP3音乐播放器Rio成功上市;苹果公司的iPod于2001年进入市场。

2.2 创新收益率

对于创新者来说,创新收益率取决于创新创造的价值和创新者能够占有的价值份额。创新产生的价值分布在不同利益相关方之间,包括客户、创新者、供应者、模仿者、跟随者。"可独占性制度环境"这个术语用来描述影响创新收益率分布的环境。在"强独占性制度环境"中,创新者能够占有所创造价值的大部分份额。

在"弱独占性制度环境"中,创新者之外的其他利益相关者赚取了大部分价值。例如,在网络电话行业技术所有权是分散的,标准是公共的。这样造成的结果是没有一家企业可能赚取巨大的利润。有四个因素对决定创新者在多大程度上能占有大部分创新价值至关重要:财产权、技术的隐含性和复杂性、新产品从设计到实际投产前的时间和补充资源。

2.2.1 创新中的财产权

占有创新投资回报在很大程度上依赖于在创新中建立财产权的能力。对保护创新者投资回报的需要促使英国国会于1623年通过《垄断法》,该法案成为现代专利法的基础,从那时开始法律已经扩展到多个知识产权领域,包括:

(1)专利权,即新的和有用的产品、过程、物质和设计的独占权。获得专利权需要该发明新颖、有用,而且不过分显而易见。专利法在各国有所不同,我国发明专利有效期为20年。

(2)版权,即艺术、文学、戏剧或音乐产品的独家生产、出版和销售权。

(3)商标,即用来区分一家企业提供的产品或服务的文字、符号和其他标记。商标为品牌识别提供了基础。

(4)商业秘密,它包括处方、配方、工业过程、客户名单和其他经营中需要的信息。

这些知识产权法的效力依赖于所保护的创新类型。对大部分化工产品来说,专利能提供有效的保护。而对涉及现有零部件的新配置、新的生产过程或经营性创新来说,专利可能会失去作用。

2.2.2 技术的隐含性和复杂性

由于缺乏有效的法律保护,一项创新可以被竞争者模仿的程度取决于它是否容易被理解和复制。这首先取决于这项技术在多大程度上是可以用文字表达的,可书面表达的知识是那些能够记下来的知识,这类知识如果不能得到专利或版权的有效保护,传播可能很快导致竞争优势不能保持。如不动产抵押贷款、证券和信用违约互换之类的金融创新,它们包含可文字表达的知识,可以很轻易地被复制。同样,可口可乐公司的配方也是可以用文字记录的,如果缺乏商业秘密保护将很容易被复制。但是,英特尔公司的高级微处理器设计虽然是可以用文字记录的,也是可复制的,但是制造这些整合电路的过程则是基于深刻隐含的知识。

创新的第二个特征是复杂性程度。每一种新的时尚,从 1962 年玛丽·奎恩特(Mary Quant)的迷你裙到 2009 年弗里达·贾娜妮(Frida Giannini)的波西米亚风格,包括了简单而容易复制的创意。而空中客车 A380 和英伟达的 GT212 图形芯片对可能的模仿者来讲,则是极大的挑战。

2.2.3 投产前时间(新产品从设计到实际投产前的时间)

即使隐含性和复杂性也不能提供永久的模仿壁垒,但它们可为创新者赢得时间——创新者必须牢牢把握"投产前时间"窗口,以建立初始竞争优势。

创新者的投产前时间是跟随者需要追赶的时间。创新者面临的挑战是使用最初的投产前时间优势建立生产能力和市场地位以占据行业领先地位。微软公司、英特尔公司和思科公司在利用投产前时间建立有效生产、质量和市场表现方面的优势非常突出。

投产前时间优势使得企业能够领先追随者沿着学习曲线向下移动。在新一代微处理器行业,英特尔公司一直是市场的领先者,这使得它能够迅速沿着经验曲线向下移动,削减价格以威胁竞争对手 AMD 公司的利润空间。

2.2.4 补充资源

向市场推出新产品和新生产过程需要的不仅仅是发明,还需要融资、生产和销售创新所需的各种资源和能力。这些资源和能力被称作补充资源。卡尔森发明了静电印刷术,但他在很长时间内无法将产品推向市场,因为他缺乏产品所需的开发、制造、销售和服务等补充资源。相反,孟山都公司(Monsanto Company)拥有推广天冬甜素发明所需的几乎全部开发、制造、市场营销资源。因而,卡尔森只能占有他发明的静电印刷术创造的价值的小部分,而孟山都公司则成功地占有了它的新人工甜味剂所创造价值的大部分。

补充资源可能与其他企业结成同盟来获得——例如生物技术企业同大型制药企业结成联盟进行临床试验、生产和销售。当一项创新和支持它的补充资源是由不同的企业提供时,它们之间的价值分配取决于它们的相对实力。

补充资源是否关键取决于"补充资源是专用的还是非专用的"。燃料电池最终可能会在大多数机动车中代替内燃机,但是其成功依赖于汽车行业投入专门的投资来设计一种全新的汽车;依赖于服务站的拥有者提供专门的充电设施;也依赖于维修公司在培训核心设备上的投资。这意味着燃料电池要被广泛采用,就需要创新的利润被不同的补充资源的提供者广泛地分享。

Adobe 系列的 PDF 便携式文档能够与几乎所有应用软件输出的文件兼容,这样它就处于一个很有利的位置,能获取其软件创新所带来的大部分价值。但是联合专业化补充资源的一个优点,则是它们可以共同抵御模仿。例如,在英特尔公司和微软公司的联盟中,英特尔公司使它的微处理器只适用 Windows 系统并且绝大部分软件被编写在 Windows 程序下使用。这样一来 Linux 的挑战不仅仅是开发一个适合的运行系统,还要开发适用于操作系统的应用软件及硬件。

2.3 创新战略选择

2.3.1 创新战略、企业的资源和能力与创新生态系统

不同的战略需要不同的资源和能力,创新战略的选择也与企业的资源和能力有关。大部分新建立的企业缺乏将其产品商品化的补充资源和能力,因此,不可避免地要与拥有补充资源和能力的企业合作,它们通过战略联盟或合资企业的形式以获得补充资源。

在一些行业我们观察了一个创新的连续过程,这个过程的不同阶段用不同类型的企业主导。在生物技术和电子行业中,创新的两阶段模式很普通,即技术首先由小型的技术密集型企业开发,然后将专利或生产许可授予更大的企业,或者直接由大企业购买相关技术。

而大企业可以利用它们丰富的资源和生产能力更好地进行内部商品化,诸如索尼公司、杜邦公司和 IBM 公司之类的企业,传统上在内部开发创新。但是随着技术发展、技术资源的分散,这些企业日益采用合资企业、战略联盟等方式以获得其他企业的技术。

大量研究发现,创新越来越多地需要多家企业的共同努力,创新企业需要识别和规划它们的创新生态系统,而后管理其中的相关性。例如,高清晰度电视进入市场的失败可以归因于电视生产商、工作室和广播公司不恰当的合作。

2.3.2 创新时机的选择:领导还是跟随?

为了在技术密集型行业中获得竞争优势,应成为创新的领先者还是追随者?研究表明应视情况而定。在一些产品中领先者首先获取利润,在其他一些产品中,领先者由于高风险和高开拓成本而失败。进入新兴行业和推出新技术的最佳时机是一个复杂的问题。先进入者优势的取得依赖于下列因素:

(1)创新能够得到产权或投产前时间优势保护的程度。如果创新可通过专利、版权保护或投产前时间优势得以占有,那么作为一名新进入者可能就会有优势。当专利保护在该行业(如制药行业)中很重要时,尤其如此。

(2)补充资源的重要性。补充资源在利用创新过程中越是重要,开拓所需的成本和风险越大。开拓者的问题在于开发成本非常巨大,这是因为要将众多技术结合起来和在一定的业务功能范围内要实现自给自足;跟随者会发现随着一个产业的发展,成为补充资源的提供商也可以从中受益。

（3）建立标准的潜力。正如我们后面将会看到的，很多市场会集中到一种技术标准上。产品标准的重要性越大，作为先进入者影响这些标准和获得建立领导地位所需的市场动力的优势就越大。一旦标准已经制定，替换它将异常困难。

最佳时机不仅依赖于技术和行业特点，而且依据企业支配的资源和能力不同，企业有不同的战略窗口（Strategic Windows）。小型的、基于技术的企业，可能别无选择，而只能率先推出一项创新。鉴于其缺乏补充资源，它唯一建立可持续竞争优势的机会是把握住先进入者优势，并且在更强有力的竞争对手出现之前用这种优势发展必要的补充资源。对于拥有资金和强有力的生产、市场营销能力的大企业来说，战略窗口可能更晚才会出现。对目前地位较为稳固的企业来说，其信誉和品牌需要保护，而且有效利用它的补充资源一般需要更加发达的市场，对它们来说，作为开拓先锋的风险会更大。以下是一些关于战略窗口的例子：

- 在个人电脑行业，苹果公司是开拓先锋，IBM 公司是追随者。苹果公司的资源是它的愿景和技术：只有通过领先市场它才能成为领导者；IBM 公司在制造、经销和声誉方面拥有巨大的优势，即使没有明确的技术优势，它也可以建立起竞争优势。对 IBM 公司来讲，最重要的是将其进入市场的时间推迟到市场发展程度达到可以使其优势产生最大影响的时候。
- 在网景公司和微软公司之间的浏览器大战中，网景公司是开拓者，微软公司是追随者。但微软公司拥有丰富的资源来追随开拓者。微软公司巨大的产品开发、市场营销能力以及视窗操作系统安装基础使它能够超越网景公司最初的领先地位。
- 虽然通用电气公司进入 CT 扫描仪市场的时间比 EMI 公司晚四年，但通用电气公司能够在三年时间内超过 EMI 公司，是因为它在医疗电子设备领域拥有巨大的技术、制造、销售和客户服务的能力。

最有效的跟随策略是使新产品从利基市场过渡到大众市场。根据马基德（Markides）和吉诺斯基（Geroski）的研究，成功的先行者开发并推广包含新技术和新功能的新产品。那些最快的第二波进入者的机会是通过降低成本和提高质量将利基市场扩展成大众市场。在这一过程中，时机是非常关键的：一个成功的跟随者策略需要"积极的等待"，即密切观察市场发展，并在准备进入大规模市场的时候集中自己的资源和能力。事实上，《从0到1》描述的也正是从利基市场到大众市场的过程，不过在该书中，这一过程是由开拓者自身来完成的。

2.4 创新风险管理

新兴行业充满了风险，存在两种主要的不确定性：技术不确定性和市场不确定性。

（1）技术不确定性来自技术演变的不可预测性和选择技术标准与占主导地位的设计所依赖的复杂动力学。后见之明总是完美的，但是事先预测技术的发展和行业的演进却是很难的。

（2）市场不确定性与新产品市场的规模和增长率有关。当施乐公司在 1959 年推出它的第一台普通纸复印机，苹果公司在 1977 年推出它的第一台个人电脑、索尼公司在 1979 年推出它的第一台随身听时，没有人知道潜在市场的规模。预测新产品的需求难度极大，因为所有预测都是基于一定形式的推断法，而且所有模型都是基于过去的数据。

如果预测是不可能的，那么管理风险的关键是对新兴的趋势、灵活性有所警觉，并且降低错误的不利影响。有效的措施包括如下各项：

（1）与领先用户进行合作。在行业发展初期，谨慎监控市场趋势和客户需求并对市场趋势和客户需求做出反应是避免技术和设计错误所必需的。领先用户为开发新产品提供了至关重要的市场数据来源。除了为新兴需求和技术趋势提供"早期预警系统"，领先用户还能够在新产品和生产过程的概念和开发方面提供帮助，并且实现初期现金流量以提供进一步的研发支出。在电脑软件行业，Beta 版本首先发布给电脑爱好者以进行测试；耐克公司有两类核心用户：作为运动装备引领者的专业运动员及作为时尚潮流引领者的嘻哈艺术家；在通信和宇航业，与政府的防务合作则在新技术开发中发挥了至关重要的作用。

（2）限制风险暴露。新兴企业的财务风险可以通过财务和运营实践来降低，这种实践可以最小化企业在逆境中的风险暴露程度。通过避免债务和保持低固定成本，一家企业可以最小化其财务和经营杠杆。外包和战略联盟也可以降低资本投入和固定成本。

（3）保持灵活性。不确定性使对没有预测到的事件的快速反应成为必要，获得这样的灵活性意味着持续保持开放的选择并延迟对一项技术的承诺，直到它的潜力变得清晰。资源充沛的大企业具有追求多重战略选择的能力。

2.5 标准竞争

建立标准是行业演变中的一个关键事件。数字网络经济的出现使标准显得越来越重要，那些拥有或者可以影响行业标准的企业可以得到比任何其他类型的竞争优势更大的回报。例如，微软公司和英特尔公司的个人电脑标准、美国高通公司的 CDMA 无线数字通信技术、思科公司在互联网协议中的领导地位所带来的股东价值就是这种竞争优势的典型案例。

2.5.1 标准的类型

标准是不同生产者或使用者之间协作的一种格式、一个界面或一个系统。标准可以分为公共标准和私有标准。

（1）公共标准是那些可以被免费或者仅仅以名义上的费用得到的标准。它们通常不包含任何私人所有的知识产权，或者由知识产权的拥有者免费提供使用权。公共标准是由公共组织和行业协会制定的。例如，GSM 移动电话标准是由欧洲电信标准协会制定的;规定网络地址的网络协定是被包括国际电信联盟等在内的国际组织制定的。

(2) 私有标准是那些技术和设计被企业和个人拥有的标准。如果我们有意向使用该项标准,就需要向该项标准的拥有者缴纳使用费。例如,CDMA 手机制造商必须向美国高通公司缴纳专利费,才能生产 CDMA 手机。

标准也可以根据建立者分为强制标准和事实标准。

(1) 强制标准是那些被政府建立并有法律在背后作为强制力的标准,包括与汽车安全和建筑施工以及电视播放相关的标准。

(2) 事实标准指通过生产者和使用者自然形成的非成文约定。

标准可能需要经过很长时间才能最终产生,从而导致投资的加倍和市场开发的延迟。如美国的铁路轨距标准自提出到实施花了 40 年。标准甚至可能连同技术一同被扼杀,20 世纪 70 年代四声道立体声技术的失败是由不一致的技术标准所导致的,技术标准的不统一使音响制造商、唱片公司和客户不敢投资于这项技术。

2.5.2 标准与网络外部效应

标准出现在存在网络外部效应的市场中。当产品对个别客户的价值依赖于该产品其他用户的数量时,网络外部效应就产生了。网络外部效应的经典例子是电话,电话对每一个用户的价值依赖于连接到相同电话系统上其他用户的数量,这与大部分产品不同。

网络外部效应并不需要每一个人都使用相同的产品或使用相同的技术,而是不同的产品通过一些形式的共同界面(即标准)彼此兼容。网络外部效应的意义在于它们产生出正面反馈,当一项技术或一个系统取得了市场领导者的地位时,它就会吸引更大一部分新的购买者;相反,当市场领导地位丧失时,紧接着的是更大的退步。当某一个界限被触及,累积的力量变得不可阻挡时,结果是赢家获得一切市场。网络外部效应显著的市场趋向于被单个供应商统治。

技术和设计标准一旦确立,一般具有非常高的适应性且很难替换。一方面,学习效应使占主导地位的技术和设计标准得到持续改善;另一方面,即便现有标准拥有内在劣势,由于存在集体同步,技术和设计标准的更替也不会发生。

经典案例是 QWERTY 键盘布局,其 1873 年的设计是基于降低打字速度以防止打字机的按键卡住,虽然卡键问题不久就得到解决,而且 1932 年速度更快、更有效的 DSK 键盘申请了专利,但 QWERTY 布局却保留了下来。

2.5.3 赢得标准大战

在存在网络外部效应的市场中,对标准的控制是竞争优势的基础。大多数专利之争的失败者,例如 Lotus 软件在电子制表软件方面、网景公司在浏览器方面、WordPerfect 在文字处理软件方面都很少在技术历史中留下印记,我们可以从这些标准大战中学到关于在存在网络外部效应的市场中设计一个获胜的战略所需的哪些知识呢？

首要的战略问题是确定我们是否在一个所有技术趋向于整合成一个技术标准的市场中竞争。这需要对网络外部效应的现状和资源做一个仔细的分析。

第二个重要的战略问题是认识到积极反馈的作用：能建立早期领导地位的技术会吸引新采用者。夏皮罗（Shapiro）和瓦里安（Varian）建议，标准之争包含以下重要步骤：

（1）联盟对于标准之争具有重大意义。企业需要消费者、供应商甚至需要说服昔日的竞争对手成为同行，即使是最强大的企业也不能仅依靠自己就在标准大战中获胜。

（2）抢先占领市场。提早进入市场，快速实现产品开发，提早与关键客户交易，采取渗透性定价。

（3）控制人们的期望。管理正面反馈的关键是使客户、供应商和生产者确信你将作为胜利者出现。这些期望能成为自我实现的预言。索尼公司于2000年10月在美国和欧洲推出PS2之前进行大规模的预先推广和宣传就是为了使消费者、零售商和游戏开发商确信该产品会成为新十年中风靡一时的消费电子产品，以此阻止世嘉公司和任天堂公司建立它们竞争系统的努力。

从过去经典标准大战得到的经验是，为了建立初期领导地位和使正面反馈效果最大化，企业必须与其他利益相关者（客户、竞争对手和供应商）共享技术创造的价值。如果企业试图占有所创造价值的份额太大，那么它可能无法建立足够大的联盟来获得市场领先地位。例如2006年到2008年，索尼公司和东芝公司DVD标准之争中的每一个阵营都通过不同的诱导方式雇用了电影工作室、软件公司和电脑及消费型电子产品制造商，甚至包括直接的现金资助。在这次大战中，华纳兄弟背叛东芝公司投向索尼公司的阵营，是使市场向有利于索尼公司的方向倾斜的关键。然而，看起来所有赢得DVD标准之争所带来的财务收益都被作为成本耗费在战争中了。

与现有产品兼容是标准大战中的关键问题。优势由一般采用"演进型战略"（即与现有技术兼容）的竞争对手获得，而不是由采用"革命性战略"的企业获得。索尼公司的PS2相对于世嘉公司和任天堂公司的关键优势是它与PS1兼容。赢得标准大战所需的关键资源是什么呢？夏皮罗和瓦里安强调如下：对客户安装基础的控制；拥有新技术的知识产权；拥有创新能力以扩展和适应最初的技术进步；先进入者优势；补充资源方面的优势，例如英特尔公司通过推动总线、芯片组、图形控制器和主板与CPU接口的标准保持它在微处理器方面的优势；以及声誉和品牌。

由于企业对专利竞争的动态越来越熟悉，它们正在更早地启动在标准大战中的首创战略。结果是标准大战正在越来越提前地进入企业的预期管理，这样导致的结果是专利大战被以更快的速度结束：在高清DVD行业，失败的一方东芝公司从发布HD-DVD产品到产品撤回，只花了短短不到19个月。

2.6 管理创新

迄今为止我们的分析已经表明了从创新中产生竞争优势的潜力和基于技术战略的设计,但很少谈及创新实现的环境。战略分析告诉我们可以从创新中获得很多利润,但如果我们不能首先产生创新,那么这样的战略意义不大,尽管创新需要一定的资源如人力、设备、信息和时间,但研发投入并不是创新产出的充要条件。我们可以清晰地发现研发的效率很大程度上依赖于创新实现的环境。

因此,在新兴行业和基于技术战略的行业中,企业面临的最关键挑战是创造出有利于创新的环境。为了回答这个问题,我们必须回到发明和创新之间的关键差别上,虽然这些活动是补充性的,但它们需要不同的资源和不同的组织环境。虽然发明依赖于创造力,创新却需要合作和跨功能的整合。

2.6.1 创新的环境

发明有两个主要因素:知识和想象力。而驱动创新的创造性一般是个人行为,这样的行为在先前彼此无关的概念或对象之间建立起有意义的相互关系。个人创新也需要依赖他们所工作的组织环境,创造性可以通过人类互动激发:研发团队的效率关键取决于工程师和科学家建立起来的沟通网络。一种重要的互动刺激因素是娱乐,它创造出一种环境,使思维从传统桎梏中解脱出来,并且通过以远离现实的安全距离重新安排思想和结构来提供建立新关系的机会。

组织创造力所需要的管理系统和效率所需要的管理系统是不同的。具体来讲,具有创新导向的人趋向于对不同类型的刺激做出反应,他们渴望在平等的气氛中工作,并希望有足够的空间和资源以获得灵感,享有自由并在完成一项他们认为对企业的战略绩效做出了改变的任务过程中体验到乐趣。实际的褒奖、认同和继续教育及专业提升的机会,通常比假设的管理职责更加重要。培养创新的驱动力可能需要一定程度的自由,而这种气氛同保守的人力资源实践相冲突。

2.6.2 平衡创新和商业化导向

创造价值的创造力与企业的日常运行效率必须加以整合,这对诸如苹果公司和谷歌公司将自己定位在走在创新最前沿的企业来说是一个关键问题。这个问题在传媒行业尤其重要,传媒公司的"马尾辫文化"和"套装文化"是一个既可以分离又可以融合的世界。

关键的组织挑战是如何协调差异化和一体化。表 13-1 表明,创造性活动需要与经营性活动不同的组织结构和管理系统,而新技术的商品化发展需要创造力和技术专门知识与生产能力、推广、财务分销和客户支持的整合,而达到这样的整合是困难的。创新颠覆了现有的日常程序,并且威胁着现状。组织的经营和管理越是稳定,给创新设置的阻力越大。

表 13-1　经营组织和创新组织的特点

	经营组织	创新组织
结构	官僚结构、专业化和劳动分工、层级控制、清晰的组织边界	无层级控制的扁平组织、任务导向型的项目组、模糊的组织边界
过程	强调消除变动(如六西格玛)、自上而下的控制、严格的财务控制	强调变化的强化、管理松懈以培育新想法、灵活的战略计划和财务控制
奖励	财务报酬、等级升迁、权力和地位	自治、获得认可、在新风险企业中参股
人员	基于组织结构的需要的招募和选择	将所需的技术知识与创造性个性品质结合起来,管理者充当发起人和协调人

随着创新在建立企业中处于越来越优先的位置,许多企业的最高管理层正在模仿基于技术战略的新企业的灵活性、创造力和进取精神。以激励新产品开发和新技术开发为目标的组织策略通常包括以下两种:

(1) 交叉职能产品开发团队。交叉职能产品开发团队已经被证明是集成创造力和功能效率的高效率机制。传统的新产品开发方法,包括从公司内部研究院开始,随后发展到设计、生产、财务等的一系列过程。日本企业率先采用了由附属于不同部门的专家组成、自治的产品开发小组的方法,这个小组具有一名重量级的领导,他可以保护小组使其不受到来自组织内部的不适当压力的影响,这样的小组被证明在有效地利用大范围的专业知识和整合这种知识的灵活性和迅速性方面十分有效。

(2) 设置"产品推介人"。首先可以在组织流程内汇总个人创意,而后将发明与后续的商业化联系起来,关键是允许充满创造性想法的个人领导开发这些想法的团队。那些在创新方面持续成功的企业有能力设计组织流程实现能够捕获、引导和开发个人的成就和成功驱动以及对他们发明的全力投入。设置产品推荐人的好处是,这些全身心投入的个人可以克服组织内部的改革阻力,并生成吸引他人加入的热情,同时造就跨功能整合。

第三节　财务战略

战略能否获得长期成功,主要依赖于该战略在多大程度上实现主要利益相关者眼中的最佳价值。在竞争市场中,市场竞争力及能为股东创造价值的能力从长期来看是紧密联系在一起的,因为股东回报是受市场成功驱动的。市场竞争力最终表现为价值创造,财务战略关心如下问题:①影响价值与成本的主要因素;②为战略发展提供多大的资金支持;③各利益相关者的财务预期。

3.1　影响价值与成本的主要因素

从商业战略角度来看财务管理,关键是要清楚什么是影响价值与成本的主要因素。

价值链的概念是重要的，它能帮助管理者了解在组织内及更广泛的价值网中如何创造价值及从哪里创造价值。价值链与价值网中的各项活动所产生的成本及创造的价值很可能是不均衡的，认识到这一点很重要。所以，在价值创造过程中某些活动就比另一些活动更重要。不过各项活动的重要性会随着业务类型及开展业务活动的环境的不同而发生变化。

（1）资本来源问题。资本成本是一项重要的成本因素，并因资本来源的不同而有所不同。

（2）项目开发是一项主要的现金流出，除非它有助于增加收入和降低成本，否则这项开支就会破坏股东价值。

（3）新的开支会提高业务活动的资本密集程度。这会影响固定资产周转率，也会影响固定成本与可变成本的比率。

（4）成本及价值创造是不均衡地贯穿在价值链中各项活动中的，不同部门业务活动的具体成本结构具有很大的差异，因而每一特定成本项目的相对重要性也不同。例如，与制造型组织相比，服务型组织通常具有较高的劳动密集程度，因而工资水平在这一领域中就很重要；零售商很关心存货周转率及卖场每平方米销售量。

（5）有时候，重要的成本或价值影响因素存在于组织外部。这一点的战略意义在于组织需要具备维持其关键供应商或分销商的经营状况的能力——这意味着组织要具有选择、激励及控制其供应商或分销商的能力，这还可能意味着如果某些活动对于成本和价值创造具有至关重要的意义，组织就应当重新考虑是否让这些活动纳入到组织内部来进行。

（6）因为供应商的价格是购买者的成本，所以在价值网中不同的组织为其股东所创造的价值也不平衡，这种不平衡是由供应商与购买者之间的讨价还价的相对能力造成的。例如，如果一家制造商同时面临着原材料供应短缺和分销商力量强大的局面，它就很难为其股东创造价值；因为采购成本与产品价格可能会由他人决定，所以股东价值创造活动需要集中于控制组织内部活动成本或以上所列的其他成本项目。

（7）所采取的战略的类型也很重要，因为这会改变用于支持产品或服务竞争性的成本与价值结构。可能会出现这种情况：通过有选择地增加在某一方面（如广告）的开支，某个组织成功地实现相对于竞争者的差异化，如果这项开支带来了收入增加或在其他方面实现了相对的成本降低，那么这项开支就具备充足的理由。

（8）管理者对成本与价值产生因素的控制程度会因环境的不同而不同。例如对日用品而言，市场价格是由组织外部因素决定的，所以想通过管理活动创造出价值，管理者就应当将注意力放在其他因素上。不论是在私营部门还是在公共部门，业务部门这一层次上的资本成本可能都是由企业总部决定的，所以业务部门经理就必须将管理重点放到其他因素上。

(9) 影响成本与价值的主要因素也会随着时间的推移而发生变化。例如在新产品的导入期,关键因素可能是将销售量稳定在一定水平上。在销售量稳定下来之后,价格与单位成本就成为重要因素了。在产品的衰退期,通过降低存货与应收账款来改善现金流,对支持新一代产品的开发可能就至关重要了。

总而言之,这里要表达的一个思想就是,对组织内部以及更广泛的价值网内的价值创造过程进行深入了解会使管理者受益匪浅,这能帮助他们在为改善经营业绩而进行努力时更多地从战略的角度确定工作的轻重缓急。

3.2 为战略发展提供资金支持

所有组织都面临的一个基本问题是如何进行融资。融资决策会受到组织所有权的影响,并且也会受到组织总体计划的影响。例如,一家企业正试图通过收购或开发新产品而获得快速发展,此时其融资需求就与试图巩固其经营活动时的融资需求不同。管理者还需要认识到他们所需要的融资战略,可能会对业务单位所采取的战略有所帮助,但也可能对其造成阻碍。本小节利用市场增长/份额矩阵阐明融资战略如何随业务单位所处发展阶段的不同而变化(见表 13-2)。

表 13-2 市场增长/份额矩阵

成长阶段(明星业务)	起始阶段(问号业务)
业务风险:高	业务风险:非常高
财务风险:低	财务风险:非常低
融资渠道:权益资本(注重成长的投资者)	融资渠道:权益资本(风险投资者)
股利水平:正常	股利水平:零股利
成熟阶段(现金牛业务)	衰退阶段(瘦狗业务)
业务风险:中度	业务风险:低
财务风险:中度	财务风险:高
融资渠道:负债与权益资本(留存收益)	融资渠道:负债
股利水平:高	股利水平:全部留存收益用于支付股利

这仅仅是一个例子,它说明了融资战略与商业战略需要如何互相适应,也说明了财务风险与投资者的财务回报之间的关系。股东和债权人承担的风险越大,他们所要求的回报就越高,因此从组织的角度来看一个重要的问题就是如何平衡组织的业务风险与财务风险。负债的财务风险要比权益资本的财务风险高,因为负债要求组织承担支付利息的义务。通常来说,如果组织的业务风险较高,那么组织就要尽量降低财务风险。要对此进行说明,市场增长/份额矩阵是一个很便利的工具。

(1) 很明显,问号业务具有很高的业务风险,它们尚处于其生命周期的起始阶段,尚未在市场上确立其地位,而且可能需要大量的投资。因此,对于那些希望投资此类业务的人来说,他们需要明白风险的性质,当然也应该获得较高的回报。如果一家企业业务单一且刚好属于问号业务,这家企业就需要从专门投资这类业务的投资者(如风险投资者)那里寻求资金来支持其业务发展,而这类投资者会通过对投资进行组合来抵消其风险。

(2)处于成长阶段的业务,虽然已经取得了较高的市场份额,其业务风险仍然很高,明星业务即属于此类业务。这类业务在市场中的地位仍不稳固,可能还面临着很强的市场竞争。一家企业可能最初是通过风险资本进行融资的,但随着它的不断成长及市场地位的逐渐确定,它就需要寻求其他融资渠道,由于在这一阶段吸引投资者的主要是产品或业务概念及对未来盈利能力的预期,因而此时权益资本仍然是比较合适的资金来源,企业可能会通过上市来筹集权益资本。

(3)已经进入成熟阶段,占有很高市场份额的业务(现金牛业务)会产生大量的稳定的现金盈余,这时业务风险较低,获得留存收益的机会很大。在一家企业具有多种业务组合的情况下,企业可以将现金牛业务产生的现金盈余追加到目前处于成长阶段的业务中去,在这种情况下,除了权益资本,企业有理由通过负债进行融资,因为可靠的收益能够偿还债务,而且债权人对回报的预期可能低于权益资本投资者对回报的预期(因为通过负债进行融资必须支付利息,对于企业来讲,负债融资的财务风险要高于权益资本融资,所以企业期望债务融资的融资成本低于权益资本的融资成本是很正常的)。如果负债的增加不会使风险水平提高到难以接受的程度,那么在这种情况下,这种成本较低的债务融资实际上会增加企业的可分配利润。潜在的危险是:企业的扩张超过其承受能力,由于背负太多的债务,财务风险增加,使得企业开始在市场上走下坡路,最终丧失利息支付能力。

(4)如果业务处于衰退阶段,那么就很难吸引权益资本了。然而,如果以企业的剩余资产做抵押,此时还是能获得借款的。在这一阶段,企业会把重点放在降低成本上面,这些业务仍会产生很多现金流入。对这些业务进行投资的风险相对比较低。

如果大型集团的业务组合中既包括处于高增长阶段的业务,也包括处于低增长阶段的业务;既包括市场占有率高的业务,也包括市场占有率低的业务,那么这些集团在制定其财务战略时就会遇到一个问题,即到底什么才是合适的战略?要是脱离了对企业整体战略的考虑,就无法回答这个问题——组织需要考虑其整体的风险/收益状况。

例如,如果一个组织是通过业务多元化和收购实现高速增长的,那么投资界会将其视为一个高业务风险的组织,这样它就难以获得债务资本而权益资本投资者也会希望得到较高的投资回报。不少想通过这种多元化业务战略和收购战略实现快速增长的组织都因为没有采取与其商业战略相适应的财务战略而尝到了苦头:它们或者因为不能,或者因为不愿意吸收权益资本而寻求通过借款来支持其增长。实际上它们依赖这种增长在未来能产生不断增加的现金,以此偿还贷款。增长的下降意味着组织可能无力偿还债务并可能导致破产。关键的一点是大型集团的财务战略应依据其业务组合战略而制定。

再如,一家企业主要投资于新兴行业中的高增长、高风险业务,那么它在融资时就应当多利用权益资本而少利用债务资本,这与利用风险资本进行融资的企业的情况相同。如果一家企业的业务组合集中在成熟的现金牛业务上,有可靠的现金流,其融资战略就与上述企业刚好相反,应当多利用债务资本而少利用权益资本。如果一家企业的发展基础是不断地创新、不断地开发新业务,它在业务层面上愿意接受较高的风险,然后再通过鼓励创新来抵消这种风险,它就需要考虑这样一个问题:当这些业务成熟之后,它是要继续维持这些业务以为未来的投资筹集资金,还是将它们出售给其他组织?

依据不同的业务性质,企业的股利政策需要随之变化:在起始阶段,投资者主要关心的是增长潜力,用于支付股利的现金会很有限;在成长阶段的情况也大致如此,虽然在这一阶段需要支付一定的股利;在成熟阶段会有大量的现金盈余,而通过再投资来创造未来价值的机会却不多,因此股东主要通过获取股利实现其价值。

最后还应该记住,虽然本节主要讨论的是融资活动应当如何与商业战略相适应的问题,对应的问题(即组织的融资环境如何影响组织战略的制定)也一样重要:组织的所有权(不管这个组织是私人所有还是上市公司,是慈善机构还是公用事业)将决定组织的资金来源及可获得的资金量。通常来说,组织改变其所有权形式的动机是开辟新的融资渠道,然而事实上,当确实因为融资环境的需要而制定战略时,所有权形式就会成为组织制定战略的限制性因素。

虽然收购行为的潜在动机千差万别,但通常来说推动收购行为的多半是财务因素,而非战略性考虑。比如为了给多余的资金寻找再投资的机会,或是为了向市场显示其持续增长的能力以维持股价。这样,一个组织可能会为了取得这种短期的财务优势而陷入扩张的泥潭,进而产生各种各样的战略问题,比如文化冲突,从长期来看这样做的结果是业绩下滑,股东价值减损。

3.3 各利益相关者的财务预期

所有者并不是组织中拥有利益的唯一相关者,其他利益相关者也有对组织的财务预期。问题是商业战略在多大程度上考虑了其他利益相关者的这些预期,以及商业战略怎样能将这些预期协调起来以为所有者创造价值。

(1)企业经营业绩的最终受益者通常会选择由力量强大的中介(机构投资者)来代表其利益,比如对养老金进行管理的资产管理机构,所以这些中介机构的财务预期会对组织战略产生重要影响。这些中介机构会在重大战略转变过程(如合并)中发挥重要作用。

(2)银行及其他有息贷款提供者主要关心的是它们向企业提供贷款的风险及企业管理这种风险的能力。一贯良好的风险管理记录是银行决定继续向某些企业投资而不是向另一些企业投资的原因。风险水平会受到企业资本结构的影响,尤其是资产负债率的影响,因为资本结构决定了企业偿付能力对其盈利状况变动的敏感程度,代表应付利息与利润之间比例的利息保证金也是一个类似的会影响风险水平的因素。

（3）供应商可能会关心企业的流动性,因为流动性是衡量企业履行应付账款及工资等短期付款业务能力的工具;银行也会关心流动性问题,因为如果流动性恶化,企业可能需要通过增加贷款来改善这种状况,从而提高银行所面临的风险水平。同样,在流动性方面的良好记录也是企业的一项优势,它可以帮助企业维持与供应商之间的良好关系,以使企业获得采购折扣或改善资信。

（4）公共社区会关心企业战略的社会成本,比如污染或营销活动。虽然传统的财务分析很少提到这方面的内容,但这一因素已变得越来越重要,如果不对这些问题给予适当的关注,那么它们将可能对企业战略不利。

（5）客户关心的是能给他们带来最大价值的产品和服务。对企业而言,这就意味着在竞争环境下企业想要盈利以生存下去,就必须保证其产品或服务物有所值。然而如上所述,成本与价值创造在价值链所包括的各项活动及参与者之间的分配是不均衡的。在任何时候相对的赢家与输家都是由环境因素决定的,因为环境因素能改变价值链中购买者与供应商之间议价的能力。在大宗商品行业中产品价格随着市场条件变化而波动的情况就很明显地说明了这一点,反过来这些又导致市场需求处于顶峰与低谷等不同情况时股东价值的大幅波动。

总之,管理者要清除他们所采取的或将采取的战略对不同利益相关者产生的财务上的影响,就需要了解利益相关者的期望是如何帮助组织在某些战略上取得成功的,也需要了解这些期望是如何限制组织在另一些战略上取得成功的。

要点摘录

◆ 管理者需要认识到,信息技术能够改变组织,而不仅仅是对现行战略及程序进行细微的调整,他们不应当只将信息管理视为一种对其他业务职能的支持,而应当将其放在与其他业务职能同等重要的位置上。

◆ 创新包括基本知识、发明、创新、扩散、采用和模仿几个阶段,这一完整的过程称为创新周期。随着时代的发展,创新周期有了明显的加速。

◆ 在"强独占性制度环境"中,创新者能够占有所创造价值的大部分份额。在"弱独占性制度环境"中,创新者之外的其他利益相关者赚取了大部分价值。

◆ 知识产权法的效力依赖于所保护的创新类型。对大部分化工产品来说,专利能提供有效的保护。而对涉及现有零部件的新配置、新的生产过程或经营性创新来说,专利可能会失去作用。

◆ 创新者面临的挑战是使用最初的投产前时间优势建立生产能力和市场地位以占据行业领先地位。微软公司、英特尔公司和思科公司在利用投产前时间建立有效生产、质量和市场表现方面的优势非常突出。

◆ 向市场推出新产品和新生产过程需要的不仅仅是发明,还需要融资、生产和销售创新所需的各种资源和能力。这些资源和能力被称作补充资源。当一项创新和支持它的补充资源是由不同的企业提供时,它们之间的价值分配取决于它们的相对实力。这方面的一个关键决定因素是"补充资源是专用的还是非专用的"。大部分新建立的企业缺乏将其产品商品化的补充资源和能力，因此，不可避免地要与拥有补充资源和能力的企业合作，它们通过战略联盟或合资企业的形式以获得补充资源。

◆ 在一些产品中领先者首先获取利润，在其他一些产品中，领先者由于高风险和开拓成本而失败。创新的最佳时机不仅依赖于技术和行业特点，而且由于企业支配的资源和能力不同，企业有不同的战略窗口(Strategic Windows)。对于拥有资金和强有力的生产、市场营销能力的大企业来说，战略窗口可能更晚才会出现。

◆ 那些最快的第二波进入者的机会是通过降低成本和提高质量将利基市场扩展成大众市场。在这一过程中，时机是非常关键的：一个成功的跟随者策略需要"积极的等待"，即密切观察市场发展，并在准备进入大规模市场的时候集中自己的资源和能力。事实上，《从0到1》描述的也正是从利基市场到大众市场的过程，不过在该书中，这一过程是由开拓者自身来完成的。

◆ 预测新产品的需求难度很大，因为所有预测都是基于一定形式的推断法，而且所有模型都是基于过去的数据。

◆ 财务战略关心如下问题：①影响价值与成本的主要因素；②为战略发展提供多大的资金支持；③各利益相关者的财务预期。

思考题

1. 什么是创新周期？创新收益率与哪几个因素有关？
2. 创新时机的选择与哪些因素有关？
3. 在新兴行业可以通过哪些手段对风险进行管理？
4. 网络外部效应对于企业而言意味着什么？
5. 如何赢得标准之战？
6. 为何与现有标准兼容是标准大战中的关键问题？

第十四章

战略实施与评价的常见工具

▶▶ 学习要求

- ➢ 战略地图与平衡计分卡在战略实施与评价中的作用及操作方法
- ➢ 标杆管理的过程以及如何参照本企业的实际情况来进行标杆学习
- ➢ 全面质量管理的核心理念
- ➢ 六西格玛流程
- ➢ 业务流程再造与持续改善的区别
- ➢ 麦肯锡7S模型中的7个"S"
- ➢ 新7S原则包括的7个"S"及其意义

第一节 战略地图与平衡计分卡

战略描述了一个企业打算如何为它的股东创造持续的价值。当今企业必须发挥无形资产的杠杆作用,以实现持续性的价值创造。利用无形资产创造价值,不同于管理有形的实物和财务资产创造价值,这种区别表现在几个重要的方面:

(1)价值创造是间接的。像知识和技术这样的无形资产很少能直接影响财务结果,比如收入增长、成本减少、利润提高。无形资产的改善是通过因果关系链来影响财务结果的,例如利用全面质量管理和六西格玛技术培训员工能够直接改善流程质量,进而带来客户满意度和忠诚度的提升,最终为企业从长期的客户关系中带来销售和利润。

(2)价值与战略环境有关。无形资产的价值取决于它与战略的协调程度,例如利用全面质量管理和六西格玛技术培训员工,对于遵循总成本最低战略的企业要比遵循产品领先和创新战略的企业具有更大的价值。

(3)价值是潜在的。无形资产的投资成本只代表了企业对无形资产价值的粗略估计。无形资产,比如接受统计质量控制的员工,具有潜在的价值但不具有市场价值。诸如设计、生产、交付和客户服务这样的内部流程被要求将无形资产的潜在价值转化为有形价值。如果内部流程不以客户价值主张或财务改进为导向,那么员工能力和其他无形资产的潜在价值通常不能被实现。

(4)资产是相互配套的。无形资产本身很少创造价值,当无形资产有效地与其他资产结合起来时,它们的价值才能体现出来。例如,当员工能够及时接触到流程导向信息系统的详细数据时,有关质量的培训才更有意义。当企业的所有无形资产之间及其与企业的有形资产和战略协调一致时,最大化价值才能被创造出来。

战略地图和平衡计分卡提供了一个框架,用以说明战略如何将无形资产与价值创造流程联系起来。财务层面以传统财务术语描述了战略的有形成果。投资报酬率、股东价值、盈利性、收入增长和单位成本等衡量指标是滞后指标,它们显示了企业的战略成功与否。客户层面界定了目标客户的价值主张。价值主张为无形资产创造价值提供了环境。如果客户看重一致的质量和及时的交付,那么生产和交付高质量产品和服务的技能、系统和流程对企业具有很高的价值。如果客户看重创新和高性能,那么创造功能卓越的新产品和服务的技能、系统和流程则具有高价值。行动和能力与客户价值主张的高度协调一致是战略执行的核心。

财务和客户层面描述了战略所期望的成果。企业如何创造这些期望的成果呢?内部流程层面确定了少数几个关键流程,它们被认为对战略产生最大的影响,从而能够创造这些期望的成果。

学习与成长层面确定了对战略最重要的无形资产。这个层面的目标确定了需要利用哪些工作(人力资本)、哪些系统(信息资本)和哪种氛围(组织资本)来支持创造价值的内部流程。这些资产必须结合在一起并与关键内部流程保持协调一致。

四个层面的目标通过因果关系联系在一起。从顶部开始的假设是,只有目标客户满意了,财务成果才能实现。客户价值主张描述了如何创造来自目标客户的销售额和忠诚度。内部流程创造并传送客户价值主张,然后支持内部流程的无形资产为战略提供了基础。这四个层面目标的协调一致是价值创造的关键,因此也是一个重点突出、内部一致战略的关键。

连接四个层面的因果框架也是开发战略地图所依赖的结构。建立战略地图迫使企业明晰这个逻辑关系:如何创造价值以及为谁创造价值。

1.1 财务层面:长短期对立力量的战略平衡

财务业绩指标表明了企业战略,即战略实施和执行是否对盈余改进有所贡献。财务目标典型地与盈利性有关,例如用经营收入和投资报酬率来衡量。基本上,财务战略是简单的:企业可以通过多销售或少开支赚到更多的钱。任何项目,包括亲近客户、六西格玛质量控制、知识管理、准时制,只有当它们能带来销售量增加和开支减少时,才能为企业创造更多的价值。

通过加深与现有客户的关系,企业能够创造盈利性收入增长。这能使它们销售更多的现有产品或服务,或者额外的产品和服务。

通过销售全新的产品,企业也能够创造收入增长。例如亚马逊公司目前除了销售书籍,还销售电子产品。美孚公司在加油站设置了便利店,来加油的客户可能会产生购买商品的需求。企业也可以向新的细分客户销售产品来扩大收入,也可以向新的市场销售产品来扩大收入。

生产率改善是财务战略的另一个维度,它也可以通过两种方式发生:一方面,企业通过降低直接和间接成本来削减成本。这样的成本降低方式使企业在生产同样数量产品的情况下消耗更少的人力、物力、能源。另一方面,通过更有效地利用其财务和实物资产,企业可以减少支持既定业务量水平所必需的运营和固定资本。例如通过准时制方法,企业可以用更少的存货来支持既定的业务量水平;通过减少计划外的设备停工时间,企业可以在不增加厂房和设备投入的情况下生产更多的产品。

当企业在增长和生产率这对矛盾的力量之间进行权衡时,就引发了财务层面战略的连接问题。改善收入增长的行动通常比改善生产率的行动要花费更长的时间。出于向股东显示财务成果的日常压力,企业自然是倾向支持短期行动而非长期行动。战略地图第一层的开发,迫使企业处理这种压力。顶层的财务目标是,也必须是股东价值的持续增长。因此,战略的财务要素必须有长期(增长)和短期(生产率)两个维度,这两个力量的同时平衡是战略地图的组织框架。

1.2 客户层面:战略的基础是差异化的价值主张

在客户层面,收入增长战略要求特殊的价值主张,它描述了企业将如何为目标客户创造差异化、可持续的价值。在战略地图的客户层面,管理者确定了业务单位在目标细分客户方面的业绩衡量指标。客户层面包括客户满意度、客户保持率、客户获得率、客户获利率、市场份额、客户份额等几个常用的典型指标,这些指标代表了精心制定并良好实施的战略结果。

这些常用的客户成果指标相互之间存在一些因果联系。例如,客户满意度通常产生客户保持率,然后通过口碑传播,企业得以新增客户获得率;通过保持客户,企业增加了业务份额;获得新客户加之现有客户的业务增长,企业的目标客户份额将突飞猛进;最后,客户保持率将带来客户获利率的增加,因为保持一个老客户的成本将远低于获得一个新客户的成本。

实际上所有的企业都试图改善这些常用的客户指标,但是只是使客户满意并保留客户几乎不可能成为战略。战略应确定特殊的细分客户,即为企业带来增长和盈利的目标客户。例如,美国西南航空公司以低价来满足并保留对价格敏感的客户;不同的是零售企业西尔斯公司的目标客户是愿意为高端产品支付高价的、具有较高可自由支配收入的群体。企业应该衡量目标客户的客户满意度、客户保持率和市场份额,只有较少可自由支配收入的价格敏感型客户不可能在西尔斯公司获得满意的购物体验,消费慷慨大方的商务旅行者显然也不可能光顾西南航空公司的航班,因为搭乘该公司的航班要排很长的队,而且该航班常常不设置预留座位和头等舱。

一旦企业明白了谁是它的目标客户,它将确定目标和指标来反映它想要提供的价值主张。通过描述企业为目标客户群体提供的独特产品组合、价格、服务,价值主张定义了企业的战略。价值主张应该向客户传达这样的信息:企业期望做的事情比竞争对手更好或与众不同。常见的价值主张主要有以下四类:

第一类价值主张,如西南航空公司、戴尔公司、沃尔玛、麦当劳和丰田汽车公司等企业在各自的行业中都十分成功地向其客户提供了最佳购物或总成本最低的价值主张。总成本最低的价值主张目标强调有吸引力的价格、卓越而一致的质量、较短的交货期、方便的购物和多样化选择。

第二类价值主张,像索尼公司和英特尔公司这样的企业,它们强调产品创新和引领。这些企业统率着高于各自行业平均水平之上的高价格领域,因为它们提供性能出众的产品。它们的价值主张目标强调独特的产品特征和性能,这些特征和性能是最前卫的客户所看重并愿意付出高价得到的。目标的衡量指标可以是速度、尺寸、准确性、消耗功率或其他超出竞争产品并被客户看重的新特征和性能。具有新特征和性能的产品的率先上市是这些创新企业的另一个目标。

第三类价值主张目标强调提供全面客户解决方案。提供这类价值主张的成功典范是IBM公司和高盛公司。通过这类价值主张,客户应该感受到企业了解他们并能够提供定制化的、满足他们需要的产品和服务。如IBM公司为目标客户提供信息技术和全面解决方案(包括硬件、软件、培训、教育和咨询),完全依据每个客户的需要量体裁衣。提供这种客户解决方案的企业强调与解决方案全面性有关的指标（销售多样化、产品和服务捆绑）、售前和售后的特别服务以及客户关系质量。

第四类价值主张叫锁定，它是在企业为客户创造了高转换成本时发生的。理想的情况是，像电脑操作系统或微芯片硬件构造这样的私人所有产品形成行业标准。在这种情形下，买方和卖方都想让他们的产品与标准保持一致，以便从庞大的用户网络中受益。

特定价值主张的目标和指标定义了企业的战略。通过开发特定价值主张的目标和指标，企业将战略转化为所有员工能够理解并通过努力工作来改善的有形指标。

1.3　内部层面价值：通过内部业务流程创造

客户层面的目标描述了目标客户价值主张，财务层面的目标描述了成功战略（收入和利润增长以及生产率）的结果。一旦企业对这些财务和客户目标有了清晰的蓝图，内部层面和学习与成长层面的目标将描述战略如何被实现。企业管理它的内部流程和传送战略差异化价值主张的人力、信息和组织资本。这两个层面的卓越业绩将驱动战略。

内部流程实现两个关键的企业战略要素：①生产和向客户传递价值主张；②改善流程并降低成本。我们将无数的内部流程分为四组：运营管理流程；客户管理流程；创新流程；法规与社会流程。

1. 运营管理流程

运营管理流程是最基本的日常流程，企业通过这一流程生产出产品和服务并交付给客户。制造企业的运营管理流程包括以下内容：从供应商获得原材料；将原材料转变为产成品；向客户分销产成品；管理风险。

服务企业的运营管理流程是生产并交付给客户所需要的服务。

2. 客户管理流程

客户管理流程拓展并加深了与目标客户的关系。我们能够确定四类客户管理流程：选择目标客户；获得目标客户；保持目标客户；增长客户业务。

选择客户包括确定企业价值主张中最想要的目标人群。选择客户的过程定义了客户特征，以描述对企业最有吸引力的细分客户。对于消费品企业来说，细分客户可以通过收入、财富、年龄、家庭规模和生活方式来界定；典型的商业细分客户的标准包括价格敏感性、技术复杂性。获得客户与创造领先优势、沟通潜在新客户、选择入门产品、合理制定价格、多渠道销售结算等环节有关。保持客户是卓越服务和客户需求响应程度的结果。及时、优质的服务是维持客户忠诚度并减少客户背叛可能性的关键。增长客户业务包括高效地管理客户关系、交叉销售多种产品和服务、成为值得信赖的知名顾问和供应商。

3. 创新流程

创新流程开发新产品、方法和服务，常常能使企业渗入新的市场和细分客户。它具体包括四个流程:识别新产品和服务的机会;对研究和开发进行管理;设计和开发新产品和服务;将新产品和服务推向市场。

产品设计者和管理者生产新理念的途径有:扩展现有产品和服务的生产能力,运用新技术和方法,了解客户建议。一旦产生了产品和服务的新理念,管理者必须决定为哪个项目筹资、哪个项目完全利用内部资源开发、哪个项目采用合资方式合作完成、哪个项目要得到其他组织的许可或完全外包。设计和开发流程是产品开发的核心,它将新概念带入市场。当产品达到了期望的功能,对目标市场产生了吸引力,按照稳定的质量生产并获得令人满意的边际利润时,一个成功的设计和开发流程也就达到了顶点。当产品开发周期结束时,项目小组将新产品带入市场。就一个特殊的项目而言,当企业以特定的产品功能、质量和成本水平实现了目标水平的生产和销售时,创新流程才能画上句号。

4. 法规与社会流程

法规与社会流程有助于企业在生产和销售所处的国家和地区持续赢得经营的权利。有关环境、员工健康和安全、招募和解雇的国家和地方法规为企业的实践提供了标准,然而有些企业不满足于仅仅遵守法规确立的最低标准,它们希望表现优于法规限制,从而建立声望,成为所在地区的最佳雇主。

按照下列几个关键维度,企业管理并报告它们的法规与社会表现:环境;安全和健康;招募实践;社区发展。

对环境、安全和健康、招募实践及社区发展进行投资的原因未必都出于无私奉献。法规与社会表现的卓越声望能帮助企业吸引和保持高素质员工,从而使人力资源流程更加富有效果和效率。减少环保事故并改善员工安全和健康,也有助于提高企业生产率并降低企业经营成本。最后,具有卓越声望的企业通常能强化它们的客户形象和社会投资者形象。

1.4 平衡计分卡

战略地图描述了战略的逻辑性,清楚地显示了创造价值的关键内部流程目标以及支持关键流程所需的无形资产。平衡计分卡将战略地图目标转换为指标和目标值。但是目标和指标值并不会只是因为它们被确定而得以实现。企业必须为每个行动计划提供稀有资源——人力、资金和能力,我们将这些行动计划称为战略行动方案。对于平衡计分卡的每个指标,管理者必须确定实现其目标值的行动方案。行动方案创造了结果。因此,通过执行行动方案,战略执行得以管理。

详细说明战略行动方案并为其提供资源的行动计划必须以战略主题为中心,必须被看作一个集成的投资组合而不是一组孤立的项目,每个战略主题应该有一个独立完整的业务集合。

1.5 战略地图

通过平衡计分卡的四个层面,我们已经能够系统地开展工作,决定描述战略的目标和指标。战略地图提供了一个战略可视化表示方法,它说明了四个层面的目标如何被集成在一起描述战略。每家企业都为其特殊的战略目标制定战略地图,典型战略地图的四个层面包含20～30个相互关联的平衡计分卡指标。一些人批评平衡计分卡,认为人们不能同时关注这么多不同的指标,如果计分卡被看作二三十个独立的指标,那么它对企业和员工来说确实太复杂,以至于无法被消化吸收,但是这样认识平衡计分卡是错误的。战略地图显示了结构适当的平衡计分卡中的多个指标如何为单个战略提供使用工具。企业能够在一个有二三十个指标的集成系统中制定并沟通它们的战略,这些指标确定了关键变量之间的因果关系,其中关键变量包括领先变量、滞后变量和反馈循环。

第二节 标杆管理

企业管理层通过推动组织的部门和员工识别和采用最佳实践活动完成价值链活动,坚持不懈地改进内部运作管理可以显著推动竞争战略执行的过程。在评估企业各项战略的效果时,应用最广泛也是最有效的一种方法是与行业中最佳实践者或世界上最佳实践者进行比较,来评价某种活动的执行效果。如果一家企业中有大量不同的组织单位正在不同的地点执行非常相似的职能,那么看一看实施这种活动的"企业内最佳部门"也是很有用的。识别、分析和理解最好的企业和个人如何执行其特定的价值链活动和业务流程,能够给我们提供一个有用的标杆,帮助判断企业内部运作的效果和效率,制定组织单位需要达到或突破的绩效标准。

最佳实践必须是至少有一家企业证明是执行一项活动和业务流程的非常有效的技术。要称得上是最佳实践,此项技术必须在显著降低成本、提高品质或绩效、减少所需要的时间、加强安全感或带来其他积极的运作效果等方面被证明是有效的。因此,最佳实践可以帮助企业识别出一条通往卓越运作绩效的道路。由于最佳实践是有价值的和可转移的,因此它必须经得起时间的考验,并且可以反复产生可以量化和显著的积极效果。

标杆学习是识别、学习和实施最佳实践的基石。采取这种方法要求企业能够在外部发现最佳实践(标杆),然后将自己企业内部所有活动所产生的绩效与标杆进行量化比较。采用这种方法意味着非正式地承认其他组织在执行某项特定组织任务时具备世界领先水平,但同时也说明企业足够明智,希望通过学习来与之竞争,甚至超越这些组织。

但是仅仅识别出其他企业,尤其是处于其他行业中的企业的最佳实践是不够的,由于企业的具体形式和应用环境各不相同,完全照搬照抄这种最佳活动往往并不可行,通常情况下需要对其他企业的最佳实践进行修正以适合企业自己的特殊情况,然后随着时间的推移,使之得到改善。因为大多数企业都认为我们的工作是不一样的,我们是独一无二的,因此所谓的最佳实践应该是企业如何用自己的眼光来理解最佳实践,并把它们独具特色地运用于恰当的地方并使之生效。

确实,如果企业的员工不能将从其他企业学习到的东西转化为实际的行动和成果,那么最佳实践和一个有趣的成功故事就没有多大的区别。变革实施者应该把那些勇于抛弃老方法并转向最佳实践的员工树立为典范。总之,组织在实际工作中运用最佳实践越多,也就越能够有效地完成其价值链活动。

现在全世界有大量的企业投入到标杆学习中,以期促进战略的执行和获得优于对手的战略、运作和资金方面的优势。越来越多的企业已经将最佳实践计划作为它们有效实施战略活动不可缺少的一部分。有数十个行业协会和特殊利益组织致力于某个特定行业或商业机构最佳实践的数据采集,并给它们的成员提供在线共享数据库。标杆学习已经成为一种提升运作绩效的正规的和有价值的管理工具。

第三节　全面质量管理、六西格玛质量控制及业务流程再造

寻找、研究和采用最佳实践经验的标杆学习运动使管理者更加意识到全面质量管理、六西格玛质量控制、业务流程再造和其他持续改善计划对于战略实施的重要性。确实,一些质量改进体系已经成为全球普遍使用的管理工具,应用于对战略执行有关键作用的无缺陷生产、卓越的产品质量、卓越的客户服务和全面客户满意的追求。下面的内容介绍了两种典型的质量改进体系,并讨论了业务流程再造和持续改善之间的区别。

3.1　全面质量管理

全面质量管理是一种管理哲学和一套经营方法,它注重在运营的各个阶段追求持续的提高;在从事的各种活动中追求百分之百的精确,在各个层次上鼓励员工的参与并授予他们相应的权力;还注重以团队为基础的工作设计,进行标杆学习以及充分满足客户的期望。由于全面质量管理集中于生产高质量的产品和为客户提供卓越的服务,因此要成功地实施它,必须超出组织范围动员所有部门的努力——人力资源、研究开发、工程技术、财务会计和信息系统——这些部门缺乏客户驱动的压力,这样做的原因是实施最佳实践和持续改善的计划涉及企业文化的改革,并且要转向一种浸透整个组织的全面质量持续改善的哲学。全面质量管理的目的在于对整个组织从上到下灌注对于正确做事情的热情和承诺,它要求无止境地追求持续改善,每天都前进一小步。全面质量管理是没有尽头的比赛,管理的目标就是点燃人们的热情,使他们发挥出自己的智慧,不断提高任务和价值链活动的执行水平。全面质量管理主张没有足够好的事物,每个人都有责任参与到持续改善的过程中来。

3.2　六西格玛质量控制系统

六西格玛质量控制系统是一套客户精心架构、基于统计基础的系统,其目标是在任

何业务流程——从制造环节到客户交易——的重复进行中实现低于0.00034%的缺陷率。六西格玛过程包括定义（Define）、测量（Measure）、分析（Analyse）、改进（Improve）和控制（Control）（DMAIC），是对现有业务流程中低于标准和需要改进的部分使用一套改善系统。

作为六西格玛基础的统计思维是基于以下三个原则的：所有工作都是一个流程；所有流程都具有差异性；所有流程都会创造出一些数据来解释这种差异性。为了描述如何基于这三个原则得到衡量标准，可以以物业公司的六西格玛流程为例：

（1）定义。因为六西格玛旨在降低缺陷率，所以第一步就是要定义什么是缺陷。六西格玛团队也许会将窗户上遗留的痕迹视为缺陷，因为它会影响客户的满意度。

（2）测量。下一步就是收集数据发现缺陷为什么会产生、是如何发生的以及缺陷发生的频率，这就需要画出一张流程图以表明负责清洁的人员是如何完成一位商业客户的窗户清洁任务的。

（3）分析。对收集数据进行了统计分析之后，企业的六西格玛团队就会发现某些员工的工具和清洁窗户的技巧要好于其他一些员工，因为他们没有在窗户上留下任何痕迹，因此，避免将痕迹留在窗户上的最佳实践行为就被识别出来，并得到记录。

（4）改进。六西格玛团队将以上记录的最佳实践作为清洁窗户的标准。

（5）控制。企业会用窗户清洁的最佳实践技巧训练新的和现有的员工。一段时间后，客户满意度和业务数量将会有显著增长。

当一项活动的实施效果有广泛的差异性的时候，六西格玛的DMAIC是一种特别有效的提升绩效的工具。

3.3 业务流程再造与持续改善计划的区别

业务流程再造以及像全面质量管理和六西格玛质量控制的持续改善的目的都是提高效率、降低成本、提高产品质量和创造更高的客户满意度。业务流程再造与持续改善之间的最大区别在于业务流程再造的目标是获得30%～50%或更大的效率提升，而持续改善计划则是注重持续的进步、一次又一次地追求效益的逐渐增长。这两种提高价值链活动业绩的方法并不是互相排斥的，同时使用它们也是合理的。可以首先使用业务流程再造建立一个能显著改善业务过程的较好的基本设计，这可以使企业流程非常快地得到显著的改善；然后持续改善计划则可以找出缺陷，使过程日臻完善并逐渐提高效果和效率。

小　结

调查表明，有些企业可以从业务流程再造和持续改善计划中获益，有些企业则不能。获益最大的企业不是将这些计划视为它们的最终目标，而是将之视为更加有效地实施和执行企业战略的工具。如果只是想管理得更好，而缺乏战略考虑地盲目努力，则难以达到目标，这是一个重要的教训。最佳实践、全面质量管理和业务流程再造都需要被视为并作为熟练实施战略的更大工作图景的一部分，只有战略可以指出哪些价值链活动是重要的，什么样的业绩目标才是最有意义的，没有一个战略框架，管理者就缺少某些对业务单元业绩和竞争成功真正有意义的内容的环境。

要想从标杆学习、最佳实践、全面质量管理和业务流程再造以及其他在战略实施中增强组织能力的相关工作中获得最大的益处，管理者必须首先清楚战略实施成功的业绩指标。这样的业绩指标包括：六西格玛缺陷率、按时发货的比率、相比对手的更低水平的总成本、更少的客户抱怨、更高的客户满意度、更短的周转时间、新产品收入在总收入中所占的更高比例。将多数或所有的价值链活动的业绩与行业中最佳业绩进行比照，为确定内部业绩的转折点和长期目标提供了基础。

接下来的任务就是营造一种全面质量文化，并获取达到战略所要求的目标和业绩标准所必需的赞成和支持。管理者能够采用的步骤，包括：

（1）对于全面质量和持续改善的可视的、不模棱两可的、坚定的支持，包括一项质量愿景书和某些促进质量提高和持续改善活动的、特定的可度量的目标。

（2）通过实施以下组织计划推动人们采取支持全面质量的行为：①严格审查求职者的申请，只雇用那些对以质量为基础的业绩抱有正确态度并具备合适资质的人员。②对大多数员工进行质量培训。③运用团队和组建团队的活动来加强和培养个人的努力。④定期和有组织地认可和奖励个人和团队的工作努力。⑤注重预防而不是检查。⑥授予员工权力，使提供更好的服务和提高产品质量的权限掌握在实际从事这一工作的人手中，而不是在监管人员手中。⑦使用在线信息系统向各方提供最新的最佳实践经验，借此加速最佳实践经验在整个组织内的传播和采用，同时也使各方可以交流如何使最佳实践得到改善的意见。⑧广泛宣传这一观念，即业绩能够且必须得到提高，因为竞争对手不会满足于过去的成就，客户也总是在寻求最好的产品。

如果业绩目标的度量标准对于战略是合适的，而且高层领导者、中层管理者、技术人员以及相关员工都能投入到持续改善的过程中，那么整个企业的工作氛围注定会变得更有利于战略的实施。

对诸如全面质量管理之类的持续改善技巧的有效运用是一项有价值的竞争性资产——一项能够产生重要的竞争能力的资产，并且也是竞争优势的一个源泉。现在不断增加的改进不仅会随着时间积累起来，使组织能力进一步增强，而且全面质量管理等持续改善计划还具有难以模仿的特征。尽管对手模仿标杆学习、进行业务流程再造和运用持续改善技巧等相对比较容易，但它们要在整个组织中移植全面质量文化，产生对卓越运营的持续管理承诺则困难得多，且要花费大量的时间。

第四节　7S 模型

20 世纪 80 年代，人们越来越关注企业组织中软性的方面，其中的代表就是彼得斯和沃特曼所著的《追求卓越》一书。彼得斯和沃特曼在调研了包括 IBM 公司、德州仪器、惠普公司、麦当劳、柯达公司、杜邦公司等 43 家杰出企业并与商学院教授共同研究后,最终在《追求卓越》一书中提出了 7S 模型(又称麦肯锡 7S 模型)。其中,7S 分别指 Strategy(战略)、Structure(结构)、System(制度)、Staffs(人员)、Style(作风)、Skills(技能)、Share Values(共同价值观)。帕斯卡尔(Pascale)和安索斯(Athos)在 1981 年出版的《日本企业管理艺术》中也提出了与以上学者仅一词之差的 7S 模型,该模型用最高目标(Super Ordinate Goals)取代共同价值观。该书认为日本企业之所以在 20 世纪 70 年代后获得成功,主要在于日本企业对人员、作风、技能、最高目标这 4 个软因素的重视。

4.1 麦肯锡 7S 模型

麦肯锡 7S 模型指出,企业在发展过程中,需要全面考虑战略、结构、制度、人员、作风、技能及共同价值观七方面的情况。换言之,企业在战略制定和推进中,需要综合考虑这七大要素才能发挥协同效果。

该模型认为,企业战略、结构、制度是企业成功的"硬件",而人员、作风、技能和共同价值观则是企业成功的"软件"。彼得斯和沃特曼的研究表明,只有将硬件要素与软件要素相结合,如正式组织与非正式组织相结合,企业制度文化与共同价值观相结合,才能使企业经营获得成功。

4.1.1 硬件要素分析

(1)战略。在麦肯锡 7S 模型中,战略居核心地位。战略要求企业根据内部资源和外部环境综合制定企业的长期发展目标和一整套实现目标的手段。同时,战略贯穿于整个企业的资源体系,是企业资源运用的集中表现。

(2)结构。组织结构是企业内部各种资源的组织形式,是战略实施的载体。采用不同类型战略的企业,组织结构也会有一定的差异。如采用差异化战略的企业,要求内部组织结构有宽松的氛围,能促进内部人员交流,各种职能的人员能灵活组合,以利于创新。为此,多选用事业部、矩阵式等组织管理模式,3M 公司、微软公司、英特尔公司等企业的研发组织就是如此。采用低成本战略的企业,要求内部组织结构严谨、制度明确、流程清晰,各职能之间权责分明以利于成本控制,为此常采用直线制、职能制等管理模式,如大部分的制造业企业。此外,根据战略重心的不同,组织结构的核心也有所差异,如以控制销售渠道为核心竞争力的企业,组织结构需要围绕销售部门展开,各部门职能主要是支持销售;以研发为主的企业组织结构就会以研发机构为核心。总之,组织结构一定要适应企业战略的需要。

(3)制度。它包括企业中可见的各种制度体系,主要有三个方面的内容:一是在企业组织架构下各职能部门的职责;二是根据各部门职责而确定的工作流程;三是根据工作流程规定的关键流程节点上操作的基本要求。在企业管理中,常把制度简单地等同于企业的各种规定,如现金管理、报销制度、招聘制度等,其实这只是制度的表象,制度制定的源头应是与企业组织结构相匹配的职能体系和工作流程。

众所周知,战略需要与之相适应的体制来保障,然而实践中知易行难。不少企业在这个问题上都曾有过深刻的教训,例如以创新为核心竞争力的 3M 公司在实施差异化战略时,曾经引入过六西格玛质量控制系统,虽然仅仅几年 3M 公司的成本得以下降,然而开发出的新产品却大量减少,后续发展潜力也大大降低——原因在于 3M 公司以前体制宽松、易于交流、适于创新,而要求各部门职能明确、制度严谨的六西格玛质量控制系统则抑制了创新。

4.1.2　软件要素分析

(1) 人员。战略需要人来执行,企业人力资源的状况很大程度上决定了能选择何种战略以及能否被有效实施。人才的来源无外乎内部培养和外部招聘两种。在战略执行中一般的原则是,人才首要的是立足于内部培养,因为外部招聘常面临可遇而不可求的变数,外部人员进入企业也需要一定的适应期,能否认同企业、真正融入企业尚需考察和磨合。对于渴望晋升的人员来说,过多地空降新人也会打击内部人员的积极性,不利于企业的长期发展,因此在新战略执行中需要配套进行内部培训和实施员工发展计划,以保证战略执行及人力资源供给的平衡。

(2) 作风。作风一般指企业管理者受企业文化及管理哲学的影响,在管理活动中表现出的特定管理行为。相对而言,东方企业的组织理念更侧重感性和亲情,因而人治的色彩较浓;西方企业的组织理念则更注重理性和规则,更强调法治和按章办事。

(3) 技能。战略通常不是对过去业务的简单延伸或按惯例行事,往往涉及进入某些新的业务领域,或运用某种新的技能。技能的掌握除了实践,还需要严格系统的培训。企业中员工需要掌握的各种熟练技能不是凭空而来的,而是长期在生理和精神上严格训练的结果。在日本,大多数企业实行终身就业,非常重视对员工的培训。员工进入企业初期,企业会根据个人情况为其制订个人发展计划,并指定有经验的老员工作为导师,教导他们掌握各种工作技能。

(4) 共同价值观。每家企业都有自己的价值观,每家企业的员工或多或少都受到企业价值观的影响。如果企业价值观认同战略意图,员工接受战略意图就会相对容易,执行得也比较自觉。同时,企业共同价值观还具有导向、约束、凝聚、激励和辐射作用。共同价值观不仅可以在战略执行中激发全体员工的工作热情,还能产生强大的凝聚力以推动战略的高效执行。因此,企业在战略制定后,需要通过各种方式,按企业管理的层级,就战略的不同部分进行广泛而深入的沟通。对于全体员工,可重点宣传企业发展的前景和目标;对于中层管理者,还需要沟通重要的战略举措和可能遇到的困难;对于高层领导者,则要求全面领会所有的战略意图。日本企业在管理中十分注重沟通,这使得它们的战略常常能够迅速且顺利地付诸实施。

麦肯锡 7S 模型提供了审视企业能否成功实施战略的一个系统集成环境,该环境在很大程度上决定了企业战略实施的效果。因此,企业在发展过程中要全面考虑企业的整体情况，通过软件和硬件两个方面七大要素之间的充分沟通和有序协调使企业战略得以有效执行。

4.2 新 7S 原则

随着企业外部市场竞争的日趋激烈，战略执行中的不确定性越来越高，相应的 7S 模型也在实践中不断改进。20 世纪 90 年代，美国管理学者达·维尼（D'Aveni）提出了超竞争理论。该理论认为在超竞争环境下，企业难以建立永恒的竞争优势，必须通过持续改进，建立一系列短期竞争优势，并不断打破市场平衡才能维持企业前进的动能。

维尼基于新竞争理论的新 7S 原则包括的 7 个"S"分别是：Stakeholder Satisfaction（更高的股东满意度）、Strategic Soothsaying（战略预测）、Speed（速度定位）、Surprise（出其不意的定位）、Shifting The Rules Against The Competition（改变竞争规则）、Signaling Strategic Intent（告示战略意图）以及 Simultaneous And Sequential Strategic Thrusts（同时的、一连串战略出击）。

更高的股东满意度来自企业的股东、客户、竞争者等与企业有利益关系的群体，即利益相关者。战略预测则是从打破市场现状所需的核心能力入手，指导建立战略。速度和出其不意，着眼于整合多种能力，目的是采用系统化行动以打破现状。改变竞争规则指改变行业标准、运作模式和既定观念。告示战略意图是向竞争者表明战略意图，起到威胁在位者的作用。同时的、一连串战略出击则是通过一系列战略举措，确立优势并不断拓展到其他领域。新 7S 原则强调的是如何在超竞争环境中打破现状，通过建立破坏性战略抓住主动权，从而不断形成阶段性的战略优势。

要点摘录

◆ 无形资产本身很少创造价值，当无形资产有效地与其他资产结合起来时，它们的价值才能体现出来。战略地图和平衡计分卡提供了一个框架，用以说明战略如何将无形资产与价值创造流程联系起来。

◆ 平衡计分卡的客户层面的目标描述了目标客户价值主张，财务层面的目标描述了成功战略（收入和利润增长以及生产率）的结果。一旦企业对这些财务和客户目标有了清晰的蓝图，内部层面和学习与成长层面的目标将描述战略如何被实现。

◆ 平衡计分卡将战略地图目标转换为指标和目标值。对于平衡计分卡的每个指标，管理者必须确定实现其目标值的行动方案。行动方案创造了结果。因此，通过执行行动方案，战略执行得以管理。

◆ 在评估企业各项战略的效果时，应用最广泛也是最有效的一种方法是与行业中最佳实践者或世界上最佳实践者进行比较，来评价某种活动的执行效果。

◆ 要称得上是最佳实践，此项技术必须在显著降低成本、提高品质或绩效、减少所需要的时间、加强安全感或带来其他积极的运作效果等方面被证明是有效的。因此，最佳实践可以帮助企业识别出一条通往卓越运作绩效的道路。由于最佳实践是有价值的和可转移的，因此它必须经得起时间的考验，并且可以反复产生可以量化和显著的积极效果。

◆ 因为大多数企业都认为我们的工作是不一样的,我们是独一无二的,因此所谓的最佳实践应该是企业如何用自己的眼光来理解最佳实践,并把它们独具特色地运用于恰当的地方并使之生效。

◆ 由于全面质量管理集中于生产高质量的产品为客户提供卓越的服务,因此要成功地实施它,必须超出组织范围动员所有部门的努力——人力资源、研究开发、工程技术、财务会计和信息系统——这些部门缺乏客户驱动的压力,这样做的原因是实施最佳实践和持续改善的计划涉及企业文化的改革,并且要转向一种浸透整个组织的全面质量持续改善的哲学。全面质量管理的目的在于对整个组织从上到下灌注对于正确做事情的热情和承诺,它要求无止境地追求持续改善,每天都前进一小步。

◆ 六西格玛过程包括定义(Define)、测量(Measure)、分析(Analyse)、改进(Improve)和控制(Control),是对现有业务流程中低于标准和需要改进的部分使用一套改善系统。

◆ 业务流程再造与持续改善之间的最大区别在于业务流程再造的目标是获得30%~50%或更大的效率提升,而持续改善计划则是注重持续的进步、一次又一次地追求效益的逐渐增长。这两种提高价值链活动业绩的方法并不是互相排斥的,同时使用它们也是合理的。

◆ 尽管对手模仿标杆学习、进行业务流程再造和运用持续改善技巧等相对比较容易,但它们要在整个组织中移植全面质量文化,产生对卓越运营的持续管理承诺则困难得多,且要花费大量的时间。

◆ 麦肯锡7S模型指出,企业在发展过程中,需要全面考虑战略、结构、制度、人员、作风、技能及共同价值观七方面的情况。换言之,企业在战略制定和推进中,需要综合考虑这七大要素才能发挥协同效果。

思考题

1. 平衡计分卡的四个层面及具体指标是什么?
2. 标杆管理中如何处理标杆企业与本企业的关系?
3. 全面质量管理的核心理念是什么?六西格玛过程为什么能持续提升质量?业务流程再造与持续改善的区别是什么?
4. 麦肯锡7S模型中的7个"S"各代表什么含义?

参 考 文 献

1. 陈志军,张雷.企业战略管理[M].北京:中国人民大学出版社,2016.
2. 〔韩〕W.钱·金,〔美〕勒妮·莫博涅.蓝海战略[M].吉宓,译.北京:商务印书馆,2016.
3. 〔加〕亨利·明茨伯格,布鲁斯·阿尔斯特兰德,约瑟夫·兰佩尔.战略历程:穿越战略管理旷野的指南[M].魏江,译.北京:机械工业出版社,2012.
4. 〔加〕约瑟夫·兰佩尔,亨利·明茨伯格.战略过程:概念、情境与案例[M].耿帅,黎根红,译.北京:机械工业出版社,2017.
5. 金占明.战略管理[M].北京:清华大学出版社,2016.
6. 蓝海林.企业战略管理[M].北京:中国人民大学出版社,2015.
7. 马浩.战略管理学精要[M].北京:北京大学出版社,2015.
8. 〔美〕查尔斯·希尔.战略管理:概念与案例[M].薛有志等,译.北京:机械工业出版社,2017.
9. 〔美〕弗雷德·戴维.战略管理:概念与案例(第13版)[M].徐飞,译.北京:中国人民大学出版社,2012.
10. 〔美〕杰克·特劳特.什么是战略[M].火华强,译.北京:机械工业出版社,2011.
11. 〔美〕杰伊·巴尼.战略管理:获取持续竞争优势[M].周健等,译.北京:机械工业出版社,2013.
12. 〔美〕理查德·鲁梅尔特.好战略,坏战略[M].蒋中强,译.北京:中信出版社,2017.
13. 〔美〕林文德,马赛斯,亚瑟·克莱纳.让战略落地:如何跨越战略与实施间的鸿沟[M].普华永道思略特管理咨询公司,译.北京:机械工业出版社,2016.
14. 〔美〕罗伯特·格兰特.现代战略分析[M].艾文特等,译.北京:中国人民大学出版社,2016.
15. 〔美〕罗伯特·卡普兰,大卫·诺顿.战略地图:化无形资产为有形成果[M].刘俊勇,孙薇,译.广州:广东经济出版社,2005.
16. 〔美〕马丁·里维斯,〔挪〕纳特·汉拿斯,〔印〕詹美贾亚·辛哈.战略的本质:复杂商业环境中的最优竞争[M].王喆,韩阳,译.北京:中信出版社,2016.
17. 〔美〕迈克尔·波特.竞争优势[M].陈丽芳,译.北京:中信出版社,2014.
18. 〔美〕迈克尔·波特.竞争战略[M].陈丽芳,译.北京:中信出版社,2014.
19. 〔美〕迈克尔·波特.重塑战略[M].陈媛熙等,译.北京:中信出版社,2014.

20. 〔美〕迈克尔·希特,杜安·爱尔兰,罗伯特·霍斯.战略管理:概念与案例(第12版)[M].刘刚等,译.北京:中国人民大学出版社,2017.
21. 〔美〕迈克尔·希特,杜安·爱尔兰.战略管理与全球化(概念)[M].焦豪等,译.北京:机械工业出版社,2014.
22. 〔美〕迈克尔·希特,爱德华·弗里曼,杰弗瑞·哈里森.布莱克维尔战略管理手册[M].闫明,胡涛,潘晓曦等,译.北京:电子工业出版社,2015.
23. 〔美〕佩奇·韦斯特三世,查尔斯·班福德.战略管理[M].北京:中国人民大学出版社,2011.
24. 〔美〕小阿瑟·汤普森,格丽特·彼得拉夫.战略管理:概念与案例(第19版)[M].于晓宇,王家宝等,译.北京:机械工业出版社,2016.
25. 〔美〕伊戈尔·安索夫.战略管理[M].邵冲,译.北京:机械工业出版社,2010.
26. 〔美〕约翰·皮尔斯二世,小理查德·鲁滨逊.战略管理——制定、实施和控制(第12版)[M].钱峰,译.北京:中国人民大学出版社,2015.
27. 王方华,吕巍.企业战略管理[M].上海:复旦大学出版社,2015.
28. 魏江,邬爱其.战略管理[M].北京:机械工业出版社,2018.
29. 项保华.战略管理艺术与实务(第5版)[M].北京:华夏出版社,2012.
30. 徐二明.企业战略管理[M].北京:中国经济出版社,2002.
31. 徐飞.战略管理(第3版)[M].北京:中国人民大学出版社,2016.
32. 〔英〕格里·约翰逊,理查德·惠廷顿,凯万·斯科尔斯.战略管理:课文和案例(第9版)(英文版)[M].徐飞,译.北京:商务印书馆,2014.
33. 〔英〕斯图尔特·克雷纳,戴斯·犹洛夫.战略的本质[M].郝胜楠,王梦妮,刘馨蓓,译.北京:中国人民大学出版社,2017.
34. KENICHI OHMAE. Getting Back to Strategy[J]. Harvard Business Review (November 1988): 154.
35. MICHAEL G. LUCHS., K. SCOTT SWAN and ABBIE GRIFFIN. Design Thinking: New Product Development Essentials from the PDMA[M]. New Jersey: John Wiley & Sons, 2016.

教辅申请说明

北京大学出版社本着"教材优先、学术为本"的出版宗旨，竭诚为广大高等院校师生服务。为更有针对性地提供服务，请您按照以下步骤通过**微信**提交教辅申请，我们会在 1～2 个工作日内将配套教辅资料发送到您的邮箱。

◎ 扫描下方二维码，或直接微信搜索公众号"北京大学经管书苑"，进行关注；

◎ 点击菜单栏"在线申请"—"教辅申请"，出现如右下界面：

◎ 将表格上的信息填写准确、完整后，点击提交；

◎ 信息核对无误后，教辅资源会及时发送给您；如果填写有问题，工作人员会同您联系。

温馨提示：如果您不使用微信，则可以通过以下联系方式（任选其一），将您的姓名、院校、邮箱及教材使用信息反馈给我们，工作人员会同您进一步联系。

联系方式：

北京大学出版社经济与管理图书事业部

通信地址：北京市海淀区成府路 205 号，100871

电子邮箱：em@pup.cn

电　　话：010-62767312 / 62757146

微　　信：北京大学经管书苑（pupembook）

网　　址：www.pup.cn